叩學事鉛槧

古籍出版四人谈

徐俊
宫晓卫
高克勤
姜小青
著

上海人民出版社
上海書店出版社

新中国古籍整理出版事业史研究（23&2D217）阶段性成果

2021年6月，参加国家古籍整理出版中长期规划编制会议，摄于北京

左起：姜小青、徐俊、高克勤、宫晓卫

2023年9月，参加地方文献出版专题研讨会，摄于镇江
左起：彭卫国、曾学文、黄松、丁双平、阚宁辉、徐俊、高克勤、姜小青、李岩、宫晓卫、林建

目录

记　人

亲 历

论 书

心　得

附　录

同题共答（代序）

问：戎　默

答：徐　俊　宫晓卫　高克勤　姜小青

一、经　历

戎默：四位老师都在古籍出版行业工作了三十年以上，并都各自主持过行业内的龙头企业很长一段时间，见证了古籍出版行业近几十年来的发展与辉煌。请首先谈谈你们各自的工作经历，及从业以来难忘的事件与人物。

徐俊：我1983年暑期大学毕业即入职中华书局，因为我本科毕业就工作了，所以比三位仁兄都早。我们79级赶上了"文革"后恢复高考的前三届，相对于"文革"前的"老三届"，有所谓"新三届"之说。我们四位都是"新三届"。八十年代进入出版业，经历了改革开放后出版业的起起落落，社会和行业变化之大，笼统地用当下出版业的视角看过去，其实已很难得到真切准确的认识。我入职之初的出版业基本还处于计划经济时代，由于古籍出版发展滞后，即使到九十年代初，我所在的中华书局还基本没有沾过市场经济的水。这就导致在后来被迫跳水的时候遇到的风浪险滩就更多，回想起来，虽然一直在同一个单位日复一日干着几乎同样的工作，但所经历的艰难困苦还是林林总总一言难尽的。有幸的是在自己出版生涯的后半段，行业进入平稳发展阶段，又有机会走上领导岗位，与同事、同道、同行一起，经历了古籍出版业和所在出版社恢复发展的阶段，留下了很多难忘的美好回忆。从我做编辑的经历来说，给我触动最大也最难忘的是1985年接手文学编辑室编务工作后，从书稿档案看到的周振甫先生《管锥编》审稿意见和王仲闻先生《全宋词》审稿记录，深感震撼。一方面让我对编辑工作有了真切的感知，另一方面让我对前辈编辑家以及书人书事有了持续关注的兴趣。从我经历的出版事件来说，回到当时的历史情境，给我触动最大的还是2006年11月26日《于丹〈论语〉心得》中关村图书大厦首发签售，刷新了我对传统文化读者需求的认识，让我们坚定了中华优秀传统文化大众出版探索的初心。

宫晓卫：我是1985年华东师范大学研究生毕业进的齐鲁书社。当时这是一家新兴的地方古籍出版社，充满活力，声誉正隆，其传统文化出版方向符合我所学专业。于是在我毕业决心离开上海回山东时，选择了这家社。从此结缘出版。

我的古籍出版从业经历可从两方面说，一是编辑出版，一是与古籍出版行业平台的交集。

编辑出版的经历大致划分三个阶段：一是1985年到1994年初，在齐鲁书社任编辑、编辑室副主任、总编室主任；二是1994年初到1997年初，任山东出版总社总编室副主任；三是1997年初到2015年3月，任齐鲁书社社长。

在出版社当编辑的时段，正赶上二十世纪八十年代末到九十年代初图书出版从计划经济向市场经济转型的震荡期，出版开始尝试着向市场要效益。作为入行不久的新编辑，那股积极探索和倾力策划的干劲，是迸发出来的工作状态，至今难忘。回想当年我在古典小说、传统文化普及读物、影印书等方面提出的选题创意和策划，进入市场的图书都有过不俗的效益回馈，让自己有了一点编辑职业的自信。那时特别感念自己遇到了一些好同事，大家共同谋划，互相帮衬，很享受职业的快感。同事中对我影响最大的是陈学振先生。

清楚记得自己曾作为本系统图书出版“两个效益奖”的得奖编辑代表登台发言，发言中有一节专门讲到出版社一个明白的领导对编辑成长的重要性，没有社领导的理解和支持、果断拍板，编辑提出再好的选题，也会胎死腹中。这里感慨和感谢的社领导是时任齐鲁书社社长陈学振。陈学振先生到齐鲁书社前是山东出版总社研究室主任，在齐鲁书社内部管理混乱之际，他临危受命任该社社长，挽危局于即倒。齐鲁书社古代小说标志性的出版物《明代四大奇书》和“小字本”古典小说系列，都是在他任上面世的。即便他升职离开齐鲁书社，还鼎力支持了《四库全书存目丛书》等重大项目在社里的出版。对这样懂行的老领导，我一直心存敬意。

我在山东出版总社总编室只工作了三年。因工作分工分管本系统的图书选题、图书质检和编辑培训，是个开阔眼界、加深理解出版的时段。从中得到的经验，反哺此后自己对一个出版社的驾驭，深感有益。

1997 年我回齐鲁书社任社长，面临的是本社发展史上的第二次危难局面，艰难程度远超以往，这在收入本集的多年前对我的那篇访谈里略有提及。难熬的日子刻骨铭心，好在我和我的团队用较短时间破解了困局。我们推出了一系列好书，经济效益连年增长。到我离任，这个单位获得过一些图书大奖，出版形象端正，而且选题储备充实、利润稳定、资金充足，家业已称得上兴旺殷实。

另一方面是与古籍出版行业平台交集的经历，于我来说比较特殊，它几乎贯穿了自己整个职业出版生涯。下面的对答要谈“古工委”，这节经历就放在后面说吧。

高克勤：1986年7月，我从复旦大学中文系研究生毕业，进入上海古籍出版社工作。由于我读的是古代文学研究专业，读的书多为上海古籍出版社出版的，早就向往这家出版社，所以毕业时没有选择在高校任教，而是如愿来到上海古籍出版社做编辑。

按照上海古籍出版社培养新进编辑的惯例，安排我先进校对科实习半年，然后被分配到以编辑出版古典文学研究著作为主的第二编辑室做编辑。当时上海古籍出版社设五个编辑室，其中文学编辑室有三个，共有三十多位编辑，这也显示出对古典文学的重视和古典文学专业编辑队伍的强大。第一编辑室以编辑出版古典文学典籍整理著作为主，第三编辑室以编辑出版古典文学普及读物为主，还有历史、哲学各一个编辑室，各有十位上下的编辑。

进社二十多年来，我经手审阅、出版的书稿不下数百种，内容以古典文学为主，并旁涉历史、哲学、宗教和文物收藏，等等，远远超出了自己大学时所学的专业范围。记得进社后审阅的第一部书稿是四川大学教授项楚先生的《敦煌文学丛考》，第一部编辑出版的图书是复旦大学教授陈允吉先生的《唐音佛教辨思录》。这两位先生都是当今的学术名家，而我担任责任编辑的这两部书稿均是他们的第一本论文集。当时室主任把这两部书稿交我后就让我自己独立审阅并发稿，虽然这些论文均已发表过，但我也不敢懈怠，而是仔细核对引文，并在体例等方面提出了一些浅见，得到了作者的认可。这两部著作后来分获全国古籍整理研究著作和国家教委优秀成果奖的一等奖。

作为新进编辑，我在编辑室长期兼任编务工作，直到1992年底由新进编辑接任。编务是一项琐细的工作，负责编辑室发文、发稿的登记以及回复读者来信等事务。1993年1月，社进行科室调整，文学编辑室整合为一个编辑室，即第一编辑室，由李梦生任主任，王兴康和我任副主任。原第一编辑室主任赵昌平时已任副总编辑。李梦生是杭州大学中文系毕业的研究生，1981年入社工作。他对明清文学和中国古代小说都有广泛深入的研究，后调任汉语大词典出版社社长。赵昌平是华东师范大学中文系毕业的研究生，1982年入社工作。他对唐代文学有精湛的研究，1994年3月任总编辑直到2013年4月退休。他是上海古籍出版社历史上任职时间最长的总编辑。王兴康也是华东师范大学中文系毕业的研究生，1985年入社工作，2002年12月任社党委书记、社长。他善于策划运作重大出版项目，长于经营，为出版社社会效益和经济效益的建设做出了重要贡献。我与他长期在一个编辑室工作，先后继他出任第一编辑室主任和社党委书记、社长。王兴康后调任上海人民出版社党委书记、社长。他们三位都年长于我，都是具有深厚学术造诣又善于经营管理的杰出人才。在上海古籍出版社工作的前二十多年间，我与他们三位长期共事，先后接受他们的领导，耳濡目染，领悟他们的出版理念和工作作风。

1997年3月，我任第一编辑室主任。2000年1月，我被任命为总编辑助理；同年12月任副总编辑。次年到上海市新闻出版局挂职任版权管理处副处长近一年。2005年9月兼任副社长。在上海古籍出版社工作的前二十多年间，我从编辑做起，直到担任副社长、副总编辑，管过出版社所有的生产经营部门，了解编辑出版的各个环节。

2009年12月，上海世纪出版集团调我出任上海远东出版社社长、总编辑。当时的远东出版社管理比较粗放,经营亏损。我到任后,在集团党委的坚强领导下,在全社员工的支持下,经过三年多的努力,远东出版社扭亏为盈,职工收入有了接近一倍的增长。

2013年初,集团调我回上海古籍出版社主持工作。之后近十年间,我带领全社员工在前辈打下的坚实基础上,坚守古籍出版专业,努力维护和打造专业品牌,守正创新,踏实工作,出版社得到了持续的发展,社会效益有了很大的提升,经济效益和职工收入都有大幅度的增长。

回顾自己的工作经历,是上海古籍出版社给我提供了成长和施展才能的平台,我也将自己最好的年华和全部的才智奉献给了上海古籍出版社,将前辈传给我的接力棒完好地交给了下一任。因此,在退休时可以无愧地说:我尽力了!

姜小青: 我是1991年7月从山东大学中文系中国古代文学批评史专业硕士研究生毕业后,由江苏省人事厅分配至江苏古籍出版社工作的,之前是想考复旦大学王运熙先生博士的,也报了名,还给王先生写信报告了自己的情况,记得王先生回信说,要准备好政治和英语,并寄了两份以前的英语试卷,后来由于个人原因,从济南赴上海考试途经老家镇江时提前下车,做了"逃兵",工作以后见到王先生,一直没勇气再提这事。到古籍出版单位工作,可以说并不是自己主动选择。一开始先在文学编辑室做编辑,第一感觉就是在读书期间敬仰与慕名的许多大学者,都是我们编辑室的作者,如钱仲联、唐圭璋、程千帆、霍松林等先生,再看到编辑室主任吴小平、副主任卞岐,与这些学术大家自如交往,不免心生羡慕,他们一位是姜书阁先生弟子,一位是卞孝萱先生哲嗣,有很好师承和家学,二十世纪八十年代,又都在《文学遗产》发表过论文,但到出版社以后,对编辑工作十分热爱,我便暗中把他们作为自己的老师和榜样,他们对我更是多方面关照和提携。后来我被调到出版社新组建的期刊编辑室，当时我们出版社有四份期刊，两份自办：《古典文学知识》《民国春秋》，两份合作办刊：《文学遗产》（与中国社会科学院文学所）、《中国典籍与文化》（与全国高等院校古籍整理研究工作委员会）。我除担任《古典文学知识》《文学遗产》责任编辑外，还负责《文学遗产》编务，主要是与文学所对接，这项工作使我对编辑工作又有了新认识，徐公持、吕薇芬、陶文鹏等编辑部老师淡泊名利的奉献精神、平等待人的谦虚态度，给我留下了深刻印象。记得《文学遗产》编辑部在北京建国门内大街5号社科院大楼七楼，六七人挤在一间屋里办公，每次去，都见他们在安静审稿，讨论稿件也都心平气和，对我们出版社推荐的稿件，既尊重也讲原则，我至今还保留着一封主编徐公持先生对出版社推荐稿的退稿信。他们对我这个三十刚出头、对编辑业务什么都不懂的“毛头小伙”，也总是力所能及地关照。李伊白老师不仅帮助订住处、返程票等，还自掏腰包请吃饭。这件工作持续了六年。1997年，我进入出版社领导班子，任总编辑助理，2001年任副总编辑。2002年底，江苏古籍出版社更名为凤凰出版社，2003年7月至2018年10月，我主持凤凰出版社工作，开始任命为出版社主持工作的“负责人”，后来任主持工作的总编辑、社长兼总编辑。对于这十五年，特别是前期工作，我不太愿意回顾，有些事甚至不堪回首。前两年，凤凰集团总编辑徐海兄约我，为他在《文艺报》主持的专栏写文章，推脱了几次，后来勉强写了一篇，就是收在这本集子中的《风物长宜放眼量——凤凰出版社更名前后》，许多难忘甚至痛苦的经历并没有写，也没法写，文章发表时，徐海兄将文中的“不值得，不后悔”六个字作为题目，真深知我心。我2018年底退居“二线”后，专任凤凰集团江苏文脉整理研究出版领导小组办公室主任，主持江苏省重大文化工程“江苏文库”出版工作，2021年5月退休后返聘，继续担任上述职务和工作。2024年5月返聘到期，虽然上级仍希望我继续接受返聘，但自感力不从心，故知所进退，彻底告别职场。

在三十多年古籍出版职业生涯中，要说难忘的人和事，确实有很多，但给我留下最深印象的，还是出版社前两任社长高纪言先生、薛正兴先生生命的最后时刻，他们离、退休后，在没有任何名利情况下，坚持工作到生命终点。高纪言先生去世前几个月，抱重病从医院到《中华大典·文学典·先秦两汉文学分典》最后一次审稿会现场，薛正兴先生在生命最后一天，听我谈拟接受《子海》选题设想并予肯定和指导，这两个场景，是我终身不会忘的。我时常会想，他们为什么如此，但真的没有答案。

戎默：中国出版协会古籍工作委员会，简称“古工委”，发轫于1986年齐鲁书社承办的全国古籍出版工作研讨会，于2008年正式成立。是全国古籍出版单位加强互相合作、交流行业信息、联合集体发声的行业协会，对国家的古籍出版事业做出了很大贡献。四位老师作为第二届“古工委”班子成员，于2013年至2024年主持“古工委”工作十多年，想听听各位老师谈谈“古工委”。

徐俊：“古工委”作为全国古籍出版行业协会已经存在四十年，经历了“古联体”和“古工委”两个大时段，它的前世今生，晓卫兄、小青兄了解多。因为中华书局是“古工委”主任单位，有多位领导在其中任职，所以早先我参加“古工委”活动比较少。在“古联体”阶段，1993年10月，我受单位指派去郑州参加过一次社长年会——“全国古籍整理出版工作座谈会”，见到了多位业界前辈和年轻社长。那时候会期很长，去了郑州、洛阳、开封，参观了少林寺、打虎亭汉墓、嵩山等，就是在这次会上第一次见到晓卫兄，印象中还曾多人同室而居。2013年8月3日，第二十八届全国古籍出版社社长年会在银川召开，会间进行了

2015年7月，参加第三十届全国古籍出版社社长年会
（第二届“古工委”班子成立后组织的第二次会议），摄于长春
左起：高克勤、宫晓卫、徐俊、姜小青

“古工委”班子换届，新班子由我们四位组成，这一届“古工委班会”主持工作超过十年，一直到2024年1月12日班子换届集体卸任。不谦虚地说，这十年当中大家一起做了很多事，大到古籍出版行业建设（规划、规范），小到每年的社长年会（交流、推优），营造了古籍出版的良好环境，推动了全国古籍出版整体向好发展。在主持“古工委”工作的十年，我信奉老朋友赵昌平先生跟我说的话，古籍出版本身是个很小的行业，如果我们不能团结合作，那在中国出版业就没有我们古籍出版的声音。我们一度自嘲“古联体”是“丐帮”，但我们有抱团取暖、合作共赢的传统，有“古工委”上一届班子打下的良好基础，新班子工作一直得

到各理事单位的大力支持，加之晓卫、小青二位在前后两届班子工作多年，有丰富的经验，所以我们第二届的十年工作顺利，令人愉快而难忘。

宫晓卫：“古工委”是全国古籍出版的行业联合体。其雏形的生成，是二十世纪八十年代初中共中央《关于整理我国古籍的指示》发布后，一大批新兴专业古籍出版社涌现，行业迅速扩容，因同行业相近的需求，自然聚到一起的。1986年，齐鲁书社承办了第一次全国古籍出版工作研讨会，古籍出版以此为开端，逐渐形成自己的行业平台，我也开始了与这个平台的交集。1986年会后，古籍社间的联席会多了起来，大家议定行业会议一年一次，其他会议视需要临时定。多年后，一年一次的行业会议定名为“全国古籍出版社社长年会”。这个过程，我在见收本集里的《从“古联会”“古工委”说古籍出版四十年》和《古籍出版社社长年会起始及其他》拙文中有简述。

我本人参加会议及相关活动，起初是陪齐鲁书社时任社长（总编）去的，或被单位指派为代表到会；又因1988年我被安排为启动古籍优秀图书评奖的筹办人，除了中间离开古籍社的三年，举凡含图书评奖的社长年会，基本上是每会必到。任社长后，曾任“全国古籍出版社联合会”（简称“古联会”）副会长；2008年9月民政部批准“中国版协古籍出版工作委员会”成立，改任副主任；2013年“古工委”换届，再任第二届“古工委”常务副主任，直到2024年初换届卸任。

伴行古籍出版行业平台发展的数十年，让我直接感受了同行业各古籍社成长过程中的荣耀辉煌和艰辛坎坷，亲历了期间大部分的重要活动，目睹了古籍社联合初期那些优秀出版人的风采。回望八十年代古籍出版大发展时期的那些先行者，其中最让人记忆深刻的是上海古籍出版社的魏同贤、巴蜀书社的段文桂、江苏古籍出版社的高纪言，以及齐鲁书社的孙言诚、岳麓书社的潘运告、三秦出版社的周鹏飞、山西古籍出版社的孙安邦。各位先生热心服务群体，承办会议，策划合作项目，创办宣传媒体，出点子，拿主意，共同维护了古籍社联合会初期的平顺发展。

2008年“古工委”成立，主任是时任中华书局总经理的李岩先生，副主任是上海古籍出版社社长王兴康和我，秘书长先是中华书局副总经理沈致金，后由黄松接任。“古工委”能够成功获批，成为中国版协的专业委员会，由民间团体的“古联会”变身国家正式社团组织，李岩先生起了关键作用。作为第一届“古工委”主任，他带领的“古工委”，氛围和谐，团结协作，成绩斐然，出色地履行了自己的职责。对照“古工委”成立大会上原国家新闻出版署领导讲话中对这个组织的期望和要求，这届“古工委”以自己的作为，交出的是一份上下满意的答卷，深得业内外赞誉。

回顾第一届“古工委”的优秀表现，还必须提到秘书长黄松先生。与李岩先生一样，黄松先生也是能力出众、极具亲和力的人。他曾任国家“古籍办”常务副主任，直管古籍整理出版，与业内各社很熟且关系融洽，深受大家敬重。记得在他卸任“古籍办”工作时，上海书店出版社总编辑金良年先生高歌一曲《送战友》，发自肺腑，引起了在场同道的共鸣。很高兴他任职中华书局副总经理，没离开古籍出版，又在第一届“古工委”秘书长任上继续展露他的才能。这届“古工委”让大家称道多年的数次组织古籍出版代表团“走出去”，成功到海外出访参展，都依靠他的具体操持。

第二届“古工委”是我们四位这一届，徐俊任主任，姜小青任副主任兼秘书长，高克勤和我任副主任。延续了上届班子成员人数，延续了上届的“班长”、秘书长的才能出众、深得大家信任，也延续了上届“古工委”业已形成的相互尊重、团结协作的良好氛围，保持了以往的优良传统。在妥善做好日常工作之外，围绕新时代对古籍工作提出的新要求，主动谋划，建言献策，如筹划举办纪念古籍小组成立六十周年座谈会；新时期古籍工作研讨会等一系列专题会议；参与相关政策文件拟定的讨论；受“古籍办”委托，有效地落实了向全国推荐经典古籍版本相关工作的协调组织；班子成员四人作为“2021—2035国家古籍工作规划”制订专班成员，配合“古籍办”完成“规划”的摸底调研和制订等，充分发挥了“古工委”作为行业社团的重要作用，突显了本行业的职业素养和精神风貌，提升了行业声誉。

本人从业数十年，经历的社团不算少，仅以个人感觉而言，无论从哪个角度评价“古工委”，这个团体都是出色的。正如提问所说，古籍出版联合平台的形成，特别是“古工委”的成立，确实起到了行业“加强互相合作、交流行业信息、联合集体发声”的作用。行业自发搭建联合平台的初始意愿，不仅由此得以实现，“古工委”作为一级专业社团组织，又切实担当起了国家管理机构得力助手的义务，是协助国家“古籍办”推动古籍出版事业健康发展的主要社会团体。

高克勤：“古工委”是全国古籍专业出版社的大家庭，有着精诚合作、共谋发展的良好氛围。按照“古工委”的章程，中华书局为主任单位，上海古籍出版社为副主任单位。2013年8月2日至4日，第二十八届全国古籍出版社社长年会暨2012年度全国优秀古籍图书评奖会在宁夏银川举行。同期召开了“古工委”换届会。由于在这之前的2012年9月12日，中共中央宣传部任命徐俊任中华书局总经理；2012年12月5日，中共上海世纪出版集团委员会任命我为上海古籍出版社社长、党委书记，所以徐俊与我在这次换届会上分别接替了前任的职务，徐俊为第二届“古工委”主任，齐鲁书社社长宫晓卫为常务副主任，我、凤凰出版社社长姜小青为副主任，姜小青后来还兼任秘书长，组成了“古工委”的班子。没有想到我们这一届班子居然做了十多年,这可能在“古工委”的历史上是“空前绝后”的吧。“古工委”的工作主要是每年举行一次社长年会和不定期地举行专题研讨会,聚焦大家共同关心的行业问题进行交流,找到解决的方法;对上一年度出版的古籍专业图书评奖;完成全国古籍整理出版规划领导小组和中国出版协会交办的任务。由于我们四位年龄接近,专业相同,都长期担任各自出版社的主要领导,所以有许多共同语言,不仅每年共同筹划并参加“古工委”的社长年会,而且还因为工作原因如参加国家出版基金评审等不时会相遇;我和宫晓卫、姜小青在任时还参加每年一次的华东地区古籍图书评奖会。特别是2021年,受全国古籍整理出版规划领导小组委托,徐俊、宫晓卫、姜小青与我组成专班,参与古籍规划的制订,仅上半年就三次去北京参加评审会,有两次都是连续三天的会议,朝夕相从。在共同的工作中,怀着共同的目标,我们四人确实结下了深厚的情谊,甚至不约而同先后取了斋名。

姜小青:关于“古工委”历史,宫晓卫社长在本集文章中有详细论述。我第一次参加“古联会”会议,是1998年由辽海出版社承办、在沈阳召开的全国古籍出版社社长年会(记不清是第几届了)。2013年换届,我被选为副主任,后来又兼任了秘书长,直到2024年初换届。

这十年,我有幸见证了古籍出版行业快速发展,特别是专业古籍出版社,从最初对市场经济不适应甚至排斥,到积极探索适合各自单位发展的有效路径;从一味强调古籍图书特殊性,到转变观念积极应对市场;从要求放开图书出版分工政策,到立足自身,在坚定专业化的定位中创新发展;从过去举债经营,到现在经营规模不断扩大、效益越来越好。从“古工委”每年一届优秀图书评奖可以看出,各专业古籍出版社都有自己特色和优势内容生产板块,许多学术价值高、文化影响力大的项目，都是持续多年甚至几任出版社社长。我粗略统计过，“2011—2020年”“2021—2035年”两个国家古籍整理出版中长期规划，“古工委”会员单位，特别是专业古籍出版社申报和入选的项目占了相当大比例。“古工委”有一个好传统，为加强会员单位之间的交流和合作，合力推进古籍出版事业发展，每年会举办两次工作会议，一次是1月初在北京中华书局，主要请国家行业主管部门领导讲形势、提要求，目的是提高会员单位对做好古籍出版工作的认识和站位；另一次是举办全国古籍出版社社长年会，至去年已举办三十七届了，每次会议研讨主题，由“秘书处”会前听取各会员单位意见，并经“古工委”班子研究后确定，因此都是大家关心和关注的问题；每一次交流发言文稿，“秘书处”都会提前编印成册，作为会议材料发给大家。社长年会还有一项内容，就是举办上一年度出版的古籍整理图书评奖（推优），会员单位根据要求，提供参评样书、专家推荐意见和编校检查记录，采用匿名评审。多年来，“古工委”评出的优秀古籍图书越来越得到学术界关注和认可。

除上述会议，我们这届“古工委”班子，还组织过两次比较有影响的会议，值得一记。一次是2018年8月28日，借在昆明举办第三十三届全国古籍出版社社长年会之际，召开了“全国古籍整理出版规划领导小组成立六十周年座谈会”，除邀请了柳斌杰、杨牧之等领导，还邀请了杨忠、严佐之、金良年、荣新江、杜泽逊五位古籍小组成员，他们的精彩发言，引起社会广泛反响，提高了古籍整理出版事业社会关注度。另一次是2021年10月16日，在成都召开了“新时代古籍出版工作座谈会”，纪念《中共中央关于整理我国古籍的指示》颁布四十周年，邀请了版协理事长邬书林参会，会议采用重点发言和交流发言形式，效果很好。《中国新闻出版广电报》对两次会议都做了详细报道。

2023年5月，参加第三十六届全国古籍出版社社长年会
（第二届"古工委"班子任职十年，共组织九次会议，
这是换届前组织的最后一次会议），摄于武汉
左起：高克勤、姜小青、徐俊、宫晓卫

另外，我们四人从2020年10月到2021年6月，作为国家"古籍办""古籍规划编制工作专班工作小组"成员，参与了"2021—2035年国家古籍规划"前期调研以及评审相关组织工作，切身感受到国家对古籍工作的重视，感受到评审专家一丝不苟的专业精神，也感受到古籍整理与出版工作者积极参与的热情。

2024年1月10日下午，"古工委"换届，我们四人集体卸任。这天上午，我代表"古工委"最后一次参加中国出版协会理事会议，获"2023年度优秀专委会奖"表彰，算是画了一个圆满句号。从个人来讲，这段"古工委"工作经历，也是我职业生涯中最值得珍藏的美好记忆。换届第二天，我找出若干张四人不同时期的合影，发了一条微信：“‘古工委’2009年1月成立，2013年9月换届，其后徐俊、晓卫、克勤我们四人组队十年，为同行服务，并见证了这十年古籍出版事业发展，昨天顺利换届。我们四人彼此间相识二十多年，特别是这十年在班长徐俊兄带领下并肩前行，结下了兄弟般情谊，感恩和祝福兄弟们。”

戎默：四位老师过去几十年来都在同一行业内工作，又在“古工委”共事十多年，有很多交往，甚至可以说情谊深厚，想请你们各自谈谈与对方的初次相识及对对方的评价。

徐俊：前面已经说到1993年郑州年会第一次见到晓卫兄，晓卫兄那时已经是齐鲁书社总编室主任，而齐鲁是八十年代最早成立的古籍出版社，在业界有很大的影响。我当时是中华书局文学室副主任，很少出差开会，郑州年会会间大多与北京同行的几位同龄人聚在一起，跟大家没有什么交流，但晓卫兄山东大汉的高大形象留给我深刻印象。与小青兄神交已久，最早见面是在北京建国门社科院学术报告厅，因为《文学遗产》杂志先后由我们中华和凤凰出版，都被邀请参会，我们很远挥手打过招呼。除了古籍出版同行，我们还都是“镇江籍出版人”，又因《镇江文库》《镇江通史》而时常碰面。上海古籍出版社是中华书局的“对标”单位，因此可以说克勤兄一直是我关注的对象。我们也有很多相同之处，比如都是79级，都读中文系，同一张卷子考上大学，是旧时候所谓的“同年”；进入出版社之后，我们都在文学室，后来都做文学室负责人，再后来基本同期担任副总编辑、总编辑和社长、总经理，甚至我们两人对所在单位出版史的兴趣都难得的一致，点灯熬蜡写了不少各社的书人书事。与克勤兄不同场合见面，其中较早一次是在北京站，他们班毕业十周年在北京聚会，陈尚君老师是他们指导员，是我的作者，我去北京站送陈老师，因此见面。我从上古历届领导身上学到很多东西，克勤兄更是我一直追慕学习的对象。以上是我记忆中最早的点滴印记。我们相处久了，互相了解深了，感觉你中有我、我中有你，好像很难用一句话来评价对方。晓卫兄比我们年长，担任常务副主任，生长于孔孟之乡，在我看来他就是儒家“仁义礼智信”的现实化身。小青兄兼任秘书长，大事小事都离不开小青兄的擘划联络。他待人诚恳，深受各成员单位爱戴。克勤兄为人诚恳，处事务实，知无不言，言无不尽，做事雷厉风行。我们二人同游华山湖，克勤兄25分钟登顶华不注，逐级数过去共829级台阶，而我只有在山下为他拿外衣的份，惭愧。如果用一个字来概括他们的性情，晓卫兄的“厚”，小青兄的“诚”，克勤兄的“勤”，都是最值得我学习的。不甚妥帖，言其大概吧。有句话说，“所谓朋友，就是一群经常见面的相同的人”，“相同的人”是关键。退休后，各种机缘我们仍然经常见面，一群先后从出版岗位退下来的老朋友聚在一起，“相识在少年，相聚在年年”，人生何其幸也！

宫晓卫：我们四人都是古籍社编辑出身，同行的关系，我和三位老友认识都有二三十年了。与徐俊兄的认识，是在1993年河南中州古籍出版社承办的古籍出版座谈会上。他是中华书局参会代表，我则陪同本社社长到会，都是同龄人，很容易相识。与克勤兄认识得更早，应该在他1986年毕业进入上海古籍出版社不久就知道他了。他在上海古籍出版社与我师兄王兴康（后任上海古籍出版社、上海人民出版社社长）一个编辑室，当年我几乎每年都到上海出差，上海古籍出版社是必到的点。到了社里一定会去看望师兄，于是知道了克勤兄是复旦大学王水照先生的研究生，至于初次见面的具体时间，倒是模糊了。最初知道小青兄，是从江苏古籍出版社老社长高纪言先生那里听说他们社里新进的编辑里有位山东大学的研究生。当年我和高先生很熟，常在古籍社活动时见面，高先生是山东人，我们算是忘年交。巧的是我和小青兄的研究生导师于维璋先生认识，有一年参加山东省古代文学学会年会，我们还同住一个房间，话题里自然少不了与我已是同行的他的学生姜小青。太熟悉了反而让我忘了我们初次认识的时间，印象深刻的是1998年江苏古籍出版社承办首届华东古籍评奖会，他到车站来接我，那时他已是社长助理，我们见面时感觉已经很熟络了。

我们四人彼此加深了解，还是在各自任自己单位主要负责人后，因在同一个行业平台，更因古籍出版社社长年会，每年都会见面。尤其是我们同为第二届"古工委"成员，因"古工委"的工作，我们经常碰头。长达十年的愉快合作，形成了彼此间密切的关系，有着兄弟情谊。

他们三人有着共同的特点，品德端正、热情敬业，思维敏捷、思路开阔。作为单位的负责人，他们具有出色的经营组织管理能力；作为专业古籍出版社的出版人，他们又都有深厚的学术根底，有典型的学者气质。两者的结合，都极好地体现在他们带领的出版团队创出的杰出业绩上。中华书局、上海古籍出版社始终是古籍出版行业公认的带头大哥，徐俊、克勤执政的阶段，又都百尺竿头，创出新的辉煌。小青领导的凤凰出版社，从他接手时员工不足二十人，由他一路带成了行业翘楚。而他们的学术素养和学者风采，在学术界、行业内都是有口皆碑的。

他们三位是南方人，有着温良细腻的共性。克勤性格更见谦和沉静，徐俊、小青则是平和中不失豪气。我们四人搭班子，合作起来同频共振，十分默契。当年经常会听到行业内外朋友对我们四人合作的称许，我认为是自己"遇对了人"，这是由衷的。

高克勤：在我们四人中，宫晓卫最年长，也是我最早认识的。晓卫兄本科、研究生都高我一届，也比我早一年到出版社。他是华东师范大学中文系施蛰存先生的研究生，与王兴康是同门。我进编辑室时就从兴康兄那里得知了他的情况，最初的相见可能就是他来我社的时候。晓卫兄为人大气、豪爽，做事明快、利落，做事周到，待人热情。他是齐鲁书社的老社长，担任社长长达十九年，为齐鲁书社的发展奠定了坚实的基础；他也是“古工委”的老领导，是我们四人中唯一一个经历了“古工委”从筹办到成立发展的全过程的人，对全国古籍出版界的情况相当熟悉。他办会经验丰富，总能大处着眼，每年社长年会的筹办都能得到他的指点。轮到齐鲁书社做东道主办会的时候，总能感受到山东人的热情和豪爽。

姜小青长我一岁多。记不清是何时与小青兄初次相见的，应该是在哪年的华东地区古籍图书评奖会吧。小青兄为人谦和，待人真诚，说话风趣幽默。很佩服他能迎难而上，始终坚守古籍整理出版专业，使凤凰出版社的古籍整理出版选题在全国同行中名列前茅。他是“古工委”的“大管家”，主持“古工委”秘书处的工作，不计得失、不厌其烦地每年要做筹办社长年会的大量工作、撰写年度工作总结和工作规划，及时传达落实全国古籍整理出版规划领导小组和中国出版协会的有关指示精神，为全国的同行服务，事无巨细，都亲力亲为。犹记得在“古工委”任上的每次社长年会召开前夕，我们四人都会在小青兄的安排下一起去会场检查的情景，深深体会到小青兄工作的踏实、认真和细致周到。

徐俊与我都是1979级大学本科生，算是同年，不过他大我几个月。他1983年本科毕业就进中华书局工作，是我们四人中从事出版工作最早的。在我们四人中，我与徐俊兄相识最晚，但彼此相知很早。大概是二十世纪九十年代初，我大学时的指导员陈尚君老师的书稿《全唐诗补编》由他担任责任编辑。当时他与我担任各自出版社文学编辑室的副主任。陈老师说有机会介绍我俩相识。我与徐俊兄初见是几年后在上海举办的图书订货会上，当时我俩是各自出版社的文学编辑室主任。我俩来往密切还是始于在“古工委”共事。熟悉之后，居然发现彼此有不少相同的地方，不仅履历差不多，而且关注点也多相同，例如我俩都热爱各自的出版社，都有传承弘扬前辈传统的自觉意识，都注意挖掘出版社史料，写了这方面的不少文章。徐俊兄是中华书局的老大，也是“古工委”班子的老大，始终有大局意识，为人谦和，待人热情，乐于助人。我特别佩服他的还有他对学术研究的执着、对书法艺术的热爱和坚持，他在敦煌学研究和书法方面的造诣为业界美称。

姜小青：现在记不清与他们三人相识的具体时间和场合了，但大体都在二十世纪九十年代后期。1998年第一届华东地区古籍图书评奖会在南京举办，我去车站接了宫晓卫，他其时已任齐鲁社社长。那时，徐俊、克勤和我尚未主持出版社工作，见面和联系并不多，记得也是九十年代后期，徐俊来我们社，他与时任我们社总编辑吴小平中午“豪饮”场景，我虽未亲见，但事后被大家笑谈了好一阵。去年清理办公室时，发现一本克勤签名赠《王安石诗文选注》，上古社小开本，好像是二十世纪九十年代初出版的，可能因我其时正担任《古典文学知识》责任编辑，他作为作者，建立了联系。从认识说起，彼此应该都有二十多年了，但我们之间真正建立广泛联系，还是从2013年“古工委”换届开始。

无论是工作能力还是学术水平，我都一直视他们三人为榜样，这不是谦虚，晓卫是老大哥，“出道”早，1997年初即任出版社社长，直到2015年才卸任，似乎是古籍社中任社长时间最长的一位，特别是他与所有地方专业古籍出版社创始人都熟悉，了解地方古籍出版发展历史，我们在一起商量工作，他能溯源历史。他是“古工委”创始人之一，热心这项工作，亲和力也强，所以在“古工委”得到“德高望重”的赞誉。我们都参加了徐俊为首席专家的国家社科基金重大项目“新中国古籍整理出版事业史研究”课题组，在研究中可以看出，晓卫1997年任社长时，是古籍出版社面对市场经济最困难阶段，在齐鲁书社走出生存困境过程中，他的付出，其他人是很难想象的。

徐俊出身中华书局，是我们四人中入行最早的，起点高，见多识广，考虑问题周全，敢担当，“古工委”工作中，凡遇难事，都由他出面；但他为人低调谦虚，从未见他在同行面前以中华书局掌门人和学者自居，每每会员单位有困难或需求，他总是想办法帮助解决。对于“古工委”秘书处工作，他给予我充分信任。我在为其《翠微却顾集》写的书评中，有这么几句：“他本人在中华书局‘内在的职业品格传递’中，成为继上述前辈之后‘学者型编辑’的又一代表人物。”“作为编辑，徐俊在中华书局文化传统接续中，接过了‘守正出新’的接力棒，特别是执掌中华书局十年间，书局的文化影响力、内容创新力、市场竞争力又有了时代新高度。”

克勤在具有良好学术传统和氛围的上古社，从编辑到社长，倾心学术出版，只要和他在一起，话题大多离不开图书出版的人与事。我特别佩服的是，他不仅对图书编辑有许多心得，对出版社生产经营也有很好的见解，也正因为此，他主持出版社任上，出版社的社会效益和经济效益都有了更大提升。我们在“古工委”共事，克勤给我留下一个印象，就是遇事果断，有主见。克勤身上还有两个特点，一是记忆力特别好，喜欢谈上古社历史上书与人的来龙去脉；一是工作之余写作特别勤奋，他应该是我们四人中出版著作最多的，好像退休二三年中，就出版了好几本书。克勤与人相处随和，容易接近，这一点，我们社好几位年轻编辑都有同感。

戎默：听说您们各自都有一个斋号，这些斋号的由来分别是什么？

徐俊：退休后我们四个人新建了一个名为“诚拙容虚四友斋”的小群，“诚拙容虚”就是我们四个人的斋号组合。我得号“容斋”是一个偶然事件，因为业余写字的缘故，一次写到署款时旁观者问你没有斋号吗？我抬起头看到书架上的《容斋随笔》，就随手加署了“容斋”，很长时间觉得用古代名人的斋号甚是不妥，程毅中先生都打趣问我，你也要写“随笔”吗？转念想既然有《室名别号索引》这样的书，古今同号本是常见之事。认真说，读书人的斋号都不是随便起的，跟父母所赐的大名不一样，是一种自我认同，也可以说是自身性情的外在标识。“诚拙容虚”，立诚守拙，其容若虚，将之视作我们共同的意愿和自我要求，当无不妥。“诚拙容虚”四斋文集，正是本书最早动议的起点。

宫晓卫：关于斋号，徐俊兄用我们四人的斋号建了个“诚拙容虚四友斋”微信群。相对其他三友，我的斋号“虚”取得最晚。因三好友早有斋号，在一次友人聚会时，上海世纪出版集团总裁阚宁辉先生建议我也该有个斋号，于是我的斋号遵命而取。

取“虚”为斋号的一个主要原因，是“虚”作为二十八星宿之一，按古人说法其所主之地为青州，青州乃是家慈故里，于我有纪念意义。而且二十八星宿之“奎虚”二宿主齐鲁，此前我曾把这两个字用在自己一本小书的名称里。当然，《易》云：“君子以虚受人。”这是“虚”的“谦虚”义，我很看重。

高克勤：读古人书，追慕前辈流风余韵，也想取个斋名。我生性笨拙，父母取名之意，就是希望勤能补拙，所以曾以“补拙斋”为斋名。继而自谓半辈子尚勤快，拙则依然，已知天命，不如顺性一任其拙，于是定名“拙斋”，并公之于拙著《拙斋书话》。

姜小青：我在拙著《诚斋文录》（广陵书社，2023年）后记中，对此有一个记述，这里就转述吧：“至于书名，确实是个难题，总怕名不副实，所以一直拖到最后。我从未给陋室起过什么雅号，只是对‘诚’字一向心存敬畏，犬子也以‘诚’字单名。十多年前，友人西泠印社出版社总编辑江兴祐兄好意,请西泠印社吴莹女史治‘诚斋’印,北京语言大学教授朱天曙兄又书赐‘诚斋’,本次姑且风雅一回,用于本集书名,但考虑到内容庞杂,原拟用‘杂录’,后经黄松、曾学文二位仁兄鼓励,斗胆不避古人、前贤,题‘诚斋文录’。”

二、行　业

戎默: 古籍出版行业从各位从业之初发展至今,各方面都发生了巨大的变化,也曾面对过各种各样的困难,面对这种变化与困难,既要坚守传统,又要有破局的勇气、创新的意识,各位如何看待传统和创新这个话题?

徐俊: 古籍出版一直被视为“故纸堆里”的营生,除了工作对象和内容是中国传统古籍,工作方式也一直处于固守传统出版的位置,因此传统似乎在我们身上烙印更深,传统和创新的矛盾也表现得更集中。我们都曾经担任出版社主官,这一点当体会更深。在中华书局成立一百周年的时候我说过一段话:“一个企业走过百年,一定有他内在的力量和一以贯之的精神。”这就是传统,我们接续传统,同时要赋予传统新的血液、新的力量,这就是创新。我的基本认识是,传统与创新关系到一个出版社的发展,无论在哪个阶段,传统不能丢,创新更不可少。发展的前提离不开自上而下的思想解放,固守传统,必无创新可言。我的体会:企业发展最重要的是“开放”和“合作”,企业文化最重要的是“认同”和“有为”,从理念到付诸实践。

宫晓卫: 我已远离出版一线多年,现在谈坚守和创新,不敢也不能妄言。这里不妨用自己当年的一段经历勉强作答。

二十世纪九十年代,特别是那个时期的后半段,全国大部分古籍出版社都有过一段持续时间较长的困难期。当时伴随着市场经济走向深入，业已进入市场的出版业却没有完全适应。因这个行业长期的文化事业属性，此时出版社的专业分工、图书定价、材料供应、印制加工、选题管理和审批诸方面，基本还处在计划经济状态，单纯以受众面窄的传统文化为出版范围的专业古籍社，最是水土不服。加之国家经济大环境正在爬坡，各方面对古籍整理和出版的关注、扶持远不到位，古籍社大都经营亏损、处境艰难，多数古籍社职工的收益在当地出版系统是最低的。那些年的“社长年会”，“脱困”一直是会议绕不开的话题之一。

我接手齐鲁书社社长时，这家单位已掉入经营管理的谷底，在省内本系统数家困难社里，日子最为窘迫，被民间戏称为“丐帮之首”。要扭转这种局面、走出困境，势必要有一些打破常规的做法，包括对出版范围的突破。然而这在当年并不简单。齐鲁书社曾创出过“文兴齐鲁，功在学林”的荣耀，其品牌形象、社会声誉都是出自古籍整理和传统文化研究类图书的出版，这已成为地方老同志和管理部门看待齐鲁书社的定式。我的想法，很难得到他们的理解和支持。

我在山东出版总社总编室工作的三年，有一个认识，即我所在的地域，那些因专业分工而没有教材教辅的出版社，好像天生就该受穷，很少有人会在意你的压力有多大、日子有多难过。所以，我“破局”困境的举措之一，是要在助学读物的出版板块上插进一只脚，从中分得一杯羹。这个念头的实现，在今天看来不是多大点事，但在我所处的环境里，因出版范围的限制，却是很难跨越的坎。凭着不懈的执念，同事们的同心协力，加之对各种外部力量的借助，包括与母校华东师范大学出版社的一度合作，齐鲁书社选题范围突破的口子是一点一点撕开的。如此历经数年，终于使这类出版物达到了一定的规模，挤占了一块市场，得到了较为稳定的收入，成为支撑单位运营的重要经济来源。虽然在出书结构上我们增加了这个板块，但这期间我们主营方向的古籍专业出版不仅没有削弱，在出版规模、图书品质诸方面还有了明显提升，实现了对突破传统和对本色坚守的并行不悖，相得益彰。

适合自己的才是最好的。因时、因地、因单位实际制宜，对原规矩、固有观念的突破，也是创新。在我们突破的过程中，初始阶段不断有各方的质疑声，当年我接受过《出版参考》记者的采访，面对这方面的提问，我解释了个中原因和苦衷。所感慨的一句“饿着肚子无法顶牌子”，被记者用作了采访标题。

往事重提，但愿离题还不太远。

高克勤：出版，简言之，就是传承和传播文化，本身就承担了弘扬优秀传统文化和创新的使命。任何时候都会有变化，只是有渐变与突变、变化大与小之区别。所以出版始终面临着传统与创新的问题。而传统与创新并不矛盾。传统本身就是前人创新的成果。今人创新的成果得到传承也会成为传统。对于我们出版工作者，尤其是古籍整理出版者来说，在整个出版环节尤其是图书的内容和形式方面都要做好传承和创新，两者不能偏废。对于古籍出版社来说，首先要做好传承的工作，保护好、整理好文献。从出版的角度，用数字化和纸质的形式复制出版珍贵文献，也是对文献的一种保存和利用。传承的要点在于准确地整理文献、阐释经典，已经出版的中华书局“二十四史”整理本和我社的“中国古典文学丛书”等，就是基础古籍深度整理出版的范例。创新是在传承的基础上创新，找准与时代的对接点，对传统经典进行再诠释，赋予中华优秀传统文化以新的时代内涵，并及时地将这些创造性成果予以出版。在内容确定的前提下，出版形式和传播手段的创新就起到了重要的甚至是决定性的作用。

姜小青：古籍出版较之以往，确实许多方面都发生了变化，也随之产生许多新问题和新困难。坚守传统和开拓创新，其实不是新话题，我们在梳理新中国古籍出版发展史就注意到，每一个历史阶段都会有突出的矛盾与问题，但最终都是通过创新加以解决。我写《被动选择与主动追求——专业古籍出版社发展历程考察之一》，就是想通过研究专业古籍出版社二十世纪九十年代面临困难时，是如何对待传统和创新问题的，并给当下古籍出版提供一点借鉴。我认为，古籍出版事业要持续发展，离不开坚守传统和开拓创新两个方面，关键在于继承什么样传统和如何创新。我们要认识到，新中国古籍出版事业发展历程，虽有波折，也走过弯路，但始终不断向前发展，是客观事实。因此，我们应该首先通过深入研究新中国古籍出版发展历史，总结出古籍出版事业在各个历史发展阶段中持续性起关键作用的东西，例如，古籍整理出版中长期规划、具有学术创造意义的重大项目等，这些被实践证明具有规律性的"传统"，就是我们要继承和始终坚持的。我理解的古籍出版创新，是"顺势而为"，创新是对传统的发展，应该顺应行业趋势、体现时代特征、切合业态发展、实现社会期待、满足读者需求。只要稍稍梳理一下新中国古籍出版历史，就会发现，凡是促进事业发展的创新，都具有上述特征。以二十世纪九十年代专业古籍出版社面对市场经济新出版环境为例，其时，大多数专业古籍出版社面临生存危机，在经历了拒绝、排斥、无奈和接受、转变、创新、调整之后，都逐渐走出了困境，为下一阶段发展奠定了坚实基础。当时的创新，主要有两条，一是观念上对图书商品属性的接受和认识，二是举措上调整选题结构，加大传统文化普及性选题。因此，我觉得，当下古籍出版创新，在继承传统前提下，应基于数字时代给出版业态、社会需求、阅读生态等带来的变化。

戎默：古籍出版业与单纯的古籍整理研究工作不同，与通常意义上的出版工作也不同，它生产的既是学术成果又是产品；既要为学术服务，有相当的专业度，又要尽量让大众接受，有一定普及度，甚至还要能够吸引眼球，有话题度，从而让人"买单"。各位老师如何看待古籍出版业的这种复杂属性？

徐俊：图书具有"文化"和"商品"的双重属性，出版工作的难点由此而生。但出版的本质是"传播"，古今中外，概莫能外。这个问题讨论得很多，如何看待和处理这对矛盾，这里我不赘言，只引上海杰出出版人赵昌平先生的话来回答。赵昌平说："当我们说着图书是文化时，必须充分意识到，图书是商品；当我们说着图书是商品时，必须充分意识到，图书是文化。"（《我的出版三传》）

宫晓卫：问题里提到的几个"度"，我以为表现在对不同层面读者的对应上。"专业度"适应的是文化层次较高的专业学者、研究者，"普及度"适合的是初、中级文化程度读者。用不同的整理要求，以适应不同层面的读者，有这种复杂属性的古籍整理，通常围绕中华传统文化中影响大、价值高，堪称经典的古籍而展开。至于非经典的普通古籍，其整理出版，一般不会有"复杂性"的纠结。

由此想到国家"古籍办"2021年公布的"首批向全国推荐经典古籍及其整理版本"。对经典古籍的整理出版，是每个专业古籍社长期关注并不断投入的选题板块，也是其他出版社对古籍类图书出版涉足较多的区域。图书市场上，每种经典几乎都有多种版本存世，鱼龙混杂，良莠不齐。其中哪些是最好的，甚至能称之为"权威的"，"古籍办"的这次推荐，是给出答案之举。

首批推荐的经典古籍版本，含40种经典古籍的179个整理版本。涵盖范围还不大，却能看到一个明显特点，即在每种经典古籍所推荐的四五个整理版本中，大部分都含有几个层面：既有专业性强、学术含量高的校释本，也有简明注释或译注本，还有选注选译本。这就能清楚地反映版本入“目”选择时对不同层面读者的兼顾。这个版本目录的推出，对读者面对浩繁的古籍出版物时如何选对的、选好的，无疑具有很好的引导作用。我参加了项目的评审，作为古籍出版人，从中体会到的则还有对古籍整理出版的实际指导意义。

此次推荐的经典古籍版本，都是经过图书市场调研、版本征集、专家初评、样书征集、专家终评等多个环节，从古籍出版已有成果中严格遴选出来的，整个过程完全可视为是对此类出版物的一次全面检验和总结。拿出的这份推荐书目，里面聚集了古籍出版人面对市场如何做经典古籍类图书的智慧和经验。因此，对今天的古籍整理出版，有直接的示范作用。能够充分汲取已有的成功经验，是今人远超前人的有利条件。凭借这一点，加之新技术的助力，而今的古籍整理出版，应该、也必须能推出符合新时代要求的、更好的经典古籍整理本。

高克勤：在出版业内，古籍出版业有出版的共性，其出版物既是文化产品，也是商品。既然是商品，就要吸引读者“买单”，要求出版物有吸引读者眼球的内容与形式。图书最根本的还是内容为王。古籍类图书最大的卖点还是在内容。古籍类图书大多是千百年流传下来的传统文化的精华。要做好古籍类图书，仅靠作者的努力是不够的。这就说到古籍出版的特殊性。古籍出版社往往深入到规划、组织古籍整理的工作并实施出版，古籍编辑对书稿的加工往往不只是改正错别字和病句、核对引文而已，在审阅校点、注释、今译类稿件时，编辑还往往参与校核版本、审定标点和注释的工作，可以说是做了作者的工作，是不署名的作者。大家熟知的中华书局本《全宋词》，编辑王仲闻先生在修订工作中做了大量工作，起到了巨大作用，以致该书编者唐圭璋先生同意署名采用“唐圭璋编，王仲闻订补”的方式，就是一个著名的例子。正因为如此,有"学者型编辑"的说法。

姜小青: 应该承认,古籍出版确实具有特殊性,从业者始终在学术与大众之间纠结,我也一直被这个问题困扰,记得十多年前,我说过这样一句话:"传统文化现代化,专业知识大众化,社会效益市场化。"算是自己对这个问题的思考,但在实际工作中并没能很好实现。我们古籍出版人经常会讲起中华书局创始人陆费逵的一句话:"我书业虽然是较小的行业,但是与国家社会的关系,却比任何行业大些。"所以我想,在上述二者不能平衡的情况下,古籍出版单位是不是可以根据自身优势,侧重性发展,不少专业古籍出版社发展过程中,确实也是这么做的,而且效果也很好。我本人特别倾心于"专而精""特而尖"和"小而美"的古籍专业出版追求。

戎默: 由于这种复杂属性,其实古籍出版行业对于从业人员(编辑)的素养要求很高,记得高克勤老师经常教导我们年轻编辑要向上海古籍出版社的前辈学习,做"学者型编辑",但从现在出版的业态来看,光做"学者型编辑"可能还不行,编辑还要具备营销能力、市场眼光,而目前出书、发稿的压力也远超过去。这些综合能力的学习和培养及工作量的压力,或许会导致古籍编辑在专业能力学习上的不足,使得编辑的"学者化"属性减弱,"职业化"属性加强,各位老师不知如何看待这个问题?

徐俊: 纵观中国现代出版史,出版人具有多重身份本是一件常见的事。张元济身兼文献学家、藏书家、出版家,陆费逵身兼教育家、出版家,叶圣陶身兼作家、教育家、出版家,不胜枚举。二十世纪八十年代,可能出于提升出版内容价值的考量,开始倡导"编辑学者化"。此后随着市场经济的推进,社会各行各业都更加重视职业化素养的培养,出版的职业化要求也开始被重视。毋庸置疑，出版本身就是一门学问，加上各门类出版又具有不同的学科属性，因此所谓的“学者型编辑”应该包含出版本身与所在学科的双重要求。这个要求用“学者化”和“职业化”都欠准确，我认为更准确的说法用大白话来说，就是看你是不是“在行”，也就是“专业化”。这一点出版家兼文学评论家潘凯雄先生有一段精辟的概括：“优秀出版人之专业至少应该包括两层含义：一是对自己所在出版领域的学术专业，缺乏这个专业你根本无从判断内容的优劣高下，也缺乏对优质作者的亲和力与粘连度；二是对出版本身的职业专业，缺乏这个专业你可能会做成一两本好书，却无法做强做大出版这个产业。两个专业对一个优秀的职业出版人来说缺一不可。”（《出版，不专业则无产业！》）说起来惭愧，有时候别人视我为“学者型编辑”，其实我只是在编辑岗位上没有放弃学术研究，在“专业化”的双重性上是做得很不够的。

宫晓卫：出版社是自主经营、自负盈亏的企业，编辑作为单位人员构成的核心力量，自然应关注经营、考虑市场，要更“职业化”。从长期置身古籍出版形成的认知，我赞同古籍出版社编辑“学者型”的认识。因为从已有的出版经验可以看到，古籍出版社编辑的“学者化”和出版企业员工的“职业化”，实际上并不矛盾，反倒能相辅相成。

还是聊聊往事。二十世纪九十年代，为了让齐鲁书社尽快摆脱困境，我曾把本社编辑全体推进了市场，对编辑室和每位编辑实行目标责任制，全面考核。编辑个人收益与所创效益挂钩，靠出书品质和效益说话。这大概属于省内出版系统较早试水三项制度改革者。因操作办法符合本单位实际，行之有效，实施了多年。回想当年的编辑考核，每年位列前茅的，都是几位在自己专业领域造诣较高、学术根底较厚实的编辑，尤其是其中还有一位半路出家任编辑的山东大学教师，他有很好的学术素养，进入新行业转型极快，很短时间就崭露了头角。归纳一下“学者型编辑”业绩好于其他编辑的原因，主要在于处在对学术性、专业性有着特殊要求的古籍出版社，他们有其他编辑达不到的优势：他们一般更有见识，眼光更准，所提选题往往更符合本单位出版品牌的需求；在选题策划、书稿编辑中，对作者、书稿、读者的把握更到位；有自主应对复杂书稿的能力；自己不外行，所以与学者交流更顺畅，能产生共鸣、得到信任；介入学术活动多，拥有更多元的人脉关系。所以，我很欣赏社里在学术上有所深耕、有所追求的编辑，在意他们专业素质的提高，鼓励他们参与古籍整理和个人提出项目去申报立项，也尽可能支持其个人著作的出版。

而从古籍出版业的发展实际看，学者型编辑，最有可能成为古籍专业社的出色带头人。即如我们熟悉的中华书局的李岩、徐俊，上海古籍出版社的赵昌平、王兴康、高克勤，上海书店出版社的金良年，凤凰出版社的姜小青等，他们都称得上是我们这一代古籍出版人的杰出代表，他们又无一不是从典型的“学者型编辑”一路成长起来的。“学者型编辑”于古籍出版之重要，他们是最好的佐证。

高克勤：在二十世纪八十年代我入职的时候，在我认知中，觉得编辑就是学者。对于从事专业学术出版如古籍整理、科技著作等出版的编辑来说，成为“学者型编辑”既是职业要求，又是努力目标，“学者化”和“职业化”属性应该融合在一起。当时认为，一个编辑只要认真做好编辑工作，久而久之，自然就成为学者了。之前没有觉得这是一个问题。当时上海古籍出版社古典文学编辑室的编辑，每人除了通览古典文学外，还专攻断代文学或分体文学如辞赋、诗词、戏曲、小说等，审稿时也有侧重。一时人才济济。无怪乎老社长李俊民曾说：“我们这个班子办一个大学中文系是胜任的。”（何满子《悼胡道静并琐忆往事》，《新

民晚报》2003年12月22日）

在出版界、学术界，有学者转为编辑的，也有编辑转为学者的，这方面的例子很多，这些编辑、学者也有称其为“学者型编辑”。从出版社的角度严格定义的话，我认为，学者型编辑，简而言之就是具有相当学术造诣的编辑，首先，职业是编辑；其次，精通业务，具有相当的学术造诣；第三，在编辑实践中成为学者。这样的“学者型编辑”的例子是不胜枚举的。中华书局、上海古籍出版社等古籍专业出版社都有一批学者型编辑，如中华书局的周振甫（1911—2000）、程毅中（1930—2024）、傅璇琮（1933—2016）等，上海古籍出版社的朱金城（1921—2011）、钱伯城（1922—2021）、赵昌平（1945—2018）等。

对于二十世纪九十年代之前从事专业学术出版的编辑来说，因为出版社各部门的分工不同，可能不十分强调其必须具备营销能力和市场眼光。当今除了专门从事审读的编辑之外，由于有效益的考核，所以往往要求编辑“既要又要”，向出版全能的方向发展，编辑的压力确实增加。在我看来，成为出版全能的编辑只是一个美好的方向，而成为学者型编辑则是从事专业学术出版的编辑的基本要求。没有专业学术素养，第一步审稿就没法做好，遑论接下来的工作。专业图书的作者必须具有专业学术背景，专业图书的编辑也必须具有专业学术背景，这样才能发现作品水平的高下，与作者对话。

当今，随着出版业的发展，尤其是多种出版业态的出现，编辑从事的工作泛化，在许多编辑尤其是年轻编辑看来，成为学者型编辑是一个难以企及的目标或者只是编辑的一种类型而已。我认为，在追求出版高质量发展的当下，出版业需要一大批把握导向、精通业务的编辑，在此前提下，专业出版社还需要有一批学者型编辑。这是事业的需要，也是编辑成长的需要。对有志于在编辑工作中成长发展的编辑来说，能把个人的成长发展与从事的事业融合在一起，随着事业的发展个人也得到成长发展，对于工作者来说是完美的。

姜小青：古籍出版属于学术出版，编辑的学术程度对编辑工作有直接影响，过去，中华书局、上海古籍出版社许多老编辑本身也是学者，他们编辑的许多图书影响了学术界几代人。所以，我首先认为，从当下国家对行业高质量发展要求来讲，"学者型编辑"并没有过时。当然，不同历史阶段出版语境下，我们对"学者型编辑"定义，应该具有时代特征，大家公认的老一辈"学者型编辑"傅璇琮先生关于这个问题，有几段话，很值得我们体会和研究，他说，"编辑学者化，并不是说编辑一定要作一个专业学者，而是说编辑具有一定的专业志趣与成就，就有利于与文化界的交往，促进出版业务的发展"（《徐宗文〈三余论草〉序》），"我曾经提出'编辑学者化'，现在出版环境变化了，编辑学者化的说法不一定合适，可以改成'编辑工作应该注意社会化'，更好地面向社会，而不仅是专注于某一个专业。比如古籍整理除了专业工作以外，还存在一个普及工作，应该有一个传统文化现代化的观念，思考古籍文化如何与现在的读者沟通、结合"（《为学术界办一些实事》，见《傅璇琮文集》）。我认为，当下提倡的"学者型编辑"，既要有我们前辈身上那种"学者化"，又要有当下行业发展要求的"职业化"。这里的"学者化"，正如傅先生说的，并不一定要成为专业学者，关键是要具有与从事古籍出版相适应的学术知识结构，以及专业知识转化为在实际工作中的运用能力，许多"学者型编辑"之所以受人尊敬，除了学术研究成果外，很大程度上，就是因为他们专业学术能力，在图书编辑出版过程中所起到的作用。我理解"职业化"是出版产业化以后对行业人才的一种新要求，提倡的主要是"职业素养"，包括能够对行业发展趋势有前瞻性认识，能够洞察行业发展中突出问题并提出有效解决办法等。我们不要把“学者化”与“职业化”对立起来，可以说，新的出版环境对成为一名“学者型编辑”的要求更高了。前不久去世的上海书店出版社原总编辑金良年先生，是古籍出版行业内公认的“学者型编辑”，从对行业发展持续性关注和研究角度讲，他又是这一代“学者型编辑”中非常突出的一位，值得我们学习和研究，他的《面临新世纪的古籍出版业》《集团化、企业化环境下的古籍出版》《论上海出版的弱势》《上海出版业必须“突出重围”》《电子出版的前景和发展策略》《十一五期间出版业经营环境预测》《没有制度创新，就没有出版创新》等出版研究论文，从时间上看，大多形成于行业发展关键节点；从研究内容看，都是行业发展中的核心问题。

三、未　来

戎默：现在出版业都说要“数智化”转型，所谓“数智化”，即数字化、智能化。古籍出版行业也在积极地开展古籍数据库，古籍智能识别、智能标点的开发工作，这些工作必然会影响到未来的古籍出版业发展。这些数智化工具、产品会对将来的古籍出版带来些什么？在这种背景下，古籍出版业将走向何方？

徐俊：出版业必须要拥抱科技创新，古籍出版也不例外。从简帛到纸写本，从版刻到现代印刷，一直到当下的电子书、网络出版，出版之路就是一条科技创新之路，而且这条路不只是科技创新单方面的外在作用，也是出版不断进步以符合人类知识传播需求的自身选择。因此数智化之于古籍出版业，不是一个可选项，而是必选项。今年的世界读书日，中华书局旗下的古联数字公司迎来了十周年庆。2015年古联创办的时候，我们的愿景是再造一个数字中华、线上中华。紧抠字眼看，将百年中华的古籍整理出版成果搬进数据库,供全国乃至世界各地的学者读者使用,这个目标已经实现。但随着技术的飞速发展,数字人文学科的兴起,又面临着更多更大的挑战。回到当下的传统古籍出版业,我觉得数字化带来的以下两个方面的调整已经惠及全行业:一是技术赋能,从整理到出版的全流程升级,包括数字化采集、OCR识别、数据平台辅助校勘标点,等等;二是出版形态多元,从纸质书到电子书、数据库,从集中印刷到按需印刷,等等。最大的困境是读者已经普遍适应了数智化阅读,而出版还没有形成可持续的数智化运营模式,包括古籍整理出版与技术开发的协同、古籍整理出版数字化标准的转换与确立、开放共享与版权保护的适配、“公益”与“商业”的矛盾以及数字出版销售渠道,等等,都需要在新时代古籍整理出版实践中探索解决。我们作为古籍出版人,要坚信数智化是技术,是载体,为古籍整理服务,给古籍整理以新的呈现形式,给古籍整理的使用阅读以便捷,但它不能替代古籍整理的核心内涵——学术性,提高古籍整理出版的学术性和编辑含量,仍然是我们传统古籍出版业的价值所在。

宫晓卫: 庆幸我们生活在一个科技飞速发展的时代,伴随着日新月异的变化,享受着它所带来且随时在提升的巨大便利。想当年古籍整理者为查一个版本、一条资料可能要跑千里之外的图书馆,而今一台电脑、一部手机就能基本解决;古籍编辑曾经难以核对的原文,现在几乎不离案头即可搞定。科技力量带给我们的认识,是过去无法想像的。

很惭愧,我是个技术盲,对新科技的感知十分愚钝。生活中,就随其自然,没什么追求;工作中,因责任在身,还是想努力跟上,不至于被落得太远。所以在职时,做过一些跟进技术进步的尝试。印象较深的,如2000年电子出版物新兴,就为本社出版的《二十五别史》做了个索引光盘;本世纪初数码相机技术刚见成熟,我们及时更改了原拟用反转片拍摄《孔府档案》的方案，预算费用立马降低数百万元；此后上马的规模同样庞大的《钦定古今图书集成》，则已全部使用数码相机拍摄和电脑修版；对“古工委”兄弟单位中华书局“籍合网”古籍数据库的创建，持全力支持态度。从几个事例，感受的都是技术进步对行业发展的积极影响：降低了劳动强度，提高了工作效率，节省了成本开支，已建成的专业古籍数据库已经是自己离不开的查阅工具，至今受益。

尽管自己没有能力预知古籍出版业在“数智化”大发展的时代前景会怎么样，但从自己那些大都是陈旧的体验推想，科技的进步，对行业发展的推动肯定是正面的多，未来可期！

高克勤：历史上，每一次技术发明都对出版产生了重要的作用。与以往的技术发明多作用于印刷、校对等流程不同，“数智化”对出版的全流程特别是对出版的核心部分编辑过程都产生影响。“数智化”对印刷、复制、校核、装帧设计等方面的帮助效果已为业内人士熟悉并采用，对编辑审稿帮助的作用也日渐显现。以古籍来说，中国古籍浩如烟海。对于古籍编辑来说，查核引文曾经是费时费力的工作，有时甚至是难以完成的。有了版本可靠的数据库，核对引文的工作就容易多了。不仅如此，数据库还能有效地帮助判断注释的准确性、典故的准确出处等。有鉴于此，古籍出版界早就重视古籍电子数据库的建设，中华书局打造了“中华经典古籍库”等，上海古籍出版社也开发了“尚古汇典·古籍数字服务平台”，这些经过整理又有版本对照的数据库为编辑审稿提供了极大的帮助，极大地提高了编辑的工作效率和审稿的准确性，特别是古籍整理校点、注释稿，所以应该在出版界广泛应用数智化工具、产品。

但是，数智化工具、产品再好，也不能完全替代编辑的工作。编辑的选题策划、与作者关于书稿的交流互动、对稿件的判断和改定等，都不是数智化工具、产品能代替的。出版是内容产业，出版物的产生需要作者、编辑共同的创造性劳动。编辑是富于创造性的工作。虽然数智化工具、产品可以不断地升级换代，也只是不断地提高为人类服务的技能。总的来说，数智化工具、产品可以是编辑的最佳助手，但不能代替编辑本身。在数智化工具、产品不断升级、广泛应用的背景下，古籍整理出版业应该如虎添翼，作者、编辑、读者都能尽快了解、掌握专业知识，走向更广阔的天地。古籍整理出版业应更加侧重传世文献的系统性整理出版和基础古籍的深度整理出版，从而进一步推动古籍整理出版的高质量发展。

姜小青：“数智化”是出版业面临的最新环境和问题，古籍出版也不例外。近年来，许多古籍数字产品已被学术界广泛利用，起到了推动学术研究进步作用。我们古籍出版企业也在不断探索“数字化转型”，像中华书局、上海古籍出版社的OCR智能识别系统都在不断升级和优化。但就古籍出版行业整体来看，我们的生产流程、方式和产品形态等，大多还停留在传统模式，对此，应该引起重视。我们首先应该接受古籍整理这门传统之学正受到数字技术全方位挑战的事实，数字技术与产品形态所具有的许多优势已经非常明显，如果我们对此还没有足够认识或持排斥心态，恐怕会从这场“人机大战”中败下阵来。目前，通过人工智能整理古籍，确实还存在一些问题，但我们应该分析，这些问题是不是人工智能的“死结”，显然不是。因此，我们对待人工智能，既不要危言耸听，更不可排斥拒绝。有一种说法，即“人工智能是研究人的智能活动”，而不是“万能”。据此看，人工智能似乎还无法完全取代具有内容创意特征的出版活动。我们应该利用好“数智化”工具，推动古籍出版转型升级。从现有人工智能在古籍整理与出版运用中所具有的功能看,过去工作中许多复杂和繁琐过程,都可以变得简单。我们也可以相信,随着人工智能不断发展,现有古籍“数智化”工具,将会被不断优化和完善,届时,古籍图书的传统整理方式、出版流程、产品形态、传播渠道等,或许会有根本性改变。

纪事

卢弼《三国志集解》印行前后
——古籍出版社书事钩沉之一

徐　俊

《三国志集解》被誉为“足与王先谦《汉书补注》《后汉书集解》鼎峙而三”（胡玉缙序）的正史集注本，从1937年脱稿并付商务印书馆排印，到1957年由古籍出版社正式出版，单就成书时间之长这一点而言，就够称得上一段传奇。

1957年12月，卢弼（1876—1967）的诗友、植物学家胡先骕收到新印《集解》，回信说：“回思当日付梓经过，此书韫椟几二十年，至今始能公诸于此，得非文运复兴之兆耶！”（1957年12月20日胡先骕致卢弼）卢弼接着胡先骕信里“韫椟几二十年”的话头，回信讲了《集解》付梓的经过，令胡先骕感叹道：“借悉《国志集注》印行经过，将来谈及，亦属一段掌故也。”（1958年1月22日胡先骕致卢弼）

以上两札见于匡时国际2017迎春拍卖会“见字如面——卢弼友朋信札专场”，已为罗逊先生《拍场一瞥：胡先骕与卢弼、卢开运父子的交往》(《澎湃新闻·上海书评》2017年4月19日)揭出,围绕卢弼的一些传闻掌故也得以揭开谜底。但正如罗文所说,可惜卢弼谈到的《三国志集解》印行的“一段掌故”,至今仍不可得知。所幸在2017匡时“见字如面”、2018泰和嘉成“字里相逢”两个专场前后,另有一些卢弼信札散出,可以稍稍了解《集解》印行前后的情况,并借此看到1950年代新中国古籍出版的布局与调整。

1954年5月,中华书局实行公私合营,总公司从上海迁到北京,改组为财政经济出版社,一个机构两块牌子,对外出书仍用“中华书局”名义。这个时期中华书局的业务新旧结合,旧业务主要是重印一些社会还有需求的老书。这年的12月,卢弼收到中华书局公函,洽商《集解》印行事,卢弼回信:

> 顷接一九五四年十二月二十二日大函,承询拙著《三国志集解》情形,是书已由上海商务印书馆交北京京华印书局全部印好(北京大学图书馆有全部校本,京华印书局有精装印本)。全部纸型现存津寓。鄙人希望早日出版,其他一切由领导方面按照一般情形照办。惟商务印书馆一九五〇年六月廿六日函有:(1)纸型双方共有;(2)他家印行应付纸型税百分之十五云云。请径函商务印书馆接洽并请嘱商馆函达敝处,以清手续为盼。此致
>
> 中华书局总公司经理部台鉴
>
> 公元一九五四年十二月二十三日卢慎之谨覆

此信有“54年12月27日财经收文第4086号”印记。此时距1937年交商务印书馆付排已经过去十七年,稍早一些卢弼在给余绍宋的信里就说到过当时的情况:

……承询拙著《三国志集解》事，弟自罢官后闭户著述，潜心纂辑，积稿盈尺，无力付梓。乃与商务印书馆商定，约半年出书，议定合同甫一月，正开始排板，适七七事变，荏苒数年，全部排好，打成纸型，仅印样本数部，纸张印工，皆极精美。敝处仅获样本一部，数十巨册，朋辈笑谓海内孤本。闻南京中央图书馆亦有之……

"经过数年，印成样本，全书出版，遥遥无期"（《慎园启事》卷下《覆旅汉沔阳同乡会》，1947年8月26日）。此后，卢弼藏书售归北京大学图书馆，"商馆排印《集解》草本"也随之一起"为北京大学图书馆买去"（《慎园启事》卷下《覆余越园》，1949年4月4日）。《集解》篇幅巨大，排校费时，但1940年代前半期应已排竣。卢弼信中所说京华印书局，是商务印书馆下属印刷机构，旧址即今虎坊桥路口的"船楼"（中国书店出版社现址）。

《集解》"韫椟几二十年"，为什么在这个时候被中华书局关注？这要说到建国初出版格局的调整。

1952年，中央人民政府出版总署起草了《全国出版事业五年建设计划大纲（草案）》，计划在五年内逐步建立十五至二十个专业出版社，包括财经、翻译、通俗读物、少年儿童读物、人民卫生、少数民族读物、字典辞书、农业、重工业、轻工业、电影、音乐、戏剧、体育、史地、古籍等出版社及地图编绘社，每年平均建立三个至四个。列名举例的最后一个就是古籍，1954年3月1日出版总署党组书记、副署长陈克寒向习仲勋并中央宣传部就此做了书面汇报（《陈克寒关于建立古籍与汉文字典编辑机构致习仲勋并中央宣传部的信》，《中华人民共和国出版史料［1954年］》，中国书籍出版社，1999年），汇报建立古籍出版社的必要性和步骤安排：

> 在刚解放的一二年，由于国家处在恢复阶段，社会上对古籍的需要还不很迫切；即令有所需要，市场上存留的旧书也还可以满足一些。近一二年来，情况改变了，由于文化建设与学术研究的开始与开展，古籍的需要逐渐增加……去年以来，我们也屡次想在这方面的出版工作上作些努力，但终因其他任务繁重，且没有一个编辑出版的班底子可作依靠（商务、中华可以作这种工作的人有的死了，有的转业了），因而迟迟未能下手。现在看来，再不下手就更加落后于需要了……如果一味等待，不从现在开始做起，将来是不会大起来的。

报告提出“建立一个古籍出版社，负责编辑出版中国古籍与汉文字典、辞典”，“由齐燕铭同志主持”。3月12日，中宣部部务会议讨论了陈克寒报告，决定“在中华书局内设编辑所，但用古籍出版社名义出书，由小到大，从影印古籍工作做起，整理古籍工作放在第二步”（见前引《陈克寒关于建立古籍与汉文字典编辑机构致习仲勋并中央宣传部的信》附注）。众所皆知，古籍出版社于1957年并入中华书局，不单如此，其成立之初，也孕育于中华书局，而这正是1954年中华书局给卢弼去信联系印行《集解》的背景。换句话说，重提《集解》出版，与“古籍出版社”的这一段前史有关。

《集解》“韫椟几二十年”未出，吊足了读书人的胃口，留存至今的卢弼友朋书札，给予高度评价的同时，也寄托了急切的期待。文献学家王欣夫一再致信卢弼：“大著《三国志集解》望如饥渴，乃问之此间商务书馆执事者，竟无知之者，未知何日始可出版。尊处有否印成者可先割让，祈示及……”又一信云：“大著《三国志集解》，问诸此间商务书馆职员，均云不知是否在北京所印，谅已出板，渴望已久，可否请代购一部寄下,该款若干,示知即汇上不误,至托至托。”(王鹏编著《花笺染翰——清与民国著名学人书札集锦》,西泠印社出版社,2022年)据王欣夫信,更有不良商贾借《集解》样本编造故事以谋善价的事发生:

前日在友人许,闻绥丈遗书有大著《三国集解》样本若干卷,为北京某贾以千金售去,并扬言左右为海外东坡,稿已零落,不能续印,故居为奇货。弟不觉大惊诧,以为此人新自北来,不能无疑信参半之见。归途行不正履,欲作快函奉达。乃抵家,适接十四日见覆之函,快慰不可言喻。后探知该贾之故作是言者,欲售书京华贵人,冀得善价,其狡狯亦甚矣。然此事殊有风趣,足下何不以诗记之?大著已打成纸板南运,问之此间商务书馆主持人张菊生、李拔可二公,均云未知,即其他职员所言亦同,想为购纸不易,故尚迟迟出版。然何以慰学者喁喁之望?况世乱靡已,以及早印出为是,勿徒使书贾抱残本图博巨金,以售其欺,不知贤者以为如何?

后来王欣夫得知出版搁置,又为他另谋印行,有高楼主人赐示王欣夫致卢弼信透露了其中的细节:

慎之先生大鉴:承赐碑拓多种,拜领,谢谢。前月亦有《天放楼诗文》寄上,谅登记室为念。大著《三国志集解》,与友人谈及,佥谓不朽盛业,亟宜印行,以惠后学。惟物力维艰,不易措手。因议及不妨用照相石印缩成袖珍本,或以四页合成一页,虽似觉太费目力,而工料可省,易观厥成。须先知全书共若干页,再合算成本,然后于知友中集资。如有认购一二百部,即可开印。此刻只求其书之得传,而暂不问其观瞻,甚至用机制纸亦可。用特函征尊意如何，并祈即将全书页数示知。事之成否固难逆料，亦姑尽我力而已。至鄦齋遗集则更无法可想。专颂冬安并候惠复。弟王大隆顿首，十二月四日

这封信年代不明，从信中“此刻只求其书之得传，而暂不问其观瞻”的急迫语气推测，应在《集解》排竣停印之后不久。《集解》卷帙巨大，印行非易，王欣夫先生才有缩印上市的建议。信中所说“鄦齋遗集”为胡玉缙遗稿，胡玉缙卒于1940年7月，其后王欣夫也曾发动集资筹印，此信必在1940年以后。此后，卢弼响应王欣夫的建议联系了商务印书馆张元济，并及时反馈给王欣夫。王欣夫回信给卢弼交底，前陈缩印计划是顾廷龙所拟：

慎之先生大鉴：前接大教并张菊老估印《三国志集解》函，适因三小儿患病，继又忙于课务及开会学习等，至稽作答，罪甚歉甚。前函所陈缩印计划，系友人顾君起潜所拟，顾君曾代人印过小部书数种，价虽廉而不甚精致，此大部书，又距初估价时已久，恐亦须大大增加，惟必较商务为低耳。所难者，付印时必得一有力者垫款二百部之数，虽不算多，在今日恐不易在最短期内销尽。今将张函附还，请再与胡君从长商讨见示为盼。

王欣夫此信的后半部分用大量篇幅陈述与另一位藏书家徐行可交恶的细节，信末署六月廿四日，无明确记年，友人柳向春考证时在1950年代初（《王大隆与徐恕两先生交恶事件述略》，《中国文化》2021年第1期），与卢弼前信所言“商务印书馆一九五〇年六月廿六日函有：(1)纸型双方共有；(2)他家印行应付纸型税百分之十五云云”，时间正合。

又检中华书局新出《顾廷龙日记》，1943年3月8日下有云：“欣夫来，述悉近得卢慎之信，知其健好。《三国志集解》已全排好，打成纸板存沪。”1943年，或即王欣夫信所谓“初估价时”。

商务印书馆与中华书局同时实行公私合营，1954年6月，总管理处迁京，改组为高等教育出版社，一个机构两块牌子。改组后的商务印书馆基本停止了古籍出版业务，此时北京有古籍出版业务的出版机构，除中华书局外，还有1954年8月成立的科学出版社。科学出版社在1956年5月也给卢弼去信商谈《集解》出版，卢弼回信如下：

> 接贵社五月十八日大函，承询拙著《三国志集解》出版事，此书早由商务印书馆排成样本全部，精美异常，打成纸版（纸版三箱，存津寓），不必再排版。商馆因公私合营，放弃纸型一半之权利，并以奉闻。鄙人希望早日出版，鄙寓狭窄，□贵社速派人来津（须持贵社正式函件），将纸型运京。鄙人尚有未印《续集解》稿本二卷，可面交。此致科学出版社编辑部台鉴。卢慎之谨启（钤印：慎之八十后作），一九五六年五月二十六日

科学出版社由中国科学院编译局与龙门联合书局重组建立，从编译局到科学出版社，古代文史学术特别是古代史及金甲文字学著作的出版，成果累累。因此科学出版社与卢弼洽商出版《集解》，也属于题中应有之义。另一位一直关注《集解》出版的老朋友胡先骕，是科学院系统的，他给卢提出了另一个出版建议：

> 慎之先生侍席：前岁得奉手教，以事冗未复，延至去年夏间，以神经衰弱在家修养八月有余，近始渐痊，久稽问候，歉仄无似。骕

以本位工作忙迫，吟事久废，病中亦只以西洋文学消遣，回想少年时弄笔拈毫，恍如梦寐矣。先生老成硕德，在今日已成鲁殿灵光，而神志不衰，尚勤于著作，至为佩仰。政府现正以团结知识分子相号召，耆儒如杨树达先生之著作，均经重印。窃以为《三国志补注》纸版不妨捐助与中国科学院，而以《补注汇录》请科学院代为刊印行世，似较强于藏之名山以待后人。如有此意，不妨直接与科学院通函也。专此敬颂春禧。胡先骕拜启，二月八日

在科学院编译局的主导下，科学出版社于1952至1954年前后陆续出版了杨树达多部著作，此信未署年，或应在1952至1956年间。以信中有“政府现正以团结知识分子相号召”云云，或在1956年1月中共中央召开全国知识分子问题会议之后。此后胡先骕又有信复卢弼：“并悉《三国志集解》中华准备出版，尤为庆幸。亟盼出版后能以一部见赠，以记当年一段因缘，则为佳事矣。”

历史进入这个时间段，《集解》得到多家出版机构青睐，也与政府出版主管部门的计划安排大有关系，此时的一个大背景事件，就是“古籍编审委员会”的筹建。1956年5月15日，文化部党组向中宣部呈报了《关于我国古籍出版工作规划的请示报告》（《中华人民共和国出版史料［1956年］》，中国书籍出版社，2001年），报告提出加强对古籍出版工作的统一领导，成立“古籍编审委员会”。并明确提出优先出版的三类古籍：第一类是在历史上已有定评的、对我国学术思想发展史上有重大影响的古代重要典籍，富有人民性和科学性同时又为广大人民所需要的著作；第二类是具有相当文化学术价值，为一般研究工作者所需要的著作；第三类是具有一定程度的参考价值，为研究工作者进行专门研究所需要的著作。报告还提出计划在今后十二年内（1956—1967

年),用各种加工整理方法有步骤地、分批地出版较重要的古籍1 500种左右。某些重要古籍还应根据必要和可能,组织专家力量将各种版本对照精校,进行集注,使之成为比较完善的"定本"。《三国志集解》作为一直未能出版的重要史籍的集注本,再一次引起了大家的关注。古籍编审委员会由齐燕铭担任主任委员,实际上就是后来的古籍整理出版规划小组的雏形。

在落实报告的过程中,主管部门对古籍出版格局进行了部分调整。古籍出版的规划和出版任务汇集到了新成立的古籍出版社,要求将文学古籍刊行社、高等教育出版社(商务印书馆)和财政经济出版社(中华书局)的古籍出版业务并入古籍出版社,有关出版社古籍编审校人员,也尽可能集中到古籍出版社。在这样的归结和转变之下,古籍出版社开始介入与卢弼的洽商,并最终完成了《集解》的出版。

1956年4月,卢弼的湖北老乡石荣暲(荩年)来信,转达叶恭绰(遐庵)对《集解》出版的关注,4月18日卢弼回复石荩年:

> 荩年老兄左右:惠书诵悉,承示叶遐庵先生详询拙著《三国志集解》事,至为感谢。此书约在二十年前与商务印书馆订立合同,约定半年出书。六月议定,下月适七七事变,遂尔停滞。幸已印出样本全部,精美异常,打成纸板(纸板现存天津敝寓),后因纸张昂贵,不能出版。此以前经过之情形也。去年北京文化部派人持天津周叔弢副市长介绍信来谒,详询一切。彼言一九五六年拟将此书出版。以后中华书局、商务书馆先后函洽,商馆将原稿邮还,声明放弃版权,并言中华书局准备出版,云云。此近日经过之情形也。希转达遐庵先生,附上覆胡绥之书数分,代交为荷。覆颂
>
> 著安

弟卢弼谨启　一九五六.四.十八

时年八十一,住天津新华区大理道卅六号

遐庵、潜若先生烦代致候。

卢弼此信介绍的“近日经过之情形”,补上了1955年文化部派员持周叔弢介绍信探访卢弼之事,使得1954年后重启《集解》印行有了一个完整的时间链条。彼时商务印书馆(高等教育出版社)、中华书局(财政经济出版社)和古籍出版社,都归属文化部,持周叔弢副市长介绍信到访卢寓的是哪家社的人,不能确定。但接下来的工作就归属古籍出版社一家了。1956年10月10日,卢弼致古籍出版社信:

十月五日,贵社高克辛、戚佑康两位同志持贵社函件来津检阅《三国志集解》,纸型完好,请速运京为盼。

古籍出版社台鉴

卢慎之谨启

一九五六年十月十日

这一年卢弼已经八十高龄,他在《预作八十续述》十二诗中有句云:“疏笺陈志早成编,兵火迁延竟莫传。”(《慎园诗选》)可见其迫切心情。前去查看纸型的高克辛是古籍出版社出版部副主任,曾经具体负责完成标点本《资治通鉴》排校印制。高克辛还见于《陈乃乾日记》,1956年10月18日:“张静庐、高克辛来谈印书事。”时间正是高克辛从天津看完《集解》纸型之后不久。陈乃乾于两个月前的8月20日刚刚自沪抵京,加盟古籍出版社,被顾颉刚称为“从此该社有内行人矣”(《顾颉刚日记》1956年7月2日),三位同事谈印书事,应该会说到《集解》的印行。

1956年12月30日《光明日报》刊发了题为“古籍出版社初步确定明年选题计划”的消息，特别提到了《集解》：

> 1957年古籍出版社的选题计划已经初步确定了。明年将主要出版一些为各地学术研究所需要的书籍。约有三百多万字的“三国志集解”，是天津一位八十多岁的卢慎之老先生花了几十年的功夫，研究了过去历代有关研究《三国志》的著作，把它集中地加以注解的。它是一部研究《三国志》的重要著作，受到有关专家的评价很高。这部书在二十年前已经排好，但当时因为成本高，一直搁置未印。现在古籍出版社为配合各地学术研究，决定在明年出版。

时间到了1957年6月，签订出版合同，预付版税，《集解》进入印制阶段。6月24日，卢弼致函古籍出版社章锡琛：

> 贵社寄来著作物出版合同、稿费收据，均签字盖章寄还，请查收。邮局汇来稿费九千一百五十元已收到，请释念。《三国志集解》约计何时可出版，请示知为盼。
>
> 古籍出版社章锡琛同志台鉴
>
> 卢慎之谨启　一九五七年六月二十四日

钤有“卢弼”“慎之八十后作”二白文印。章锡琛是上海开明书店创始人，此时任古籍出版社副总编辑。

1957年10月，在“韫椟”二十年后，三函十八册线装本《三国志集解》由古籍出版社正式出版，版权页标明：“本书用商务印书馆排校旧型新印。”而早在这一年1月，古籍出版社并入中华之事已经开始讨论，接着人员开始合署办公，次年4月正式与中华书局合并（《陈乃乾日记》1957年1月3日、1958年4月8日）。

1958年2月9日古籍整理出版规划小组成立大会召开，古籍整理出版事业进入新阶段。9月13日“标点前四史及重绘杨图工作会议”召开后，包括“标点普通本”和“标点集注本”两个系列的“二十四史”整理出版计划开始实施。《人民日报》1958年12月4日“学术动态”专栏刊发了“中华书局整理出版二十四史”的消息：

> 为了有系统地整理出版我国历史基本古籍，中华书局将从1959年开始整理出版二十四史的“标点集注本”和“标点普通本”。初步整理计划现已制定。
>
> 标点集注本：拟将已有的“汉书补注”（王先谦）、“后汉书集解”（王先谦）、“三国志集解”（卢弼）、“晋书斠注”（吴士鉴）、“唐书合注”（王先谦）和“五代史注”（彭元瑞）等加以整理，加上拟新编的“史记集注”和“南北史补注”（参考李清的“南北史合注”和后出的考证及石刻文学等）。这样，以上八部集注史书，实际上就包括了十九史，即“南北史集注”（包括宋、南齐、梁、陈、隋、北魏、北齐、北周八史）、“唐书合注”（包括旧唐书）和“五代史注”（包括旧五代史）。至于宋、辽、金、元、明五史是否作新的集注，尚未最后决定。
>
> 普通标点本：拟依照通行本二十四史，加以校勘、分段和标点。每史确定一种版本为底本，用其他版本校勘，并参考其他考证和笔记等。前四史（史记、前汉书、后汉书和三国志）的普通标点本，将在1959年国庆节以前出版。

八十四岁高龄的卢弼看到报道中自己的名字和著作，欣喜可知，1959年1月15日卢弼致中华书局编辑部信：

敬启者，一九五八年十二月四日，北京《人民报》载中华书局整理出版“二十四史”标点集注本，有拙著《三国志集解》，不知何时出版？拟印若干部？烦示知。今将大本《三国志集解》勘误表一纸寄呈，以备参考，请查收赐覆为盼。

中华书局编辑部台鉴

卢慎之启　一九五九年一月十五日　时年八十四

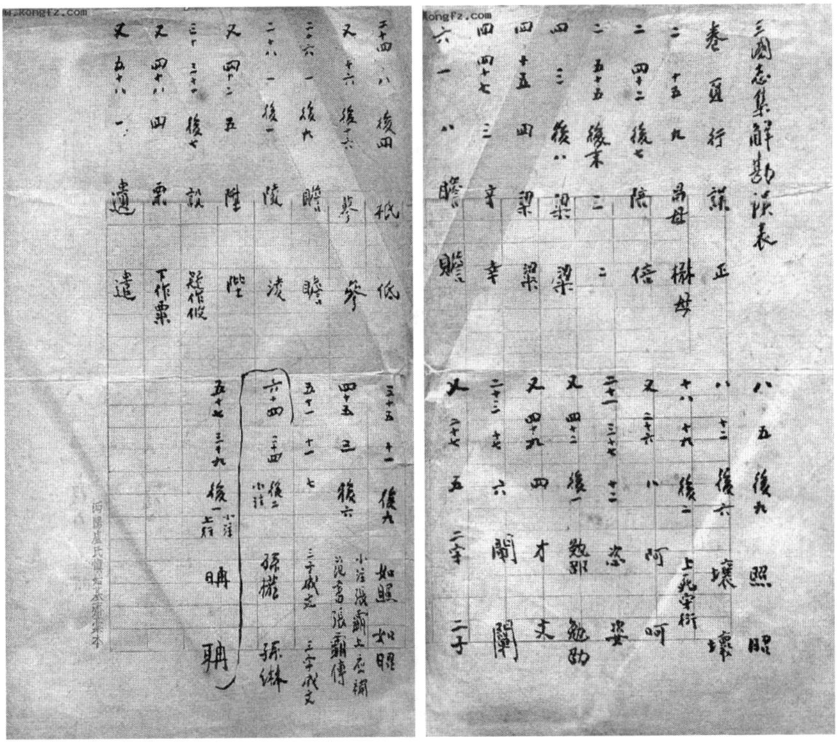
三國志集解勘誤表

卢弼《三国志集解》勘误表手稿

随信附寄的《三国志集解勘误表》为一个对开页，毛笔工楷，按卷次页码标注古籍出版社版排校错误30条，遗憾的是“标点集注本”计划并没有及时开展，1982年中华书局出版了《集解》四拼页精装影印版，《集解》的标点本要到2009年才由上海古籍出版社出版。

《三国志集解》印行前后的琐事缕述如上，再补记一则，以资谈助。

卢弼不愧为一代文献学大家，在他八十六岁高龄前，陆续整理油印了他自己的零散著述——《慎园诗选》十卷、《慎园文选》三卷、《慎园启事》两卷，使自己的著述、交游得以完整呈现。甚至连友朋收到赠书后的回复评赞也摘要誊录于书后。这次归置有关卢弼资料，电脑里有一页十几年前保存的不知出处的卢弼手迹图片，毛笔写在《慎园启事》卷下后面的空白页上，兹转录如下：

诸家评语，以收到先后为次：

邵茗生评：情文并茂，于掌故、考据、目录之学多所启发。

钱默存评：奉惠近刊，如小儿得饼，微恨其易尽耳。谈学论艺，无不机趣洋溢。所谓名隽，贱名乃玷山公启事，惟有喜愧。敝箧尚藏先后损书二十余通，他日可作补编也。

王欣夫评：学术掌故无所不包，百读不厌。深幸贱名得附骥尾，及于绥老遗著之保守，得雪乡人之诬谤，则尤感戴靡涯也。

后缺，原件应该不止此三人。近年卢弼友朋信札散出后，最受关注的是他与钱基博、钱锺书父子的交往（谢泳《卢弼书札七通：致钱基博、钱锺书》，《钱锺书交游考》，九州出版社，2019年；艾俊川《是谁介绍钱锺书与卢弼相识？》，《读书》2022年第3期），此处转录的钱锺书“机趣洋溢”的回复，或许是他给卢弼的最后一封信吧。

2019年9月14日夜访听水书屋，借归《卢弼著作集》卷九，蹉跎数年，未曾着笔。今春以来居家办公，不知休止，始归置历年所集资料，敷衍成篇。2022年5月12日夜写毕记，27日改定。

（原刊《澎湃新闻·上海书评》2022年5月31日）

古典文学出版社的选题和作者圈
——以陈向平工作笔记为中心

高克勤

前不久，老出版家陈向平的长女陈晓东在整理父亲遗物时找到陈向平的一本工作笔记，出示给我。这是一本黑色的软面抄本子。陈向平(1909—1974)，上海宝山人，长期从事文化教育工作。1957年6月调任上海古典文学出版社副社长。古典文学出版社是1956年11月1日在新文艺出版社中国古典文学编辑组的基础上成立的，李俊民任社长兼总编辑。1958年6月，古典文学出版社与中华书局上海办事处合并成立的中华书局上海编辑所(以下简称"中华上编")成立后，陈向平任副主任。这本工作笔记记录了他在古典文学出版社一年的工作情况。

笔记的第1页是目录：一、决定发排的稿件；二、已约的稿件；三、准备组织的稿件；四、准备印行的稿件；五、长远的选题；六、作者的通讯处。笔记的内容极其丰富，从中可以看到古典文学出版社的图书出版

陈向平先生像

情况、选题规划和作者圈，同时也能感受到陈向平这位老出版家的敬业精神。以下就按笔记的顺序做解读。

一

笔记的第2页是“一、决审的稿件”，与目录“决定发排的稿件”略异，具体如下：

书名	作者	字数	稿费	决审日期	备注
绿窗新话	皇都风月主人	7.0		5.10	
小说考证	蒋瑞藻	4.2		5.14	商务纸型
张王乐府	徐澄宇	7.7		5.14	

诗人玉屑	魏庆之	2.1	5.27	
稗畦集、续集	洪　昇	4.0	5.30	
先秦寓言研究	王焕镳	5.0	6.6	
韩愈论传	钱东甫	14	6.6	
中国古代歌谣散论	姜　彬	6.0	6.6	
帝京景物略	刘　侗	7.4	6.7	
文心雕龙校注	杨明照	23	6.10	
娱目醒心	草亭老人	15.8	6.14	亚东纸型
洛阳伽蓝记校注	陈子展	27	6.24	
黄遵宪诗选	杨廷福			
著砚楼书跋	潘景郑			
明清曲谈	赵景深			
元人小令集	陈乃乾			
鲍参军集注	鲍照(著)		8.7	
黄遵宪传	麦若鹏		8.7	

这些书稿是陈向平1957年5月至8月三个月内决审的稿件，共18种，总字数约200万字。陈向平是1957年6月调任古典文学出版社副社长的，实际上他5月已经在从事书稿的决审工作。这些决审的书稿中，《绿窗新话》由周楞伽笺注，1957年8月出版；《小说考证》1957年7月出版；《张王乐府》由徐澄宇选注，1957年8月出版；《诗人玉屑》1958年3月出版；《稗畦集 稗畦续集》1957年9月出版；《先秦寓言研究》，王焕镳著，1957年9月出版；《中国古代歌谣散论》，天鹰（姜彬）著，1957年9月出版；《帝京景物略》1957年10月出版；《文心雕龙校注》，杨明照校注，1958年1月出版；《娱目醒心编》，汪原放校点，

1957年9月出版;《洛阳伽蓝记校注》,范祥雍校注,1958年2月出版;《著砚楼书跋》,潘景郑著,1957年7月出版;《明清曲谈》,赵景深著,1957年8月出版;《元人小令集》,陈乃乾辑,1958年1月出版;《鲍参军集注》,钱仲联增补集说校,1958年2月出版;《黄遵宪传》,麦若鹏著,1957年12月出版。其中《文心雕龙校注》是四川大学教授杨明照(1909—2003)的力作,奠定了他作为《文心雕龙》权威的地位。四十多年后,他根据该本增订出版的《增订文心雕龙校注》(中华书局,1999年),2001年获第五届国家图书奖。范祥雍校注的《洛阳伽蓝记校注》应该是陈子展推荐的,所以笔记上把整理者写成"陈子展"。范祥雍(1913—1993)是自学成才的文史大家,1956年出版了《古本竹书纪年辑校订补》,蜚声学界。1956年,由陈子展、胡厚宣、章巽三位教授联名推荐,经市高教局审核批准,他受聘于复旦大学中文系。范祥雍的学术成就主要体现在古籍整理方面。二十一世纪初,我在上海古籍出版社工作时曾经手其遗著《战国策笺证》的出版。2008年,这部他花了近四十年精力陆续整理完成的著作获得首届中国出版政府奖提名奖。

陈向平决审的另两部书稿《韩愈论传》的作者古典文学出版社编辑钱东甫(钱伯城,1922—2021)和《黄遵宪诗选》的选注者上海教师进修学院教师杨廷福(1924—1984),由于被错划为"右派",两书未能出版。钱冬父(钱伯城)所著《韩愈》,1980年由中华书局出版。

二

笔记的第3、4、5页是"已约的稿件",具体如下:

第3页

书名	作者	字数	稿费	预定交稿日期	备注
屈原和楚辞	郭维森			暑中完成	
元好问诗选	戚法仁				
李义山诗选注	汪辟疆　管雄				
陆游年谱	于北山				〉汪老介绍
陆游评传	于北山				
吴梅村诗选注	陈方恪				
中国文学批评史	罗根泽			明清部分一册后寄出	
列仙传选注	潘其新				
乐府文学					
史传文学	王气中			暑后交来	
乐府诗	王气中			年假后交来	
宋词三百首	唐圭璋			七月中交来	
元明散曲选	唐圭璋			要等任二北后交来	
词史	唐圭璋			一时不能完成	
中国文学批评史大纲	朱东润			已交来重印	
松崖读书记(惠栋)	王欣夫	40万		即可交来	
鲲(郙)膏集记(胡玉缙)	王欣夫				
四库全书目录提要补正(胡)	王欣夫				〉由王代胡氏后人理整
四库全书未收书目提要(胡)	王欣夫				
四库以后清人著作目录提要(胡)	王欣夫				

管子斠释	王欣夫	签约后一年交稿
黄尧圃藏书题跋	王欣夫	
顾千里思适斋集	王欣夫	
清诗选	丁　力	

第4页

张子野词	吕贞白	
四松堂集外诗	吴恩裕	
中国俗文学研究	阿　英	暑中交稿
民间艺术研究		
辽金元诗选	章荑荪	
薛仁贵东征记	赵万里	
版画丛刊	郑振铎	
谢灵运诗选	叶笑雪	
庾信诗赋选	谭正璧	
鼓词选	赵景深	
论衡选	蒋祖怡	
历代日记选	陈左高	
历代游记选		
中国古代神话选	洪瑞钊	
南唐二主词	吴　颖	
洛阳伽蓝记	陈子展	
定庵诗词选	王　林	
牡丹亭	徐朔方	
姜白石词研究	夏承焘	

杜诗研究参考资料　周采泉
民间戏曲歌唱书录提要　陈志良
屈原赋今译　姜亮夫
中国古典文学论丛　胡念贻
钱遵王藏书目录汇编　瞿凤起
薛仁贵征辽事略　赵万里

第5页
明清评话小说(第一集)　路　工
美术五千年　黄苗子
中国文学发展史　刘大杰
中国古典文学论丛　胡念贻
谢灵运诗选　叶笑雪
黄遵宪传　麦若鹏
盐铁论新书　王古鲁
效颦集
赵定宇书目　〉借文管会书，自编
鲍参军集　钱仲联
唐人绝句　张惠良
红楼梦书录　朱南铣
古典诗欣赏指导　瞿蜕园
射阳存稿　刘修业
漱玉词　徐澄宇
漱玉词笺　徐澄宇
木刻书板见闻录　陈乃乾
读书题跋

这些“已约的稿件”，剔除与“决审的稿件”部分重复者有62种。据上海古籍出版社保存的档案记载，古典文学出版社1957年上半年开展了组稿活动，到6月底已有约稿（包括上海新文艺出版社古典组转来者）共计136种，其中已交稿在审改中的有16种。陈向平在笔记里列了60多种。这些已约的书稿中，后来由古典文学出版社和中华上编出版的有《屈原和楚辞》（郭嘉林著，1959年2月）、《陆游年谱》（于北山著，1961年12月）、《中国文学批评史》（罗根泽著，1957年12月）、《宋词三百首笺注》（唐圭璋笺注，1958年8月）、《中国文学批评史大纲》（朱东润著，1957年12月）、《许庼学林》（胡玉缙撰，王欣夫辑，1958年7月。此书即“鲃［鄦］膏集记”）、《四库全书总目提要补正》（胡玉缙撰，王欣夫辑，1964年1月）、《辽金元诗选》（章荑荪选注，1958年6月）、《中国古代版画丛刊》第一函至第五函（郑振铎编，1958年3月至1961年7月）、《谢灵运诗选》（叶笑雪选注，1957年12月）、《庾信诗赋选》（谭正璧等选注，1958年2月）、《鼓词选》（赵景深编选，1957年11月）、《论衡选》（蒋祖怡选注，1958年9月）、《牡丹亭》（徐朔方、杨笑梅校注，1958年4月）、《姜白石词编年笺校》（夏承焘笺校，1958年7月）、《中国古典文学论丛》（胡念贻著，1957年11月）、《中国文学发展史》（刘大杰著，1957年12月至1958年3月）、《薛仁贵征辽事略》（赵万里编注，1957年12月）、《明清平话小说选（第一集）》（路工编，1958年3月）、《赵定宇书目》（〔明〕赵用贤撰，1957年12月）、《红楼梦书录》（一粟编，1958年4月）等。由刘修业根据明代吴承恩著《射阳先生存稿》等整理辑校的《吴承恩诗文集》，1958年由中华上编出版。陈左高选注《古代日记选注》、周采泉著《杜集书录》则分别到1982年4月、1986年12月才由上海古籍出版社出版。

罗根泽（1900—1960）著《中国文学批评史》，全书共七篇，即《周秦文学批评史》《两汉文学批评史》《魏晋南北朝文学批评史》《隋唐文学批评史》《晚唐五代文学批评史》《两宋文学批评史》和附录一篇《两宋诗话辑校叙录》，分三个分册。陈向平的备注："明清部分一册后寄出。" 1957年出版的是第一、二册，包括前五篇。第三册是1961年由中华上编出版的，包括第六篇和附录一篇。可惜罗根泽先生1960年病逝，"明清部分一册" 也没有了下文。尽管如此，他的这部《中国文学批评史》还是被学界推为现代中国文学批评史著作中成就最突出、影响最广泛的一种。

三

笔记的第6页是 "准备组织的稿件"，具体如下：

书名	作者	情况和问题	备注
汪元量水云集	戚法仁	根据十个钞本在校注	决定约
顾亭林集	汪辟疆	木刻本漫漶，希望套印	决定约
李义山集校注	汪辟疆	须要助手帮写	决定约
曾慥类说	汪辟疆	汪在批校，短期短（难）成	决定约
明代著述考	沈燮元	据二十多种参考书编辑	
浣纱记昆剧	陈中凡		决定约
宋元话本选	陈中凡	明年夏完稿	决定约
三言两拍考证	谭正璧	有七十多万字	
唐诗文作者通检	孙　望		决定约
列仙传选注	潘其新		决定约
夏完淳集	陆曼炎		决定约

楚辞汇注	王气中		决定约
楚词札记	胡小石		决定约
四库简明目录标注	与顾起潜、瞿凤起、潘景郑商谈		决定约
燕石札记	吕思勉	比商务旧版增订十万字	
古汉语研究	张世禄	与新知识商后约稿	
沈子培海日楼札丛		书在浙江文物管理委会	
沈子培海日楼诗集(钱仲联笺注稿)			
寐叟题跋(王瑗仲意须重编,书在龙榆生先生处)			
陈寅恪再生缘校注			
南社诗选			
黄裳藏书题跋录	黄 裳		
陈寅恪先生文集(或论学近著)			
清华、燕京学报	文选		
辅仁学志			
北京图书馆月刊			

这些“准备组织的稿件”有27种。其中《增订四库简明目录标注》(邵懿辰撰,邵章续录),1959年12月由中华上编出版;《海日楼札丛(外一种)》(沈曾植著,钱仲联编),1962年7月由中华上编出版,该书附有《海日楼题跋》,即《寐叟题跋》。至于钱仲联笺注的《海日楼诗集》后增补易名为《沈曾植集校注》,2001年12月由中华书局出版。

值得注意的是其中有“陈寅恪再生缘校注”“陈寅恪先生文集(或论学近著)”。1957年,陈寅恪《元白诗笺证稿》在北京文学古籍刊行社合同期满,陈寅恪先生对该书的编校质量不满意,请其弟子复旦大学历史系教授陈守实与上海古典文学出版社联系，遂开始了与古典文学出版社及此后的中华上编的合作。陈向平当时已从陈守实处借得陈寅恪先生《论再生缘》油印本一册，在编辑部中传观。陈向平与同仁对陈寅恪先生十分推崇，古典文学出版社不仅有公开出版《论再生缘》的想法，还有请陈寅恪先生做“再生缘校注”和出版“陈寅恪先生文集（或论学近著）”的计划。当时还没有学者出版文集的先例。直到二十多年后的1980年，李俊民任社长的上海古籍出版社才出版了《陈寅恪文集》。给学者出文集，是以李俊民为代表的上海出版人的一个创举，成为当代中国学术史、出版史的一大亮点，也可以告慰已经去世的陈向平先生了。

四

笔记的第7、8、9、10页是“准备出版的古籍近著”，与目录“准备印行的稿件”略有不同，其中如《射阳先生存稿》等与“已约的稿件”部分《射阳存稿》等重复，具体如下：

第7页

书名	作者	版本	问题	备注
吟风阁杂剧				戚法仁提的意见
元杂剧30种				
西湖游览志余				
明刻太平广记				汪老建议
王稚登谋野集（明刻十卷本）				
纳兰通志堂集				汪有此书

三略汇编(太平、鸦片、戊戌变法)	王欣夫	
亭林志略		沈燮元介绍
旧山楼藏书目		在苏州
清人学术著作目录	萧一山	
观堂集林	王国维	
章太炎遗书三编		
訄书	章太炎	
嘉靖版董西厢		
肇域志	顾亭林	
马君武诗		
杨杏佛集		
射阳先生存稿		
辍耕录		
贩书偶记		
怀旧集	柳亚子	
大唐西域记		
三藏法师玄奘传		
清代禁书目录		
聂绀弩小说笔记		

第8页

尊前集		
黄侃文心雕龙		
聊斋全集	路大荒	
古今典籍聚散考	陈登原	

晚清小说书目　　阿　英

澹生堂集

张苍水遗集

元白诗笺证稿

蘅华馆诗录

孤本元明杂剧

曲海总目提要

中兴从信录　　冯梦龙

山歌　　冯梦龙

黄山谜　　冯梦龙

洵美堂集

王安石诗选

孟森心史

笑府　　冯梦龙

广笑府　　冯梦龙

燕都日记　　冯梦龙

丛书子目拾遗

丛书子目索引

丛书子目汇编

中国地方志综录

第9页

楝亭诗钞

巢经巢诗选

拜月亭

南音三籁	冯梦龙	
雍熙乐府		
铁崖先生古乐府		
石匮书	张　岱	
怀旧集	柳亚子	
周叔弢先生六十生日论文集(周现为天津副市长)		—内有赵万里专文
王荆公年谱考略	蔡上翔	
黄侃先生论文集		
汉魏乐府风笺	黄晦闻	
清代文集篇目索引	王重民	
明人文集提要	黄　裳	
说林	汪　琬	
中国文学史	黄摩西	
六斋卑议	宋平子(衡)	
小说辞汇例释	王占鲁	30万字
西湖二集		
小说闲谈	阿　英	
宋元南戏百一录		
挂枝儿　山歌		
白雪遗音		
明清民歌选甲集		

第10页

钱锺书的著作		
十四朝文学史(中国文化服务社版)	刘永济	武汉大学

词曲史(神州版)	王　易
词史	刘毓盘
西湖游览志余	
能改斋漫录	
南烬纪闻	
广卓异记	
宋遗民录	
古今典籍聚散考	
徐州二遗民集	
霜红龛集	傅青主
樊锥集	方　行
唐才常集	韩述之
日本国志	吴元坎
日本杂事诗	

这些"准备出版的古籍近著",去掉重复的《怀旧集》《西湖游览志余》2种,有87种。其中中华上编出版的有《吟风阁杂剧》(胡士莹校注,1963年4月)、《西湖游览志》(1958年10月)、《西湖游览志余》(1958年11月)、《訄书》(章太炎著,1958年3月)、《贩书偶记》(孙殿起撰,1959年8月)、《晚清戏曲小说目》(阿英编,1957年9月)、《澹生堂藏书约(藏书记要)》(1957年11月)、《张苍水集》(1959年4月)、《元白诗笺证稿》(陈寅恪著,1958年4月)、《石匮书后集》(1959年4月)、《王荆公年谱考略》(蔡上翔著,1959年4月)、《挂枝儿》(1962年2月)、《山歌》(1962年12月)、《白雪遗音》(1959年12月)、《能改斋漫录》(1960年11月)等。

这些选题中不少都是长期项目。如顾炎武撰写的《肇域志》虽然中华上编时期已开始运作，但整理工作多年未能完成。直到1982年国务院古籍整理出版规划小组批准《肇域志》整理工作立项后，由复旦大学谭其骧、王文楚等点校，2004年由上海古籍出版社出版。2008年，该书荣获首届中国出版政府奖图书奖。值得注意的是其中有“钱锺书的著作”。钱锺书在1949年之后的三十年间，除了单篇论文外，撰写的著作出版的只有《宋诗选注》（人民文学出版社，1958年）一种。上海古籍出版社1978年甫成立，不仅立即启动了《陈寅恪文集》的编辑出版，而且马上向钱锺书约稿，并如愿于1979年9月出版了钱先生的第一部论文集《旧文四篇》；1985年12月，出版了钱先生在《旧文四篇》基础上增补而成的论文集《七缀集》，又完成了前辈的一个夙愿。

五

笔记的第11页是“长远的选题”，具体如下：

书　名	作者	要求	情况和问题	备注
冒鹤亭文集				
陈寅恪先生诗				
陈寅恪先生研究近著				
一套传奇集				
新古文观止				
法苑珠林选注				
冯梦龙传记				
清末小说理论集	东北人大图书馆			
吴承恩传记				

蒲松龄传记

王国维全集

小说闲谈　　　　　　　　阿　英

这些“长远的选题”有12种。其中“陈寅恪先生研究近著”与上述“准备组织的稿件”部分中“陈寅恪先生文集(或论学近著)”有重复之处;但“陈寅恪先生诗”列入选题,显示了出版社对陈寅恪先生诗价值的肯定,在当时的年代是很有学术眼光的。“王国维全集”同样也是一个具有很大学术价值的选题。

冒广生(1873—1959),字鹤亭,著名学者。1992年上海古籍出版社出版了《冒鹤亭词曲论文集》。阿英(1900—1977),著名作家、藏书家,其著《小说闲谈》《小说二谈》由中华上编于1958年2月和5月出版,《小说三谈》1979年8月、《小说四谈》1981年12月才由上海古籍出版社出版,上海古籍出版社1985年8月还出版了《小说闲谈》四种的合订本。“新古文观止”应该是在《古文观止》基础上的新编选本。三十年后,上海古籍出版社出版了由时任总编辑、古典文学出版社时期的老编辑钱伯城主编的《古文观止新编》,增补了《古文观止》未备之金元及明清名篇,一时影响很大,可能也是完成当年的设想吧。但《古文观止》作为一种流传数百年的经典选本,尽管有局限,自有其价值。因此,1999年6月我在负责上海古籍出版社文学编辑室工作时,还是重启炉灶,编辑出版了《古文观止译注》,与《古文观止新编》并行,至今长销不衰。

六

笔记的以下部分是“作者通讯处”,具体如下:

姓名	工作部门	研究方向	通讯处电话
胡小石		楚辞	南京天竺路21号
唐圭璋			南京剑阁路40号
孙　望			南京天竺路2号
汪辟疆			南京晒布厂5号
陈中凡			南京南阴阳巷38号
罗根泽			南京小米粉桥5号附9号
戚法仁			南京汉口路27号
王气钟			南京小米粉桥5号附9号
陈方恪			南京图书馆南京颐和路2号
沈燮元			南京图书馆南京颐和路2号
殷廉圃			南京香铺营文化局
潘其彬			南京香铺营文化局
于北山			南京市教师进修学院中山路韩家巷
陆曼炎			汉府街梅园村18号
陈守实	复旦大学		
郭绍虞	复旦大学		
刘大杰	复旦大学		
黄　裳	文汇报		
张慧剑	新民报		
徐震堮	华东师大		
龙榆生			
冒鹤亭			上海延安路模范村22号
朱东润	复旦大学		
陈子展			

赵景深			
瞿兑之			
谭正璧			南京西路591弄140号
王季思	广州中山大学		
陈友琴	北京大学古典文学研究组		
冯沅君	>青岛山东大学	中国文学史	
陆侃如			
林　庚			
陈寅恪	中山大学		
李长之			
余冠英			
夏承焘			
吕思勉	华东师大		
高　亨	山东大学	诗骚	
黄孝纾		楚辞魏晋文学	
王　瑶	北京大学		
萧涤非	山东大学	唐诗	
殷孟伦	山东大学	音韵、史记	
张㧑之	教师进修学院		本市马当路238弄（西门里）62号
徐澄宇	复旦大学		本市安福路275弄3号
洪瑞钊			本市宝庆路17号
陈　咏			上海闵行路131弄4号
黄　源			汕头市国平路124号4楼
陈方恪			南京牯岭路26号
钱仲联			常熟引线街12号
周汝昌			北京东四门楼胡同6号

这份作者名单有50人，其中陈方恪重出，当为49人。由于古典文学出版社的选题方向主要是中国古典文学作品的整理和研究，所以联系的作者主要是古典文学研究者，其中上海18人，南京14人，北京6人，青岛山东大学6人，其他还有广州中山大学的陈寅恪、王季思，杭州的夏承焘，汕头的黄源，常熟的钱仲联。这份作者名单几乎囊括了当时最有学术影响力的古典文学研究者。也有历史学家，如华东师范大学历史系一级教授吕思勉（1884—1957），他的著作身后大多是由中华上编和上海古籍出版社出版的；陈守实（1893—1974）是复旦大学历史系教授，他被列入作者名单是因为陈寅恪先生的《元白诗笺证稿》是通过他与古典文学出版社联系出版的。

上海的作者无疑是最多的，这不仅是因为上海集聚了一批国内优秀的学者，而且也是因为古典文学出版社地处上海，与本地作者联系方便。上海的作者中复旦大学中文系的教授最多，有郭绍虞、刘大杰、朱东润、陈子展、赵景深，还有“已约的稿件”部分的王欣夫、“准备组织的稿件”部分的张世禄。他们七位都被后人列入复旦大学中文系“十老”的名单。“十老”中，除了陈望道之外，其他两位吴文祺、蒋天枢也在由古典文学出版社发展而来的中华上编和上海古籍出版社出版过著作。徐澄宇也是复旦大学中文系教授，因遭“丁酉之祸”而被迫离开教坛，他除了选注的《张王乐府》由古典文学出版社出版外，他与沈北宗共同校点的《高青丘集》后来由上海古籍出版社出版。复旦大学中文系的作者中还有青年教师王运熙（1926—2014），在1955年7月上海文艺联合出版社（1956年2月并入新文艺出版社）就出版了他的论文集《六朝乐府与民歌》，1958年4月古典文学出版社出版了他的又一本论文集《乐府诗论丛》。上海的作者中还有华东师范大学中文系的徐震堮、上海音乐学院的龙榆生、上海教师进修学院的张㧑之、《新民报》的著名作家张慧剑、《文汇报》的著名记者黄裳，以及后来被中华上编聘为特约编审的著名学者瞿兑之、谭正璧等。张慧剑（1906—1970）所撰《明清江苏文人年表》后来由上海古籍出版社出版。黄裳（1919—2012）当时已经以收藏古籍善本闻名，所以古典文学出版社已准备组约"黄裳藏书题跋录"。张㧑之（1925—2004），后任上海教育学院中文系主任，他选注的《唐代散文选注》1962年10月在中华上编出版，1996年12月又在上海古籍出版社出版了他译注的《世说新语译注》，两书都广受好评，长销不衰。"已约的稿件"中《张子野词》整理者吕贞白（1907—1984）时为古典文学出版社编辑；《辽金元诗选》的选注者章荑荪（1913—1980）时任上海师范学院教授；《谢灵运诗选》的选注者叶笑雪（1916—1998）时为中国科学院上海历史研究所研究人员；《钱遵王藏书目录汇编》的编者瞿凤起（1907—1987）与《著砚楼书跋》的作者潘景郑（1907—2003）、"准备组织的稿件"中《四库简明目录标注》的整理者顾廷龙（字起潜，1904—1998）都是上海图书馆的研究人员，均为著名的版本目录学家。

南京的作者仅次于上海，这不仅是沪宁相近联系方便的缘故，而且也显示出南京地区古典文学研究的实力。南京的作者中主要有南京大学中文系教授胡小石（1888—1962）、汪辟疆（1887—1966）、陈中凡（1888—1982）、罗根泽（1900—1960）、戚法仁（1905—1958）、王气中（1903—1993）、南京师范大学的唐圭璋（1901—1990）、孙望（1912—1990）。这八人中，除了戚法仁外，都在古典文学出版社或以后的上海古籍出版社出版过著作。戚法仁为中央大学中文系1931级学生。人民文学出版社出版的《先秦散文选》，就是由罗根泽编、戚法仁注的。"已约的稿件"部分与汪辟疆合作《李义山诗选注》的管雄（1910—1998），也是南京大学中文系的教授，但这部书稿后来没有下文。陈方恪、沈燮元都是南京图书馆馆员。陈方恪(1891—1966)是陈寅恪之弟,以诗词创作闻名,有《陈方恪诗词集》传世,但古典文学出版社约他编撰的《吴梅村诗选注》没有下文。以百岁高龄去世的沈燮元(1924—2023),1958年在古典文学出版社出版第一部著作《屠绅年谱》时还是一位青年学者。他毕生从事版本目录学研究,曾在1957年第9期《学术月刊》就发表《明代江苏刻书事业概述》的论文,但古典文学出版社准备向他组约的《明代著述考》一直没有下文。于北山(1917—1987)当时是南京市教师进修学院教员,他的《陆游年谱》等书稿是"汪老"即汪辟疆向出版社介绍的。他后来调任淮阴师范专科学校教授。除了《陆游年谱》外,他撰写的《范成大年谱》《杨万里年谱》后来也由上海古籍出版社出版。

北京是著名学者汇聚之地,但通讯录中只列了六位,即中国科学院文学研究所(前身是1953年创建的北京大学文学研究所)研究员余冠英、陈友琴,北京大学中文系教授林庚、王瑶,北京师范大学中文系教授李长之,人民文学出版社编辑周汝昌。实际上,北京的作者远不止这六位,可能是陈向平直接联系的作者不多吧。例如,出版有《元人小令集》的著名出版家、学者陈乃乾(1896—1971)1956年调往北京任古籍出版社编辑,后调入中华书局任编辑。出版有《中国古典文学论丛》的胡念贻(1924—1982)也是中国科学院文学研究所的研究人员。"已约的稿件"等部分中《四松堂集外诗》整理者是《红楼梦》研究专家吴恩裕(1909—1979),曾任北京政法学院教授;阿英在北京任中国文联副秘书长;郑振铎时任中央文化部副部长;《薛仁贵征辽事略》的辑校者赵万里(1905—1980)是著名的版本目录学家、北京图书馆研究员;黄苗子(1913—2012)时在北京任人民美术出版社编辑;王重民(1903—1975)时任北京大学图书馆系主任;刘修业(1910—1993)

是王重民的夫人，当时在中国科学院历史研究所工作，主编《中国史学论文索引》等。当时已经在古典文学出版社出版过著作的北京作者还有中国科学院文学研究所研究员俞平伯（1957年2月出版《脂砚斋红楼梦辑评》）、北京大学历史系教授邓广铭（1957年出版《辛稼轩年谱》《稼轩词编年笺注》）等。

通讯录中青岛山东大学中文系的六位教授冯沅君、陆侃如、高亨、黄孝纾、萧涤非、殷孟伦都是著名学者，显示出20世纪50年代山东大学中文系人才荟萃的强大实力。陆侃如、高亨、黄孝纾选注的《楚辞选》1956年4月就由上海新文艺出版社出版，版权页标注的“上海古典文学出版社”是新文艺出版社的副牌，古典文学出版社正式成立还是在几个月之后。

通讯录中杭州的作者只列了夏承焘一人。实际上，当时在杭州的浙江师范学院中文系人才济济，除了夏承焘外，古典文学出版社的作者还有姜亮夫、王焕镳、蒋祖怡、徐朔方等。姜亮夫1957年7月、8月接连在古典文学出版社出版了《陆平原年谱》《张华年谱》，徐朔方1958年11月在中华上编出版了《汤显祖年谱》。此后，在夏承焘等的引荐下，杭州的作者增加了不少。

七

通过对陈向平工作笔记的解读，可以比较清楚地了解古典文学出版社的选题规划、方向、特点以及作者的情况。

古典文学出版社的选题当然以古典文学作品的整理、研究和普及为方向。工作笔记罗列的各类选题有二百多种，是按工作的进程分为“决审的稿件”“已约的稿件”等部分，每一部分中大致还是按稿件的性质分类，基本能够从中看出古典文学出版社的选题架构。以古典文学作品而言，有别集、诗话、戏曲、小说笔记等的整理；有各类选本、古典文学知识介绍和人物传记等普及读物；有各种研究专著和论文集等。以别集而言，1957年古典文学出版社出版了钱仲联增补集说校的《鲍参军集注》、他系年集释的《韩昌黎诗系年集释》和他笺注的《人境庐诗草笺注》，邓广铭编年笺注的《稼轩词编年笺注》；1958年7月，中华上编出版了夏承焘编年笺校的《姜白石词编年笺校》。这几种集子的共同特点是原作者都是中国古代著名的文学家，其作品流传不衰，堪称中国古典文学的名作；这些集子的整理者又均为当代造诣深厚的学者，其整理方式严谨细致，堪称古籍整理的典范。这种原作及其整理者、整理方式的选择，为日后上海古籍出版社策划出版的"中国古典文学丛书"形成自己的出版特色奠定了扎实的基础。这几种集子后来也都列入了"中国古典文学丛书"。经过半个多世纪几代出版人的接力，"中国古典文学丛书"已被推为体现新中国古籍整理出版成就的一个标志性项目。

在古典文学出版社的选题中，选本等普及读物占了相当大的比例。这与当时出版社重视从古籍中选择有教育和启发意义的内容、丰富知识的导向有关。1954年6月，新文艺出版社就策划编辑一套中国文学名著选读丛刊，选辑历代诗歌、散文、戏曲、小说等，请郭绍虞、刘大杰担任主编。编选者人选多为当时的一流学者。随后陆续出版的有陆侃如、高亨、黄孝纾选注的《楚辞选》，朱东润选注的《左传选》，顾廷龙、王煦华选注的《汉书选》等。这些选题有不少转给了古典文学出版社。中华上编时期，更是致力于普及类读物的编辑出版，从二十世纪五十年代末开始出版《古典文学普及读物》丛书（后易名"中国古典文学作品选读"丛书，共80种）、《中华活叶文选》（共16辑）等。"中国古典文学作品选读”丛书上起《诗经》《楚辞》、先秦散文，下至近代诗文，几乎网罗了中国历代文学名家名篇，选注者多为中国古典文学研究领域的名家。《中华活叶文选》系从古代文史哲著作中选辑优秀篇章，详加解释或附今译，供具有中等文化水平的读者阅读。1960年至1966年，共出版100组散页和5辑合订本。1978年至1991年，又新出版140组散页和11辑合订本。选注者也是对选注内容有专门研究的学者，不仅所选的篇章多为历代传诵的名篇，而且解释多能抉取精义，起到鉴古通今的作用，所以在当时影响很大，与“中国古典文学作品选读”丛书等一起被誉为“哺育几代人传统文化滋养的乳汁”。专家写小书，是古典文学出版社直至上海古籍出版社普及读物精品化的一个重要标志。

古典文学出版社出版的研究专著和论文集多为名家名著。值得一提的是，古典文学出版社重视重新出版民国时期有影响的学术专著。继新文艺出版社1955年出版郭绍虞著《中国文学批评史》的修订版后，古典文学出版社1957年12月同时出版了罗根泽著《中国文学批评史》、朱东润著《中国文学批评史大纲》的修订版。至此，民国期间最有影响的三种中国文学批评史著作都得以重新出版，极大地推动了中国文学批评史研究这一学科的发展。之后，中华上编于1964年出版了刘大杰主编的《中国文学批评史》（上册），上海古籍出版社于二十世纪八十年代后出版了王运熙、顾易生主编的《中国文学批评史》（上、中、下册）和《中国文学批评通史》（七卷本），接续了古典文学出版社的传统。此外，古典文学出版社重新出版的民国时期学术名著还有刘大杰著《中国文学发展史》等。

古典文学出版社的选题虽然以古典文学作品的整理、研究和普及为重点，但也兼顾历史、哲学。从“已约的稿件”“准备组织的稿件”等来看，有吕思勉、陈寅恪、孟森等史学大家的著作，以及《管子》《论衡》

《盐铁论》《大唐西域记》《肇域志》等哲学、史学名著。

古典文学出版社的作者多为大家名家,但也注意出版年轻有实力、有潜力的学者的著作,如三十出头的青年学者杨廷福、胡念贻、沈燮元、张㧑之、王运熙等。这些青年学者后来都成了相关研究领域的名家。

可以说,古典文学出版社制订的选题和联系的作者,为之后的中华上编和上海古籍出版社的发展尤其是选题规划的制订等方面打下了坚实的基础。正是在广大优秀作者支持下,经过半个多世纪几代出版人的薪火相承、不断努力,上海古籍出版社才成为享誉海内外的中国古籍整理出版重镇之一。吃水不忘掘井人,作为上海古籍出版社的后来者,在此向古典文学出版社的前辈致以深深的敬意。

（原刊《中国出版史研究》2005年第2期）

《陈寅恪文集》出版述略

高克勤

鲲西先生近作《初刊本〈柳如是别传〉出版纪实》(刊《文汇报》2006年11月5日),记述了上海古籍出版社在“文革”结束后不久出版陈寅恪先生遗著《柳如是别传》的曲折过程。文中提到,“文革”结束后上海古籍出版社在清理中华书局上海编辑所(下简称“中华上编”)存稿时,“竟然发现了陈先生的《金明馆丛稿初编》,此稿从何而来已无从查考”。鲲西先生由于“丁酉”遭难,旋又因所谓历史问题而被迫离开出版社几二十年,对中华上编的编辑出版情况不甚了解。其实,此稿的由来是有案可稽的。这是上海古籍出版社的前身中华上编所约的稿,由于种种原因当时未能及时出版。蒋天枢先生撰《陈寅恪先生编年事辑》卷下载,1962年春,陶铸陪胡乔木到中山大学看望陈寅恪先生时,陈先生谈及旧论文稿集起来重印事,虽已交付书局,但迟迟没有出版,感叹“盖棺有期,出版无日”。胡乔木笑答:“出版有期,盖棺尚远。”

上述记载中提到的旧论文稿结集就是指《金明馆丛稿初编》，书局就是指中华上编。在上海古籍出版社保存的书稿档案中，至今完整地保留了陈寅恪先生论文集的编辑出版记录和来往书信，从中可以看到，“文革”结束后《陈寅恪文集》的迅速出版固然是上海古籍出版社当时的编辑解放思想、尊重学术的结果，同时也是从中华上编以来的几代出版人对于学术文化一以贯之重视的体现。为了表彰前辈出版人对于学术文化的贡献，同时也使今人对“文革”前的出版环境有一个真实的了解，本文特征引上海古籍出版社保存的有关档案，简述《陈寅恪文集》的出版经过。

一

陈寅恪先生的学术著作在他生前单行的有三种：《唐代政治史述论稿》初刊于1943年，1949年后生活·读书·新知三联书店印行过；《隋唐制度渊源略论稿》初刊于1944年，1949年后中华书局印行过；《元白诗笺证稿》1950年11月岭南大学中国文化研究室出版线装本，又由中华书局出版增补本（平装）。有鉴于陈先生的单篇论文的学术价值，1958年，《元白诗笺证稿》甫出版，中华上编的编辑就约请陈先生将有关古典文学的论著编辑出版，得到了陈先生的同意。自此到1963年陈寅恪先生交稿，六年间，中华上编的编辑与陈先生书信往来不断，有十余通之多。1958年9月6日，陈先生复信云：

中华书局上海编辑所负责同志：

昨接尊处1958年9月2日(58)华沪编字第0632号函“函询论文集交稿日期由”。拙著拟名为“金明馆丛稿初编”，若无特别

事故，大约可在1959年2月以后8月以前交稿。专复，此致

敬礼

陈寅恪 1958年9月6日

1959年2月27日，陈先生之女陈小彭来信说，其父“因血压甚高，遵医生之嘱，不多说话，不可用心”。中华上编复信慰问，并询交稿日期。1959年6月7日，陈先生复信云：

上海编辑所负责同志：

敬复者，顷接“59年6月4日华沪编字1234号”来函，敬悉一切。残躯自去年至今疾病缠绵，以致整理旧稿工作完全停顿。前次预拟交稿之期未能实行，曷胜歉疚。但俟健康稍复，自当继续整理旧稿工作。何时能告一段落，现尚未敢预言也。专此奉复，并希鉴谅是幸！此致

敬礼

陈寅恪 1959年6月7日

1959年7月，中华上编副总编辑陈向平赴广州期间拜访陈先生，并赠新印《董西厢》一书。次月18日，陈先生来信致谢，并告：“拙著‘金明馆丛稿初编’现因疾病缠绵，未能寄上付印，甚为歉疚！”

1961年9月2日，陈先生复信云：

负责同志：

(61)华沪二字1568号来函敬悉。寅恪现正草《钱柳因缘诗释证》，尚未完稿，拟一气呵成后，再整理《金明馆丛稿初编》。年

来旧病时发，工作进行迟缓，想必能鉴谅也。此复并致

敬礼！

陈寅恪61年9月2日

信中所述“钱柳因缘诗释证”，即后来出版的《柳如是别传》，陈先生于1954年始撰此稿，至1964年才完成。

1962年3月30日，陈先生又复信云：

又现正写《钱柳因缘诗释证》稿，已至最后一章，但因材料困难问题复杂，非一气呵成然后再整理旧稿（即《金明馆丛稿初编》）不可，否则必将功亏一篑也。至旧稿须补正之处颇多，新添之意见及材料亦非自己动手不能满意。若旧稿未及整理而盖棺之期已到，则只好听诸后人而已。总之，卖驴之券、倚马之文，固非烛武之才、师丹之岁所敢效法者也。

1962年5月，中华上编副总编辑戚铭渠赴广州期间拜访陈先生，又约“钱柳因缘诗释证”稿，蒙陈先生同意。回沪后，即将两书约稿合同寄上。因是格式合同，有一些固定条款，陈先生表示不能同意，1962年5月14日复信云：

上海编辑所负责同志：

(62)华沪二字第1501号来函并约稿合同四份均收悉。披阅应共同遵守各条（甲）约稿第一条中之第二目，于拙著中所引书一一注出页数及出版者和出版年月等，皆不能办到。又拙著中故意杂用名、字、别号。人名如钱谦益、受之、牧斋、东涧、聚沙居士

等。地名有时用虞山，有时用常熟等，前后不同，以免重复，且可增加文字之美观。故不能同意。

（乙）拙稿不愿意接受出版者之修改或补充意见。故第二条完全不能同意。

（丙）拙稿尚未完毕，交稿日期自不能预定，字数更无从计算。故此两项亦不能填写。

因此将约稿合同四份寄还，请查收。总之，尊处校对精审，本愿交付刊行。但有诸种滞碍，未敢率尔签定。倘能将上列诸项取消，则可再加考虑也。专复，此致

敬礼

陈寅恪1962年5月14日

同月26日，陈先生再次复信，重申跟上述意见，并补充道："又两稿皆系文言，故不欲用简体字。"这两封信，俱见陈先生的学术个性。中华上编复信说无不从命，并请求将《论再生缘》一文交《中华文史论丛》发表。同年8月1日，陈先生复信云"《论再生缘》一文尚待修改"，而《金明馆丛稿初编》还未整理。

在长达六年的约稿过程中，中华上编一直非常尊重陈先生，赢得了陈先生的信任。1963年3月，陈先生终于将整理好的《金明馆丛稿初编》寄给中华上编，内收文章二十篇。《金明馆丛稿初编》自序云："此旧稿不拘作成年月先后，亦不论其内容性质，但随手便利，略加补正，写成清本，即付梓人，以免再度散失，殊不足言著述也。一九六三年岁次癸卯陈寅恪识于广州金明馆。"中华上编接到来稿后，即由梅林、金性尧两位编辑先后审读。当年9月，他们两人分别写出审读报告，就稿件中涉及少数民族称呼和邻国关系等问题提出处理意见。中华上编领导

反复审读后，决定报请上海市出版局批准出版，时为1966年2月。嗣后“文化大革命”开始，稿件即被搁置下来，未能出版。

二

粉碎“四人帮”后不久，陈寅恪先生的弟子、复旦大学中文系教授蒋天枢先生通过老友、原中华上编编辑吕贞白先生转来陈寅恪论文集《金明馆丛稿》目录。论文集全稿八十八篇，包括“文革”前交来的二十篇论文，依编年方式编排。当时中华上编已并入上海人民出版社，古籍室文学组编辑富寿荪提出处理意见，认为“陈氏的论著，一般都有真知灼见，不但可以推动学术研究，在政治上也有一定影响。我们建议先和蒋天枢先生联系，把稿件接受下来，关于整理方法，待听取蒋先生意见后，再作具体研究”。这一想法得到了已恢复工作的古籍室负责人李俊民的同意，列入选题计划。时为1977年6月29日。

1978年1月，在上海人民出版社古籍室的基础上，上海古籍出版社成立，李俊民担任社长，《陈寅恪文集》首先被列入出版计划。文学编辑室着手编辑事宜，文学组编辑魏同贤提出了详细的审读意见。在编辑过程中，得到了陈寅恪先生及门弟子蒋天枢教授的大力支持。蒋先生除承担陈先生文集全部稿件的整理工作外，还撰写了《陈寅恪先生编年事辑》一书，作为《陈寅恪文集》附录于1981年刊行。对蒋先生为保存学术文化做的这一贡献，学界已有定评，这里不再赘言。仅述编辑室的工作。《陈寅恪文集》凡七种：(一)《寒柳堂集附寅恪先生诗存》，(二)《金明馆丛稿初编》，(三)《金明馆丛稿二编》，(四)《隋唐制度渊源略论稿》，(五)《唐代政治史述论稿》，(六)《元白诗笺证稿》，(七)《柳如是别传》。其中前三种为陈先生的论文集，分别初刊于1980年6月、

8月、10月，责任编辑分别是邓韶玉、王海根、沈善钧。后四种是学术专著，前三种和《柳如是别传》是初版。《柳如是别传》初刊于1980年8月，责任编辑是魏同贤。其出版经过，鲲西先生大作已有述及，此处不再赘言。《隋唐制度渊源略论稿》依中华书局原纸型印行，《唐代政治史述论稿》依生活·读书·新知三联书店1957年第二次印刷版本纸型重印，新一版均刊行于1982年2月；《元白诗笺证稿》1978年1月新一版，1982年2月第二次印刷。至此，《陈寅恪文集》的编辑出版工作，历经三年始告完成。此后，上海古籍出版社还继续为搜集、整理陈寅恪先生的未刊文稿而努力。1989年4月，上海古籍出版社出版了《陈寅恪读书札记——〈旧唐书〉〈新唐书〉之部》。至此，陈寅恪先生的存世著作大体完备。此后，生活·读书·新知三联书店所出《陈寅恪文集》，即是在上海古籍出版社所出《陈寅恪文集》等的基础上增益而成。上海古籍出版社及其前身中华上编在出版陈寅恪先生著作方面对于中国当代文化和出版的贡献，是可以载入史册的。

三

在出版《陈寅恪文集》的过程中，对于陈先生著作中存在的一些问题，上海古籍出版社的编辑对此也有斟酌，最后还是本着尊重历史、尊重陈寅恪先生的想法，多按原样保留，当然也有例外，如关于周一良先生的部分。这一做法，在当时需要有思想解放的勇气，也得到了终审罗竹风同志的支持。罗竹风在审读意见中明确指出："对于'百家争鸣'范围内的学术观点问题，一律不加改动"；"对政治性问题，不要轻易放过，但也必须处理很恰当。如果是引文中所提到的，一般以不改动为好"；对王国维、罗振玉、胡适、冯友兰等的言论，"应采取历史唯物主义态度，非特别露骨者，可不必纠缠”。

周一良先生是著名的历史学家，曾从陈寅恪先生问学，与陈先生关系密切。陈先生《〈魏书·司马叡传〉“江东民族”条释证及推论》前言云：

> 卢沟桥事变前，寅恪寓北平清华园，周一良君自南京鸡鸣寺往复通函，讨论南朝疆域内民族问题。其后周君著一论文，题曰《南朝境内之各种人及政府对待之政策》，载于中央研究院《历史语言研究所集刊》第七本第四分者是也。此文寅恪初未见，数年之后流转至香港，始获读之，深为倾服。寅恪往岁读南北朝史，关于民族问题，偶有所见，辄识于书册之眉端，前后积至若干条，而道经越南，途中遗失，然旧所记者多为周文所已言，且周文之精审更胜于曩日之鄙见，故旧稿之失殊不足惜。惟忆有数事，大抵无关宏旨，或属可疑性质，殆为周君所不取，因而未载入其文者。旅中无憀，随笔录之，以成此篇，实窃用道家人弃我取之义，非敢谓足以补周文之阙遗也。噫当与周君往复商讨之时，犹能从容闲暇，析疑论学，此日回思，可谓太平盛世。今则巨浸稽天，莫知所届。周君又远适北美，书邮阻隔，商榷无从。搦管和墨，不禁涕泗之泫然也。一千九百四十二年九月九日陈寅恪记于桂林良丰雁山别墅。

此前言，1958年陈寅恪先生请助手黄萱校时仍保留（见《陈寅恪先生遗稿》，中国嘉德国际拍卖有限公司，2006年），而上海古籍出版社出版的《金明馆丛稿初编》删去此前言，人们多以为这是陈寅恪先生鄙薄周一良先生1949年后“曲学阿世”所为。周一良先生也认为：“蒋天枢先生编陈先生全集，所收“江东民族”条释证文中，删去了此节。这当然不可能是蒋先生自作主张，定是本陈先生意旨。我看到全集后，不假思索，立即理解陈先生的用意。陈先生为文遣词用字都极考究，晚年诗文寄慨之深，尤为严谨。对于旧作的增删改订，必有所为，删去此节，正是目我为‘曲学阿世’（《赠蒋秉南序》中语），未免遗憾，因而不愿存此痕迹。”（《毕竟是书生》，北京十月文艺出版社，1998年）周先生晚年还为此事自责不已，觉得有负陈先生之厚望。其实，这一删节非陈先生所为。《金明馆丛稿初编》编定于1963年，周一良赴广州晋谒陈先生，陈先生还很高兴，绝不会删去此节，观上引1958年校文保存此节便可为证。周一良的命运变化是在“文革”后期，他被召入“四人帮”的御用写作班子“梁效”。“四人帮”被打倒后，“梁效”遭批判，参加“梁效”的周一良等，也被政治审查，直到1978年秋结束。当时，饱受“四人帮”迫害的广大知识分子对“梁效”之流十分痛恨，舒芜作《四皓新咏》谴责“梁效”成员中的四名老教授——冯友兰、魏建功、林庚、周一良（参见《毕竟是书生》）。正是在当时这种背景下，蒋天枢先生决定删去此节。而文中提到“周君”“周一良”及论文则予保留，大概是怕改动原文的缘故吧。当时参与编辑的魏同贤先生证实了此事。在蒋天枢先生致魏同贤先生的一封信中说：

> 《元白诗笺证稿》里的“周一良”处五字，当时曾同您讲，是否改成四个字？后来想，改动，总不大妥。是否只把“一良”两字易为“某某”，或者易为两个“□□”，这样，五个字的地位仍可照旧。（影印件见《功在千秋的事业——新中国古籍整理出版成就》，中华书局，2003年）

今检《元白诗笺证稿》第158页有“周某某先生谓齐东昏侯善作担幢

之戏”，即是改动的痕迹，而同书第256页则保留了“周一良先生”的名字，大概是漏改了吧。

（原刊《文汇报》2007年6月3日）

本文写作的缘起是对鲲西先生大作的回应。鲲西先生本名王勉（1916—2014），福建长乐人，清华大学社会学系毕业。鲲西先生长期从事出版工作，曾在古典文学出版社工作，并担任陈寅恪《元白诗笺证稿》古典文学出版社1958年版的负责编辑。鲲西先生是我的前辈，在上海古籍出版社编审任上退休，退休后笔耕不辍。鲲西先生读了拙文后，将其大作所述根据拙文的材料订补为“在清理中竟然发现了陈先生的《金明馆丛稿初编》，此稿实从原中华上编遗留的”，收入其《作家的隐私》（上海书店出版社，2008年）一书中。鲲西先生认为：“中华上编与陈先生约稿信函往返，殷勤备至，初无出版整套文集之意，有之惟后来之上海古籍也。中华上编与上海古籍有先后继承关系，《金明馆丛稿初编》之由中华上编转来即其明证之一，只是不能与陈寅恪文集相混淆。”（《关于陈寅恪先生文集出版的补充》，《文汇报》2007年10月8日；《陈寅恪先生诸事之一》，《寻我旧梦》，上海辞书出版社，2011年）拙文发表后，曾担任《柳如是别传》责任编辑和统筹《陈寅恪文集》出版的魏同贤先生有不同意见，他在接受《南方都市报·阅读周刊》记者采访时说：“高克勤君有一篇文章，题目叫《〈陈寅恪文集〉出版述略》，他是查阅了有关档案撰写的。我读了以后，对他讲，读过你这篇文章，我有点意见。‘文革’之前，当时文化界能出版文集的只有郭沫若和茅盾等几位，所以我们就没有《陈寅恪文集》这个选题。我们只是单书的约稿，如《金明馆丛稿》《钱柳因缘诗释证稿》，等等。‘文革’以后，大家想冲破‘左’的思想束缚，出版一些专著来活跃学术空气。在这种思想的指导下，我们就想把陈寅恪先生的文集编起来，在这时才提出了这个想法。这是一个大背景，我们不能忽略这个大背景，才能理解这本书的出版在学术界为什么能起如此大的作用。”(《他的文集出版，可以活跃学术空气》，《南方都市报·阅读周刊》2008年7月6日)我认为，拙文所论与魏同贤、鲲西两位前辈所论没有本质的分歧，只是角度不同而已，拙文强调中华上编出版陈寅恪著作与上海古籍出版社出版《陈寅恪文集》的继承关系，而两位前辈所论强调上海古籍出版社在拨乱反正后出版《陈寅恪文集》的开创性意义。

关于陈寅恪“盖棺有期，出版无日”的本事

徐　俊

蒋天枢《陈寅恪先生编年事辑》于1962年下记云：

> 初春，陶铸同志陪同胡乔木同志到中大看先生，谈及旧稿重印事，虽已交付书局多年，但却迟迟不予出版。因言“盖棺有期，出版无日”。胡笑答云：“出版有期，盖棺尚远。”（上海古籍出版社1997年增订本，171页）

陈寅恪先生有诗记其事，题作《壬寅元夕后七日，二客过谈，因有所感，遂再次东坡前韵》，壬寅元夕后七日，时在1962年2月26日。

所谓“出版无日”指哪一本书，蒋天枢未明确说明，今人或理解为《金明馆丛稿初编》，或理解为《论再生缘》。寻绎陈寅恪著作出版状况和“盖棺有期，出版无日”的语境和背景、事后的复述和转述，本文

认为《金明馆丛稿初编》《论再生缘》二说均未得其实。

一、"出版无日"并非陈寅恪著作出版受阻

1950年代中国内地出版的陈寅恪先生著作共三种，旧著《隋唐制度渊源略论稿》和《唐代政治史述论稿》分别于1954年、1956年由北京三联书店重印，新著《元白诗笺证稿》于1950年12月由陈寅恪先生所在的岭南大学，以"岭南学报丛书第一种"的名义出版，此后连续三次重版：1955年9月北京文学古籍刊行社版，1958年上海古典文学出版社增补本，1959年中华书局上海编辑所新1版。

进入1960年代，因为中华书局上海编辑所（以下简称"中华上编"）和北京中华书局（以下简称"北京中华"）先后将陈寅恪著作列入出版计划，并通过不同渠道向陈寅恪先生约稿，有关陈寅恪著作出版一事分为两条主线同时展开（参见高克勤《〈陈寅恪文集〉出版述略》、徐俊《一个未能实现的出版计划——1960年代中华书局与陈寅恪先生的交往》）。

因重印《元白诗笺证稿》的缘由，中华上编向陈寅恪约稿，提出的要求是"将尊撰有关古典文学论著编集交我所出版"（1958年9月2日中华上编函），而9月6日陈寅恪回函更明确中华上编9月2日来函事由为"函询论文集交稿日期由"，并第一次提到论文集拟名为《金明馆丛稿初编》，"若无特别事故，大约可在1959年2月以后8月以前交稿"。在以后的通信中，《金明馆丛稿初编》与"整理旧稿"往往交替使用：

> 残躯自去年至今疾病缠绵，以致整理旧稿工作完全停顿……但俟健康稍复，自当继续整理旧稿工作。（1959年6月7日陈寅恪函）
>
> 拙著"金明馆丛稿初编"现因疾病缠绵，未能寄上付印，甚为

> 歉疚！……俟整理补正告一段落，当即寄上。（1959年8月18日陈寅恪函）
>
> 寅恪现正草《钱柳因缘诗释证》，尚未完稿，拟一气呵成后，再整理《金明馆丛稿初编》。年来旧病时发，工作进行迟缓，想必能鉴谅也。（1961年9月2日陈寅恪函）

在陶、胡访陈之后一个月，3月30日陈寅恪致中华上编函中，特别用括注的方式注明“旧稿”即《金明馆丛稿初编》，函云：

> 又现正写《钱柳因缘诗释证稿》，已至最后一章，但因材料困难问题复杂，非一气呵成然后再整理旧稿（即《金明馆丛稿初编》）不可，否则必将功亏一篑也。至旧稿须补正之处颇多，新添之意见及材料亦非自己动手不能满意。若旧稿未及整理而盖棺之期已到，则只好听诸后人而已。总之，卖驴之券、倚马之文，固非烛武之才、师丹之岁所敢效法者也。（1962年3月30日陈寅恪函）

显然可见，所谓“旧稿”在1958年至1962年的语境中，是特指《金明馆丛稿初编》的。但综观后文所述，这里屡屡言之的“整理旧稿”，与后面的“旧稿重印”，其区别也是明显的。

这年的7月11日，陈寅恪先生伤足住院。中华上编从陈守实、蒋天枢二先生处获悉，特去函问候，并表达了获知论文集已经编就的欣喜期待之情：

> 关于先生论文结集出版事宜，前曾数次奉洽，此次亦扰陈、蒋两先生言及，云已编就，闻之欣忭。未知全稿能否即予赐寄，我所当尽快安排出版，以慰读书界多年想望之殷。（1962年7月25日中

华上编函）

在中华上编耐心等待来稿的同时，北京中华经过请示汇报，也已于1961年4月正式向陈寅恪约稿。约稿信云：

寅恪先生：

为推动科学研究，我们打算出版一些老一辈的学者的论著。过去几十年间，您发表过不少学术论文。只因这些论文都散见于各种报刊上，有些现在已不容易找到，研究者深感不便，我们很希望您能把这些学术论文汇编出版。未悉尊意如何？请拨冗惠复为荷。

敬礼

编辑部

如果杨荣国所说不虚，1962年1月，杨荣国还就论文集的事"已问陈寅老……则须待明年春季，一俟完成，可交你局"（杨荣国函）。

可见在1962年前后，无论是中华上编还是北京中华，对于出版陈寅恪先生的论文集，都是求之若渴、翘首以待的。换言之，"出版无日"并非陈寅恪著作出版受阻，相反，南北两家中华此时都在殷切等待陈著的整理完成。

二、《论再生缘》不符合"旧稿重印"

《论再生缘》油印本印行于1954年春夏间，除了交存学校数册外，主要在友人间流传。

1958年秋，一本从台北“中研院”辗转传到美国哈佛大学的《论再生缘》油印本，被余英时先生偶然发现，余先生有感于书中的“兴亡遗恨”，写了《陈寅恪先生〈论再生缘〉书后》（香港《人生》杂志1958年12月号），并将《论再生缘》交香港友联出版社，于1959年印行（余英时《陈寅恪的学术精神和晚年心境》）。

香港友联出版社版《论再生缘》问世后，海外轰传一时，遂引起内地方面的关注。关于香港版如何传入内地，尤其是如何传到北京并引起高层关注，有不同的推测。目前大家已经知道的北传线索有三条：

（一）1960年，香港《大公报》记者赠送中山大学党委书记冯乃超一册（参见《陈寅恪的最后20年》，88页。所据为档案1962年《陈寅恪小传》。一说由《大公报》记者将书赠送陈寅恪，陈将书上交冯乃超。参见胡守为《陈寅恪传略》，《文史哲学者治学谈》，41页），引起中大对《论再生缘》流至境外的调查，最终以章士钊（携至境外的途径之一）的统战身份而不了了之。

（二）1959年11月25日，陈垣收到澳门汪宗衍寄赠的港版一册。陈垣致汪宗衍函：“久不通消息，正怀念间，忽奉到《论再生缘》一册，在远不遗，至为感谢。惟书前缺去三、四页，美中不足，倘能再赐我完整者一部，更感谢不尽。”12月5日汪宗衍覆函：“《论再生缘》一书乃寅老数年前之作，冼三家（冼玉清）屡为言之，乃其未成之稿，后流入港肆，被人盗印出售。偶得一册，而书中间有累句，出版说明更推波助澜，多违时之语，故特抽出三纸。顷承垂询，检出补寄，并另购一册邮呈，祈查收。”（以上二函见陈智超编注《陈垣来往书信集》[增订本]，524页）由此可知，1959年底，在北京的陈垣已经收到了两册港版《论再生缘》。

（三）1960年8月以后，金灿然向香港方面要来港版《论再生缘》，送给齐燕铭、郭沫若等京中要员。郭沫若于当年12月上旬看到金灿然送给他的《论再生缘》(郭沫若《序〈再生缘〉前十七卷校订本》),引发了他的研究热情。金灿然是8月4日从杨荣国的谈话介绍中获知陈寅恪《论再生缘》的。

余英时《陈寅恪晚年诗文释证》新版序言:“我曾有过一个推想,以为《论再生缘》传至北京,也许另有途径,未必是广州中山大学呈报上去的。”(余英时《陈寅恪研究的反思和展望》,《东方早报·上海书评》2011年1月16日)余先生这个推测是对的,从北京中华所存档案看,在杨荣国介绍之前,金灿然、齐燕铭和郭沫若都没见到港版《论再生缘》,甚至不知道陈寅恪的这部著作。因此,余先生推测“援庵老人新入党,想必遵守党纪,既知《论再生缘》在香港被‘盗印’,断无不向党报告之理”,“北京党中央知有此事,或直接间接与陈垣有关”的存疑,可以澄清了。

1962年7月,中华上编提出将已经在港印行的《论再生缘》交由《中华文史论丛》第一辑发表:

> 大作《再生缘考》虽未公开发表,但学术界早已遐迩传说,均以未见印本为憾。据闻香港商人曾盗印牟利,实堪痛恨。为满足国内读者渴望,此文实有早予公开发布必要。是否可交《论丛》发表,如何?甚望即加考虑,示复为感。(1962年7月中华上编函)

8月1日,陈寅恪答复中华上编:“《论再生缘》一文尚待修改。”(高克勤《〈陈寅恪文集〉出版述略》)

综上线索,1962年春陶、胡访陈前,陈寅恪先生本人并无出版《论再生缘》之意,《论再生缘》在内地的传播也与“旧稿重印”无关。

三、稽延多年未出版的是“旧稿重印”二种

除了中华上编和北京中华都倾力组约的论文集，陈寅恪先生1949年前出版的旧著重印也一直在进行中。《隋唐制度渊源略论稿》和《唐代政治史述论稿》分别于1954年、1956年由三联书店重印，并在1955年下半年有将《唐代政治史述论稿》从三联书店转至北京中华出版的计划。

1955年11月24日陈寅恪致中华书局总公司经理部函（网拍档案）：

中华书局总公司经理部：

今接尊处本年十一月十九日(55)华总字第180号函，藉悉一切。查三联书店本年十月二十五日（〔55〕稿用字第3916号）致函鄙人云：“……此书决定改归中华书局重印，我店前与你签订的出版合同，将由该局继续履行。”据此本无另订合同之必要，又若照尊处所拟之新合同，则鄙人所受亏损过多，不能同意。兹为通融起见，亦可另订新合同，但有四点须请照办。即：

（一）尊处新拟合同无时效一条。（请查三联原合同第　　）请照三联原订合同斟酌改延有效时限（但不能太远［迟］）。并于合同满期时，出版者应将本著作物的总印数通知著作人。（请看三联原合同第十一条）

（二）尊处所拟稿酬办法中之递减办法较三联原订合同鄙人所受亏损甚大。请照三联原订合同办法。（请看三联稿酬办法第三条）

（三）请照三联原订合同第十二条“本合同签订后，如出版者变更稿酬办法，本合同仍得执行至第一条所规定的限期为止”办理。

（四）尊处来函云：“争取于短期内出书”，“短期”二字并无确

定期限，请改一确定时限。（请看三联原合同第五条）

至于其中小节，如赠送著作人初版样书之册数与三联原合同不符，可不计较。

总之，鄙人此函与尊处洽商照办之条件实皆在三联原订合同之内，尊处本应继续履行者，并非越出原订合同之外也。

又本人曾自写封面书签，已交三联照印，以作纪念。如三联未将此书签交与尊处，请即寄一样式以便再写。专此奉答即希函复为荷。此致

敬礼！

陈寅恪（钤“陈寅恪印”朱文印）敬启

一九五五年十一月廿四日

复信请径寄

广州康乐中山大学东南区一号二楼陈寅恪收

此函长达三页，首页有1955年12月1日收文章。据此可知在1955年10月三联书店通知陈寅恪《唐代政治史述论稿》转由中华书局出版，照原订合同执行。但中华书局却寄去了新合同，合同内容不够专业且不甚友好，遂有此长函。陈寅恪先生有明显的不快，但做了耐心说服。12月31日，中华书局回函同意继续履行三联书店原订合同，1956年1月5日陈寅恪再致中华书局总公司经理部函（网拍档案）：

敬复者：兹奉尊处去年十二月卅一日（55）财编4382函云：“三联书店移转我局出版的大著《唐代政治史述论稿》一书，我局同意依照三联书店与您签订的出版合同继续履行，俟期满后再行洽商，暂不另订新的合同。前寄合同两份，请即退还。”等语，兹将

前寄合同两份随函寄还，请查收为荷。此致

敬礼！

中华书局总公司经理部

陈寅恪敬启　一九五六年一月五日

附尊处前寄合同两份

但差不多七年之后，《唐代政治史述论稿》中华版尚未印行。1962年12月19日，陈寅恪致中华书局编辑部函（网拍档案）：

中华书局编辑部：

关于再版“唐代政治史述论稿”事，前已函覆同意重印。兹有所说明者，三联书店一九五六年版曾对原稿作某些改动，致使文气不贯，或与原意不符，列举如下：

（一）第一一三页倒数第三行“士大夫阶级暂时联合”，原为“士大夫阶级统一战线”。

（二）第一〇四页第三行“以攻高丽”，原为“以攻高丽之小邦”。

（三）第一五〇页倒数第二行最后，脱“兹迻录关系史料全文于下，治吾国中古史者读之，不能不为之惊心怵目感叹不已也”等字句。盼于再版时恢复原状。

又第五五页第四行，“李义府撰常何墓志铭”，请改为“李义府撰常何碑”；第一五九页第八行“及流寇相类”，请改为“及李张相类”。

至于本书较大之修改补充，以后另行告知。

此致

敬礼！

陈寅恪（钤“陈寅恪”朱文印）

一九六二年十二月十九日

原件显示中华书局收文时间为1962年12月26日，其上有赵守俨次日注记“此书已缓印。俨 12.27”。

第二年，1963年2月18日，中华书局古代史组致陈寅恪函（网拍档案），2月16日赵守俨拟稿、萧项平签批，18日封发：

寅恪先生：

大著“唐代政治史述论稿”及“隋唐制度渊源略论稿”两种，本局准备先印后者。另一种恐须在本年第三季度以后再作具体考虑。如决定重印，当遵62年12月19日大函所嘱改正。承示“唐代政治史述论稿”将来可能作较大之修改补充，正所欢迎。专此奉复并致

敬礼！

古代史组

当陶、胡访陈之际，《唐代政治史述论稿》由三联转北京中华重印至此已经稽延六年之久。此时胡从北京来且是出版主管部门领导，《唐代政治史述论稿》“旧稿重印”正是引出“出版无日”的话头。

四、竺可桢日记所见陈寅恪著作出版事的佐证

竺可桢到访康乐园，比陶、胡访陈早十几天。

1962年2月14日，竺可桢由中山大学副校长（后不久改任暨南大

学校长）陈序经招待，竺可桢与吴有训两位中科院副院长一道去看望了陈寅恪和姜立夫。竺可桢日记：

> 我和刘力、吴副院长乃去看寅恪。他住原住的宿舍二楼，精神甚佳而健谈，虽目盲而谈笑风生。吴副院长与彼乃25年前联大老同事，与其夫人亦相稔。谈及供应，说广东供应虽好，但为了北京和各方来人多也穷于应付……谈到英国，云人只知英国博物馆的敦煌莫高窟的汉简，而不知Aurel Stein初发现莫高窟时取了许多藏文的稿件，对于唐和吐蕃史料尤可宝贵。其初存于Indian office，现不知在何处。曾函科学院图书馆，但迄无回信（云已去函二年，其夫人唐君不知其事）。我允回京后为之一查。（《全集》第16卷，200—201页）

两年之后，1964年4月13日，竺可桢四访陈寅恪于中山大学。竺可桢日记：

> 见寅恪更苍老，因去年臀部落地骨脱节未治愈，迄今接不上，所以只能卧床或坐手推椅。寅恪对于渠为杨树达所著书一序未能刊出，甚不以为然。又在1962年9月*Eastern Horizon*《东方地平线》中在Mote书评，曾提到渠近作明清之交历史问题。我允为之查复。（《全集》第17卷，99页）

“为杨树达所著书一序未能刊出”事，是1951年中国科学院拟出版杨树达旧著《积微居金文说》，书稿前早有陈寅恪的序言，翌年中科院编译出版局给作者去信，称陈寅恪旧序“立场观点有问题”，并在出版时删除了序言。作者将此事告知了陈寅恪，陈寅恪也在《积微居金文说》正式出版后回信给杨树达："贱名不得附尊作以传，诚为不幸。然拙序语意迂腐，将来恐有累大著，今删去之，亦未始非不幸也。"陈寅恪对此是大不满的，以致两年后还在竺可桢来访时提及此事。

竺可桢回京后，询问了时任文化部副部长胡愈之，胡愈之仅知此事由中华书局经办。此时中华上编胡道静因《梦溪笔谈》注释事与竺可桢通信，竺便向胡道静打听陈稿下落。6月27日，竺可桢在得到胡道静回复后，又作了如下两段补记：

> 陈寅恪所问《金明馆丛稿》由中华书局上海馆处理。
>
> 陈寅恪托问他的著作，后由胡道静询明如下：《唐代政治史述要》和《隋唐制度渊源略编》已重印。但前者涉及征高丽事，所以要缓出版。后者已于去年五月出版。《元白诗笺稿》由上海分局重印。（《全集》第17卷，99页）

这里胡道静对竺可桢要问的问题理解有欠准确之处，如"《唐代政治史述要》和《隋唐制度渊源略编》已重印"，是误以此前三联印本来回答三联转中华之后重印情况。更要紧的是误解《隋唐史稿》为《金明馆丛稿》。1964年6月27日竺可桢日记：

> 得中华书局胡道静来函。知四月间我在广州中山大学时，陈寅恪要我询问《隋唐史稿》很久前交入后何以无消息，近又交《明清之交》一稿，也未知下落。我回后问胡愈之，他不知其事，但说此事中华书局经手其事。适胡道静以沈括《梦溪笔谈》注释事与我通讯，我因问陈《隋唐史稿》下落。他回信中说，《隋唐史稿》实

名《金明馆丛稿》，"金明馆"系寅恪书斋名，此稿到中华书局已年余，因沪馆运动较多，所以被搁置，沪馆领导要我代向寅恪致歉意。至于《明清史稿》不在沪馆，可能在北京中华书局总馆，因北京总馆主要编发历史书籍及古典哲学书籍，而沪馆则编发古典文学书籍云……我得函后，于今日下午即作一函与陈寅恪，将胡函附去。（《全集》第17卷，168页）

据中华上编档案，1963年3月陈寅恪才将整理好的《金明馆丛稿初编》寄交中华上编，其《金明馆丛稿初编》自序文末题记作"一九六三年岁次癸卯陈寅恪识于广州金明馆"，均可证"很久前交入后何以无消息"的《隋唐史稿》，显然不是《金明馆丛稿》。胡道静因为只了解在中华上编的陈稿情况，所以主观理解得出了"《隋唐史稿》实名《金明馆丛稿》"的结论。

综上，陈寅恪托竺可桢代为询问其著作"很久前交入后何以无消息"的，既不是《论再生缘》，也不是《金明馆丛稿初编》，而是与陶、胡访陈时说到的同一部书——《唐代政治史述论稿》及《隋唐制度渊源略论稿》。前引1962年12月19日陈寅恪致中华书局编辑部函，要求将《唐代政治史述论稿》"以攻高丽"，还原为"以攻高丽之小邦"。中华书局回函确定先印《隋唐制度渊源略论稿》，将《唐代政治史述论稿》以后再作具体考虑。这个处理环节，正可与竺可桢日记"前者涉及征高丽事，所以要缓出版"两相印证。

1966年3月20日，竺可桢再访陈寅恪，日记：

至中山大学寅恪处，他卧在床上，由他太太招待，但寅恪仍健谈，我坐在床上与他谈一刻钟，关于两年前所托问中华书局印刷

事，均与以交待。(《日记》第5册，29页，陆键东《陈寅恪的最后20年》，360页)

五、“出版无日”在1967年的复述

再回到蒋天枢笔下1960年代的陈寅恪，《陈寅恪先生编年事辑》1966年下记云：

自本年十一月至阳历一月，由师母代写检查交代六次。在多次交代之后，辄又责令作“补充交代”。(179页)

1967年下记云：

本年一月间，师母代写第六次交代。并再度交代和陶铸的关系。十二月，又写第七次交代。交代本人家世和本人生平经历。(180页)

据此可以推测，蒋天枢所记1962年陶、胡访陈言谈，正是出自1967年1月“师母代写第六次交代”。《陈寅恪先生编年事辑》所记陈寅恪第六次交代底稿中“我与陶铸的接触”一段如下：

陶铸以中南局首长身份先后来看过我三次或四次，实在记不清楚了。姑且就谈话最长的第二次说，大约是一九六二年早春，正是上海昆剧团在广州演出完毕的时候。陶铸陪同胡乔木来的，胡是来广州休养的。经过介绍之后，先由胡乔木谈话。他说在清华

时可惜没有机会听我所教历史系三四年级的课。后来他就离开清华去了。又谈起我的旧论文稿集起来重印事，我早已交给书局，迟迟还没有出版，因此我说“盖棺有期，出版无日”。他笑着说：“出版有期，盖棺尚远。”（171—172页）

也就是说，这段话并非1962年的现场实录，而是五年之后的1967年，陈寅恪垂暮之年的回忆，其时老病加身，已自称“实在记不清楚了”。

寻绎陈寅恪著作出版状况，“旧稿重印”只能指《唐代政治史述论稿》和《隋唐制度渊源略论稿》；“已交付书局多年”，符合的也只有从三联转到中华的《唐代政治史述论稿》《隋唐制度渊源略论稿》；“迟迟不予出版”，符合“不予”的正是《唐代政治史论述稿》，以“涉及征高丽事，所以要缓出版”。因此“盖棺有期，出版无日”的语境和背景、事后的复述和转述，是围绕《唐代政治史述论稿》《隋唐制度渊源略论稿》的重印稽延，宾主对谈之时，陈寅恪的愤激牢骚之辞。或者可以说，“出版无日”是因由“旧稿重印”这一话头，而引发陈寅恪对著作出版状况的忧虑和不满。这实际涉及外在和自身两个方面，反映了陈寅恪先生的暮年心境。

1953年陈寅恪《广州赠别蒋秉南》诗有句云：“文章存佚关兴废，怀古伤今涕泗涟。”胡文辉指出：“陈氏早已忧虑此问题，其1950年致李思纯函有谓：‘已将《元白诗笺证稿》一书付印，以再迟则无出版之机会故也。’（《书信集》，266页）同一时期致吴宓函又谓：‘现已将拙著《元白诗笺证稿》约十六万字十一月底出版……因以后此等书恐无出版之机会故也。’（《书信集》，268页）”（《陈寅恪诗笺释》，660页）时间再往前推，1942年8月1日，陈寅恪在桂林给傅斯年信就说：“弟近日忙于誊清拙著《唐代政治史略》，意颇欲在内陆付印，以免盖棺有期，杀青无日之苦。”(《书信集》，90页)可以说，“盖棺有期，出版无日”是晚年陈寅恪郁结多年而不解的心结，一方面要赶写新书，一方面被催整旧稿，政治压力，老病加身，因此1962年2月26日陶、胡来访他说“盖棺有期，出版无日”，3月30日致中华上编函说“若旧稿未及整理而盖棺之期已到，则只好听诸后人而已”，所透露出的无奈心情，不能简单归结为针对某一本书而发。

本文初稿与《一个未能实现的出版计划——1960年代中华书局与陈寅恪先生的交往》同时完成，十年后改定本文，似有所悟，唯有理解到三联转中华的《唐代政治史述论稿》《隋唐制度渊源略论稿》历时六七年迟迟“不予出版”，给晚年陈寅恪带来的焦虑感伤，方能更加理解并接近1960年代他拒绝北京中华出版其著作的深层原因。

(原刊《南方周末》2024年10月28日)

1959年中华上编校对科纪事

——从一张合影说起

高克勤

友人徐俊兄从网上看到一张照片“中华书局上海编辑所1959年先进集体校对科合影(1960年)”,传给我看。合影上有二十一人,分三排,第一排六人,第二排八人,第三排七人。照片是在当时上海著名的万象照相馆拍的。从网上查到,二十世纪六十年代上海市淮海中路442号有一家万象照相馆,马路对面是著名的上海妇女用品商店;上海市南京西路靠近吴江路路口也有一家万象照相馆,都离中华书局上海编辑所(以下简称“中华上编”)所址绍兴路7号不远。中华上编是1958年6月由地处上海的古典文学出版社与中华书局上海办事处合并成立的,1978年1月易名独立为上海古籍出版社,其档案由上海古籍出版社保存。为此,我请上海古籍出版社的同志查阅了当时的档案,这张合影与中华书局上海编辑所1959年先进集体校对科先进事迹的材料存放在一起,被完好地保存着。细读之下,觉得对了解中华上编校对科

中华书局上海编辑所1959年先进集体校对科合影（1960年）

的工作情况、继承发扬前辈一丝不苟的工作精神很有意义，因此撰此小文，以保存这些史料，并作为对前辈的纪念。

一、1959年中华上编校对科概况

中华上编校对科由中华书局上海办事处校对科与古典文学出版社校对科两部分人员组成。中华书局上海办事处1957年年终在册人员八十人，1958年改组为中华书局辞海编辑所和中华书局上海编辑所（与古典文学出版社合并组成）（《中华书局百年大事记［1912—2012］》，中华书局，2012年）。1959年1月到任的校对科科长齐凯（时年三十七岁）和副科长邓易园（时年五十三岁）、校对李虞杰（时年五十七岁）、胡震鑫（时年三十四岁）等都来自中华书局上海办事处，其中邓易园、李虞杰、胡震鑫等还是中华书局的老员工。《中华书局百年大事记（1912—2012）》载："1951年12月12日，为将中华教育用具厂由两合公司改为股份有限公司，董事会推定吴叔同、陆费铭中、李昌允、舒新城、潘达人、钟吉宇、李虞杰、吴明然、俞明岳、薛季安、蔡同庆、邓易园十二人为本公司投资该厂股权代表人。"1952年，李虞杰任事务处主任，邓易园任事务处副主任。

中华上编校对科先进集体事迹材料申报的时间是1960年2月。据中华上编1959年12月14日人员统计表，全所共一百零一人。校对科二十一人，就是合影上的二十一人，占了全所人员的20.79%。1960年，中华上编人员增加不少，据中华上编1960年5月的人员统计表，当时全所人员有一百二十六人，其中男一百一十五人，女十一人；按文化程度区分，其中大学五十四人，高中三十八人，初中二十七人，小学七人；按年龄区分，其中六十岁以上七人，年龄最大的是时年七十一岁的所主任金兆梓（1889—1975），老编辑中年长的有时年六十三岁的汪原放（1897—1980）等；按工作岗位区分，其中有所领导五人、编审二人、编辑室领导三人，编辑、助理编辑、编务（包括资料室人员）三十人，影印组十一人，出版科十三人，校对科二十一人（与1959年人员略有变动）等。校对科人员占了全所人员的16.67%，比1959年略有下降。

1960年校对科二十一人中，按文化程度区分，其中大学八人，高中七人，初中六人，文化程度普遍较高；按年龄区分，其中五十一至六十岁九人，四十一至五十岁五人，三十一至四十岁五人，三十岁以下二人，平均年龄四十七岁；有二位女同志庄亚芬、郑素真，年龄分别为三十九岁、三十八岁，均为大学学历，就是合影第二排中间的二位。科长是齐凯，大学学历，合影第一排右二。副科长分别是王燕棠，高中学历，合影第一排右三；邓易园，大学学历，合影第一排右四。

二、1959年中华上编校对科先进事迹

档案中保存着一份中华书局上海编辑所1959年先进集体校对科先进事迹的材料，现择要列举如下。

校对科虽然有二十一人，但因有调动、参加劳动锻炼等情况，年内实际从事校对工作的只有十五人，所承担的校对任务，除了本所的全部铅印书外，还担负了总公司和辞海编辑所委托的一部分任务。

1958年，校对科在全国各条战线都在“大跃进”的形势下，校对数量也大大地跃进了一步，但是比较普遍地存在着追求数量忽视质量的倾向。1959年上半年响应党大抓质量的号召，该科同志批判了忽视质量的错误。但由于认识的不足，又出现过“质量唯一”的苗头，在对待数质量的问题上是“一条腿走路”的。经过党的不断教育和学习，逐渐端正了对待数、质量关系的态度，树立了以质量为第一、数量与质量并重的“两条腿走路”的业务思想，发挥了冲天的干劲，采取了许多有效的措施，出色地完成了任务，校对的数量、质量都比1958年有显著的提高。

以出版物的成品来看，在1959年全年出书中，还没有发现属于校对责任的政治性和较大的技术性的差错。根据第二、三季度成品检查的结果，在十九种书中完全消灭了校对差错的有《唐诗一百首》等八种。仅有个别标点符号错误的有两种。两者共占检查成品的42%。

全年付型的书，在校对过程中发现原稿中遗留的问题提出疑问或意见，经编辑同意采用的大大小小有两千余条（属于字迹模糊、简异

体字的统一、明显的笔误及一般版式上的问题，均由该科自行解决，不在此列），从而在一定程度上提高了出书的质量。

不但在校对质量上有“跃进”，在校对字数上也有显著的成绩。全年共计校对了版面九千四百零九万字。其中上半年由于任务不足，校对量较少。下半年完成数为五千三百六十七万字，平均每人每月约五十六万字，比“大跃进”的1958年下半年还略有增加。对于全所及总公司出版计划的完成做了密切的配合。

在对于校对质量的要求方面，过去校对科大部分同志认为忠于原稿、消灭排版上的差错是校对工作的唯一职责和质量要求；发现原稿上遗留的问题只不过是附带的事。1959年4月，通过大抓质量的辩论，同志们树立起校对工作的“三负责”思想，认为校对工作应该是编辑工作的延续，应该有对读者、作者和编辑三方面服务的责任感，尤其是对读者。基于这种思想，大家认为校对工作只对原稿负责就不够了。原稿上或多或少地遗留些问题是经常有的。因此，结合提高出书质量的措施的制定，确定了校对工作的职责范围和质量要求：除了对原稿负责、消灭排版上的差错之外，还要注意发现原稿上遗留的问题提交编辑处理——这也是“两条腿走路”。确定了这个“两条腿走路”的质量要求之后，校对科同志对原稿的“质疑”更主动了。例如在三校《中国文学史》（中册）时，发现论明初的传奇部分里掺有论元代杂剧的文章，仔细研究检查了一下，原来是原稿的总页码打错，把原属于第九章第一节约五千字左右的一大段文章误接在第十一章之后了。三校《中国文学史》（下册）时，尽管任务是那么紧张（要在六天里校完三十七万字），仍然不厌其烦地查对了重要的引文，并抽查了许多可疑的一般引文，纠正了错误达数十处。校《李开先集》（八十万字）时，发现原稿疑问较多，向编辑借来原书作参考，结果发现原稿抄错达五百余处，其中有七十余处是在编辑把校样看定后发现的。校《全唐文纪事》时，到图书馆去把原书借来查对，各校提出疑问和意见七百余条，经编辑同意采用五百余条。

校对科的同志有一种“硬碰硬”的精神，那就是：要完成任务得逐字逐句地看文章，要用这种“硬碰硬”的方法把校样里的错误一个一个地“碰”出来，把它们消灭掉，一点儿也偷懒不得。一个钟点就是“硬碰硬”的几千字。因此他们非常珍惜时间，可以说是“分秒必争”。他们千方百计地扩大生产时间，采取的办法是：提高会议质量，精简会议时间；时间上不受限制的会议，安排在下午开（因为上午精神较好，工作效率较高）；有些可以利用业余时间召开的小型会议在业余召开；用书面公布代替会议传达，让同志们利用休息时间去看。经过这一系列的措施，全科在第四季度用在直接和间接校对上的工时由过去的50%左右提高到70%以上。以该季度完成的工作量来推算，等于多校对了约八百万字。他们不但在工作时间里如此抓紧，业余时间也经常利用。有些同志几乎经常把校件带回家去，在晚上和假日里干。

校对科在1959年第二季度陆续地建立了一套比较完整的工作制度，对于工作确实起了推动作用。例如校对操作程序和各校分工的确立，给校样的运行确定了一条正常的轨道，规定了三校一读的基本原则，明确了各校的重点，设立了必要的关卡，等等，对于恢复科内工作秩序和保证成品的校对质量起了一定的作用。建立责任校对制，每种书设立一个责任校对员，在整个校对过程中比较全面地关心所负责的书，担任一次精校之外，并对校样进行几次必要的检查；在全部校对完毕后，还负责对每本书的校对工作做小结。这个制度发挥了生产上的组织作用，对于保证质量、培养干部和加强团结都有一定作用。建立质量检查制度。后校检查前校的出错随时填单，校毕后交前校阅洽，并按周将出错率公布。有些同志根据自己的出错情况研究了出错的原因，针对原因采取了措施，从而使出错率不断降低。建立作业计划制度。在每月开始前将每种书的各校人员和进度做出大致的安排，使同志们对于月内需要担任的工作心中有数，并各自根据工作效率的高低制定当月计划完成的数量指标，综合成为科的指标，还配合出书定出月度付型计划。关于指标的完成情况，按周按月根据个人工作日报表进行检查统计，及时公布。这个制度执行以来，同志们大都能够鼓足干劲、千方百计地争取完成甚至超额完成指标，有的同志不但关心自己指标的完成，还经常关心科的计划指标的完成，形成了有节奏的生产，对于出版计划的完成起了保证作用。

古籍书大部分用繁体字排版，有不少冷僻字、古体字、异体字等。一部几十万字的书中经常有上千个异体字，有些字在常用字典里都找不到，因此刻字多，校样里空铅多。而且版式复杂，大多数的书是直排，里面有夹注、段末注、面末注、篇末注、眉批等。所以做古籍书的校对工作也不容易，没有一定的古汉语水平就不能理解文义，有些特别艰深的连具有一般古汉语水平也不能理解。在关于“质量第一”的大辩论中，校对科同志明确了政治挂帅之外，业务水平的提高是保证质量的重要关键。于是，大家努力学习，不断提高业务水平。他们抓住古汉语作为主要学习内容，得到了所领导和编辑部的大力支持，解决了师资问题。每逢周三的学习时间，全科不分老弱都来听课，听课时聚精会神。同志们的学习热情很高，每人都买了一部厚厚的《古文观止》学习。古汉语之外，还学习了一些校对业务知识，自行编印了歧字统一表、通此不通彼的繁简字辨别表等。还特别强调了从业务中学习和从错误中学习的办法。从后校给前校填的出错单中，可以研究出错的原因、规律。每本书结束后，都做单一小结，近似“现场会议”。由责任校对负责，与各校碰头，把校对过程中发生的问题进行研究总结，得出经验教训，有代表意义的组织全科讨论学习。不少同志经常字典不离手。在校对科，结合着工作的相互请教与帮助成为一种日常现象。每人校对数、质量的公布，也使科内形成一种比、学、赶、帮的气氛。

同时，校对科大大加强了内外协作。与编辑部的联系有显著改善。校对把发现原稿上的问题、提出改进意见看作是自己不可推诿的重要职责，主动与编辑联系，有的同志对于一些比较复杂的问题甚至拿着校样和编辑一起研究。与排版厂的协作也大有改进。校对科同志去工厂与排字工人座谈，从而体会在校样上改动得清楚能够给他们减少不少麻烦，因此常能替他们着想。例如统版较多的校样，想办法少统些。有的书为统一字体，减少刻字，随原稿附有歧字统一表；协助工厂检查厂校质量；当工厂任务紧张时，有些书的校样不通过毛校就送来，也能予以体谅。凡此，得到了工厂的好评。

通过一年来的政治、业务学习和业务实践，全科同志都可以担任二校了。责任校对的队伍由年初的四人逐步扩大至年末的十二人。

三、中华上编校对科的前辈

1986年7月，我从复旦大学中文系研究生毕业，进入上海古籍出版社工作。按照上海古籍出版社培养新进编辑的惯例，安排我先进校对科实习半年。当时上海古籍出版社大部分员工的办公地点在瑞金二路272号的一幢三层小洋楼。因为地方不够，校对科还在绍兴路5号出版局大楼的东楼五楼办公。当时校对科人员有十四五人，加上我们这一年新进的三位来实习的编辑，占了东楼五楼的三间办公室——一大间两小间。1959年，中华上编校对科的前辈中当时在职的只有林虞生，时任校对科科长;齐凯、刘德宣(1921—2002)、胡震鑫(1925—1991)等已退休,但还常来社。齐凯、刘德宣还在为校对科做外校,不时来校对科领取和交还校样。当时科里何列丽、金文男两位大姐分别是老编辑何满子、金性尧两位先生的女儿,是从曾经落户和插队的农村回沪安排或顶替进出版社的。她们两位后来相继担任了校对科科长。金文男告诉我,她是1980年进校对科的,刘德宣是她的老师。刘德宣就是合影中第二排右二那位,他右边最边上的是林虞生。胡震鑫(1925—1991)是合影中第二排左一的那位。他是福建霞浦人,1945年进入中华书局,先在印刷厂的彩印科工作。1954年后在财政经济出版社(中华书局)上海办事处出版科任科员。1959年8月进中华上编校对科任科员,1960年调为食堂管理员。1978年任上海古籍出版社行政科副科长,分管社职工食堂。1985年退休后还曾受聘上海三联书店做后勤工作。当时上海三联书店也在绍兴路办公,他午间常来社与老同事聊天,我经常能看到他乐呵呵的笑脸。

在校对科实习时,我与林虞生老师在朝北的小办公室,休息时常听他聊起陈年往事。我后来在社里长期分管校对科工作,对校对科的历史和人员有了进一步的了解,认识到校对在图书生产中的作用,一本内容文字准确无误的图书离不开编辑、校对人员的共同努力。在回顾社史的时候,不能忘却校对科的前辈。兹以年齿为序,对1959年校对科王燕棠、齐凯、林虞生三位前辈作简要介绍。

(一)王燕棠

王燕棠(1900—1988)可以说是中国现代出版业一位元老级的校对。他是浙江嵊州人。高中毕业后就离开家乡赴天津、上海等地就业,长期在报馆、杂志社、出版社等单位从事校对、文书工作。1925年以后，曾先后在兴利印刷局、京报馆、《北京大学研究所国学门周刊》、北新书局、开明书店、申报年鉴社、新华日报社等处任校对。上海解放后，即参加世界知识出版社工作，后转入新文艺出版社、古典文学出版社、中华书局上海编辑所，一直从事校对工作，直到1966年3月退休。

王燕棠对文字学颇有研究，富于钻研精神。在推行汉语拼音时，他提出，应“将每一汉字作穷源竟委的整理，使之较易辨认，或亦有助于校对工作”。他编制了不少校对参考用表，对培养校对起了很大的作用。他非常重视出版物质量，参加过很多大部头重要古籍如《资治通鉴》、标点本“二十四史”中多种书的校对，严格把住校读的最后一道关。在校读《聊斋》三会本时提出很多问题，避免了差错。

王燕棠十分重视对青年校对的培养，要求青年对工作精益求精。他自己身体力行，对工作一丝不苟。许多同事都得到过他的指导帮助。原在一家私营工厂工作的富寿荪（1923—1996），1957年2月经龙榆生先生推荐进入古典文学出版社校对科工作，得到了王燕棠的悉心指导，很快熟悉了校对业务，同年10月调入编辑室工作，最终成为著名的学者型编辑。受王燕棠影响最深的是林虞生。2013年，86岁的林虞生写了他最后的一篇文章《记我师王燕棠先生》（《春华秋实六十载：上海古籍出版社同仁回忆录》，上海古籍出版社，2016年），深切缅怀王燕棠。林虞生是1956年12月到古典文学出版社做校对，当时古典文学出版社刚从新文艺出版社分出来，做校对的只有王燕棠一位，林虞生是第二个。林虞生写道：“王老先生工作态度认真，一笔一画从不马虎，字迹清爽，一丝不苟。他说厂里地方小，车间光线暗，改版师傅看不清楚，容易改错，所以做前道工序的必须想到后道，如果恣意涂划，后来返工，还是自己吃苦头，与其后来补救，不如现在写得清楚些。”他曾经在开明书店做校对，经常到印刷厂跟工人一起改版，当面解决问题，“所以对书稿的排版样式，各种铅字大小型号，无不了然于胸，什么等级的标题，该排哪种字体决不会错。只要看看开明版的图书，版面清晰，质量一流，即可知道若非行家里手是做不出来的”。“他朴实无华，穿着一袭旧布中山装和一双布鞋，终日孜孜不倦地坐在角落里看校样，很少闲话。他认为校对工作主要服务于广大读者和作者。如果说一本书作者用力甚勤，资料丰富，文笔流畅，质量很高，却败在排校上的马虎，弄得错误连篇，无法卒读，变成次品甚至是废品，这对得起作者和读者吗？能用‘无错不成书’为自己开脱吗？对得起党的出版事业吗？做校对的第一个任务就是练坐功，只有坐得住才不会心野，不会心野才能心静，心静才能看得出问题，进而才能纠正原稿之失（有时是政治问题之失，有时是知识问题之失）。当然校对最主要是对原稿负责，但并不排斥匡正原稿之欠缺，两方面并不矛盾，所谓‘校对是编辑的继续’，‘继续’就是服务于全书的质量，都是对读者负责，这是‘认真做好出版工作’所必须的。”“对于校对古籍，王老先生主张一书上手，先看作者的前言、后记，弄清作者和编辑整理本书的意图，做到心中有数，这样工作起来就能驾轻就熟，遇到问题，有些也会迎刃而解。古籍范围很广，不仅书体文章，诗词歌赋多体均备，内容也千奇百怪，三教九流，举凡天文舆地、医卜星相、鬼神妖魅、佛道信仰无所不包，人生有限，知识无涯，谁能样样都懂，件件精通，只因经手得多，看得多，虽然一知半解，有时也能依样画瓢，应付过去……校对讲究眼明手快、头脑活络，就是指这些。没有‘点滴在心头’，不能读通上下文意，也很难发现错字，这绝不是夸夸其谈就能胜任，非有如王老先生心无旁骛、心如止水、坐穿冷板凳的功夫不可。”

作为校对科的长者，王燕棠热爱工作，热爱事业，为人正直，忠厚老实，待人诚恳，深受大家尊敬。

（二）齐　凯

齐凯（1922—2023）是新中国出版事业的一位“老兵”。他是山东昌邑人。1945年9月至1949年6月进入东吴大学文学院经济系学习。1949年6月，上海甫解放，他就参加了工作，在上海军事管制委员会新闻出版处协助接管工作。《中华人民共和国出版史料［1950年］》（中国书籍出版社，1996年）载有《华东出版委员会关于世界大东两单位情况报告致黄洛峰的信》附《大东书局情况汇报（1950年1月）》，汇报末署名“工作员齐凯”。他历任华东出版委员会会计室审核员，新华书店华东总店会计科副科长、科长，中华书局公私合营上海工作组清估小组组长，财政经济出版社上海办事处主任室秘书兼出版科科长。1958年1月，为贯彻中共中央关于干部参加集体生产劳动的制度，下放到上海市宝山县庙行乡参加劳动锻炼一年。1959年1月起任中华书局上海编辑所校对科科长、办公室副主任。1970年8月起又响应“战高温”的号召，到上海四新锁厂冲床车间任冲床工七年。1977年8月，任上海人民出版社古籍编辑室通校组负责人。1978年1月进入上海古籍出版社工作，历任办公室副主任兼通校组组长、校对科科长、经理部副经理兼校对科科长。1985年4月退休。1985年7月加入中国共产党。

齐凯担任中华上编校对科科长后，面对陌生的校对工作，刻苦钻研校对业务，虚心向业务骨干请教。通过疏理工作流程，制定了完整的校对工作责任制，并推动制度落实到工作中。在抓好校对质量的同时，鼓励大家在忠于原稿的基础上，注意发现原稿遗漏的错误，并将此作为校对的第二职责，不仅避免了许多重大错误的发生，更提高了校对人员的业务水平和责任心。此外，他还加强校对计划管理，努力培养校对新生力量。在他的带领下，中华上编校对科被评为所1959年先进集体。由于工作成绩显著，他被评为上海市1960年文教系统先进工作者。他退休后，有一阵受社里委托，编写社大事记。由于他几乎经历了中华上编成立以来的全过程，因此所编忠于史实，内容详尽，为上海古籍出版社大事记的续写打下了良好的基础。十多年前，他看到我写的有关中华上编的文章，还写信给我与我讨论。他还长时间为校对科做外校，八十多岁时还到社里来取还校样，经常为校对科解决校对疑难问题。社里想他年事已高，就叫他别做了。他觉得做外校也是保持大脑健康的手段，让社里把校样寄到他家，他做好后再寄回来。他做外校大约一直做到九十岁为止。

齐凯晚年与两个女儿家同在法华镇路上的一座高楼里，女儿女婿轮流陪伴他。他心胸开阔，乐天知命，是上海古籍出版社第一位过百岁的人瑞。他百岁前一年年末，我曾与同事去他家看望，他记忆还是很清晰，多年前的往事还能如数家珍。

（三）林虞生

林虞生（1927—2017）是上海古籍出版社校对科公认的老法师。他是广东潮州人。在家乡完成高小、私塾学习后，到上海当学徒，做过文书、会计。1956年12月，经上海市长宁区劳动科介绍，进入古典文学出版社担任校对工作。1958年6月起任中华上编校对。1969年到1975年，响应当时的号召，到南京梅山炼铁厂原料车间任皮带工。1975年12月到上海人民出版社辞海编辑室任校对。1979年9月进入上海古籍出版社工作，历任校对科校对、副科长、科长，1989年5月退休。在这之前的1988年2月，他以出色的工作成绩和学术水平被评为副编审。

林虞生担任校对工作后，在前辈王燕棠先生的指导下，凭借认真的工作态度、极强的责任心和扎实的古典文学基础，很快胜任了校对工作。不仅出错率在校对科是最低的，而且全年的校对工作量也是全校对科之冠。在中华上编期间，林虞生担任标点本《史记》《汉书》《三国志》三部史书的通校通读工作。在工作中，他能利用参考书籍，大胆地对原稿提出意见，纠正原稿中存在的遗漏错误，有时仅一年内提出并为编辑所采纳的意见就达一千余条，曾受到《三国志》标点者傅东华先生的赞赏。由于工作成绩突出，他于1960年被评为上海市出版系统先进工作者。回上海古籍出版社工作后，他又担任了《中国古籍善本书目》《文选》《剑南诗稿校注》《白居易集笺校》等重点图书的责任校对。林虞生退休后，仍然关心社里的校对工作，返聘担任社里的校对工作直到七十五岁。此后，他还在家里做校对，社里定期为他寄送和取还校样。值得一提的是，他退休后还担任了由复旦大学著名学者谭其骧、王文楚等校点的明末清初大儒顾炎武撰写的《肇域志》的责任校对。这是一部三百万字的大书，整理难度颇大。他在校对时改正了整理本中的一些未尽之处，得到了该书责任编辑蒋维崧的高度推崇。2004年该书出版，2008年荣获首届中国出版政府奖图书奖。林虞生虚岁八十岁时，自觉精力不济，提出不再做校对了。这时蒋维崧担任了社品牌期刊《中华文史论丛》（一年四期，每期二十五万字）的责任编辑，为了确保校对质量，一再恳求他帮忙校对，他盛情难却，这样又做了五年多。

工作之余，林虞生喜欢收藏一些古陶瓷、线装书和民间手工艺品等。他对民间文学与俗曲颇有研究，整理出版了《昇平署岔曲》，还与在校对科实习过一年的编辑王镇远合作校点出版了《林昌彝诗文集》等古籍，撰写出版了《人物画》一书。

我进校对科实习时，科里有两位年轻的大学毕业生任校对，一位是1984年从复旦大学中文系毕业的侯奇伟，她后来担任了近十五年的校对科科长直至退休；另一位是1985年从华东师范大学中文系毕业的袁啸波。袁啸波在校对科工作了五年半，后来调到编辑室工作直至退休，是一位颇有成就的编辑。袁啸波为人朴实，林虞生很喜欢他，想培养他做接班人，虽然他后来离开了校对科，但一直与林老师保持着密切的联系。《春华秋实六十载》一书中收有他写的《我的师傅——古籍高级校对林虞生老师》一文，其中写道："林老师平时生活简朴，不抽烟，不饮酒，不喝茶，甚至连白开水也很少喝；做起校对来极其投入，可以忘记冷热饥渴，进入忘我之境。他长期坐在朝北的一间小办公室。那时还没有空调，别人冬天都以热水袋或火炉取暖，而他却什么也不用，一坐就是几小时，专心校对，同事喊冷，他偏说不冷；夏天再热，他也说不热。做到得意处，每每哼起潮州小调。到老了，他经常腿脚关节疼，影响到走路，恐怕也与那时受寒有关。""林老师性格刚硬直率，脾气较急，对下属要求严格。平时他和蔼可亲，说话不乏幽默，但要是谁校对某书质量很差或者其他方面犯了什么错误时，就会当面训斥，不留情面，记得年轻女孩都被他训哭过；因此科室成员都惧他三分。"我也经常发现他在校样上用铅笔写的批语，指责"编辑老爷"没有看出错误。但社里的编辑看到后也不以为忤，还有窃喜之感，认为他的校对是书稿质量的重要保证。

2012年春节期间，林虞生中风，左半身瘫痪，行动不便，才结束了长达半个多世纪的校对生涯。2015年初，袁啸波介绍了一位旧书商，林虞生含泪把他毕生收藏的线装古籍都卖了，卖的钱支付了养老院的费用，当年4月他住进了养老院。他最后几年是在养老院度过的。

四、关于校对的余话

我当年一进入上海古籍出版社工作，就发现编辑同事中有不少是我读过的许多书的整理者或作者，觉得很兴奋，很自豪，同时又产生了无形的压力。到校对科实习后，首先从校对人员身上感受到一丝不苟的工作精神。当时，校对科还在实行1959年时制定的那些制度，如三校一读、责任校对制、质量检查制度等，后校检查前校的出错随时填单。刚出校门的我觉得这份校对工作好严格啊！校对实习，使我对校对工作有了初步的认识，可以说是我从事编辑工作的入门第一课。

上海古籍出版社的校对人员不仅只是对原稿作“校异同”的核对，而且还能根据自己掌握的文史知识对原稿作“校是非”的判断，对作者和编辑加工时的疏漏提出疑问，对提高书稿质量起到拾遗补缺的作用，真正做到了校对工作是编辑工作的延续和补充。尤其是林虞生老师，当时从事校对工作已有三十年，虽然只有高小学历，通过刻苦自学，掌握了丰富的文史知识，工作认真，经常能指出编辑加工中的疏漏，令不少编辑叹服。校对中尚有如此学识的前辈，遑论当时各擅胜场的一众编辑。正是这样的氛围给了我无形的压力，要努力学习，认真工作，否则就会掉队。就这样从编辑岗位一路走来，直到退休。

二十世纪九十年代以后，出版社普遍实行了企业化管理，不久又转为企业了。为了节省人力成本，许多出版社采用了“编校合一”的方法，让编辑兼任校对，撤销校对科或减少校对人员，或让印刷厂的校对人员代为校对，或利用校对软件代替校对人员，确实起到了节省人力成本的效果，但同时也出现了不少图书质量下降的事例。毕竟编辑与校对的分工、职责不同，编辑读校样与校对读校样的方法和侧重点也不同；校对软件不能完全代替校对人员的知识判断；印刷厂的校对人员也不能完全代替专业出版社的校对人员，特别是古籍社的校对人员。在这方面，上海古籍出版社还是保持着比较清醒的认识，虽然不能与二十世纪九十年代以前相提并论，近二十多年来校对科还是保持十人以上的规模，新进的校对多是古典文献专业毕业的大学生和硕士研究生，还在坚持重点书三校一读、责任校对制等制度。尽管如此，面对急剧增长的审稿工作量、快速的出版生产进度，虽然编辑人员审稿时战战兢兢、如履薄冰，还是会不时发现编校错误，作为编辑，多么希望有林虞生先生这样的校对做补正啊！这是我阅读校对科前辈事迹后的深切感受。

（原刊《澎湃新闻·上海书评》2025年3月6日）

1962年中华上编工作一瞥
——从陈向平两封信说起

高克勤

前不久，老出版家陈向平的长女陈晓东在整理父亲遗物时找到陈向平的两封信，拍照给我。陈向平（1909—1974），上海宝山人。长期从事文化教育工作。1957年6月调任上海古典文学出版社副社长。1958年6月，古典文学出版社与中华书局上海办事处合并成立的中华书局上海编辑所（以下简称“中华上编”）成立后，任副主任。中华上编由中华书局副总编辑金兆梓（1889—1975）任主任，李俊民（1905—1993）、陈向平、戚铭渠（1914—1990）任副主任，李俊民任总编辑，陈向平和戚铭渠两人也于1961年7月任副总编辑。李俊民和陈向平、戚铭渠还是中共中华上编分党组成员，其中李俊民是书记，他们三人组成了中华上编领导团队的“三驾马车”（参见拙撰《中华上编的“三驾马车”——中华上编的老人们［一］》，《传薪者——上海古籍往事》，人民文学出版社，2016年）。

这两封信均未署年份。从信中所述“纪念曹雪芹逝世二百周年”“中华文史论丛”等内容判断(详见下文),应是1962年;第一信中说“今天星期日”,1962年5月20日正是星期日。这两封信是陈向平与同事朱金城于1962年5月13日到24日在北京出差期间给中华上编领导、同事及上海市出版局领导的工作汇报,其中提供的信息极其丰富,从中可以看到1962年中华上编的工作情况。兹将这两封信分别过录于下,并作释读。

陈向平致李俊民等人的信(一)

俊民、铭渠同志并即转

罗局长,景唐同志,

来北京已一周。与总公司会谈了三次,与总公司、人文三家会谈了一次,除了协商解决彼此选题计划和书稿业务上一些矛盾、交叉问题之外,主要商量修改整理出版古籍八年重点规划问题,准备提出一个修改的草案的基础,提供中央考虑和规划小组讨论。看来还要会谈一二次。

为了考虑出版几种《红楼梦》的重要本子,作为纪念曹雪芹逝世二百周年学术界研究之用,我们同文学研究所约集了几个在京红学家和版本专家,举行了一个座谈会。曹死于壬午还是癸未,还没有一致结论。惟文研所诸同偏向于壬午说,即以63年为二百周年。大家共同意见是出版甲戌本、甲辰本、庚辰本、己卯本、乾隆抄本、内蒙古王府本、程甲本等七种本子,作为文研所编辑(上编出版)的古本小说丛刊第一辑,供大家研究之需。七种中庚辰本人文已于数年前出版,甲戌及乾隆抄本,上编在印制中。此外大家认为应先出的是甲辰本、内蒙古王府本及程甲本三种。

前天去看了齐部长，他谈了周扬同志的和他自己的几点指示：①古籍整理规划，过去郑振铎先生等搞三本，太庞大，后来（60年）搞的八年重点规划则又太少，特别对研究者、专家的需要不能满足，要修改补充；②近代人的著作遗稿可以多出一些，现在专家们的研究著作，尺度可放宽些；③目前从大专学校及中学中精简、下放出来的教师，文史哲修养较好、可做古籍整理工作的，可以设法吸收到中华书局去做编审、编辑工作。中华原有的老年而有本领的编审、编辑不要精简出去。精简出来的教师中有翻译能力的，则充实商务等翻译机构。④今后出书要成套，多出几部丛书，出丛书要有计划和主编人及编委。以上这些，齐说都是周扬同志的指示。关于从学校中精简出来的教师以充实中华、商务问题，齐部长说，可向上海领导上反映，亦可按这个指示精神做。我已要求把原周扬同志谈话的记录，请总公司整理抄录一份，希望能带归一份。

北大今年应届毕业的古籍整理专业学生，只有四人，恐分配给上编一二人的希望不大。

在会谈研究的间隙中，访问了在京的一些作家：俞平伯的校样已寄上编，《王文公集》封面题签齐部长已写好交我们。赵万里的前言本星期里大致可交卷。乾隆抄本《红楼梦》的封面题签已请郭老去写。序言本月下旬内交卷。《杨万里选集》，周汝昌说明在七月中修改好交来。范成大前言月内写好交卷。周的《红楼梦新证》答应明年内修改好交我们。《肇域志》胶卷及《牛郎织女》补缺叶问题，北图允为即办。侯外庐领导搞的《方以智集》，因最近在北图及北大图发现新材料，以及具体整理者张德均同志要写王船山论文，故第一、二两册，要到今年年底前弄好。其哲专著“东西均”，则可望于一二月内交来。

我们想挤时间到北大、人大及高教部招待所等处去访问一次。情况容再报。

我们13日晚到京后，至17日止，住在西郊翠微路总公司内。但进城访问实在不便。故从17日晚起，用上海市人委介绍信，迁到崇文门内新侨饭店164号居住。预计再住三四天，拟在星期四去天津。

今天星期日，我们自己放假一天，去看看熟友及到书店走走。

北京天气比上海热，街巷内孩子们已经赤膊。我们带的只有夹衣，有点背时。不琐琐。

敬礼！

向平　5/20

金城同志嘱问好！

第一封信的收信人“俊民”为李俊民，“铭渠”为戚铭渠，“罗局长”为时任上海市出版局代局长罗竹风（1911—1996），“景唐”为时任上海市出版局副局长丁景唐（1920—2017）。信中提到的“齐部长”是齐燕铭（1907—1978），时任文化部副部长、国务院古籍整理出版规划小组组长。周扬（1908—1989），时任中共中央宣传部副部长。信末“金城”为朱金城（1921—2011），时为中华上编编辑。第一封信上面贴有一便条，分别写着：“请罗局长、丁局长阅后退回。铭渠 五·廿三。”“请季宏、晓云同志阅。丁 5/24。”“季宏”为汤季宏（1916—2002），“晓云”为汪晓云（1912—1981），当时均为上海市出版局副局长。兹按信中所述内容，依次释读。

（一）三家选题分工和古籍八年重点规划

在1958年至1978年期间，新中国专门从事古籍整理出版的专业出版社只有中华书局、中华书局上海编辑所和人民文学出版社三家，由于人民文学出版社只有古典文学编辑室从事古籍整理出版，所以又有“两家半”之说。人民文学出版社成立于1951年，是新中国最早从事文学古籍整理出版的出版社，著名作家、古典文学研究专家聂绀弩（1903—1986）曾任副总编辑兼古典文学编辑室主任。1958年2月，国务院古籍整理出版规划小组成立，由十九人组成，下设文学、历史、哲学三个分组，三组成员共八十一人，几乎囊括了当时文史研究领域的全部顶级学者专家。时任国务院副秘书长齐燕铭任组长，中华书局为古籍整理出版规划小组的办事机构，中华书局总经理兼总编辑金灿然兼办公室主任。文化部明确中华书局定位为整理出版古籍和当代文史哲研究著作的专业出版社，同时在上海设立中华书局上海编辑所。从此，古籍整理出版工作有了全面的规划和统一的部署。中华上编受上海市出版局和中华书局总公司双重领导，与中华书局在人事和经济方面各自独立，而在编辑出版业务上接受总公司的领导，两家共用一个社名，但中华上编出版的图书在版权页上注明“中华书局上海编辑所编辑”。因此，中华上编虽然名义上是中华书局的分支机构，但是一个相对独立的出版机构。在编辑出版业务上，中华上编除了新出选题外，一般一年一度向总公司上报选题计划，总公司不过问中华上编具体选题的操作。中华上编与总公司在选题上有分工，中华上编的选题以古典文学为主，总公司的选题以历史、哲学为主。为了避免选题撞车，三家经常在一起讨论，有合作有分工，还请上级主管部门国家出版局的有关负责同志参加，签订详细的纪要以备案。如1959年3月，陈向平赴京与中华书局总公司会谈；4月，金灿然来沪与中华上编会谈，商量总公司和中华上编的关系与出版分工办法。1960年5月，陈向平赴京与人民文学出版社、中华书局总公司就文学古籍的整理出版分工原则进行会谈。这封信开头说的“与总公司、人文三家会谈”说的就是商量三家选题分工这件事。

“古籍八年重点规划”指的是古籍整理出版规划小组1960年10月公布的《古籍整理出版规划小组三年至八年（1960—1967）整理和出版古籍的重点规划》。该规划共列入选题434种，分为“干部和学生的读物”“科学研究工作者和教学工作者的参考书”两部分。“干部和学生的读物选题”有104种，主要是古籍选注本，还有古籍今译本和改写本。“科学研究工作者和教学工作者的参考书选题”分为三类：历代名著200种、专题史料汇编100种、工具书30种。历代名著主要采取校点、校注、集解或新注的整理方式；有些名著既要出版新注本，又要出版集解本，因此，实际出版种数将会超过计划中的数字。专题史料汇编包括古典作家和作品评述资料、历代文论选、诗话丛编、词话丛编、曲话丛编、晚清文学丛钞、中国哲学史资料选辑、中国社会经济史料等。工具书包括中国古代文学家辞典、中国哲学史辞典、中国历史人名辞典、中国历史地名辞典、中国历代官制辞典等。

信中下文齐部长所说“古籍整理规划，过去郑振铎先生等搞三本，太庞大”，指的是1958年6月，由古籍整理出版规划小组文学、历史、哲学三个分组分头起草的《整理和出版古籍计划草案》，分文学、历史、哲学各一本，其中文学部分3 383种，历史部分2095 种，哲学部分1 313种，合计6 791种，基本囊括了中国重要古籍。郑振铎（1898—1958）时为文化部副部长，也是古籍整理出版规划小组成员和文学组的召集人，参与了上述《整理和出版古籍计划草案》的起草。这个草案的品种确实“太庞大”了，显然是一个长期规划，不是十年二十年能完成的。据《古籍整理图书目录（1949—1991）》（中华书局，1992年）统计，1949年10月以后到1957年八年多出版的古籍整理图书也就746种，1958年到1966年九年间出版的古籍整理图书也就1 046种。与《整理和出版古籍计划草案》的品种相较，“古籍八年重点规划”确实如齐燕铭所说“则又太少，特别对研究者、专家的需要不能满足，要修改补充”。在这之前的1962年3月1日，中华上编已经在原订《古籍整理出版三至八年（1960—1967）》的基础上，按照新的要求，经过修改充实后形成《古籍整理出版十年（1962—1971）选题规划（草案）》，邀请学者专家二十五人举行座谈会听取意见。然后再作修改上报。

（二）纪念曹雪芹逝世二百周年和《红楼梦》各版本的出版

曹雪芹的逝世年份，有乾隆二十七年壬午除夕（1763年2月12日）说，另有乾隆二十八年癸未除夕（1764年2月1日）说等。1962年，文化部决定在1963年举办纪念曹雪芹逝世200周年活动。1963年8月17日到11月17日，文化部、全国文联、中国作协和故宫博物院在故宫文华殿联合主办“曹雪芹逝世二百周年纪念展览”。为配合这一活动，中华上编拟“出版几种红楼梦的重要本子，作为纪念曹雪芹逝世二百周年学术界研究之用”，为此陈向平“同文学研究所约集了几个在京红学家和版本专家举行了一个座谈会”，讨论出版《红楼梦》的各个版本。信中提到的甲戌本、甲辰本、庚辰本、己卯本、乾隆抄本、内蒙古王府本、程甲本等七种本子都是《红楼梦》早期抄本中的重要本子。其中《乾隆甲戌脂砚斋重评石头记》1962年6月由中华上编影印出版，线装。该本一附俞平伯所撰后记，信中下文所说“俞平伯的校样已寄上编”可能即指此后记。《脂砚斋重评石头记（己卯本）》1962年7月也由中华上编影印出版，线装。《乾隆抄本百廿回红楼梦稿》1963年1月由中华上编影印出版，线装。1986年我进上海古籍出版社工作后，还不断接到读者求购《红楼梦》各版本的来信来电。后来这些本子多次以线装或精装的方式重版。这些本子出版后，中华上编直至后来的上海古籍出版社成为出版《红楼梦》本子最多的出版社。

信中还说到出版《红楼梦》的七种本子“作为文研所编辑（上编出版）的古本小说丛刊第一辑”，说明当时文研所和中华上编已经有编辑出版“古本小说丛刊”的计划。二十多年后，由中国社会科学院文学研究所编的收录作品169种的“古本小说丛刊”41辑205册由中华书局出版；由中华上编改名的上海古籍出版社则分5辑出版了收录宋元明清小说428种的“古本小说集成”，影印精装693册，成为中国古代小说影印出版的双璧。“古本小说集成”收录了《脂砚斋重评石头记（甲戌本）》抄本一册、《脂砚斋重评石头记（庚辰本）》抄本四册、《脂砚斋重评石头记（己卯本）》抄本二册等。

（三）一些选题的进展情况

信中还提到中华上编一些选题的进展情况，兹列举几种说明。

1.《王文公文集》

“王文公集”即《王文公文集》，为现存王安石文集的最早刊行本。清末，日本宫内省图书寮（今宫内厅书陵部）发现此书的宋椠本。1962年，中华上编用江安傅氏从食旧德斋原藏本（现藏上海博物馆）摄存玻璃片影印，缺卷以北京图书馆藏日本宫内省图书寮藏本照片补足，版框尺寸悉准原书。请北京图书馆赵万里（1905—1980）撰写前言。赵先生撰有《宋龙舒本王文公文集题记》，于此书的版本源流等情况叙述颇详。

2.《杨万里选集》等

《杨万里选集》是周汝昌（1918—2012）选注的，1962年12月由中华上编出版。周汝昌时为人民文学出版社编辑，"范成大前言"指的是他为中华上编1962年8月出版的范成大诗词集《范石湖集》写的前言。《范石湖集》是由中华上编编辑富寿荪标校的。中华上编和此后的上海古籍出版社出版的古籍整理著作，有请名家写前言的做法。周汝昌对范成大诗深有研究，人民文学出版社1959年就出版了他选注的《范成大诗选》。因此请他写前言是一时之选。周汝昌的《红楼梦新证》最早是由棠棣出版社1953年出版的，作为"中国古典文学研究丛刊"之一。棠棣出版社1953年加入上海文艺联合出版社，后者又于1956年2月并入新文艺出版社。古典文学出版社就是1956年11月在新文艺出版社中国古典文学编辑组的基础上成立的。

3.《肇域志》

顾炎武撰写的《肇域志》早在1957年就列入了古典文学出版社的选题计划，中华上编时期也在运作，如信中所说的访求"肇域志胶卷"，但整理工作多年未能完成。直到1982年国务院古籍整理出版规划小组批准《肇域志》整理工作立项后，由复旦大学谭其骧、王文楚等校点，2004年由上海古籍出版社出版；2008年，该书获首届中国出版政府奖图书奖。

4.《方以智全书》等

"方以智集"指《方以智全书》，中华上编1960年请中国科学院历

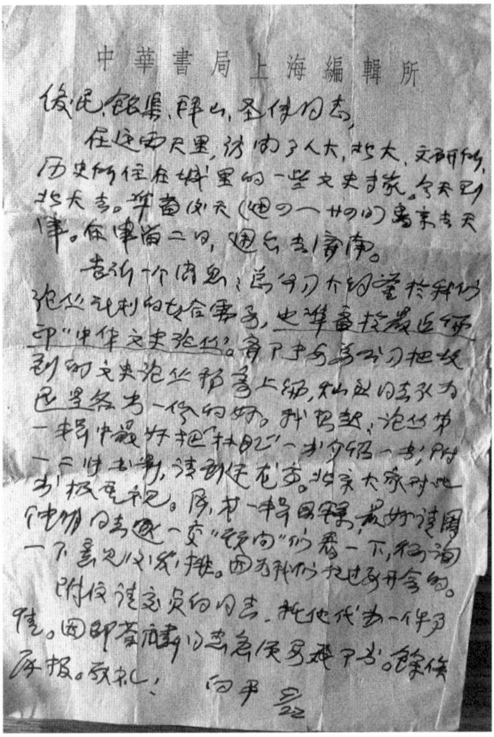
中華書局上海編輯所

俊民、银集、印山、圣传同志：

在这两天里，访问了人大、北大、文研所、历史所住在城里的一些文史专家。今天到北大去。准备后天（四月廿四日）离京去天津。在津留二日，过后去济南。

……

敬礼！

向平

陈向平致李俊民等人第二封信

史研究所思想史研究室编辑，侯外庐（1903—1987）主编，中华上编责任编辑胡道静（1913—2003）。第一册《通雅》，初标者何肇华、范御龙，张德钧复阅，中华上编请瞿蜕园决审，文字部分还请复旦大学吴文祺先生等复核。后因种种原因，未能出版。1980年，上海古籍出版社编辑李剑雄（1942—2017）提出继续编辑《方以智全书》，先出版《通雅》。经与历史研究所联系，历史所复由黄宣民、冒怀辛具体负责。1988年，作为《方以智全书》之一的《通雅》（全二册）由上海古籍出版社出版，但全书的整理出版就不了了之了。

《东西均》是方以智的未刊稿，是他的一部哲学著作。由侯外庐、李学勤（1933—2019）据安徽省博物馆所藏抄本校注的《东西均》，

1962年11月由中华上编编辑出版。

2000年前后，安徽省古籍整理办公室开始启动组织《方以智全书》的整理，由黄德宽、诸伟奇主编。2019年，《方以智全书》（全十册）由黄山书社出版，完成了前辈的夙愿。2021年该书荣获第五届中国出版政府奖图书奖提名奖。

陈向平致李俊民等人的信（二）

俊民、铭渠、拜山、圣传同志，

在这两天里，访问了人大、北大、文研所、历史所住在城里的一些文史专家。今天到北大去。准备后天（周四，廿四日）离京去天津。在津留二日，周六去济南。

告诉一个消息：总公司大约鉴于我们论丛计划的切合需要，也准备于最近编印“中华文史论丛”。齐部长要总公司把收到的文史论丛稿寄上编，灿然同志认为还是各出一份的好。我想起：论丛第一辑中最好把“杜臆”一书介绍一书（下）；附一二张书影，请顾廷龙写。北京大家对此书极重视。再，第一辑目录，最好请周仲明同志逐一交“顾问”们看一下，征询一下意见后发排。因为我们说过要开会的。

附信请交贞白同志，托他代办一件事情。因邵荃麟同志急须要几部书。余俟再报。敬礼！

向平 5/22

第二封信的收信人中“拜山”为刘拜山（1909—1965），时为中华上编编审。“圣传”为李圣传（1905—1987），时任中华上编办公室主任兼第一编辑组组长。信中提到的“贞白”为吕贞白（1907—1984），时为中华上编编审。这封信主要谈到《中华文史论丛》创刊一事。

《中华文史论丛》是中华上编酝酿已久的一本学术刊物。1959年12月6日，中华上编在上海锦江饭店召开座谈会，为本所制订的《中华活叶文选》、“古典文学基本知识丛书”及《中华文史论丛》三个编辑计划征求专家意见。应邀出席的专家有李平心、王运熙、万云骏、赵景深、瞿蜕园、罗竹风、刘大杰、魏金枝、胡云翼、陈守实、杨宽、马茂元、朱东润、郭绍虞、吴文祺、周谷城、谭其骧、周予同、关德栋等二十九人，几乎囊括了当时上海知名的文史专家。与会的专家多认为办这个刊物很有必要，对办好这个刊物提了很好的意见，如李平心说：“《文史论丛》，这是很急迫的工作，到目前止，北京和上海都没有一个这样专门性的学术刊物，能够及时地提供资料，反映学术研究动态，以促进和繁荣学术研究工作。”（参见李志茗《上海古籍出版社60周年：〈中华文史论丛〉创复刊始末》，《澎湃新闻·私家历史》2016年10月25日）

经过一年多的进一步酝酿和准备，1962年2月17日，中华上编又召开《中华文史论丛》座谈会。应邀出席的专家有周谷城、刘大杰、陈虞孙、罗竹风、周予同、马茂元、朱东润、郭绍虞、顾廷龙等十六人。会上就计划如何进行，头两辑如何出版，以及稿件如何落实等问题进行了研讨，并进行组稿。会后，到6月中旬止，集稿89篇，111万字。

陈向平的第二封信提到：“总公司大约鉴于我们论丛计划的切合需要，也准备于最近编印‘中华文史论丛’。齐部长要总公司把收到的文史论丛稿寄上编，灿然同志认为还是各出一份的好。”这里透露了一个信息，就是中华书局总公司也准备编印《中华文史论丛》，但齐燕铭支持中华上编编印《中华文史论丛》，“要总公司把收到的文史论丛稿寄上编”，但金灿然“认为还是各出一份的好”，中华书局总公司后来编印的就是《文史》，这样，中国当代学术史上的两本名刊《中华文史论丛》

《文史》就几乎同时应运而生了。

1962年8月，中华书局上海编辑所编辑的《中华文史论丛》第一辑由中华书局，刊发了平心、杨宽、蒙文通、任铭善、蒋天枢、朱季海、陈子展、夏承焘、陈奇猷、丘琼荪、周予同、汤志钧、吴泽、唐长孺、俞平伯等十五位作者的十四篇论文，其中周予同、汤志钧合著《章学诚“六经皆史说”初探》，无陈向平信中建议的《杜臆》一书介绍和书影。首印3 000册，很快售完，10月又印3 000册。《中华文史论丛》第一辑刊登了署名“中华书局上海编辑所”的《〈中华文史论丛〉编例》，时间是“一九六二年六月”。编例共五项，其中有：“我们从本年起编辑出版这一学术研究性质的不定期丛刊——《中华文史论丛》。其目的在于联系、团结研究文史、整理古籍的专家学者，交流心得和创见，为推动我国文化遗产的整理研究、批判继承工作，并为体现党的“百花齐放、百家争鸣”政策尽其绵薄”；“《论丛》以刊登研究我国古代、近代历史、古典文学以及古籍和古籍整理工作的专门论著为主；在时期上起自先秦，止于近代史的终结。凡今人的论著，不论其为理论文章、研究著述、考证文字、图书评论或问题商讨、读书札记、资料钩沉，等等，只要内容充实，见解明确，有助于总结旧说，发展新知的，均极欢迎”；“《论丛》提倡踏实朴素、深入钻研的学术风气，资料与观点相结合的研究方法，勇于提出心得、创见，虚心讨论问题、坚持真理的态度，以及准确、鲜明、简炼、流畅的文字风格”等。《中华文史论丛》是由中华上编编辑的，刘拜山“是事实上的首任主编，但不署名”（钱伯城《1961—1962年：知识分子的短暂春天》，《问思集》，上海古籍出版社，2001年，295页；刘拜山生平参见拙撰《中华上编的“四大编审”》，《传薪者——上海古籍往事》，人民文学出版社，2016年）。《中华文史论丛》到1965年出版了六辑，随后停刊。1978年复刊，由上海古籍出版社编辑出版。

1962年10月,新建设编辑部编的《文史》第一辑由中华书局出版。首辑作者有陈垣、游国恩、于省吾、段熙仲、朱谦之、杨宽等著名学者。首印也是3 000册,也很快销售一空(参见沈玉成《〈文史〉诞生的艰难历程》,《回忆中华书局·下编》,中华书局,1987年)。《文史》第一辑有《编者题记》:"《文史》第一辑同大家见面了。从这一辑的内容中,读者可以看到,《文史》所收辑的文章大抵偏重于资料和考据。学术研究工作是一个认识过程。积累资料和辨析资料是不可缺少的第一步。大量占有资料,才能使研究工作建立在坚实的基础之上。考据就是对资料进行鉴别,去伪存真,辨其精粗美恶。我们不应该夸大资料工作和考据工作的作用,但是必须充分重视它们的作用。有不少学者和学术工作者,曾经在这一方面付出了巨大的劳动,获得丰硕的成果。《文史》的出版,就是为发表这些成果开辟一个园地。《文史》准备收辑研究我国古代和近代文学、历史、哲学、语言和某些科学技术史等方面的文章,如:一、以资料和考据为主的专题研究;二、稀见资料的辑集、整理,或此类资料的调查报告;三、古籍中某些篇章的笺释训诂;四、有关版本、目录、校勘、训诂的研究论文;五、读书心得;六、参考书目;七、从资料和考据角度出发的书评。凡是属于上述范围的文章,不拘题材,不拘形式,不限文体,不限字数,均所欢迎……我们要求《文史》具有这样一种鲜明的性格:崇尚实学,去绝浮言。"这篇《编者题记》可以说是《文史》的办刊宗旨。《文史》到1965年出版了四辑,随后停刊。这四辑由中华书局与《新建设》杂志编辑部合作编辑,设编辑委员会,由吴晗、冯定、何其芳、金灿然、吉伟青五人组成,吴晗负责召集。1978年复刊。由于《新建设》杂志当时已停办,中华书局就独立承担了编辑出版工作。

从《中华文史论丛》和《文史》两家刊物首辑作者的阵容来看,均为文史学界的一时之选，所刊文章质量较高，这一特点此后得到了长期的保持，也因此这两种刊物在学术界产生了很大影响，从此成为我国文史学界相当一个时期内一南一北最有影响的两家学术刊物。

（原刊《澎湃新闻·上海书评》2024年9月26日）

记人

最喜春风同坐处

——校史之外的先生们

徐　俊

翠微路2号院是我在京四十年的第二个住所，1980年代的2号院还基本保持了1960年代“翠微校史”时的格局，原先中华商务的办公楼归了北京锅炉厂，但模样没变。其后身的院子还是印刷技术研究所，研究所的西侧，两栋折尺形的三层楼成合抱之势，就是西北楼和西南楼。尽管彼时大院里已经见缝插针盖了一些六层楼的职工宿舍，但东门内和大院南部都还有完好的日式洋房，那是1961年10月中华书局进住翠微路后金灿然、宋云彬先生等的家（《宋云彬日记》1961年10月14日），西北楼则是“翠微校史”时期外地学者们的住所。中华的一些老编辑也住在西北楼，差不多三十多年前，在书上看到程毅中先生自署书斋“有高楼”，知道就是借用《古诗十九首》的名句“西北有高楼”，暗指所住在西北楼。后来单位分配同事刘石兄入住西北楼程先生旧居，现在朋友们都知道他的书斋叫“有高楼”了。

历年来浏览中华旧档特别是“二十四史”点校往事，感到最遗憾的是几乎全部集中在编辑事务，校史之外的先生们都有怎样的业余生活，特别是文化生活，少之又少。一方面可能这样的状况就是他们真实的生活，另一方面应该是档案选择性保存的结果。

一

最早引起我注意的是顾颉刚先生对翠微路大院的描述——“颇有长林丰草，可资盘桓”（1962年10月12日致刘起釪信），很像是在说1980年代翠微路北罗道庄、滨角园一带的郊野景色。

1961年10月14日，宋云彬先生第一次来到即将搬入的翠微路大院看房，“分配给我们住的是一幢小洋房，是从前东洋人盖的，我看了非常满意”。从宋先生新换的书房斋号，可以看到他当时的心情。11月13日，老朋友张宗祥从杭州寄来《深柳读书堂图》一幅（《宋云彬旧藏书画图录》，中华书局，2015年），画上题诗：

> 数枝杨柳弄春阳，小拟当年万柳堂。
> 借问主人读何物，酒经花谱不寻常。

诗后题记：“辛丑秋，云彬姻丈来书，新居有柳五株，索拙画。作此应命，即请正之。冷僧时年八十。”“深柳读书堂”，出自唐人刘昚虚诗，前人已多用作书斋雅称。宋先生有感于新居有柳五株，追慕古人读书生活，遂有此举。1963年的元旦，宋先生将新年后的日记改题“深柳读书堂日记”，而不用此前的“昨非庵”（1958年起）、“无愧室”（1960年起）了。《深柳读书堂日记》1963年元旦记：“临睡读《陶渊明集》，集句成联：‘地为罕人远，时还读我书。’”切合西郊翠微路的地里和他自身的心境。此前宋先生还曾集颜延之《陶徵士诔》与陶渊明《自祭文》为联：“学非称师，文取指达；勤靡余劳，心有常闲。”可见他对陶渊明一向的追慕。宋先生是能诗的，但从1958年3月那首“十年悔作杭州住，赢得头衔‘右派’来”之后，日记里就少有诗作，“深柳读书堂”，“时还读我书”，当是他借古人之酒杯浇自己之块垒的一点内心寄托吧——尽管在深柳读书堂读的并非“酒经花谱”，而是宋齐梁陈书。

张宗祥为宋先生所绘“深柳读书堂图”上还有一首六言题诗：

书味浓于酒味，吟声间有棋声。
谁种门前五柳，春明住个渊明。

诗后题记云：“又题六言一章，酒与棋皆云丈所嗜，必当笑纳此诗。”“酒与棋皆云丈所嗜”，可谓知者之言。酒与棋乃宋先生所嗜，但日记里常见的独酌，或许没有多少兴味，倒是与校史诸先生星夜串门，围棋手谈，不失为“翠微校史”中的一件雅事。“午后，与邵循正在政协下围棋，我连胜两盘。”（1962年4月6日）邵循正先生时承担《辽史》点校；“上下午照常工作。晚饭后，到陈驰家，看陈驰同刘德麟下围棋。我也同陈驰下一局，大胜。”（1966年2月1日）这里所谓“照常工作”就是审读《南齐书》校样，陈驰、刘德麟皆书局同事。“晚上，唐长孺、王仲荦来。跟唐下了一盘围棋，我大负。”（1966年3月29日）这天是唐、王二位来访，有时是宋先生夜访西北楼，“看王仲荦校点之《南齐书》十余卷……晚上，看宋茂华，看西北楼几位教授同志，他们都准备睡觉了”。（1965年5月11日）事有不巧，稿子不能谈，围棋也肯定是不能下了。

据深柳读书堂日记，1965年10月1日宋先生与傅彬然、徐调孚先生等一起参加了国庆天安门观礼，第二天又去体育场看了团体操表演。3日是个星期天：

> 上午，赴二区看陈文彬，又赴西北楼看郑伯璋、张维华和王仲荦……下午，与张维华、唐长孺、王仲荦等游陶然亭。晚上，张维华等在丰泽园请客，饮陈绍酒，极好。宴会毕后，同赴长安大戏院看河南省演出团演出越调《扒瓜园》，曲剧《游乡》，越调《斗书场》，回家已十一时矣。

接着10月5日的日记："照常在局工作。《陈书》点校稿已全部看毕，即付发排校矣。"宋先生日记里这些欢快的日子，因为少（本身少，写进日记也少）而更显珍贵。

二

离开翠微路之后，对"翠微校史"生活留下完整文字记述的只有罗继祖先生。罗先生《蜉寄留痕》（上海古籍出版社，1999年）之《涉世琐记》下篇有《翠微校史》一节专谈其事，这里只看关于日常情状的部分：

> 在局期间与同事诸公相接，居同楼，食同桌，其乐颇为平生未有。顾颉刚先生虽未总校史事，然每来书局必与我接谈，告我人老需助手，而合适助手难得，方正在研究《尚书》。唐（长孺）张（维华）两公有书画癖，每游琉璃厂宝古斋（时都门古玩店以宝古最大），张尤好搜求鲁省文献，有所撰述……

罗继祖作于北京翠微路的山水扇面(1965年6月)

琉璃厂我也常去,旧家流散出来的东西,虽然还有,但我囊中羞涩,拿不出钱来,远不如现在写一篇文章可以得到几十上百元稿费,所以什么也不敢买……

在京时偶尔偷暇作书画,为诸公所赏。为仲荦教授画扇面,仲荦持归示童书业教授,童固能画者,蒙其赞赏,以所著《南画研究》一帙见赠。后我于《枫窗脞语》中对《南画研究》有评论,教授已不及见矣。仲荦曾要我画一幅《翠微校史图》,因匆匆离去未能画……

作为"翠微校史"当事人,罗先生的叙述,说明"翠微校史"不是后人的追述建构,当年的翠微路2号院,以及先生们游踪所及的玉渊潭、陶然亭、琉璃厂,都曾是"翠微校史图"的背景。

近期大连山上美术馆举办"空谷兰——罗继祖先生书画展",以纪念先生一百一十周年诞辰，我欣喜地看到一帧罗先生作于翠微路的山水扇面，有题署云：

> 一九六五年六月拟米敷文法于首都西郊中华书局，甘孺罗继祖。（钤“继祖印”“继祖画记”印）

米敷文即米友仁，罗先生此画拟米家山水，远山近树，脱略形迹，深得米家山水妙趣。背书毛主席词二首，《水调歌头》《忆秦娥》，署款“忠弟属书，继祖”（钤“罗”白文印）。忠弟是罗继祖先生的堂弟罗承祖，即罗律字存忠。

1963年夏秋到1966年春夏，为时三年多的“翠微校史”，来自各地的十余位史学名家“居同楼，食同桌”，除了繁重的校史任务外，一定还有他们生活中不可少的诗酒艺文，可惜的是今天我们还能够看到的仅此一帧扇面。

三

校史进入王府井时期，因为启功先生的加入，留给了我们更多的诗词笔墨。

1971年6月，启功先生接北师大军宣队通知要调他去“二十四师”的趣话，通过启先生自己的《口述历史》，已经广为人知。接下来启先生谈到他的校史生活说：

> 于是我迎来了“文化大革命”期间最稳定、最顺利、最舒心的一段时期，从1971年7月一直干到1977年，任务是校点“二十四

> 史”。我的具体任务是校点《清史稿》。这时，我的人事关系虽然还在师大，但人已借调到中华书局，等于到了一个全新的单位，而这个单位的其他人也都是从全国各地临时调来的，而且都是研究各朝历史的专家学者。

启先生这段时间每天到中华书局上班，往返于西直门小乘巷与王府井36号大灰楼，1971年秋夫人患病后，还不时要穿插去北大医院探视陪护，留下了大量真情吟咏，包括那首感人的《痛心篇》。

“九一三”事件林彪“折戟沉沙”，启先生在中华书局的仓库里与大家一起听完传达，“心情空前地舒畅”。我们暂且放过关于政治和业务的叙述不引，来看看启先生对当时心境和办公室“写写画画”的记述：

> 工作一顺利，心情一愉快，我的积习又不断地萌动，在工作之余或午休的时候又忍不住写写画画起来，随便抻一张纸，信手挥洒儿笔，一时成为中华书局一景……我每完成一幅小作品，大家就评论两句，缓解一下疲劳。在场的谁有兴趣谁就拿走，谁也不必刻意地求我，我也不特意地送谁，大家都把它当成一种乐趣，暂时忘却那多事之秋带来的种种烦恼。

当时随手写画而成的山水小卷，为友人收藏，饶宗颐先生题了“云蒸霞蔚”的引首，偶然的机缘，又回到启先生眼前，启先生为题诗四首，其中前两首写道：

> 小卷零笺任意描，丛丛草树聚山坳。
> 不知十几年前笔，纸上畸魂似可招。（其一）

窗下余膏夜半明，当年校史伴孤灯。
可怜剩墨闲挥洒，块垒填胸偶一平。（其二）

虽然“多少年后，回想起这融洽的情景我还觉得很有意思”，但诗人还是不能忘怀“纸上畸魂”和“块垒填胸”，那是过去了的那个“特殊年代作画时的感情”。

办公室的信手挥洒，“在场的谁有兴趣谁就拿走，谁也不必刻意地求我，我也不特意地送谁”，但也确有“喜而不肯见索”的人，这就是一同点校《清史稿》的孙毓棠先生。孙先生1985年9月5日病逝，启先生作诗悼念，前有小序云：“虽焚笔砚，不足以报赏音于九地，敬书断句，用达衷忱。毓棠先生长功一岁，精于中外史地，及经济之学犹有深诣。同在中华书局标点《清史稿》，时历七载，喜拙书而不肯见索，痛何可追。”（《启功全集》第七卷《三语集外集》，28页）诗云：

精深学养路崎岖，并几丹铅谊最殊。
阮氏焚车我焚砚，短章痛代秣陵书。

四

另一个广为人知的诗词唱和，是在启先生与唐长孺先生之间。我最早读到启先生答唐先生诗，是启先生1976年写给王湜华的一幅斗方，诗后题记：“右和唐长孺先生见赠一首，时同在书局校订诸史，一九七六年冬。湜华长兄命书即希斧正，启功具草。”不是当年二老唱和的原件。

诗见《启功丛稿（诗词卷）》之《启功絮语》，原注“补录1973年

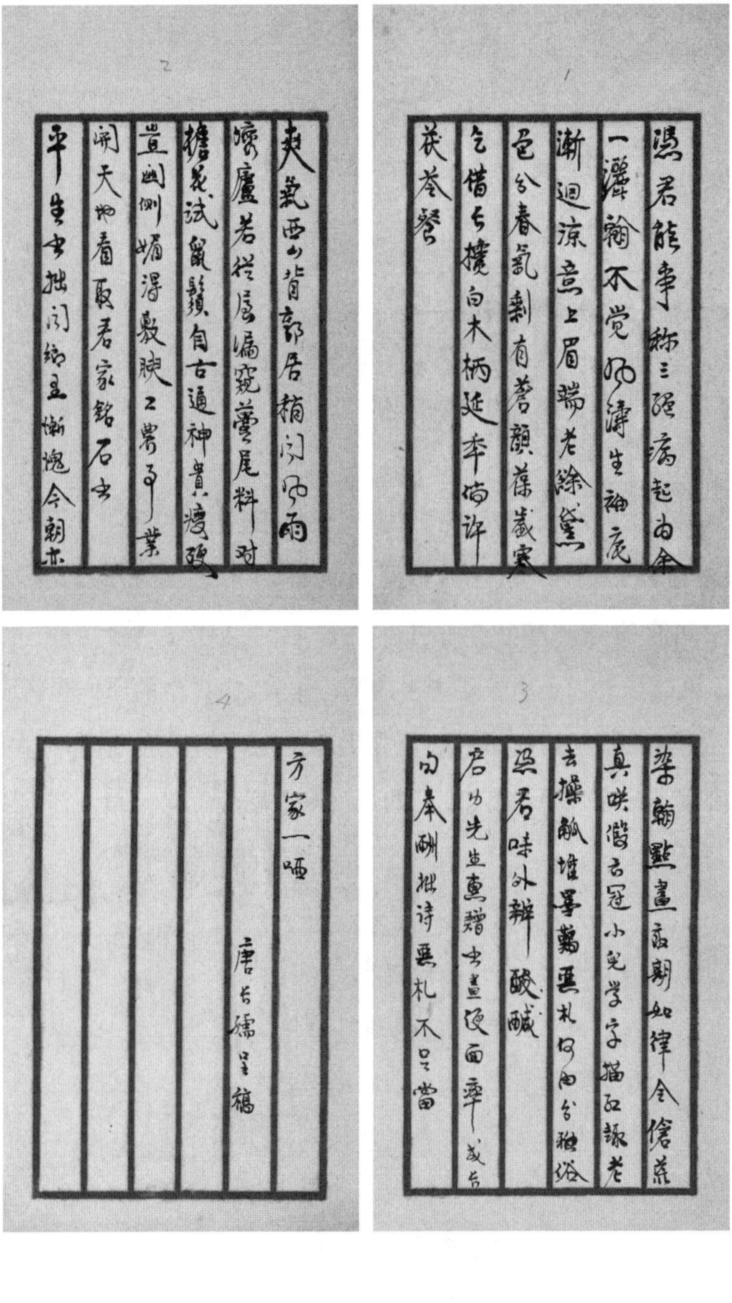

唐长孺和赠启功诗手迹

作”，纪年及诗都与写赠王湜华者有异：

功参预校点诸史，获识唐长孺教授。夏日敝庐圮损，来诗见慰，并奖誉拙书，次韵奉答：

不羡香山履道居，雄都庑畔赁茅庐。
从残字校墙中本，豁达诗拈颔下须。
步以歧多常竭蹶，心经义胜见敷腴。
衰迟骨肉期功尽，哀疾空传简札书。

诗序明言“敝庐圮损，来诗见慰，并奖誉拙书，次韵奉答”，但唐先生的诗却未见著录，王素笺注《唐长孺诗词集》（中华书局，2016年）亦付阙如。可喜的是2020年6月，中国嘉德“浮光掠影——启功先生师友书札”第二场上拍了唐长孺先生的赠诗手迹，唐先生的原作重新面世。四十七年后，获见见证唐启二位先生高谊的诗稿真迹，堪称一大快意事！在刘石兄帮助下，唐先生的四页诗笺入藏寒斋。

诗三首如下：

凭君能事称三绝，病起为余一洒翰。
不觉风涛生袖底，渐回凉意上眉端。
老馀黛色分春气，剩有苍颜葆岁寒。
乞借长镵白木柄，延年倘许茯苓餐。（其一）
爽气西山背郭居，稍闻风雨坏庐（引者按：原脱一字）。
若从屋漏窥趸尾，料对檐花试鼠须。
自古神通贵瘦硬，岂关侧媚得敷腴。
工农事业开天地，看取君家铭石书。（其二）

平生书拙闻乡里，惭愧今朝亦染翰。
点画敢期如律令，伧荒真笑假衣冠。
小儿学字描红趣，老去操觚堆墨难。
恶札何由分雅俗，凭君味外辨咸酸。（其三）

启功先生惠赠书画便面，率成长句奉酬，拙诗恶札，不足当方家一哂。

唐长孺呈稿

原来唐先生赠诗的缘由不只是“敝庐圮损，来诗见慰”，而是启先生给唐先生先送了自作书画扇面。《启功全集》第七卷《三语集外集》收录前引“不羡香山履道居”诗题作《豁达诗》，1976年作，但另有一首《唐长孺索画扇面以诗见酬，次韵答之》，诗前小序云：“时同在中华书局校点二十四史。”诗云：

片云空谷降瑶篇，何啻卑枝借羽翰。
学诩朱旗标北斗，诗驱白浪涌东山。
当阳路线开新运，快雨郊圻洗暮寒。
最喜春风同坐处，朗吟奇句胜加餐。

可见启功先生的答诗不是一首。启先生书赠王湜华的一首，韵脚用居、庐、须、腴、书，即次韵和唐先生的第二首；另一首韵脚用翰、寒、餐，和唐之第一首，只山与端字不同。据此推测，启先生的和诗应该也有三首。感谢柴剑虹先生检示《三语集外集》、程毅中先生予以指正。

唐先生后来回忆，1960年代在北京点校“二十四史”时，星期天没事，常到西单商场旧书店去，不是去买书，而是买字画。他说当时这些东西相当便宜，一把清人折扇才5元钱，有的人买后把清人的字画撕掉，只要扇骨。唐先生花30元买过清朝戴熙的《松树图》（张忱石《唐长孺先生琐记》），并带回了珞珈山张挂。

启先生常与唐先生一起游琉璃厂，传说唐先生发表在《学林漫录》第十一集的《跋明张璁书扇》，那扇子就是跟启先生一起游琉璃厂买的。1978年春节过后，启先生于琉璃厂庆云堂得“集王半截碑”，原碑有前人跋：“此碑与坊间景印宋搨本不相上下，以纸墨度之即非宋拓亦必元时物也。惜揭表时少有零乱毁损耳。”启功先生朱笔题跋四行（《启功先生旧藏金石碑帖》，文物出版社，2019年）：

> 碑于明代出土，何来宋元拓本！以纸墨论，最早难逾嘉道之间。余曾获旧本数册，久已散失，今得此册，用补不足而已。戊午新春识于中华书局（钤“启”字朱文印）。
>
> 一九七八年夏历正月初五日得于庆云堂，启功记（钤“启”朱文印）

启先生题跋作于王府井36号的中华书局，当时启先生参与点校的《清史稿》刚刚出版，“王府井校史”即将结束。

五

与唐先生并称“南王北唐”的王仲荦先生在“王府井校史”时期作诗甚多，写在封皮为“出版工作”的小笔记本上，十多年前拜访位于山大南区的峼华山馆，郑宜秀老师亲手从王先生的书桌抽屉里取出笔记本让我看过。除了写诗，据张忱石先生回忆，王仲荦先生还曾把自己收藏的清人王原祁《秋山红叶图》从济南家中带来，请启功先生鉴赏。王先生有1977年3月寄启功先生诗（原注："此诗原有三首，天安门事件发生，遂毁而不作。今存一首。"），诗中所用今典涉及启先生的小乘巷危居和美尼尔氏症：

> 百年老屋经风雨，
> 一代才人尚有家。（地震后喜闻元白先生小屋无恙。）
> 不畏山摇和地动，
> 还愁银海眩生花。（启功先生患头晕眼眩病。）

1975年上巳王先生与周振甫先生同游陶然亭，其后往返唱和。《用前韵呈振甫先生》诗云：

> 十年素榻半凝尘，
> 借调于今又几春。
> 放牧淮南余旧梦，（振甫先生在息县五七干校放牛二年。）
> 飘蓬冀北得新津。（频年在京，时向振甫先生请益。）

彼时周先生与王先生一样，也正借调中华书局校史，点校《明史》。"楼居唯有校雠娱"（王仲荦《初雪》，1973年），是当时校史先生们的生活实录。1974年底《宋书》出版，1975年下半年《南史》见书，王先生负责整理的"南朝五史"基本告成，这时候王先生两度进京校史已经超过十年，有感而发，作了题为《十年》的七律一首，诗云：

> 十年踏破万街尘，（余校史先后住京十载。）
> 老至愁经客子春。

史局汗青欣有日，（“二十四史”点校工作行将毕功。）
字编属稿愧无津。
遥山红叶休焚翠，
近郭黄流漫卷银。
一夜西风寒透骨，
不知原是病中身。

王先生在校史的最后阶段，经历了“四五”天安门事件，经历了生病住进“工农兵医院”（今同仁医院），感时伤世，形诸吟咏。诗作已收录在《峼华山馆丛稿续编“诗词录存”》，不难读到。我更喜欢的是王先生1973年写的《无题》，并有一帧场景照片正可印证：

疗病新亲酒，（灵芝酒。）
失眠未近茶。
校书才搁笔，
还对水仙花。

彼时王先生正埋头于《宋书》校勘长编的撰写，后来我们在王先生《宋书校勘记长编》谢灵运传末看到了以下的手书题记：

此编费旬日之功，细加校核。客儿（引者按：指谢灵运）文章繁富缛密，洵然世之文宗也。王仲荦时年六十，七三年九月十日在北京中华书局三楼三一一室。

那就是人们熟知的王府井大街36号大灰楼。

“校书才搁笔，还对水仙花。”王仲荦王府井校史留影

2007年，郑宜秀老师为我们即将出版的“王仲荦著作集”撰写《前记》，其中有一段特别打动我的话：

作为一个浸润于我们祖国传统文化的文人，王仲荦以他特有的倜傥与潇洒来面对他自己的生活：他平安度过五十年代末后，被借调入北京标点“二十四史”共十三年。十几年的时间里他独自生活在北京，对这段生活笔者也无从了解，而只有他自己的诗句“十年踏破万街尘，老至愁经客子春”能够说明他的情况……

一九八六年，王仲荦先生溘然长逝在他自己的书房里。而我们能够做到的就是从这套著作集的字里行间，去寻找作者灵魂的痕迹，那些非常美丽的痕迹。

写到这里，就让我借用郑宜秀老师的话来结束本文。参与校史的先生们，以他们深厚的学养和功力，成就了千秋国史的第一个现代整理本。此外，他们所“特有的倜傥与潇洒”，诗书寄兴、笔墨畅怀的文人生活，也体现了中国传统文人的风骨。无论是翠微校史，还是王府井校史，都已经远去，当时乐事谁能见，“最喜春风同坐处”，让我们就从这些诗词书画的片羽吉光中，去寻找他们灵魂的痕迹，那些非常美丽的痕迹。

（原刊《世纪》2022年第5期）

史局汗青欣有日

——王仲荦先生与“南朝五史”点校

徐 俊

“南朝五史”点校历程

1958年6月，点校本“二十四史”被列入古籍整理出版规划小组制订的第一个古籍规划。7月，毛主席对“前四史”点校做出专门指示，要求吴晗、范文澜组织开展工作。9月13日，吴晗、范文澜召集“标点‘前四史’及改绘杨守敬地图工作会议”，确定“前四史”点校方案，并决定其他二十史及《清史稿》标点工作由中华书局制订规划方案，着手组织人力进行。10月6日，范文澜、吴晗致函毛主席汇报会议情况：“关于标点‘前四史’的工作，已遵示约同各方面有关同志讨论并布置，决定于明年十月前出书，作为国庆十周年献礼。其余二十一史及杨守敬历史地图改绘工作，也作了安排（标点本为便于阅读，拟出一种平装薄本）。现将会议记录送上，妥否，乞指示。”毛主席批示“计划很好，望照此实行”。

所谓“南朝五史”包括《宋书》《南齐书》《梁书》《陈书》和《南史》，由山东大学历史系王仲荦先生负责，王仲荦、卢振华、张维华三位先生承担点校，于1970年代先后出版。在中华书局1958年工作之初草拟的《标点二十四史（普通本）约稿计划》中，“南朝五史”的标点整理者为“拟约上海史学会”，但同件文稿经赵守俨先生粘贴重写，改为山东大学历史系。根据这份赵守俨先生的工作记录稿，可知“南朝五史”由山东大学承担、王仲荦先生负责，这是在“二十四史”点校之初就确定了的。

在1963年秋王仲荦先生等借调进京之前，“南朝五史”点校工作主要在济南进行。1961年5月赵守俨先生出差武汉、济南，了解南北朝诸史的点校情况，“山东大学校点的南朝各史，年内可完成《梁书》和《南齐书》，《陈书》明年上半年可完成，《宋书》《南史》争取在1962年完成”，“人力安排上是一人专搞一史，不是集体搞。王仲荦担任《南齐书》、卢振华担任《梁书》。明年华山、韩连琪也可参加《宋书》《南史》的校点工作。王仲荦、卢振华建议，两史校点工作大致就绪后，最好能到北京和我们共同工作一个时期，以便于统一双方意见、及时解决问题”（中华书局总编室《业务情况》1961年第10号）。

事实上各史都没能按计划推进，到1963年5月，《南齐书》《梁书》已经着手初点，《南史》曾经由华山部分初点，《宋书》《陈书》还未动。这个时候，上级有关部门要求在1964年内完成点校工作，王仲荦先生此前提出的到北京与编辑部共同工作一个时期的建议，直接促成了将分散各地的校史学者借调进京集中工作的动议。

赵守俨先生在随后起草的《关于各史校点者借调问题的建议》中说：“目前亟待解决者为南北朝八书。建议设法先调王仲荦、卢振华两先生来京，集中时间作好这两部书。”教育部曾先后两次给山东大学发文，借调王仲荦先生进京校史，一次是1962年1月的“62教人师调字第30号”文，“借调你校历史系王仲荦教授和卢振华副教授去中华书局工作半年”；一次是1963年7月的“63教二蒋旭字第1148号”文，借调王仲荦、卢振华、张维华三位先生来京校点“二十四史”，三人可不必同时来京。

1963年秋到1966年“文革”开始，王仲荦、卢振华、张维华三位先生先后借调进京，王仲荦先生承担《南齐书》、张维华先生承担《陈书》，完成点校并付型，但未及付印；卢振华先生承担《梁书》，基本完成点校，但未能定稿。1971年以后，王仲荦先生继续负责“南朝五史”，借调进京，完成了《宋书》的点校。卢振华先生因下肢瘫痪，不能进京，在病床上完成了《梁书》定稿和《南史》点校。所以从大的时间段上说，《南齐书》《陈书》和《梁书》的主体完成于“文革”前“翠微校史”期间，《宋书》《南史》完成于1971年以后王府井36号第三次集中校史期间。

王仲荦先生在1984年接受采访，曾经对三次集中校史有一个概括性的回顾（《谈谈我的治学经过》，《文史哲》1984年第3期，《文史知识》1985年4期，二者有详略差异），他说：

> 第一次点校工作，从1962年冬开始，到1966年结束。我点校的《南齐书》和张维华教授点校的《陈书》都已经定稿，《梁书》也快结束，6月，“文化大革命”开始，我们由学校电召回校了。
>
> 第二次点校工作，是在1967年，北京来电话并派人招我们，系里的临时负责人，说我和张维华都是“反革命分子”，罪行严重，不准前去，只准卢振华一人前往，不到几个月，卢振华也回来了。
>
> 第三次点校工作，从1971年7月开始，到我1976年回来。卢

振华教授大腿骨折，卧床不能行动，张维华教授已退休，只有我一个人前去，我和中华书局编辑部商量，把《南史》点校工作委托卢振华教授在济南进行，由我在北京定稿。我点校的《宋书》工作，则在北京进行，到1975年，《宋书》点校工作基本完成，1976年，《南史》定稿工作也基本完成。3月末，我因病住进同仁医院（当时改名“工农兵医院”）……住院近两月，出院后，又住中华书局两月，我负责的工作基本结束了，我也就回济南了。

三次校点工作，王仲荦先生参与的时间超过十个年头，所以王先生的夫人郑宜秀老师2007年在为“王仲荦著作集”撰写的《前记》中说：

作为一个浸润于我们祖国传统文化的文人，王仲荦以他特有的倜傥与潇洒来面对他自己的生活：他平安度过五十年代末后，被借调入北京标点二十四史共十三年。十几年的时间里他独自生活在北京，对这段生活笔者也无从了解，而只有他自己的诗句“十年踏破万街尘，老至愁经客子春”能够说明他的情况，而这的确意味着他能避开“文革”冲击的喧嚣，让他在工作之余，在这份难得的平静里得以整理自己的旧著。作为近代的史学家，像王仲荦先生著作之丰硕是不多见的，这要得益于这段平静。

翠微校史

翠微校史从1963年秋冬外地学者陆续进京，到1966年春夏“文革”爆发前解散，前后接近三年的时间。在外地校史专家基本到齐后，11月15日古籍小组组长齐燕铭召集召开了翠微校史第一次座谈会，顾颉刚先生日记有简单记录:“到人大会堂,浙江厅谈话,新疆厅进食。”宋云彬先生日记:“下午三时,赴人大浙江厅,谈“二十四史”点校问题,周扬、齐燕铭等均参加,即在新疆厅晚餐。”档案所存参加会议人员名单,领导包括:周扬、杨秀峰、齐燕铭、范文澜、翦伯赞、尹达、吴晗、王益,校史专家包括:顾颉刚、陈垣、郑天挺、刘节、唐长孺、汪绍楹、王永兴、卢振华、邓广铭、罗继祖、翁独健、隋树森、冯家昇、傅乐焕、吴则虞、刘乃和、宋云彬、马宗霍、陈乃乾,中华书局领导及工作人员:金灿然、萧项平、赵守俨、陈振(秘书),此外还有时任中华书局上海编辑所总编辑李俊民、时任山东大学党委常委副校长吴富恒。名单中没有王仲荦先生,因为王先生十一月底才到京报到。

《南齐书》在“南朝五史”中是最早整理的一部。王仲荦先生到京后,校史工作就从《南齐书》入手。《南齐书》在“南朝五史”中篇幅不大,但却是相对有难度的一部书,王仲荦先生后来解释各史分工时说,当时他的《魏晋南北朝隋初唐史》上册已出版,对于南北朝的典章制度、职官地理,比较熟悉,所以中华书局指定他点校《宋书》和《南齐书》,也就是说两部有“志”的书都由王先生承担。

根据档案资料,《南齐书》点校整理,采取的工作程序是:先全书初点,再校《南史》和《南齐书》有关版本,然后吸收张元济、张森楷校勘记等前人成果,按卷次撰写校勘记。工作过程中,南北朝各史又增加了校《册府元龟》、墓志和有关文学总集等他书文献,王先生回忆说:

> 唐长孺教授和我在会上提议用《册府元龟》校南北十史,陈援庵先生在会外早已提到,所以很顺利地通过了。我们校了宋本、三朝递修本、南监本、北监本、殿本、局本,还采用了张森楷的校记、张元济的校记,又增加了用《册府元龟》来参校,尽管标点上还可能

会发现一些小错误，校勘的质量却是较有保证的。

在1964年4月23日“二十四史”点校工作座谈会上，王仲荦先生谈了如下认识：

> 郑（天挺）老说工作范围要明确，这很重要。《南史》可以搞二、三年，也可以搞二十年，其间伸缩性很大，我们搞的本子是要求能恢复原来的面目。在二十四史当中，南北朝七史，可作为一类，情况和旁的史不一样。过去一般都是以南北史校七史，我这次用《册府元龟》对了一下，得了个经验，就是不能轻易用《南史》改宋、齐、梁、陈书。《册府元龟》中南北史部分，多用八书，从文字上说，虽不及《南史》《北史》，但原貌确实如此，有的地方还可能恢复四史原文。因此，我就先用殿本，百衲本、局本（局里请人代校）互校，在类书方面以《册府元龟》《太平御览》为主。目的就是要恢复它的原来面目。校勘记要有个范围，太繁了作用不大。副产品可以集起来单行。校记如何掌握繁简适中是个问题，分段还要照顾到版式，各史对校深浅不一，如何做法也要明确。校勘记的写法，经验很少。希望能取经。

王先生后来还提出要求，请编辑部“到北京图书馆善本室去了解一下章钰对“二十四史”尤其是南北朝各史有没有校本及校勘记之类的材料，以及有没有孙星衍这些人在各史书上的眉批一类的材料等”（《二十四史工作汇报》1964年6月12日），可见他对前人校勘成果的关注。

《南齐书》的初点在济南已经初步完成，集中校史后的第一步工作

“二十四史”点校组郑天挺、唐长孺、王仲荦、刘节、罗继祖、王永兴等拜访陈垣先生（1964年7月），前排右一为柴德赓（柴念东提供）

是以《南史》校《南齐书》，据《廿四史校点工作情况综合报道》（1963年12月25日），《南齐书》“这阶段正以百衲本《南齐书》与《南史》校勘，平均每天可以完成一卷”，同时“过录张元济、张森楷、周星贻校勘记，总的已经进行到31卷”，约一个月的工作时间，完成接近全书一半。

《南齐书》以及其后的《宋书》的版本校勘，都由编辑部安排书局老编辑张义鹏承担，到1964年5月，张义鹏完成了《南齐书》金陵书局本与百衲本的通校，提交校勘记录324条，并对殿本的异同也作了相应记录。从这时候起，王仲荦先生开始撰写校勘记（《二十四史工作情况汇报》1964年5月14日）。

因为各史前期准备情况不一样，篇幅大小差异也大，所以当时集中校史的各位先生进入工作状态和实际进展大不一样，就完成初稿进度而言，王仲荦先生承担的《南齐书》开展最顺利，也最早进入编辑流程。1964年上半年，编辑部为了统筹进度、统一标准，要求各史都要提交两卷样稿，在点校小组中进行讨论修改，形成一致意见。王先生于5月底完成了《南齐书》卷一、二两卷校勘记样稿，现在档案中还保留了这两卷样稿的油印件和大家讨论时的意见批注。不久前又承柴念东先生赐示柴德赓先生参加讨论时做有笔录的《南齐书》样稿，显现出大家对校勘取舍分寸的分歧和讨论。

在各史样稿讨论期间，王先生又对《南齐书》重新进行全书标点。据1964年的《二十四史工作汇报》：

6月25日，“王仲荦先生已标点完三十七卷列传第十八，尚剩二十多卷，王先生说正常进行每天可标点三卷”。

7月8日，“王仲荦先生已标点完，他点完后即开始继续写校记，在他回济南之前交出两本”，“王仲荦先生等他女儿放假后来京住一时期，于8月8日一同回济南，接着就在山大教课。在临行之前拟和宋（云彬）先生谈一谈《南齐书》工作，他打算完一本交一本”。

9月5日，“王仲荦先生于7月31日回济南之前，交来《南齐书》三册，后又从济南寄来一册，共四册　卷。均已交宋云彬先生进行编辑加工”。

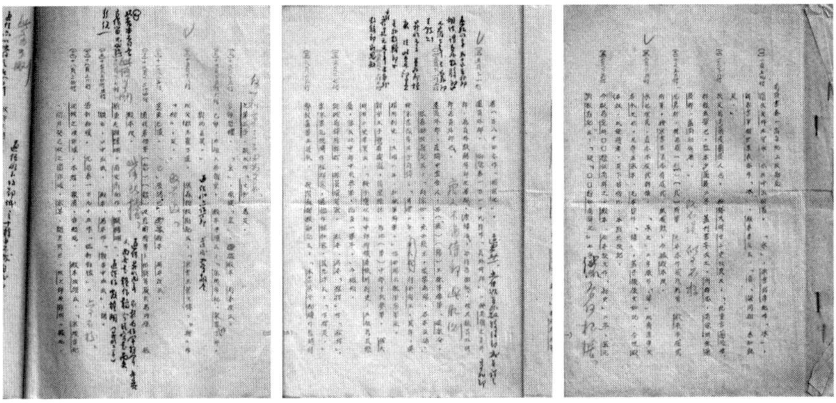

柴德赓参加讨论时做有笔录的《南齐书》样稿

从1963年11月底到京，到第二年9月，王先生用约十个月的时间，完成了《南齐书》的点校初稿。王先生自己承担的《南齐书》在标点校勘和校勘记撰写等方面都比较顺利，同时开展的《梁书》《陈书》则相对滞后。在《南齐书》已经完成的时候，《梁书》《陈书》的进度差不多要晚近一年的时间。《二十四史工作汇报》（1964年9月5日）记录：

> 卢振华先生于8月20日回济南，在回去之前《梁书》校《册府元龟》的工作基本结束，其间一大部分时间在写讲义，按他的计划，8月22日开始授课，9月底前把五周的授课任务完成，赶回来参加国庆。
>
> 张维华先生的《陈书》工作，暑假期间校完了《南史》和《梁书》，《通鉴》也快完了，他说《通鉴》完了已进行了七种书的校勘工作，差不多了，至于罗振玉的《五史校议》以北朝为主，不打算再校了。他计划明年来时再用一个月时间校《册府元龟》，校勘工作

> 就算完了。写校记工作打算用三个月时间，最多明年九月前可以完成。至于标点工作他已通看了一遍，提行分段问题也搞好了，他建议再买一部百衲本《陈书》准备作过录用。

其他一些大部头史书如刘节先生承担的《旧唐书》、罗继祖先生承担的《宋史》遇到的问题更多，进度更缓慢。

承担齐、梁、陈三书编辑工作的是宋云彬先生，这时候宋云彬已近古稀之年，比点校组中最年长的郑天挺先生还大两岁。《南齐书》从1964年7月底王仲荦先生开始分批交稿，到1966年3月完成付型清样，宋先生经手约一年半时间。《陈书》从1965年7月开始看稿，修改校勘记文字，到1966年6月完成复校付型，宋先生经手约一年时间。《梁书》从1965年8月参与与卢振华商谈校勘记写法，1966年3月开始审改第一卷校勘记，到5月3日至5日重新整理《梁书》第一卷第二卷校勘记，已经是轰轰烈烈的文革前奏了。

因为宋云彬先生日记缺失一册（1964年3月19日至1965年5月1日），我们只能看到1965年下半年以后一年时间的情况，除了记录上面说到的工作进度外，还有一些涉及具体问题以及与这些校史学者的交往。宋先生看完《南齐书》全部五十九卷之后，又用一周时间复看，做付排准备，“其中有数卷分段断句皆有问题，一时不能决定，俟与杨伯峻商之”（5月10日），“下午应王伯祥之约赴陈乃乾家，与之晤谈，谈关于《南齐书·百官志》的校点问题”（5月17日）。与王仲荦、张维华先生商讨《南齐书》《陈书》的排样格式及校点方面诸问题，王仲荦先生交来《南齐书》《陈书》出版说明，宋先生召集本组赵守俨、吴翊如、杨伯峻、汪绍楹讨论修改。到1966年初，看《南齐书》清样，还不断发现问题：“上午看《南齐书》校样如干卷。王僧虔《诫子书》颇难句读，与汪绍楹、杨伯峻、赵守俨等商榷，未能全部解决也”（1月31日）。有一段时间宋先生“腰痛甚剧，起坐行动皆不方便”，有些问题虽然小，如“《南齐书》空行及卷目问题”，赵守俨先生都是上门与宋先生商定。

当时宋云彬先生也住在翠微路2号院，互相之间偶尔串门互访，晚上“看西北楼几位教授同志，他们都准备睡觉了”（1965年5月11日），“晚上唐长孺、王仲荦来，跟唐围棋，大负”（1966年1月29日）。1966年7月9日宋云彬先生日记：“下午，与谢方、宋茂华谈《后汉书》返工问题。”是我们今天能够看到的“文革”前关于“二十四史”点校的最后记录。

第一批入住翠微路的外地学者中，郑天挺、刘节俩先生都已年过花甲，王仲荦、唐长孺、卢振华等先生都是五十多岁，正当壮年。在京校史期间，他们一般都还兼顾学校的教学，王先生承担着山大研究生的教学任务，批改研究生论文，几位研究生也来京听王先生指导。唐长孺先生的两位研究生，甚至就是在翠微路完成的论文答辩。《二十四史工作汇报》中不乏他们工作生活情况的琐碎细节。

《二十四史校点工作简报》（1964年4月8日）：

调京负责校点各史的同志于二月上旬回家度假，二月下旬以后已陆续返京。

大家的情绪基本上是稳定的，都在安心地从事校点，工作时间一般不少于八小时，有时甚至超过，对于我们在生活上的安排也表示满意。为了这些同志工作和学习上的便利，我们在今年年初还特为他们设立了图书室和会议室。

校点《梁书》的卢振华曾经表示，原来思想上以为校点工作纯粹是为人民服务，学术上不会有多少收获。但通过工作实践，已改变这种想法，认为这次校点是有成绩、有收获的……

……王仲荦也非正式地表示过，他的爱人教中学，工作岗位离不开，她本人有病，孩子又小需要照顾，如果他本人长期留在北京，家庭问题难于解决……仅向他们表示，这是中宣部交下的任务，中华书局不能擅作决定。

有些同志感到生活比较单调，业余时间，除了散步、读书或进行自己的研究工作而外，几乎没有其他活动。

《二十四史工作汇报》（1964年6月1日）：

五月份下半月……二十五日下午与本组到北海公园举行一次联欢会……其余各位先生的时间都比较集中的在搞工作。

身体、精神方面都比较正常，思想也比较安定。张维华先生在谈话中曾一再表示，这一工作需要细致的搞，时间也需要从容和长一些……

张维华先生在校勘《陈书》工作中碰到一些具体问题，如古今字、避讳字、异体字等问题，希望开次会研究解决。《陈书》的版本校勘，殿本已校完。

《南齐书》——王仲荦先生已写好第一、二卷校勘记交组审阅，他继续写下去。

《二十四史工作汇报》（1964年6月12日）：

六月上旬，二十四史校点工作除山东大学王仲荦等三位和武大唐长孺先生等在为毕业生看毕业论文外，罗（继祖）先生去医院拔两次牙，刘节先生血压略有上升，郑（天挺）先生和王永兴先生身体较好，工作正常进行。

《南齐书》——王仲荦先生将第一、二卷校勘记交组审阅后，即再没有写下去，先进行标点，现已标至第八卷。

《二十四史工作汇报》（1964年6月25日）：

六月中旬以来，二十四史校点工作，有几位在我们的要求下，提出了一卷或二卷校勘记样稿准备打印传阅，留作本月底或下月初开会讨论。其中有《南齐书》《旧唐书》《宋史》《明史》《周书》等。

王仲荦先生的大女儿放暑假后要来京住几天，再和王先生一同回济南，已经王春同志同意给写了一封证明信给他女儿的学校——山东医学院。（赵守俨批注：此是为了买半价车票。）

《南齐书》——王仲荦先生已标点完三十七卷列传第十八，尚剩二十多卷，王先生说正常进行每天可标点三卷。

《二十四史工作汇报》（1964年7月8日）：

在六月下旬至七月初的一段时间里，二十四史校点工作，出勤人数比较齐全，除个别同志曾外出参加会和听报告，一般都在家工作。

在生活方面，挂上了蚊帐，又买了凉席，唐长孺先生因为怕热，已由三楼的南面搬到一楼的北面。王仲荦先生的研究生于本月十日前有两位回济南去。

准备开会时讨论用的校勘记样稿，到现在为止，只打印好《南齐书》《宋史》等两种，《旧唐书》的校记刘先生交来后，经过提意见，修改后又已交来，尚在复查中。《明史》的校勘记，郑先生交来第十卷一卷为样稿，约六十条。

各大专学校放暑假的时间快到了，校点二十四史的各位老先生在暑假中有这样打算……王仲荦先生等他女儿放假后来京住一时期，于八月八日一同回济南，接着就在山大教课。在临行之前拟和宋先生谈一谈《南齐书》工作，他打算完一本交一本。卢振华先生说，山大二十二日放暑假，在放暑假前把《梁书》与《册府元龟》的工作结束一下。暑假期间他在京写讲义，于八月二十七日到济南去上课，五周的教学任务完成后，争取在九月底前赶到北京参加国庆观礼……张维华不走。王永兴的爱人和二个女孩、四个男孩于本月二十日左右到京，恐怕最少还需要给他准备两间房子。

《陈书》——张维华先生在与《南史》对校，他已校完的有殿本《陈书》，《十七史商榷》《廿二史考异》、张元济、张森楷等校勘记、《魏晋南北朝百三家集》，以及现在进行的《南史》等，打算再校《册府元龟》《太平御览》等约十种书也就差不多了。他一再说这一工作非常细致，与教书不同，不作这一工作不能体会其中甘苦，前人校史也没有这样逐字逐句的做过，他说他半生以来读书，没有这两个月来的读书之细致，收获相当大。

《二十四史工作汇报》（1964年9月5日）：

王仲荦先生于七月卅日回济南之前，交来《南齐书》三册，后又从济南寄来一册，共四册　卷。均已交宋云彬先生进行编辑加工。王仲荦先生之前嘱将《宋书》先托张义鹏进行版本校勘，现已校完，于九月三日送来，附校记壹百壹拾贰页。是否需要将这情况告诉王先生知道，或者将书或校记寄给他，他今年不可能来的。（**赵守俨批注：王仲荦十一月初来，来后再交给他。**）

赵守俨先生1965年3月3日写的《关于二十四史的一些情况的汇报》中说：

王仲荦血压增高，思想上颇恐慌，拟回济南休息一个时期，本月三日离京。大约一个月左右即回来。他推荐了两个人：（1）卞孝萱，近代史所青年研究人员，本已参加四清，因病调回，所里没什么事可做。本人表示愿意帮我们做些工作。据王说可以担任南北朝及隋唐史的助手，卞是搞考据的。此人似还合适，如拟考虑调用，似应对于他从乡下回来的原因了解清楚。（2）朱季海（原名学浩），王的同学，章太炎晚年弟子，长于楚辞（有《楚辞解故》在上编出版），经学、小学、古史亦较熟悉。据说水平不错，政治上没什么问题。惟思想甚陈旧，十几年来迄未参加工作，现在很穷。此人对于二十四史的工作恐不合适。

显然，“翠微校史”不是政治的避风港，《在京参加校点二十四史的同志座谈一年来的思想收获》（《情况反映》第1期，1966年2月8日）记载：“今年年初，我们邀集现在我局参加校点二十四史的同志，座谈1965年的思想收获。在这次漫谈中，他们就学习毛主席著作、当前文化思想战线上两条道路的斗争等问题，发表了一些意见。可以看出，个别人对当前学术界展开的大论战还有糊涂思想，多多少少有些抵触情绪。”文中摘引了王仲荦先生的发言：

> 一年来对学习毛主席著作抓得比较紧。听了许多以前听不到的报告，政治敏感性强了。这次姚文元的文章一发表，自己就注意了，说明没有掉队，但也不是站在前面，虽然跟得上，却有些累。看了姚文元、方求的文章，都有这种感觉。我的备战思想不强，总是和平麻痹，这方面的“跟”要比学术思想的“跟”吃力。

这里姚文元的文章指1965年11月10日发表的《评新编历史剧〈海瑞罢官〉》，方求的文章指1965年12月29日发表的《海瑞罢官代表一种什么社会思潮？》。这些零星琐碎的记录，稍稍反映出王先生当时的身体和心情，政治学习的“跟”比学术思想的“跟”吃力，说得很形象，现在读来还不难感到他在政治高压下的进退两难。我翻阅当年的校史档案，深深感到这些先生进京校史，不仅有学术的贡献，还有人生的奉献。

离开翠微路之后，对翠微校史生活留下完整文字记述的只有罗继祖先生。罗先生《蜉寄留痕》（上海古籍出版社，1999年）之《涉世琐记》下篇有《翠微校史》一节专谈其事，这里只看关于日常情状的部分：

> 在局期间与同事诸公相接，居同楼，食同桌，其乐颇为平生未有。顾颉刚先生虽未总校史事，然每来书局必与我接谈，告我人老需助手，而合适助手难得，方正在研究《尚书》。唐（长孺）张（维华）两公有书画癖，每游琉璃厂宝古斋（时都门古玩店以宝古最大），张尤好搜求鲁省文献，有所撰述……
>
> 在京时偶尔偷暇作书画，为诸公所赏。为仲荦教授画扇面，

> 仲荦持归示童书业教授，童固能画者，蒙其赞赏，以所著《南画研究》一帙见赠。后我于《枫窗脞语》中对《南画研究》有评论，教授已不及见矣。仲荦曾要我画一幅《翠微校史图》，因匆匆离去未能画……

这里记录了罗继祖、王仲荦、童书业三位先生之间的书画缘和学术交往，虽简略而更显珍贵。作为翠微校史当事人，罗先生的叙述，说明“翠微校史”之说正出自王仲荦先生，不是后人的追述建构，当年的翠微路2号院，以及先生们游踪所及的玉渊潭、陶然亭、琉璃厂，都曾是“翠微校史图”的背景。

王府井校史

1971年，在毛主席批示、周总理部署下，“二十四史”点校工作得以重启。

1971年3月15日至7月29日，全国出版工作座谈会在北京召开。会议期间的4月2日，姚文元在请示毛主席并获批示同意后，给周总理写信，重提“二十四史”点校，指出“二十四史”只出版了“《史记》《汉书》《后汉书》《三国志》四种，其他都未印出，此次出版会议可否将此项任务分工继续完成，作为研究批判历史的一种资料。现在一些老知识分子也闲着无事，可以组织一些人来做……此事已请示过主席，主席批示同意”。周总理当天批示，“二十四史”及《清史稿》都请中华书局负责组织请人标点，由顾颉刚先生总其成。4月25日，中华书局上报《整理校点二十四史和〈清史稿〉的初步设想（供讨论参考）》。5月3日，国务院出版口领导小组根据中华书局上报的材料，向中央提交了《整理出版二十四史及〈清史稿〉的请示报告》，5月14日，报告得到周总理亲自审阅修改，毛主席批示“同意”，王府井校史的序幕拉开。

中华书局在上报的《整理校点二十四史和〈清史稿〉的初步设想（供讨论参考）》中，再次提出借调学者进京校史。这次发出调函的不是中宣部和教育部，而是国务院出版口。国务院出版口是“文革”期间主管全国出版工作的机构，1970年5月国务院批准成立，同年10月根据周总理指示，与“毛主席著作出版办公室”合并，成立“出版口五人领导小组”，隶属国务院值班室领导。档案所存空白调函加盖的就是“毛主席著作出版办公室”大红印章，落款时间1971年6月10日。

__________革命委员会：

根据中央领导同志要继续校点二十四史的指示精神，我们向中央作了《整理出版二十四史及〈清史稿〉的请示报告》，伟大领袖毛主席批示“同意”。

为了早日完成这项工作，需请有关省、市支援人员参加校点。经了解，__________大学__________可以担任此项工作，希给予大力支持。如同意，请即通知__________于六月底以前，持所在单位介绍信到北京中华书局报到（人民路三十六号，即王府大街）。

此致

敬礼

国务院出版口

（代章）

一九七一年六月十日

来时请带临时粮油关系和行李、冬衣。

档案保存有多份手写的“借调人员名单”，其中赵守俨先生手写稿有借调工作进度记录，从人名后的附注可以推知人员到位的情况：

（一）本市（11）

北师大（1）　调函6.22发出。

白寿彝　要求25日到达。赵维奎说26日已报到，7.1上班。

北　大（2）　调函6.22发出。

邵循正　生病暂不能来（北大7.2上午电话）

阴法鲁　北大7.2上午电话：郭沫若同志办公室调他去工作，须10.1以后才能来。

青年出版社（1）　调函6.22发出。

周振甫　已于6.16上午报到。调孚说谢广红同志通知他月底来。

学部（7）　调函汝晓钟同志带去办理，6.29学部电话，7.5上午报到。

翁独健（民所）　陈　述（民所）

罗尔纲（近所）　刘大年（近所）

孙毓棠（历史）　张政烺（历史）　王毓铨（历史）

（二）外地（4）

南京大学（1）

韩儒林（汝晓钟同志说：因病不能来）

山东大学（1）

王仲荦

武汉大学（2）

唐长孺　6.24报到

陈仲安　6.24报到

外地4，本市11，共15人。

六七月间，借调中华书局集中校史的学者陆续到位，王仲荦先生到京时间没有明确记录，按照当时情势，应该不会晚于七月。

这个时候，南朝五史中《南齐书》《陈书》已经在“文革”前付型，《梁书》基本完成但未及付型。1971年后，王仲荦先生在北京和济南两地交叉工作，完成了《宋书》点校；卢振华先生除完成《梁书》收尾工作外，在济南的病榻上完成了《南史》点校。王先生作为南朝五史负责人，还覆阅了他承担点校之外的各史。关于《宋书》《南史》的具体工作情况，我们所知甚少。档案保存有赵守俨先生手写《二十四史点校工作的基本情况》（约写于1973年初），在第一部分“各史进行情况”下记云：

宋　书　　1000千 计划发稿：9月

点校人：王仲荦（现在济南）

完成情况：点校完成67卷（全书100卷），拟按计划发稿。

南　史　　800千 计划发稿：10月

点校人：卢振华（在济南）

完成情况：点校完成40卷，占全书一半，拟按计划发稿。

以上两史存在的问题：由于点校人不在北京，工作中的具体情况了解不够，拟于三月前后派人到济南面谈一次，设法加快进度，解决点校上的问题。等魏连科、刘起釪等结束《魏书》《北史》发稿后，即转入《宋书》《南史》的加工。

1982年中华书局集中重印“二十四史”点校本，在出版说明中对各史参加者情况补充了简略说明，当时赵守俨先生写了“二十四史参加点校人员情况”（铅笔附记：这份材料已交魏、邓二同志看过。82/5/25），尚存于档案，其中关于南朝五史的成书情况，可见1971年后工作分工之一斑：

宋　书

参加者：王仲荦　傅璇琮（编辑加工）

情　况：先由山东大学历史系的同志在殿本（五洲同文）上标点过一部分，因质量未达到要求，后来又改换底本，这部分稿子基本上没用。73—74年由王仲荦重行点校，经傅璇琮编辑加工发稿。“文化革命”前，还由张义鹏与《南史》互校，录有异文，供王仲荦采择，张的材料在运动中遗失。

南齐书

参加者：王仲荦

情　况：此为“文化革命”付型未印的三史之一。当时任编辑加工的是谁，已记不清楚（**引者按：当时任编辑加工的是宋云彬先生**）。王文锦看过礼志部分，提了一些比较好的意见。71年由王仲荦略作修改印出。

梁　书

参加者：卢振华　王仲荦（复看）　赵守俨（编辑加工）

情　况：“文化革命”前已做大量工作，72年以后完稿。王仲荦复看过。

陈　书

参加者：张维华　王仲荦（覆阅）

情　况：“文化革命”付型未印的三史之一，编辑加工是谁记不清楚（引者按：当时任编辑加工的是宋云彬先生）。71年后由王仲荦覆阅印出。

南　史

参加者：卢振华　王仲荦　赵守俨　魏连科（以上两人编辑加工）

情　况：卢振华点校，王仲荦覆阅。

《宋书》是南朝五史中的重中之重，幸好王仲荦先生的《宋书校勘记长编》誊清稿完整保存了下来，可以据此知道隐没在《宋书》点校本身后的工作情况。《长编》以百衲本为工作本，按卷次顺序详细记录了版本对校、本校和他校所发现的问题，并综合前人考辨成果，提出校改意见。《长编》出校共9 100余条之多，在广度和深度上都远远超过了前人。杜泽逊、孙齐先生撰写的《读王仲荦先生〈宋书校勘记长编〉》（《书品》2010年第4期）列举了大量例证和统计给予了充分肯定的评介，指出《长编》最值得称述之处有以下五点：

（一）对各个版本的全面对校，在版本数量和通校范围上超过了张元济《宋书校勘记》。

（二）对相关史书的全面参校，除全面参校南北朝诸正史外，尤其重视《通鉴》《册府》《御览》《建康实录》，对其中所载刘宋史事做了全面的爬梳。

（三）对《册府》的充分运用，几乎将散落在《册府》中的相关记载全部与《宋书》作了对校，创获极多。其中《宋书》各本俱脱而以《册府》补足者多例，堪与陈援庵、唐长孺据《册府》补足《魏书》脱文媲美史林。

（四）对前人成果的广泛吸收。

（五）不局限于校勘，对《南史》《建康实录》《通鉴》《御览》《册府》

等书中叙事多出《宋书》的内容，特别是《御览》《册府》等所引沈约《宋书》的佚文，给与了特别关注。

《宋书校勘记长编》是点校本《宋书》校勘工作的原始记录，在内容的丰富性上理当超过点校本《宋书》，加之1971年以后的校史工作受反对烦琐哲学的时风影响，点校本出校程度也受到了一定控制，点校本《宋书》共出校记2 600余条，不及《长编》的三分之一，并且文字上也大大简化，省去了许多考证。因此《长编》可以说是王仲荦先生《宋书》点校工作深度与广度的完整体现，《宋书》点校本则是在统一的校勘要求下作为通行本的呈现。

轶事零拾

王仲荦先生与中华书局结缘自何年，难以考实，但远在1963年进京校史之前当无问题。近见1957年6月王先生致中华编辑部函，事关约请王先生整理《南北史合注》，与几年后的“南朝五史”点校，可谓草蛇灰线。王先生函云：

绍华先生赐转

中华书局编辑部负责同志：

嘱校点李清《南北史合注》工作事，其校对工作方面，已开始动手。李注改动《南史》原文处，每页不下四五条，现暂用浮签标出，将来再用宋、齐、梁、陈史对校时，即逐条移录，成校记附每卷之后。

关于《北史》合注部分，是否已晒影就绪，如印就，乞即寄下。

前函云你社校点条例，正在草拟中，如已拟好，亦乞检寄一分，以便圈点句读时，有所遵循。

此书用南北史及宋、齐、梁、陈、魏、齐、周、隋八史对校，于清儒考证，亦略加搜罗，时间虽不能作硬性决定，大概不超过两年半。(现在以《南史》校李氏《合注》，本纪每三日或二日一卷；列传一日一卷，以这一进度，用南北史初校，时间是不会超越八个月以上的。当然，用八史来对校，时间可能要更多一些，但也不至于距离太远。)

草草奉闻，并冀覆示。致

敬礼

王仲荦 一九五七年六月十八日

首尾另有附言三则，可见王先生当年对古籍整理出版的关注：

顾炎武《肇域志》(北大有)可否影行，此书只有抄本，不印，会失传的。

你店总公司迁上海，编辑部亦移动否？去上海，对中华来说，有发展，可贺可贺。

冯承钧先生遗著继续出版，不要为了有批评而中止。

此事在古籍整理出版规划小组成立前夕，此时中华书局还未确定以古籍整理为出版方向，古籍业务主要是刚刚并入中华的古籍出版社承担，主其事者是著名出版人徐调孚先生，原件附存徐调孚先生拟稿两页：

由绍华先生转来大札，敬悉。《南北史合注》一书用八史校勘再加标点，费时自须极多，决非一二年可能毕事，我们对先生严谨的工作态度甚为钦佩。惟此书向无刻本，有许多研究历史者亟欲一读。因此我社拟在今年下半年中先行照原稿排印出版，以供急切需要，请先生将《南史》部分蓝晒本暂为寄还（邮费自当奉还），一俟排竣，再行奉上，请赓续校点。待二三年后先生校点完毕，再印校点本或单行校勘记亦无不可。不知先生以为如何。

发文底稿显示时间为1957年6月29日，发送“青岛山东大学历史系王仲荦”，事由为“请寄回《南北史合注》蓝晒本”。次年，“二十四史”点校启动，1958年10月中华书局拟定的《二十四史整理计划》中有“标点集注本”八种，其六为“南北史补注（新编）”，括注“新编”并对《南北史合注》持否定意见：“旧有李清《南北史合注》，芜杂疏漏，无当参考，且后出考订及石刻文字等资料太多，均为李清所未见。南北各史的纷乱脱误，较其他各史更甚，故有整理之必要。我们希望能够包括八史，合编成为一部新的集注本。”《南北史合注》影印本、整理本计划遂告终止。

中华书局老编审张忱石先生曾担任“二十四史”点校本的责任编辑，还是王仲荦先生多部著作的责任编辑，近年写过多篇纪念文章，生动讲述了王仲荦先生在京期间的工作和生活。这里不再重复，兹征得张先生同意，引述两封王先生给他的信，从封面题签与版式安排等编务小事，来看看王先生对著述的爱惜，对朋友的真诚。

忱石同志：

拙著《北周地理志》已改修完毕，现仍分两包寄上。

（一）关于题签，我现在把沈尹老所写三纸全部寄上，请您选择一下（请毅中同志和连科同志鉴定一下，他们两人都是您社的杰出书法家),不用的再寄回。签纸附在第一册第一页中。

(二)我把注文写成双行夹注,铅字排起来,会很不好看,是否注文仍用单行排,不用双行排。版式请参看上海中华的《元一统志》,比较大方。也可参照点校本“二十四史”。

附录三种,要不要内封面页,如要,请毅中同志给我写一下,内封面页后面,就印上附录的叙言,不必把它空白而浪费了。

我对印刷发排都是外行,您社有统一的规划,还恳您和“老将”守俨同志为我作主。

十月后,心脏病又发了一次,卧床一个多月,现已起床。

几次有机会出外开会,都因为身体不好,不能出行。三月间,成都有一个会,如去,可能由北京转车。那么三月初又可见面了。

耑此即颂

撰安

王仲荦79.2.3

忱石同志:

有两事相恳。

拙著《峼华山馆丛稿》精装本之书脊题签,原拟用铅字,最近看到傅璇琮兄《李德裕年谱》用原题签书写体,非常雅致好看,可否拙著书脊也改用启功同志之题签缩小,千万拜托设法办到,用烫金更妙。拜托!拜托!

友人朱季海兄穷得彻骨,《南齐书校议》已出书,骈宇骞同志是责任编辑。余款可否恳其向会计室联系(已支四百元),迅予汇去。(稿费请略略提高一些,以救眉急。)他托我,我不得不托您和璇琮兄、宇骞兄了。

祝

阖第安康

弟 仲荦 1985.10.20

弟不去南京参加六朝史学会，手头工作放不下。

张忱石先生《史局汗青欣有日——记王仲荦先生》(《澎湃新闻》“《宋书》修订”专题，2018年8月13日)讲到王先生校史期间将新出影印本《永乐大典》七百三十卷浏览一遍写成《渤澥一勺》的故事，可见王先生很会利用时间，效率也很高。近日读何龄修先生《五库斋忆旧》(广东人民出版社，2018年)，在何先生怀念王毓铨先生的文章中，记录了王毓铨先生给他讲的王仲荦先生的故事，是“王府井校史”一段有趣的佳话。何先生说：

他(王毓铨)还告诉我说，中华书局曾请他点注《明史》的“流贼传”，拟作为活页文选印行。他答应后，一上来就碰到难题：李自成父守忠祷神求嗣，神示梦将以破军星为其子，破军星是什么星？破军星转世有何含意，寓何褒贬？请教多位合作标点“二十四史”的满腹经纶的同事，也都瞠目不知所答。只有山东大学王仲荦先生告诉说，自己年轻时，因岳父家有小楼，富于藏书，便常登楼阅读，不懂得拣择，挨个儿翻看，记得某丛书一种讲堪舆的书里谈到过破军星(丛书名、堪舆书名，我都已年久失记)。先生赶忙借到该书查看，果然不差。他衷心赞叹说：“王仲荦先生读书多，学问好，记性又那么好，连堪舆书上看起来像不要紧的东西都记得那么牢！”(何龄修《永远的怀念——记王毓铨先生》，《五库斋忆旧》，148—149页)

最后回到南朝五史点校本，新见一封王仲荦先生复赵守俨先生短函，关于《梁书》《陈书》1982年重印本出版说明整理者署名问题的意见，全文如下：

守俨兄：

大函敬悉。《陈书》《梁书》只用卢公、张公署名好了，我不必出名，您看如何？

耑复敬颂

近祺

弟王仲荦上

1982.8.14

信后有赵守俨先生处理意见："经元、忱石同志：请即按仲荦先生意见办理。俨8.16""只用卢公、张公署名，我不必出名"，简单而肯定的语气，高风立见。

后　话

2005—2007年，中华书局酝酿启动点校本"二十四史"修订，我承乏负责组织落实工作。按照修订工程关于修订承担单位遴选的要求，首先要考虑原点校单位。山东大学是当年"南朝五史"的点校单位，虽然王仲荦先生已经离世多年，但在国内魏晋南北朝史研究方面仍然有相当的实力，自然是"南朝五史"修订的首选。为此，在修订工程筹备阶段，我带队走访了所有原点校单位，也拜访了山东大学历史文化学院领导和部分老师，得到了时任院长王育济教授的支持。

2006年10月20日，我们在山大历史文化学院召开了“南朝五史”修订征求意见会。出席会议的有原山大党委书记陈之安教授、时任魏晋南北朝史学会副会长郑佩欣教授、路遥教授、张金光教授，他们都曾亲炙王仲荦、张维华、卢振华先生，也同事多年。年轻一辈除了王育济院长外，还有胡新生、王大建、范学辉等老师，王仲荦先生夫人郑宜秀老师也全程参加了座谈会。会后我们曾经商请郑佩欣先生主持“南朝五史”的修订，因身体原因，郑先生后来没能承担。经过进一步调研，决定分散安排，《宋书》由盐城师院文学院丁福林教授主持，齐梁陈三书由中山大学历史系景蜀慧教授主持，《南史》由山东大学历史文化学院张金龙教授主持，张金龙教授后调到首都师大工作，《南史》修订随之转到首师大。

修订工作开始后，我曾几次到山大南院教工宿舍楼拜访郑宜秀老师，对王先生的校史生涯和学术生活增加了一些直接的感受。王仲荦先生的书斋“蜡华山馆”就在这个建成于二十世纪七八十年代的四层单元楼中，内外都已经显得破旧。我们来到之后，郑宜秀老师径直把我们引入左侧的书房。虽说是书房，其实也兼做卧室，沿墙是相对的两排书柜，窗下是对面而置的两张小书桌，一张双人铁架床放在屋角。1986年6月4日王先生去世，当时已经二十年过去了，其他房间都已经换了陈设，在郑老师的坚持下，这间书房还保持着原先的模样，甚至连书柜里的书刊和旧纸包裹的书稿都还放在原来的位置。电灯开关用一根长长的线，从天花板中央斜拉到屋角的床头，感觉一下子进入了过去的时光。

郑宜秀老师告诉我，王先生去世后，她把王先生书房锁起来，几年没进去过。书房里的书柜、书桌、抽屉以及里面的东西，都保持原样，不去触动。郑老师把学界友朋写的挽联挽诗，拿出来让我们看，郑重地告诉我们，这是王先生去世后第一次打开，其中有启功、周一良等先生写的挽联，缪钺先生写的挽诗。我们还看了王先生在京校史期间用封面写着“出版工作”的笔记本写的诗稿，看到了王先生写满批注的《宋书》点校工作本。又把郑老师新找到的王先生《宋书校勘记长编》手稿，用原包袱裹着带回北京，就是后来影印出版的三大册。中华出版的“王仲荦著作集”共13册，其中6册是在王先生身后由郑老师整理的，前后二十一年时间，郑老师在“王仲荦著作集”《前记》中写道：“一九八六年，王仲荦先生溘然长逝在他自己的书房里。而我们能够做到的就是从这套著作集的字里行间，去寻找作者灵魂的痕迹，那些非常美丽的痕迹。”当时读到非常感动，印象深刻。

十几年过去了，“南朝五史”修订在宋齐梁陈书陆续出版后，《南史》也召开了定稿会，在王仲荦先生一百一十周年诞辰、翠微校史六十年之际，完成“南朝五史”的修订出版，是对他们最好的纪念。

（原刊《光明日报》2023年11月6日，因版面原因，略有删节，现全文收录）

不必援国法以衡私情

——夏承焘与龙榆生交往述论

高克勤

夏承焘（1900—1986）与龙榆生（1902—1966，名沐勋，字榆生，号忍寒词人等），同为中国现代词学的奠基人。两人自1929年开始通信往来，彼此引为同调，随后来往不断，交情日深，在词学研究方面互相促进，一时论著频出，产生了很大的影响，极大地推动了中国现代词学的发展。关于两人在词学方面的贡献，已有不少论著述及，如施议对所撰《夏承焘与中国当代词学》、宋路霞所撰《现代词人龙榆生及其词学贡献》（《学境——二十世纪学术大家名家研究》，上海古籍出版社，2006年），徐培均所撰《夏承焘与龙榆生》（《夏承焘学案》，浙江大学出版社，2018年）等。他俩交往的经过，《夏承焘日记全编》（浙江古籍出版社，2021年；以下引此书仅标日记日期，不再出注）中有详细记录，张晖所撰《龙榆生先生年谱》多有述及（本文所引龙榆生事迹，参见张晖著《龙榆生先生年谱》[增订本]，上海古籍出版社，2020年。本文参考此书处甚多,文中不再出注)。本文仅以《夏承焘日记全编》的相关记载及上海古籍出版社所存书稿档案等为依据,缕述两人的交往过程,从中可见夏承焘的人品和立身处世交友之道。

一

夏承焘1920年从温州师范学校毕业后,因为家庭经济等各方面条件的限制,未能继续升学,就开始从事教育工作,先后在高小、中学等任教,同时广泛读书,寻觅治学方向。在涉猎经史子集群书后,选择词学作为研究重点。其1927年11月4日日记云:"拟以四五年功夫专精学词,尽集古今各家词评,汇为一编,尽阅古今名家词集,进退引申之。自惟事功非所望,他种学问亦无能为役。惟小学及词,稍可自勉。"经过多年刻苦研读,迎来了研究成果的高产时期。而这一切,是与龙榆生的交往分不开的。

夏承焘与龙榆生的交往是由龙榆生开启的。关于他俩的交往经过,夏承焘1985年5月4日为上海书店影印的《词学季刊》题词中有简略的回顾:

> 上海书店将影印三十年代龙榆生先生主编之《词学季刊》。予闻此讯,不胜欣慰。予与榆生交往,早在半世纪之前。忆一九二九年冬,予在浙江严州中学任教,已着手为《唐宋词人年谱》,成温飞卿、吴梦窗数种。是年十月中旬,李雁晴兄转来龙君惠书,既辱存问,愿与予缔交;又谓亦有意为词人年谱,欲与予分工合作。予即作复,有云:家居僻左,无师友之助。如得先生上下其论议,共学之乐,乃无艺矣。一九三〇年,予任教杭州之江大学,龙君任教上海

暨南大学。予每返温州省亲，过沪必往暨南新村晤龙君，各以所得相咨质。而平时函札往还，在朋旧中亦最为频密。交谊日深，彼此之间，不惟探讨词学，商酌著作，抑且砥砺志行，时有直谅之言。龙君于一九三四年创编《词学季刊》，予亦乐助其成。《词学季刊》每期付印，必有龙君词论弁其端，而以拙作词人年谱继其后。自始至终，几成定格。《词学季刊》问世，颇为词坛耆宿所称许；并世学人，亦多延誉。盖词之为学，久已不振。经龙君标举，使倚声之事，成为显学。日后为词史者，自当不泯其功绩。一九三六年，寇警日亟，《词学季刊》因而停刊。嗣后数年，杭沪相继沦陷，予入故乡雁荡山，从此与龙君南北暌隔。直至六十年代龙君谢世，遂不复再面矣……上海书店今复影印《词学季刊》，使学者于词学研究工作，得拾遗补阙之助，此举亦正及时。上海书店嘱为引言，虽老病不敢辞谢，爰略记予与龙君交谊及此刊渊源，聊当题识。缅怀故交，把笔怅惘。

此时，龙榆生已辞世一十九年。夏承焘在文中表达了“缅怀故交”的怅惘之情。由于是为影印《词学季刊》题词，所以他对《词学季刊》停刊后两人的交往一笔带过，其实不然，他俩的交往几乎持续终生。夏承焘的“选择性失忆”，是有原因的。

夏承焘与龙榆生的交往是建立在共同的学术志趣上的。先是1928年6月5日，夏承焘给时任厦门大学教授的同乡好友李笠（1894—1962，字雁晴）寄去自己的新作《词有衬字考》以求正。时任上海暨南大学中文系教授的龙榆生从李笠处得知夏承焘治词学，就想结交，托李笠转函夏承焘。夏承焘1929年6月9日日记载：“得李雁晴厦门大学五月卅日函，谓暨南大学教授龙君榆生，名沐勋，江西人，黄侃弟子，近专治宋词，有所论述。雁晴属与通函讨论。”10月19日日记载：“得雁晴武昌武汉大学信，知其本学期由厦门大学移席武汉。转示暨南大学教员龙榆生沐勋二笺，愿与予缔交，问《词有衬字考》。又谓亦有意为词人年谱，欲与予分工合作。灯下作一书复之。”10月20日日记载：“发雁晴武昌武汉大学挂号信，附致龙榆生一椾。鄂局方急，此书不知能到否。移录于后。”其《致江西龙榆生书》云：

> 榆生先生左右：顷雁晴兄书来，转示尊札，辱承存问，感荷无似。嘤求之勤，彼此同之也。拙作《词有衬字考》尚待改作，不敢呈教。词人年谱，先生如有成作，极欲快睹。拙作止于两宋，已成飞卿、韦庄、子野附三变、萧闲附东山、梦窗六七家。近又写数种词集考证，将夺稿者有子野、萧闲、白石三种，体例差同江宾谷《山中白云词》《蘋洲渔笛谱》二书。惟客处僻左，无师友之助，兼之闻见不广，苦不自慊。如得先生上下其论议，共学之乐，乃无艺矣。曩闻友人常州谢君言近人陈匪石有《辛周词笺》之作。如止笺释字句，若魏道明之注《明秀集》，则弟拟于白石歌曲夺稿后，着手为稼轩词考证。先生如识陈君，便乞代询。又弟据《履斋诗余》及《吹剑录外集》，推定梦窗生年在开禧初，比朱彊村先生《梦窗词笺》据刘伯山说推定者迟卅余年。久欲寄请朱先生印可，因循未果。闻先生与彊村有往还，如承转致，当写出呈较。先生校词，谅多撰述，有已写定者，乞赐示数种，至祷至祷。秋气渐佳，七里泷中，万枫锁天，挐舟有兴，尤极延伫。江云东迈，积念与俱。敬颂著安！

朱孝臧（1857—1931），原名祖谋，字古微，号沤尹，又号彊村，与王鹏运、郑文焯、况周颐并称清末词坛四大家，是当时的词坛领袖。龙榆生是他的传人。从这封信中,可见夏承焘渴望得到词坛前辈认可以及嘤鸣求友的迫切之情。自此他俩函札往返不断。如,11月13日日记载:“接万载龙榆生十一月十日暨南大学书,谓作《稼轩年谱》已成,发愿为苏、辛词合笺。苏词得旧钞傅干注残本。问予《梦窗年谱》,谓已致意彊村先生。彼自承梦窗生卒为未定之说,盼予速寄示……作致龙榆生书稿。”11月14日日记载:“发暨南大学龙榆生挂号信,附致朱彊村先生书并《梦窗生卒考》。”12月3日日记载:“发龙榆生上海书。”12月4日日记载:“得榆生十一月廿九夜书。谓亦有意于词集考证,为朱、王未竟之业,拟专从事江右词人之考核,与余分工合作。《梦窗生卒考》,彊村先生允稍缓详答……约余冬间至沪相看,共访彊村云云。此君书辞谦抑,令人怀想无已。今早得此书,欣然竟日。”从这段记载中,可见夏承焘对龙榆生的推崇以及得到志同道合之友的欣喜之情。1930年4月8日,夏承焘赴暨南大学访龙榆生,随后同谒朱彊村先生,并商讨词学。通过龙榆生的介绍,夏承焘的词学研究得到朱彊村等前辈的认可,他在与朱彊村等前辈和龙榆生等时贤的交往切磋中学识迅速提高,治学境界不断扩大,学术成就也日渐为人所知。1930年9月,夏承焘赴杭州就任之江大学教授。此后,他与龙榆生的来往更加密切,如其所言:“平时函札往还,在朋旧中亦最为频密。交谊日深,彼此之间,不惟探讨词学,商酌著作,抑且砥砺志行,时有直谅之言。”(《词学季刊》题词)例如,其1931年7月3日日记载:“接榆生信,谓予词专从气象方面落笔,琢句稍欠婉丽,或习性使然。此言正中予病。自审才性,似宜于七古诗,而不宜于词。好驱使豪语,又断不能效苏、辛,纵成就亦不过中下之才,如龙洲、竹山而已。梦窗素所不喜,宜多读清真词以药之。复榆生片,报其直谅之言。”

二十世纪三十年代,从《词学季刊》创刊到停刊的这段时间,是夏承焘与龙榆生交往最密切的时期。夏承焘1932年于《燕京学报》发表第一篇论文《白石歌曲旁谱辩》。1933年，龙榆生主编《词学季刊》创刊，夏承焘成了这个刊物的主要作者。在《词学季刊》创刊后三年多发行的11期中，夏承焘几乎每期都有文章发表：1933年4月创刊号《张子野年谱》《梦窗词集后笺》；1933年8月第一卷第二号《〈红鹤山房词〉序》；1933年12月第一卷第三号《与龙榆生论陈译白石〈暗香谱〉书》；1934年10月第二卷第一号《与龙榆生论白石词谱非琴曲书》《再与龙榆生论白石词谱书》；1935年第二卷第二号、第三号、第四号、1936年《词学季刊》第三卷第三号连载《南唐二主年谱》(一)(二)(三)(四)。夏承焘发表的这些唐宋词人年谱，对谱主的生平事迹及其作品作了精深的勾稽和考辨，开创了词人谱牒之学，在学术界引起极大反响，屡为学人征引。由此，逐步确立了他作为词坛中坚的地位。对此，夏承焘对龙榆生是充满感激的。其日记1934年12月30日载："夜阅严州日记，念僻居山邑，如不交榆生，学问恐不致有今日。居杭四年半矣，虽多余暑可读书，终嫌少通人质正。"

二

1937年7月7日，卢沟桥事变爆发，中国进入全面抗战时期，每个中国人都面临着坚持民族大义的生死考验。夏承焘青少年时期就重视立身处世，崇尚气节。其日记1918年二月初一日载："上午国文上课，授王炎午《生祭文丞相文》，慷慨忠义，情溢于辞，可见大丈夫死生去就之分，只在一念之间，流芳贻臭，一时千古，不可不慎，不知此文令前明钱牧斋辈见之，将作如何感想也。"这是他在温州师范学校读书时读宋人王炎午的这篇文章后写下的感想，强调"一时千古，不可不慎"，推崇宁死不屈的民族英雄文天祥，而鄙视明朝末年投降事清的钱牧斋辈。为了坚持风节，不当亡国奴，夏承焘甚至不愿去时为沦陷区的北平而辞燕京大学所聘教职。其日记1940年3月8日载："接郭绍虞寄燕京大学聘书，副教授月薪二百七十元，自廿九年七月至卅年六月。"4月15日载："叔常谓予北平之行，温州尝有人谈及，皆以为瞿禅决不至到沦区去。乡人视北平非安乐土，居其地者未免玷身分云云。若见日军，仍须鞠躬。予决不去。前日读《孟子》：'吾未闻枉己而正人者也，况辱己以正天下者乎！'予非经商卖艺而往，如辱此身，何颜面以对学生？此节须精细向人。顾亭林云：'一身去就，系四方观瞻，不可自轻也。'"4月23日载："早发雍如挂号函，辞燕京大学聘。"抗战期间，夏承焘于1938年8月赴已迁往上海"孤岛"复课的之江大学执教，并于次年兼任太炎文学院和在上海复课的无锡国学专修学校教师。1942年5月回故乡温州，入雁荡山。1942年11月末，赴浙江大学龙泉分校任教。抗战胜利后，夏承焘亦随浙江大学迁返杭州任教。在这期间，虽备尝颠沛流离之苦，但仍致力于教学研究，笔耕不辍，坚持了风节。

与夏承焘相反，龙榆生却走向了附逆之路。1940年3月30日，汪精卫在南京建立"国民政府"，与日本侵略者合作。汪精卫与龙榆生同为朱彊村弟子，素有来往。龙榆生应汪精卫之邀，离沪赴宁任汪伪政府立法委员。夏承焘得知此事后，对龙榆生附逆深表遗憾，坚决表明了自己坚持民族大义的立场，并感叹"处身乱世，须十分谨慎"（1940年4月11日日记）。这一时期，夏承焘日记几乎无日不记龙榆生事，从以下的摘录可见他对龙榆生的痛惜之情。1940年3月30日日记载："今日汪政府在南京开幕，上海两方皆分传单、贴标语，教会学校外皆停课，拥护中央者谓为反汪怠课，而汪方则谓是庆祝。闻愚园路一带有西服青年，执旗帜为汪方分传单，慈淑大楼中校则满贴反汪标语，之江学生皆照常上课。”3月31日载：“座间闻俞生（指龙榆生）将离沪，为之大讶，为家累过重耶，抑羡高爵耶？归告内子，相与叹息，枕上耿耿不得安睡。他日相见，不知何以劝慰也。俶昭甚俭又无子，予其得免于乱世矣，思为一诗示内。”4月1日载：“夜梦俞君实入苏党，醒知其不然，又复惘然。一月不见，有此大故，不能挽之使返，奈何奈何！”4月2日载：“见《中华日报》，果有俞君名单。改《词四声平亭》柳词节，念俞君此时恐无此心情矣。欲诣俞君，以雨不果。”4月3日载：“天五来，与同访俞君，则已于今早搭车往南京矣。”4月4日载：“接俞君函，谓胃疾大发，医谓非休养不可，而家口嗷嗷，无以为活。出处之际，非一言所能尽云云。”这里记载了龙榆生以生计原因为自己附逆的辩解。4月10日载：“途遇仇亮翁，谓沪上学生甚不满于俞君，甚为俞君太息……亮翁有家在南京，可归而不归，甘在沪市忍穷。武如谷尚在此为律师作书记，恃刻图章写字为活，各方招邀不肯往。近日沪上风节之士，予仅知此两人耳。思各为一诗赠之。”4月11日载：“每日谈俞君，念其临行前如得晤予，予当极力挽之回……处身乱世，须十分谨慎哉。”

龙榆生自此至1945年8月，历任汪伪立法院立法委员，汪伪新国民运动委员会委员，汪伪立法院院长陈公博私人秘书（四个月），南京伪中央大学教授，兼文学院院长（两年）、训育长（半年），南京伪文物保管委员会委员兼博物馆专门委员会主任委员，南京模范中学校长等职。他附逆后，夏承焘仍与他保持来往，虽然几十年后他对此选择性失忆。但坚持风节和笃于友谊的矛盾心态，一直缠绕着夏承焘。其日记1940年12月31日载：“接榆生寄《同声月刊》……午后作书唁榆生父丧，托其在南京踪迹之。”《同声月刊》由汪精卫出资，创刊号于1940年12月20日出版。夏承焘日记1941年1月7日载：“作榆生片，劝其专力于诗乐运动，以靖献于民族。”6月8日载：“接榆生函，知怀枫月前赴宁，助其编《同声月刊》。龙师母昨来沪，视其长女病。午后与内子往元善里访之，知其长子亦病伤寒。榆生月薪千元左右，而以子女过多，仅足敷衍，此甚可虑。”6月10日载：“怀枫忽往南京，出人意外也。”怀枫指女词人丁宁（1902—1980），字怀枫，号昙影，又号还轩，江苏镇江人。擅词。曾在《词学季刊》上以“专号”的形式发表《昙影词》（后有《还轩词》传世），从此声名远播。她与龙榆生唱和甚多，对夏承焘更为敬仰。夏承焘对她也很器重，对她跟随龙榆生附逆深致可惜和不满。其日记1941年8月24日载：“怀枫嘱和《杨柳枝》，作一七绝应之：红板清溪几倚阑，但愁流水欲归难。柔条苦被风牵引，莫作人间青眼看。”1941年8月30日载：“发怀枫信，寄《柳枝词》一首，劝其立定脚跟。”1941年12月7日载：“与予闻谈怀枫，惜哉，此奇女子！”1941年12月14日载：“复榆生、怀枫函。为怀枫诵陶公‘云鹤有奇翼’句，望其能见机归来。榆生以身殉家累，此情可谅，怀枫则不可解矣。”1941年12月17日载：“前日寄怀枫函，已隐示介然之操。灯下闲谈，予闻甚不满龙、丁。友人中亦有怪予不决绝者。予终以饱食暖衣之日，骂人堕行为无耻。平生从未经患难，今日正真金入火之时矣。”1941年12月26日载：“予自知对人不刚决，亦有流弊，然天性如此，不能强为。私念易直子谅乃乐之教，危行言逊，乱世之学，但求自能独立耳，固不在张脉偾兴也。”1942年1月9日载：“予闻得天五书，和予一诗……并论龙、丁出处。属予当此风色，须有岩岩气象方得云云。予对人濡忍不能刚决，龙、丁西行后，予仍与书札往复，颇来友朋之讥。予闻且谓予以此误怀枫。”龙榆生子女过多，除了早殇的一子一女外，育有八个子女，自己又有严重的胃疾，他也以此作为附逆的托词。夏承焘熟知龙榆生的经济情况，其日记1937年1月31日记载：“龙旭光来快函，云榆生所谋多左，生事殊拮据，家人以其旧疾新痊，不欲实告家况，属予寄百金相濡。前日冷生假三百金，亦仅能应百金。倾囊相贻，亦仅五十金，奈何奈何！夕作复。”次日载：“汇五十金与龙旭光，并去一函。”因此，他出于同情，没有严词厉色地斥责龙榆生乃至绝交，以致“颇来友朋之讥。予闻且谓予以此误怀枫”，丁宁可能也是出于这个原因追随龙榆生。

抗战胜利后，龙榆生以附逆罪入狱，1945年11月8日被囚于南京老虎桥监狱，次年3月8日移至苏州狮子口监狱，1946年6月被判处有期徒刑十二年。夏承焘始终牵挂着龙榆生的情况，对他的遭遇有预感。其日记1945年9月12日载：“阅报，南京伪政府诸要人多被捕，念忍寒、梦苕诸君近况。”梦苕指钱仲联（1908—2003，名萼孙，字仲联，号梦苕等，1942年赴南京伪中央大学任教）。12月7日载：“得心叔杭州廿五日书，云于酒家值夏映庵翁，谓榆生不知所往，家人尚在南京。”1946年3月15日载：“夕见上海小报，榆君近自南京移押苏州。前疑其已他逸，不谓有此，念之浩叹。”1946年4月1日载：“作瑗仲复，论仲联、榆生事。二君皆以不能少忍须臾，遂噬脐无穷。今日吾辈即濡首援溺，诚亦无能为力。然谈言之间，如有可将护遮回处，仍须为尽心力，为他时酬答友谊之地。沧桑之际，事有难言，古人如渊明之于殷晋安，少陵之于郑虔、摩诘，皆拳拳关爱，不以一时之误，忘平生之旧。昔贤宽恕之风，有关世教，不必援国法以衡私情云云。”

正是本着“沧桑之际，事有难言”“不以一时之误，忘平生之旧”“不必援国法以衡私情”的想法，夏承焘尽可能地为龙榆生提供帮助。其日记1946年4月18日载：“午饭后，太炎先生次郎章奇仲连自上海来过……仲连谓榆生在苏狱甚苦。《新闻报》载其被鞫时破衣敝履，神情颓丧。其夫人遣一汪女士赴沪见太炎夫人求援，太炎夫人拟遣仲连往苏视之。予闻之恻然，恨无法相顾，以万元托仲连买蔬肴馈之。闻狱中囚粮亦被克扣,虽定谳不致重刑,甚虑其体力不支。伤哉伤哉!”4月24日载:“得章奇仲连苏州快函,谓榆生在狱,胃病甚剧,竟不得见。送金帛须由主管者收去。予贻万元,仲连托人时时买饼饵馈之。送物须具名,仲连书‘夏髯’二字与之。”5月12日载:“晚接太炎夫人信,谓久卧病未起。附来榆生苏州狱中书,乃由其长女顺宜南京转来者。自述心迹在扶持善类,保存文献。去年十一月六日被逮,三月八日移苏州。今日惟有静候解决。狱中尚有诗酒之娱,惟胃疾甚苦……夫人旬日一往来京苏,匆匆数语,极人世之至悲云云。附来数诗,读之累欷。”次日载:“夕作一笺复榆生,引肇公《物不迁论》‘昔物不至今’‘各性各住于一世’,及宝积长者赞佛偈‘无我无造无受者’二语慰之,劝其患难中发心读佛书。”6月28日载:“阅报,榆生判徒刑十二年,虑其体弱不能支。一念之误,奈何奈何!”8月3日载:“晤孙〔徐〕澄宇,谓在南京卢冀野座上,遇榆生夫人,憔悴不堪,头发已白,见人即哭,求冀野诸人设法为榆生减刑。伤哉伤哉!”1947年1月20日载:“欲作书与榆生,把笔又止。念其岁暮缧绁中,情何以堪。然既不能相拯,亦无词相慰。”虽然这样说,夏承焘与龙榆生这段时间的书信来往还是不少的。如,1947年7月12日载:“得榆生苏州函,属画扇面,并属时时通书,以慰寂寞。”7月18日载:“发榆生信,寄去画荷写诗便面。”

夏承焘有一个之江大学中文系毕业的同乡学生潘希真(1917—2006,后以笔名琦君名世,事迹参见章方松著《琦君与故乡温州》,作家出版社,2008年),与他有通家之好,时在江苏省高等法院任书记官,遂委托她“相机照料”龙榆生。其日记1947年12月9日载:“发希真苏州高等法院一函,由心叔转,恳其相机照料榆生。如有开脱机缘,多与方便。引肇公《物不迁论》及西哲‘一日相爱,终身原谅’之语。此事不欲令榆生闻知。”12月16日载:“得希真复,谓榆生保释事,俟郑院长回苏时即可设法,似不甚难。”琦君曾撰《我的笔名》一文记载当时情形:

> 胜利还都,我在苏州高等法院工作。夏老师自杭州函告,龙老师被判为文化汉奸,囚禁在苏州监狱中,嘱我尽可能去看看他。我想起当年的师生之谊,立刻去买了点罐头食品,去狱中探望他……待见到龙老师时,他竟骨瘦如柴,双目深陷,无复当年青衫飘逸神情。他意外地见到我,劫后重逢,师手双手紧握,感慨万千。他看着我带去的美国货奶粉说:“你真是雪中送炭了。上海一别,没想到会在狱中相见。”……我凄然无以作答。归途中,内心萌起一个傻念头,我能不能以龙老师弟子的身份,代他上书,向层峰申请,逾格恩准他保外就医呢?我即将这意念禀告高院院长,他是位慈悲而且爱才的长者,竟一口答应由龙老师本人陈情,我作担保,试向司法行政部申请。我喜出望外,立刻函告夏老师,他的欣喜自不可言喻。乃与龙老师数度通信,提到我这个学生时,为了避嫌疑,都用一个“琦”字为代表。因我的名字是“希珍”,他常以“希世之珍琦”勉我。龙老师知道“琦”字指的是我,回信时在“琦”字之下,再加一个“君”字,表示礼貌。于是“琦君”二字,就不时出现在两位老师的函件往还中。

在琦君等人的努力下,龙榆生于1948年2月5日得以暂时出狱就医。对此,龙榆生是心存感激的。他1953年还在致夏承焘的信中提道:“顷检旧箧得兄及潘女士来书颇夥,甚感当日极拔高谊,不知潘近居何所,婚后情况何如,便为道念。”(方韶毅《夏承焘友朋未刊书札一束》,《中国韵文学刊》第36卷第2期,2022年6月)对他和潘希真当年的帮助表示感谢。

三

龙榆生出狱后不久,于1948年11月任上海商务印书馆编审部馆外编审,参加《辞源》修订工作,至次年10月为止。龙榆生在新中国生活了十七年,经历还是颇为曲折的。1949年11月初,他得到喜爱诗词的时任上海市长陈毅的接见。在陈毅的关照下,是月16日,他被聘任为上海市文物管理委员会编纂,次年秋改任研究员。1951年他调任上海博物馆编纂,又改任研究员。1952年,他由陈毅安排任上海博物馆图书资料组组长。是年元旦,他赋《沁园春》词呈陈毅,有"结习难除,将军知我,改造还凭有此身。惊魂定,待殷勤揩洗,旧染灰尘"句。他又开始重整旗鼓,从事研究著述。1956年2月,因陈毅安排,特邀列席政协第二届全国委员会第二次会议,并受毛泽东主席接待,他赋《绛都春》词,有"喜得傍太阳,身心全暖"句。4月任上海市政协委员,不久得分配新居,迁香山公寓,有《移居》诗云:"载我五车书,排列明窗前。分我邻园树,延绿入几筵。"夏承焘1956年5月26日日记载,"往上海参加复旦大学第三次科学讨论会","过南昌路访榆生,新居颇宽敞,想生活不恶"。8月,龙榆生任上海音乐学院民族音乐系古典文学教授。是年5月、9月,他修订增删旧著而成的新版《唐宋名家词选》和《近三百年名家词选》由上海古典文学出版社(上海古籍出版社的前身之一)接连出版。这是他在新中国短暂的高光时刻。两年后的1958年5月,他被错划为"右派",身心受到极大的打击。他被错划为"右派"的缘由,中共上海音乐学院委员会1979年1月16日《上海音乐学院关于龙榆生同志错划为右派的改正结论》和《关于龙榆生同志错划为右派的改正报告》（均见《龙榆生先生年谱》）有详细的说明，此处不赘。1961年9月，他被摘“右派”帽，赋《贺新郎·一九六一年国庆前二夕上海音乐学院党委书记钟望阳院长为我摘帽感赋此词》，有“泪涌情难抑”之句，精神稍振，此后处境稍胜于前。1962年9月、11月，《唐宋名家词选》和《近三百年名家词选》由中华书局上海编辑所（上海古籍出版社的前身之一）重新出版。1966年11月病故，卒前得知家遭上海音乐学院“造反派”查抄，书稿、文物悉被携去。

与龙榆生曲折的经历不同，夏承焘在新中国建立以来的十七年过得还是相当顺畅的，一直在高校从事教学和研究，虽然也经历了各次运动，但都能适应形势，平安过关。不仅如此，他还得到了充分的尊重，曾任浙江省政协常委、中国作家协会理事等职。在这十多年中，他与龙榆生一直保持着比较密切的联系，并多次有机会见面，而不是如他后来所说“直至六十年代龙君谢世，遂不复再面矣”那样，当然其间也有微妙的变化。

新中国建立初期，两人的联系一如既往地频繁。夏承焘1950年3月15日日记载：“得榆生上海覆片，谓近欲搜黄巢及倪云林、释石涛史料，属举笔记、野史以告。”可知龙榆生当时在上海市文物管理委员会工作的情况，但他对此工作兴趣不大，所以托夏承焘代谋教职。7月17日载：“得榆生函，示一词，属致函欣夫，代介约翰大学兼课教席，此不致有成效。”8月5日载：“得欣夫书，谓榆生事无希望。”9月4日载：“晨发陈佩秋上海函，附致榆生一函，问入医院治胃病情状，颇以其体弱为虑也。”两人十多年后的重逢是在1953年。夏承焘日记载，8月5日，“得榆生函，招予游沪，一叙十六载离悰。寄示一诗九词，皆上陈将军、毛主席者。”9月21日晚，他在赴京参加全国高等师范教育会议之前抵沪。第二天早上九时，他便“冒雨往上海博物馆访榆生，一别十余年，已两鬓繁霜如老翁矣……榆生导观博物馆，匆匆行十余室，多见所未见。汉漆器、胡俑、李嵩画《西湖图》、徐文长画荷等最为铭心。十一时辞出。十二时大雨中上京沪车”。在此之前的1953年7月24日，龙榆生有一函致夏承焘（见方韶毅《夏承焘友朋未刊书札一束》，同上。夏承焘1953年7月29日日记载：“得榆生片。”当指此函），提到自己的近况：“弟自去冬即为旧疾所苦，勉强趋班，殊乏善状，顷得十月休假，亦仍不离药饵，又无勇气开割，偷活为愧耳。博物馆已与文管会分立，弟仍在该馆掌理图书资料……儿辈在北者多，传某研究所有人举弟及任中敏君，终以康成挟夙嫌见阻，他时得当，终将北游耳。”从这封信中，可以窥见龙榆生还是想从事研究和教学工作的心愿，但其历史问题总是无法让人忘却的，这也成了此后他与夏承焘合作夭折的重要原因。

据夏承焘1954年6月7日日记载：“得榆生端午函，谓刘大杰主持上海公营新文艺出版社，编印《古典文学丛刊》，先出十二种。约顾颉刚、游国恩、王季思分任编纂。其《词选》一种，约榆生与予合作，榆生用龙元亮出名云云。”龙榆生此时写作用“龙元亮”之名，可能就是为了避免历史旧账。6月10日载：“得上海新文艺出版社来函，约与龙元亮共编《宋词选注》。”6月11日载：“发榆生片，告分任编《词选》事。同作《序论》一篇，互相补充选目，予任南宋。”6月12日载：“接郭绍虞、刘大杰函，属编《宋词选》。”6月13日载：“夕作郭绍虞、刘大杰覆。”6月15日载：“得榆生复片，要予任词人小传及词中关于史实方面。”6月17日载：“属家桢钞宋词，南宋各家已选定十七八。”6月27日载：“选南宋词毕。写目共二百四十首，尚待增删。”6月28日载：“发榆生函，论《词选》须注意系统性，每时代各有其特色，如何继承，如何发展，于其代表作皆当有发挥。寄去南宋词选目共二百四五十首。”7月

1日载："得榆生片，谓南宋词分两系统，皆与政治、经济有关，属注释南宋词一二首寄彼。"7月2日载："接上海新文艺出版社预支《宋词选注》稿费二百万……定本年九月交稿。"可见夏承焘对这一合作态度积极，着手迅速。但这一合作后来没有结果。夏承焘8月11日日记载："微昭来，谓上海友人颇以予与榆生合编词选为言，榆生历史旧嫌，至今不恕于人口……发榆生片，告暑中备课忙，无暇及《词选》。"微昭即夏承焘老友兼同事陆维钊（1899—1980，字微昭），他担心夏承焘与龙榆生合作会有损于夏承焘的名声。8月12日载："得榆生片，言买《词话丛编》事。"8月13日载："得榆生函，寄还南宋词选目，乙去音调未谐者数首。"8月15日载："得榆生十三日书，寄来《唐五代北宋词选》。"8月18日载："夕心叔、天五来，谈与榆生编《词选》事。心叔恐予过忙，谓可让榆生一手为之。"心叔即夏承焘学生兼同事任铭善（1912—1967，字心叔），他也是不赞成夏承焘与龙榆生合作的，只是没有陆维钊之言直截了当。于是，夏承焘的态度彻底转变。8月19日载："发榆生函，寄还唐五代北宋选目，并告事忙课忙，选词事不能兼顾，请榆生一手了之。"8月23日载："得榆生片，编《词选》事，已商之大杰，或先出上册。"8月25日载："复榆生片，念其体弱事忙，告十月以后或能助其编《南宋词选》。"（参见拙撰《夏承焘与上海古籍出版社》，《瓯风》第十七集，文汇出版社，2019年）但是这一合作最终还是未能实现。可见此时的夏承焘还是"援国法以衡私情"的。

虽然这次合作未成，但促成了夏承焘与新文艺出版社及此后的古典文学出版社、中华书局上海编辑所乃至上海古籍出版社的长期合作关系。1955年11月，古典文学出版社出版了夏承焘的代表作《唐宋词人年谱》。1956年12月，古典文学出版社出版了夏承焘的《唐宋词论丛》。此书收录夏先生词学论文十余篇，包括《词律三义》《唐宋词字声

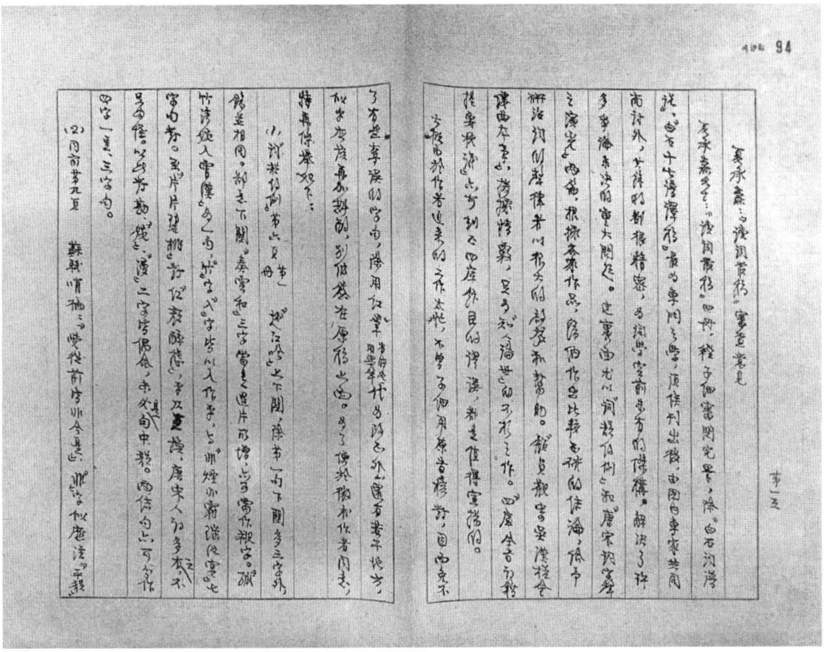
夏承焘《读词丛稿》审查意见

龙榆生《夏承焘“读词丛稿”审查意见》(部分)

之演变》《词韵约例》《姜白石词谱说》等，在词律、词韵、词谱和词籍考订等多个方面都有创获，是他数十年来研究词学和声韵学的心得。此书原名《读词丛稿》。夏承焘1956年6月25日日记载：“发新文艺出版社函，告《读词丛稿》拟改名《唐宋词论丛》。”(参见拙撰《夏承焘与上海古籍出版社》)古典文学出版社在出版《唐宋词论丛》前，特请龙榆生审稿。作为词学专家，又有从事编辑工作的丰富经验，龙榆生本着对出版社、对作者、尤其对读者负责的精神，给老友的书写了详细的审稿意见《夏承焘“读词丛稿”审查意见》(据上海古籍出版社所存书稿档案)：

夏承焘先生“读词丛稿”四册，经予细审阅完毕，除“白石词谱说”“白石十七谱译稿”最为专门之学，须俟刊出后，由国内专家共同商讨外，其余的都很精密，为词学空前未有的杰构，解决了许多争论未决的重大问题。这里面尤以“词韵约例”和“唐宋词字声之演变”两篇，根据各家作品，归纳作出比较正确的结论，给予研治词的声律者以很大的启发和帮助。“顾贞观寄吴汉槎《金缕曲》本事”，援据精核，足为“知人论世”的不朽之作。“四库全书词籍提要校议”亦可纠正四库馆臣的谬误，都是值得宣扬的。

大概由于作者近来的工作太忙，不曾子细用原书核对，因而免不了有些夺误的字句，除用红笔（有时也用墨笔）代为改正外，还有若干地方，似乎应该再加斟酌，别纸签在原稿上面。为了便于征求作者同意，特再条举如下：

（1）“词韵约例”第六页（第一册）“越江吟”上下阕，除第一句下阕多三字外，余并相同。鄙意下阕“奏云和”三字当是过片所增，亦可当作衬字。“孤竹清婉入霄汉”为一句，“竹”字、“入”字皆以入作平，与“非烟非雾瑶池宴”七字句对。至“片片碧桃”对“红颜醉态”，平仄互换，唐宋人词多有之，不足为怪。以此对勘，“婉”“漫”二字皆偶合，未必是句中韵。两结句亦可分作四字一豆、三字句。

（2）同前第九页　苏轼《哨遍》“觉从前皆非今是”，“非”字似应注“平韵”—— ㊀。稼轩此调，此处不用韵，但其他所有押韵处，或平或仄，出入颇多，似可不必以辛勘苏，谓“非”叶平，无不可者。

（3）同前十一页　四声通叶　按“云谣集杂曲子”中诸词，大都出西北人手。北音原无入声，即以入排入上去，殆非有意同用。元词亦用此例。

（4）“唐宋词字声之演变”十二页第二册　清真：“欲梦高唐，未成眠，霜空又别本作已晓。”《氐州第一》似应作“欲梦高唐，未成眠、霜空又晓”。上四字句，下三字豆，四字句，于词气及音韵似皆较好。上阕“景物关情，川途换目，顿来催老”，是四字三句。下阕减去一字，结句改作三字豆，四字句。检方千里和词：“相像消魂，怨东风、孤衾独晓”，亦应如此分句豆为宜。

(5) 同上第二十页“中原音韵作词十法”“忽听一声猛惊”下，原有“本宫始终不同，韵脚俱用平声。若杂一上声，便属第二着”等句，接“皆于务头上使”。似不宜删节，使语意不显豁。

(6)“论白石词谱中之折字”第一页第三册“乃其卒不能歌管自如”，此句文义颇费解，似有讹误。

(7) 同上第六页“中吕宫二调，皆用‘一上一’，仙吕宫二调，皆用‘工尺工’。惟已用宫徵，则改折为谱之故，或即以此”。原稿涂去“则改折为谱之故，或即以此”十一字，另增“盖既折为谱，则已各当一位，固可论音而不论变，无所嫌矣”廿三字，文义不相联属，当有夺误。又“此调为商吕犯商调”，“商吕”似为“南吕”之误。

(8)“白石词乐说小笺”第二二页第三册　白乐天《嵩阳观夜奏霓裳》诗云：“开元道曲自凄凉，况近秋天调自商。”据知不足斋本《碧鸡漫志》及《全唐诗》《白氏长庆集》，“道曲”皆作“遗曲”，“自商”皆作“是商”。初以为手民之误，但罗蔗园书后，其误亦同，岂别有所据耶？

(9)“四库全书词籍提要校议”第三页第四册“至晚唐温庭筠作侧艳之词，逐弦吹之音”，应依旧唐书本传作“至晚唐温庭筠能逐弦吹之音，为侧艳之词”。因二句颠倒，意义出入甚大。

(10) 同上第八页　陈造《江湖长翁集》三十一《题东堂集》云：“毛泽民仕临安，其守东坡，坡士麟凤也，晚乃受知。”“坡士麟凤也”五字当有夺误。手边无“江湖长翁集”，应请著者查校。

依审阅者的意见，这部稿子有很高的价值，希望能够很快发排。上面一些“吹毛求疵”的意见，似可转给作者考虑一下，征求他的同意，也不必把原稿寄去，以免延误时间。

我建议：原稿排出之后，必须要求原著者子细自核一遍，尤其是姜词字谱，是“差以毫厘，失之千里”的，应该特别对读者负责细校。一切专门性的著作，如果不注意校勘，那积累而来的辛勤劳动，都是枉然，切勿视为小事而轻率了之。

校阅者 龙榆生

一九五六年七月十八日

文中对这本书的价值予以高度的肯定，同时也提出了商榷意见，特别是强调要注意校勘，确实是编辑的经验之谈，更重要的是体现了对读者高度负责的精神。

龙榆生还始终关注着夏承焘的学术研究。1956年6月，他有《介绍夏承焘唐宋词人年谱》一文刊于《文艺书刊》六月号。夏承焘1956年7月18日日记载：“新文艺出版社寄来文艺书刊第六期，载榆生介绍《词人十谱》一文，提四优点之外，提四缺点：一、忽略社会经济情况，影响作家作品的深入研究；二、不忍割爱之材料反成累赘；三、《白石怀人词考》，有陷入牛角尖的危险；四、飞卿等系年三谱，对各人假定的年岁来排列，总觉得不很妥当。”龙榆生的意见不虚美，他也称得上是夏承焘的诤友。当他得知日本学者有评价夏承焘《唐宋词人年谱》文，即告夏承焘。夏承焘1957年2月16日日记载：“晨榆生寄来日本京都大学文学部中国语学、中国文学研究室所出之《中国文学报》，第五册，一九五六年十月刊。书评栏载清水茂评予《唐宋词人年谱》一文……

清水君读予书甚仔细，并以《词学季刊》所登予谱校阅，所作论皆甚中肯，赞美亦无溢辞，日人治学谨严可见。”

龙榆生被错划为右派后，他的名字也入另册。夏承焘1960年4月30日日记载：“得中华书局上海函，《唐宋词人年谱》已付排，启功、顾学颉、龙榆生名字皆已删去云。”龙榆生“摘帽”时，夏承焘正寓沪参加郭绍虞主编的《中国历代文论选》选注工作，遂邀龙榆生前来相晤。其1961年10月5日日记载：“午后杨友仁送来《龙川词笺校》印样、《白石行实考》印样……友仁告榆生已摘帽子，喜慰喜慰！”次日载：“发榆生函。”10月8日载：“午后榆生来，数年不见，发白八九分矣。谈此次脱帽经过，谓以八字自勉：戒骄戒躁，又红又专……谈两三小时去。”自此，两人联系又趋频繁。1964年4月，龙榆生住院治疗近二十天。5月，他立《预告诸儿女》（遗嘱），并董理家藏词籍，分别捐赠有关单位。夏承焘1964年4月27日日记载：“得榆生昨片，谓所患乃心肌梗死症，必须时时注意，以防意外。已于廿四日出院，一切以革命乐观精神对治之。示口占一诗云：‘心肌梗死名堪怖，谈笑风生兴转豪。因病得闲殊不恶，喜看红日上花梢。’谓兴会未减，亦伟大时代鼓舞之效也。”10月14日载：“昨得珍怀函，谓榆生甚盼予函。今午发一函，劝临睡阅宋儒书，可以息心安眠，此王驾吾法也。珍怀谓医诊榆生危在旦夕，榆生尚不详知，闻之恻然……甚望医言不可尽信。”1965年4月11日载：“得榆生九日函，谈词学革命化研究计划，谓此一继往开来、推陈出新之伟业，盼以热情毅力不断努力，促其实现。谓已去书弘公，并嘱予向胡建议，内容宜包括散曲，然在乐为曲，在文称词，本属一家，勿为词曲旧有界限所囿。又云近作新词，未能满意，但此为光明大道，为青年作一番辅导工作，成功自有后来人也。”1966年4月6日载：“发榆生片，请其作彊村翁年谱及词笺，并问《明词》及名家评点词肯让与杭大否。”4月

11日载:“得榆生复,彊村年谱廿年来未着笔……榆生望予能为四家合谱。惜阴在新加坡大学去世,其《汇刻明词》全未印,其女有一份暂存榆生处,遗嘱他年归之北京图书馆。榆生近编《金元明词选》,改写《词学概论》。”这大概是夏承焘与龙榆生最后的联系了。同年11月18日,龙榆生因并发心肌梗塞去世,也结束了他与夏承焘长达三十多年的交往。1979年1月16日,中共上海音乐学院委员会对龙榆生错划“右派”的问题予以改正,恢复其名誉。1985年5月4日,夏承焘在为上海书店影印的《词学季刊》题词中表达了对龙榆生的缅怀之情。一年后的1986年5月11日,夏承焘逝世。这一对老友都走进了历史。

综观龙榆生、夏承焘两人三十多年的交往始末,可以看到两人几乎始终都珍视彼此的友情,尽管其间也受到过外在的压力;相较之下,龙榆生更为热情主动,夏承焘更为执着大度。他们的友谊是建立在共同的学术志趣上的。正是他俩的合作和友谊,促成了中国现代词学的建立。夏承焘“不必援国法以衡私情”的处世交友之道,既见其宽以待人、笃于友谊的品德,也显示出其特立行世的性格特点,值得后人研究。

(原刊《瓯风》第二十五集,文汇出版社,2024年)

“击楫词人”李一氓
——墨缘录一则

徐　俊

最早见到李一氓李老书法，是学生时代在采石矶太白楼。“太白”二字大匾，高悬楼内，独得古意，以致误以为是古人的笔墨。未想到几年后我毕业到京工作，就在李老主持的古籍小组，竟有机会常常见到李老。

今年是李老诞辰一百二十周年，四十年前我入职中华书局，在“古籍办”工作，那时候李老已经八十高龄，书局同事大多称他李老，一些人称他氓老。李老主持国家古籍整理出版的八十年代，是新中国古籍整理出版的又一个黄金时代，奠定了中国古籍整理出版事业的格局。这个大题目不能在这篇小文中说清，只能一笔带过。

我是“古籍办”的小字辈，大多数时候是随前辈去北牌坊胡同甲11号陪座恭听，偶尔也去木樨地李老办公室。大多事已经忘却，过手的事稍有些印象，如《中华大藏经》的装帧设计，李老亲自过问，不但自己亲

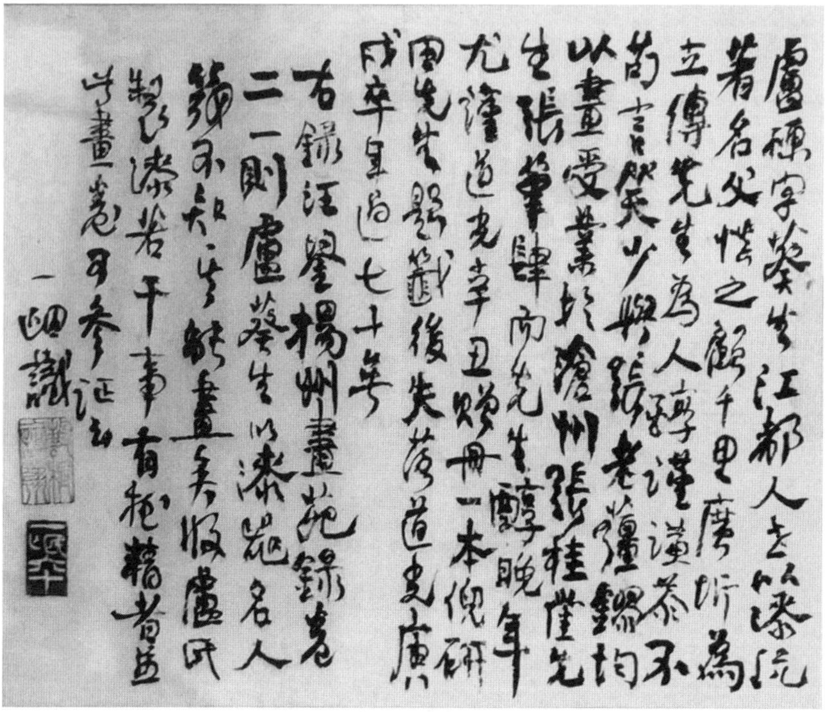

李一氓卢葵生山水手卷原跋手迹

笔题签(内封),还请上海钱君匋先生为封面集字。钱先生不但精研书法,更是装帧老手,书名主体集自汉《史晨碑》,但不都赶巧合适,个别字偏旁集自两字,拼合而浑然天成。除了工作,我也有机会得到李老的新书,比如据他的藏本影印的《避暑山庄三十六景》;也有机会看到李老新写的字,当时觉得新奇的是李老自己藏书的题签。隆福寺一位旧书店老师傅经常背着新装好的书来办公室,李老会选一些收藏的线装旧书请他重装,重装后封面签条都是李老小字题写,书法的精雅和题款位置的讲究,都是我以前从未留意过的。

我当时的工作是协助我的领导沈锡麟先生编辑《古籍整理出版情况简报》，另外就是定期给古籍小组成员捆书寄书和抄抄写写，那一代古籍小组成员定期收到的中华新版古籍，纸封上的地址姓名大多出自我手。1996年去香港中华出差，到跑马地拜访饶宗颐先生，看到熟悉的路牌地名，一阵莫名的惊喜，饶先生和牟润孙先生是在香港的两位古籍小组成员。也替李老抄稿子，李老在《一论古籍和古籍整理》《再论古籍和古籍整理》之后续写的《三论古籍和古籍整理》，就是我抄清后交《文汇报》发表的。李老感兴趣的书，一时没有印本，也让我整本照抄，记得抄过阮大铖、姚梅伯的集子。还抄过一本用《望江南》体写的金元时期的民间卦辞，大概是作为辑补《辽金元词》准备的。

李老富收藏，收藏清代扬州漆器名家卢葵生漆制文房多件，连带收到一帧山水手卷，甚是珍赏。李老撰有《跋卢葵生山水画卷》，刊在《文物》1988年第7期。文末云：

> 我以搜藏卢氏漆器，保有此卷，久欲为之跋尾，俾有所发明，荏苒未果。一九八七年夏避暑北戴河，海风习习，白云悠悠，因书之。

文章发表后，李老拿了手卷和一张老纸，让我按照手卷格式把跋文抄一遍。高度不到巴掌长的手卷，要小字抄写千余字的跋文，我非但字写不好，更没有经验，甚至没有可用的小楷笔，当时犯怵的状态现在想来还很焦虑。勉强写完，在文末补了一个短款：“江中徐俊代抄。”这样让李老文末的“因书之”不至于引起误解。李老又让我们把手卷和新抄的跋文拿到荣宝斋去重装，换上我代抄的长跋。这件手卷李老生前捐给了四川省博物院。手卷有李老原跋，录清汪鋆《扬州画苑录》并附简短识语：

右录汪鋆《扬州画苑录》卷二一则，卢葵生以漆器名，人几不知其能画矣。收卢氏制器若干事，有极精者，并此画卷，可参证云。一氓识。（钤白文"击楫词翰"朱文、"一氓六十"白文二印）

手卷重装后我从琉璃厂拿回来，不知哪里来的勇气，表示要珍藏李老的原跋作为留念，得到李老许可，经锡麟先生手交我，至今悬挂在我的书房。

李老收藏最富的当然是词籍，去年巴蜀书社出版了《李一氓旧藏词集丛刊》第一辑精装63册，洋洋大观。李老收藏中最重要的一部是清彭元瑞知圣道斋抄本宋元词31家16册，原书第16册为原藏家邵伯褧装池时预留的空白素册，封面题"烬余词题识册"。李老自1978年开始请齐燕铭为第一跋，复请中华书局冀勤代为奔走，约请京沪名家题跋，依次为齐燕铭、郭绍虞、潘景郑、顾廷龙、吕贞白、夏承焘、俞平伯、吴世昌、钱锺书、任半塘、启功、程毅中、胡念贻、陈友琴、周振甫、周叔弢、黄裳、刘叶秋等四十家，最后一位题跋的是唐圭璋，皆一时学苑胜流，蔚为大观。

唐圭璋先生题跋是我去南京出差时，随身背着"烬余词题识册"请唐先生题写的。1987年6月某日，我骑自行车从南大南苑到南师大校门对面的北东瓜市，拜访唐圭璋先生，请他题写。第三天我再去唐宅取回。年初看到巴蜀影印本，意外发现，题词册卷首"跋目"二页、卷末冀勤1987年6月16日跋四页、李老1988年元宵跋三页，竟然都是我代抄而印象全无。经电话与冀先生请教，确认是她当时命我所书。蓦然间面对旧我，不自信良久。此书随着李老的全部词籍捐藏四川省图书馆。

在“古籍办”工作期间，受侯镜昶老师之托，请李老为无锡侯家故园题写过“亦园”匾额，这是《词律》编者之一侯文灿归田之所。离开“古籍办”后，我特请锡麟先生帮我向李老求字留念，李老给我写了一首陶诗，上面钤有“己巳”鸟虫篆印，是我的同事振华兄所刻，是1989年，次年李老离世。这是我收藏的第二件李老作品。

李老书法别具一格，出自颜真卿、何绍基一脉，友人玉叩老谓李老书法于近人更近朱孝臧。我看李老书法的妙处，重要的是师古不泥，变化出新，既见传统又饱含性情，深得天真古朴的韵味。我曾在李老看过的《读书》杂志封底看到李老硬笔随手写下的一幅联语：“主人颇有江湖气，坐客能谈山海经。”文词和书法都堪称天真烂漫。写到这里的时候，忽然想起李老晚年所写送裱的大字长卷，《琵琶行》《牡丹亭·游园》……李老在藏书和书法中，常以钤印自道平生，有“击楫词人”“长征战士之一”，也有“故纸堆中”“莺歌燕舞之斋”，他的一生可谓波澜壮阔，但身上有脱不掉的学者情怀、文人雅趣，因此而更加可敬可爱。

琐事难忘，谨以此纪念李老一百二十年诞辰。

（原刊《文汇报》2023年9月15日）

书信中的三位古籍出版前辈

姜小青

日前，上海古籍出版社社长高克勤兄转来李国章先生赠书《双晖轩集》。李先生曾任上古社长近十年，主持编辑出版了包括《续修四库全书》等多项重大出版工程，是我十分尊敬的古籍出版前辈，虽年过八旬，仍关心古籍出版工作，最近一次见到，是2018年国庆前，在复旦大学中文系召开的《陈子展文存》出版座谈会上，茶歇间，李先生一如以往，总不免奖掖几句，令晚辈汗颜。拜读李先生文集，确如高克勤兄序中所言："《双晖轩集》收录作者各类文章数十篇，分为六辑，包括作者回忆师友、同事之作，关于出版工作的回顾与建议，古代诗文研究与名篇评析等，勾勒了作者求学、治学和从事编辑工作的轨迹，展现出作者作为一位业绩突出的专业出版人尽心力于出版而不忘情于学术的一面。"尤以第一、二辑，更体现出李先生作为一位出版家，在古籍出版理论与实践上的探求。第一辑中的两篇文章：《从三套"丛书"到三本

“三百首”——怀念资深出版人金性尧先生》《勇于开拓，奋发有为——记魏同贤先生》，也让我想起，近三十年来，与上海古籍出版社多位前辈、同辈出版人之间交往的点滴，受益良多。这其中，因经手过金性尧（1916—2007）、魏同贤（1930—2015）、曹光甫（1942—2018）先生的著作或文章出版（发表）事宜，更能体会老一辈出版人“尽心力于出版而不忘情于学术的一面”。因笔者对三位先生的编辑、学术成就，没有能力作全面介绍，故本文就事言事，对与三位先生在著作（文章）出版（发表）过程中的往来书信，略加忆述。

一、金性尧先生

最初知道金性尧先生，是我研究生毕业刚到江苏古籍出版社工作的1991年，那年，我们出版社与香港中华书局，联合出版了《小说轩》《诗词坊》两套书（每套10册），以“漫话”方式，评介中国古典小说和诗词某一个问题，形式不拘一格，有别于高头讲章，特别是装帧印制十分精美，小开本，米黄纸。当时中国内地的许多出版社，对图书装帧尚未有足够认识与重视，这套书确实让人耳目一新。我向同事讨得一套《诗词坊》，主编即金性尧先生，这才知道金先生是上海古籍出版社的一位老编辑，也似乎想起，《鲁迅书信集》中提到过金先生。因笔者担任《古典文学知识》杂志的责任编辑，这是一份普及中国古典文学的通俗刊物，故平常比较留意能够把专业知识写出点“味道”的作者，这期间，恰又在《读书》杂志上连续读到金先生的一组文章，如《词流百辈消沉尽》《故人坟树立秋风》《人世几回伤往事》等，对金先生的学识、见闻、阅历和笔力十分钦佩，便冒昧写信到上海古籍出版社，向他约稿，时间大约在1993年上半年，其时金先生已经退休。不想，金先生很快回信，并由此保持了数年通联，直到我离开杂志编辑部。金先生第一封来信是1993年7月30号：

惠教拜诵，猥荷奖勉，且感且愧。我虽然露面于三十年代，但才本碌碌，白首无成，其间尚有二三知音，不弃葑菲，《读书》赵丽雅小姐即其一。

今年五月间，将拙著《明诗三百首》草草结束，交与上海古籍，这以后精神即颇萎颓，终日枯坐，如同木石，亦颇苦闷，儿辈皆劝我封笔，又未能忘情于纸墨。先生盛意，尤所感纫，初步考虑有四题：

（一）嵇康为管蔡翻案；（二）韩碑案；（三）文坛怪杰徐渭；（四）陈子龙，暂拟名，间涉柳如是。

未审尊意以为如何。但考虑性尧自已的健康能否允许作到。所以希望不要列入"预算"内，稿到后再付审取舍，我个人很希望在八月下旬写成功。

贵社历年来出了不少好书，能否惠赐出版目录一份，以便汇款托购。

这年9月，金先生即寄来第一篇文章《嵇康为管蔡翻案》（刊于1994年第1期），其后又陆续寄来三篇文章：《乱世佳人话二乔》（刊于1994年第3期）、《我恨高皇造孽多》（刊于1995年第1期）、《祢衡与鹦鹉赋》（刊于1996年第5期）。信中所提赵丽雅即扬之水先生，如今于考古等诸多研究领域，尤其古代名物研究，著作颇丰，前几年拜读其《〈读书〉十年》一书，甚奇，对她于编辑事务之敬业，敬佩不已。金先生在给我写稿的同时，推荐了赵丽雅先生。这年12月28日，金先生来信：

早就想为贵刊再写篇小文，因年迈多病，又值冬令，故时作时辍，大是苦事。兹附上一稿（按：即《乱世佳人话二乔》）……

北京《读书》编辑赵丽雅女士，先生不妨向她约稿，就说我介绍的。

由金先生介绍，即向赵丽雅先生约稿，蒙赵先生不弃，当然更是金先生的面子，很快寄来由读赵闻礼《阳春白雪》谈“词情”的文章《“小道”世界》，1994年第5期刊出。二十年后在中国社科院文学所见到扬之水先生，她还记得当年约稿一事。后来她又推荐了时任辽宁教育出版社社长俞晓群先生的文章《时运的数理》，从哲学角度讲中国古代“时运”观，因不合《古典文学知识》用稿要求，代转到全国高等院校古籍整理研究工作委员会主办、我们出版社出版的《中国典籍与文化》编辑部，并刊于1996年第4期。俞社长寄来当时影响颇大的《书趣文丛》四辑，洋洋大观，至今仍占书柜一隅。后得知俞社长弃官（辽宁出版集团副总经理）进京，主事海豚出版社，风生水起，由傅杰先生所赐《傅杰文录》，即可见海豚社出版品位，但作为出版同行，至今也无缘一识。

虽然《古典文学知识》是通俗性刊物，发行量也小，但金先生每篇文章都认真对待，一点没有随手应付，同视于《读书》这样的名刊：

惠教诵悉，盛意尤为感激。在刊物编辑中，您是成功的一个，令人亲切，惜彼此尚未把晤……

最近因脑动脉硬化，儿女一再叮嘱我不要写作，要休息，北京的《读书》也和贵刊一样，题目已拟定了，参考书也看了不少。我每写一文，事先总要看许多书，资料力求第一手。先生说如有时间云云，我的时间倒很宽裕，一人独居，又是一个无能的冬烘，所以风头上的人不会来找我，像您这样不势利的编辑是不多的。但因衰疲之故，力不从心，但我一定把贵刊稿子放在心里。（1994年8月22日）

又于1994年8月9日来信写道："拟为贵刊写建文逊国或方孝孺死难，于南京刊物或更合适。"明建文帝朱允炆、翰林学士方孝孺两人都事发于南京，所谓"靖难之役"后，一人生死不明，成悬案；一人成惨案。可见金先生对我们这份小刊物写作是颇费心思的。即便在他编辑自己文集时，也没忘给我们写稿：

兹寄奉文一篇（按：即《我恨高皇造孽多》），乞斧正。近日因另编一文集，本无暇晷，但一因先生厚谊，二因有约在先，故特写就。此文如能在明年一月份见刊，最好，否则，请将校样（毛样亦无关）给我一份，以便入集。贵刊销路较少，故稿费亦较薄，因先生之故，亦不多说了。（1994年10月26日）

与金先生通信几年中，除了约稿，就是帮他买过几次书，还算让他满意。

八月二日惠教收诵。今日又向邮局取回《清诗纪事》四包二十二册。酷暑中承劳神妥购，种种感谢，亦非寸纸所能尽达。秋凉时因公至沪，务祈驾临舍下一晤。我一人独居，又非名流，故亦颇少人过谈，藏书对我亦如壮夫之打桥牌，能摩挲时日已无几矣。精力稍佳，定当为贵刊撰文，以报厚谊。编辑中善能处理作者关系的，先生亦其一，特别是对我这样的老头。（1994年8月9日）

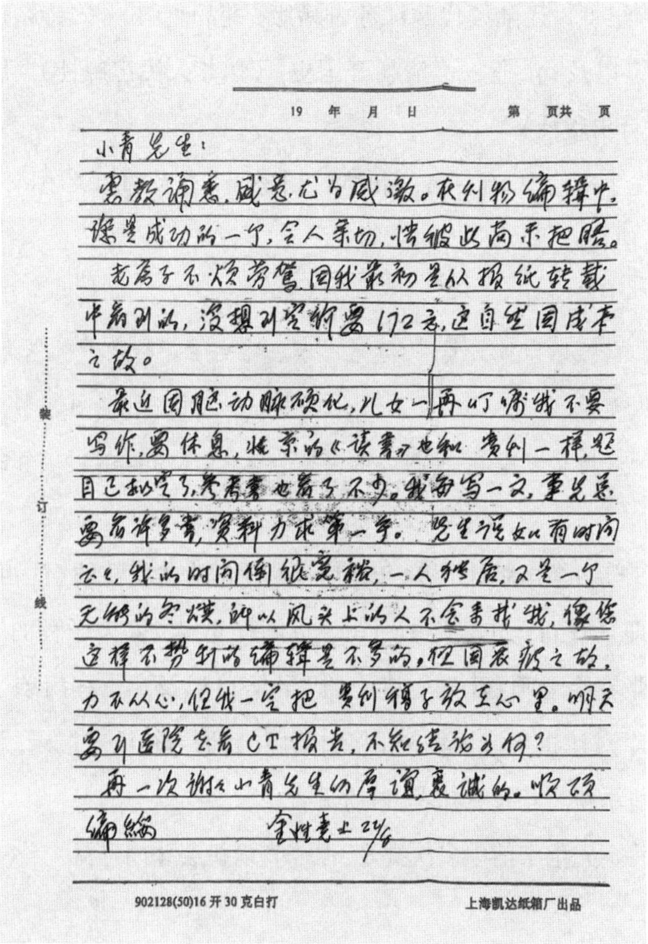

19　年　月　日　　　第　页共　页

小青先生：

蒙教诲意，盛意尤为感激。在刊物编辑中，您是成功的一个，令人亲切，惜彼此尚未把晤。

老房子不烦劳驾，因我最初是从报纸转载中看到的，没想到它竟要172元，这自然因成本之故。

最近因脑动脉硬化，儿女一再叮嘱我不要写作，要休息，北京的《读书》也和贵刊一样，题目已拟定了，参考书也看了不少。我每写一文，事先总要看许多书，资料力求第一手。先生说如有时间云云，我的时间倒很宽裕，一人独居，又是一个无聊的冷摊，所以风头上的人不会来找我，像您这样不势利的编辑是不多的，但因衰疾之故，力不从心，但我一定把贵刊精神放在心里。明天要到医院去看CT报告，不知结论如何？

再一次谢谢小青先生的厚谊衷诚的。顺颂

编绥

金性尧上 22/6

902128(50)16开30克白打　　上海凯达纸箱厂出品

金性尧先生致作者信

除《清诗纪事》,还陆续代购江苏古籍版《楚辞直解》《宋诗精选》《丹午笔记》,以及《洪业——清朝开国史》(江苏人民出版社)、《唐诗史》(江苏教育出版社)。

金先生来信中,有一事,因时隔二十多年,谈及的相关题诗,已无一点印象,信言:

> 前接所印拙文复件,颇感厚谊。昨由古籍转来千帆先生惠赠其夫人遗著,特题一诗,我因不详其地址。该书又由贵社出版,故恳将我的题诗转与程翁,并将我的寓址告诉他。(1994年12月3日)

此系指江苏古籍出版社1994年出版由程千帆先生笺注的《沈祖棻诗词集》,信即是收到程先生赠书所写。近问程先生的女公子程丽则老师、外孙女张春晓老师(沈先生诗中的“早早”)以及几位程门弟子,均未见过此诗。《沈祖棻诗词集》即将出新版,后悔当初没有过录,否则,或可于书前添新。若有见知者,诚盼见告。

虽然金先生来信中多次提及,但一直没机会登门拜见。

二、魏同贤先生

与魏同贤先生通信是2004年以后的事,缘于经手他的三部书,即冯梦龙“三言”简体字版、《冯梦龙全集》新版以及《凌濛初全集》。

虽说之前见过魏先生,但他并不认识我。从母校老师处得知,魏先生1953年山东大学中文系毕业,高攀一下,算是校友。魏先生1988年任上海古籍出版社社长,因与我们江苏古籍出版社首任社长高纪言先生交好,交往频繁,尤其二十世纪八十年代末,他们与巴蜀书社社长段文桂先生三人策划近八亿字的《中华大典》，拟按照现代学科分类，用中国历代汉文古籍，编纂一部超大型工具类书，共计24个分典，被称为“是我国建国以来最大的一项文化出版工程”，得到当时多位中央领导批示（见《中华大典》前言），在出版届“名噪一时”。据悉，经过三十年，2018年，这部大型类书编纂大功告成。第一次与魏同贤先生联系，是在2004年上半年，其时江苏古籍出版社刚刚更名为凤凰出版社，人员从近六十人锐减至十八人，笔者被要求主其事，一时无所适从，选题方面更是“无米下锅”，只好“新瓶旧酒”，对出版社原有一些销路比较好的图书稍作改造，其中就列了冯梦龙的“三言”以及《冯梦龙全集》，两书分别由魏同贤先生点校和主编。2004年上半年给魏先生去信谈了想法，不久即收到回信，表示了肯定和支持：

惠函已拜悉。贵社拟将“三言”改出横排简体字本，实在是一件好事，是为新一代的年轻读者考虑的。既蒙垂青，将为标点的“三言”入选，很为感谢！

我希望能寄给我一套“三言”的话本大系本，翻翻有无要改动处；另外，请将新写前言的要求见示。不知时间上怎么安排？

弟与江苏古籍社诸同志友谊有年，不会计较报酬高低，虽然您提的标准低于上海古籍社的现行标准。我也深知古籍出书之困境，能将书印出来就很不错了。（2004年6月13日）

信中所言“话本大系本”，即江苏古籍出版社1990年至1994年陆续出版的《中国话本大系》，共计20册，收录近四十多部话本小说，影响甚大，其中冯梦龙的“三言”（《喻世明言》用初刻名《古今小说》，改简体字本时用“喻”名）即由魏先生点校。当时，出版社经济比较困难，魏先生对我提出的每千字8元的稿酬并不在意，不但为简体版重写了前言，订正了错误，还提出了建议：

> 数日前奉上一函并“三言”前言，谅已达览。当时慌乱，尚有两事未能奉闻，一是“三言”原有插图，虽不甚清晰，然于读者亦增趣味。此次重印，可否增补上去？二是弟有一选题：凌濛初集，早年已立项，稿亦已完成，只是由于一些个人原因，迟迟没有交稿，而且近期考虑，原定之出版社未必恰当，故想向您一询：贵社对此是否感兴趣？如有兴趣，再细叙。（2004年11月5日）

因为魏同贤等先生支持，简体字版“三言”“二刻”很快在2005年1月出版，暂时解决出版社更名后新书出版不足的困难，故随即又征得魏先生同意，再版其主编的《冯梦龙全集》。《冯集》原1993年出版，当时是铅排，采用单册书号，每册一个定价，合计22册。2007年再版时，决定以一个书号一个定价的套书形式，但碰到一个问题，是否需要修订，如果修订，质量会提高，但需重新排版，编校工作量大，势必出版周期长，达不到当时“尽快出书”的目的，故决定采用影印方式，仅在编次上略作调整，将原22册合并成18册，其原有错漏因技术原因，并未改动，这也是当时救急而没有办法的办法。这一点得到了主编魏同贤先生理解。正是由上述两书出版，又引出了《凌濛初全集》出版。

晚明文坛，冯、凌独具特点，除创作外，更有大量编选、编辑、编刻各类作品，用今天的话定义，他们既是学者，又是出版家。尤其他们的白话小说集，并称“三言二拍”（冯：《喻世明言》《警世通言》《醒世恒言》，凌：《初刻拍案惊奇》《二刻拍案惊奇》）。故《冯集》出版后，《凌集》出版也非常有意义。魏先生在几次通信中都提到《凌集》出版事宜，2005

年8月2日来信又问道：

> 数月前，曾有一函奉上，询及贵社对《凌濛初集》有无兴趣事，未蒙赐复，特再函询。

只因出版社刚刚更名，许多事情尚不明了，不敢贸然答复。时至2007年底或2008年初，赴京参加《中华大典》工作会，这才第一次与魏同贤先生当面交谈，他再次提到希望能够出版《凌濛初全集》。记得当时笔者提出两个问题，一是凌氏著作较冯氏，编选类的更多，内容更复杂，是否收录，如何编排；二是更名后的出版社虽初上"正途"，但各方面困难不少，如果接受这个选题，希望他找人推荐，争取列入国家规划项目，以便后期申请出版经费。魏先生表示回去后考虑，并于2008年3月5日来信详谈：

> 北京畅叙，钦佩难忘。返沪后即收到所赠新版《冯梦龙全集》一箱共计十八册，十分感谢！
>
> 关于凌濛初集，弟于辑集冯集时即已着手调查考索，曾经得到多位友人的有力支持，并曾承教委古委会安平秋等诸先生的援手，慨允立项，并给予过三万元的底本使用费。所有这些，回忆起来都是令人感铭不忘的。
>
> 该项目原与华东师大出版社洪本健先生联系，承他同好，愿意作为重点书稿安排，签订过协议，安排过责任（按：应为"编"）。可是由于人员交替，新社长于此似乎不太留意，弟亦不愿强人所难，只是静候通知，这样，转瞬之间就是将近十年。如今，弟已近八旬，不容继续迟疑，否则，既无以面对诸友朋，亦无偿于多年来的私愿，

其遗憾是语言所无法表达的。现在既蒙您对此亦有兴趣，弟深感幸遇同好、同知之快，亦为曾并峙于晚明文坛的冯、凌二氏而庆幸。

经过多年多方访查，凌氏著述多达四十余种，内容涉及文学、史学以及佛经，而文学中尤以二刻和杂剧为著，只是由于向无全集，佚失颇多，即使在清代编修四库全书时尚存的诗集《国门集》《国门乙集》，如今也已下落不明，这就不免给治凌学的先生造成遗憾。为了免除历史的重复，实在是有及早辑集的必要，弟想这大概不属老王卖瓜。

现今能够找到的凌氏著述有三十多种（书目另附），均已邀请多位学者标点，尚需撰写前言。只是分卷时碰到了困难。凌氏著述有别于冯氏者，是凌氏又是刻书家，他在创作、改写、选录、评点的同时，还有选择地选刻了一些著作，这自然也反映了他的文学观点与志趣，还附加了他的序、跋文字和凡例、识语，但这些毕竟不同于他本人的著述。因而，如何编排，便费斟酌。起初，拟不分著述情况，凡经手之作，均以类相从，总括为十册（卷），第十册则系《冯氏宗谱》（**按：应为“凌氏”**）的选录。后来想想，这可能让人感到有些混杂，且历来别集绝无此先例，易遭人非议。因而又有将其著述分为两类，一为著述编，一为编刻编，合之仍为全书。但这一来又产生了新的困难，在其刻编的作品中，往往夹有凌氏的序、跋、评、批，对此又如何处理？因而又费考虑。以上是编凌集的难点，还请能予指谜。

（下列凌濛初著述目录，略）

后听取了学术界意见，并考虑到凌氏的出版家身份，其文集除了本人著述，编刻类是一大特色，应该编入集中，《全集》的编次也应依此为原则。由此，我们双方达成共识，出版一部能够全面反映凌濛初学术思想和成就的文集。最初还想到分内外编的体例，即内编录凌氏著述，外编录编、选、刻一类。魏先生后来在前言中特别说道："凌氏固然同其他古代作家一样，是以著作成家的，他有诗文、戏曲小说，可同时也有大量改编、选编的作品，更有大量评点、辑评其他作家的著作，因此，文集的收录范围便也成了一个难题。不过，考虑到凌氏编辑出版家的特点，如果仅收录其著作而舍弃其改编、选编、评点、辑评等作品，则不能反映凌氏的文学活动全貌，也不能反映凌氏其人。因为，凌氏的生活、志趣、才识往往寄寓于其中。于是，在听取多位友人的意见之后，决定予以收录。" 2008年3月25日又来信：

> 三月十二日大函已捧读，很感谢您和贵社同仁的盛情！
>
> 凌集各种由十多位先生标点，早已完成，现在要做的工作是：(1)复核一下标点情况，(2)按照著述、编刻两编的原则重新分册，(3)撰写一篇总前言。由于目前手头还有点杂事，大概今年年末可以一次交稿。
>
> 关于专家推荐，已请袁世硕君撰写，并已通过电话，写去了情况介绍。还想请章培恒君撰写，但他近来身体欠佳，尚未联系。

书稿推荐意见，后因章培恒先生身体原因，改由袁世硕和孙逊先生撰写：

> 关于凌集的推荐，弟请母校袁世硕教授和上海师大孙逊教授声援，缘于他们二位均为当代治古典文学特别是治古代戏曲小说的名家，以他们在学界的声望，所言当会取信于出版界同仁和相关

领导。在弟个人来说，也是借重于二位学者了。

推荐函两纸附呈，格式颇不一致，内容也各言其是，不知是否合用。如有问题，请烦示知。

全稿拟再过一遍，约定年底交呈。（2008年9月24日）

袁、孙两位先生的推荐，虽“各言其是”，但都认为，“长期以来，学界多关注其创作方面，而比较忽略其刊刻整理方面；创作方面又多关注以‘两拍’为代表的小说创作，而比较忽略其他方面”（孙逊推荐语），这样造成的结果“是对其小说、戏曲创作也难以深究，因为小说、戏曲创作也与其对传统文学的理解、诠释有内在的联系”，同时“妨碍了对冯梦龙、凌濛初为代表的晚明文化风尚的内涵、历史意义的研讨”（袁世硕推荐语）。经专家评审，《凌濛初全集》入选国家“十一五重点图书出版规划项目”，并获全国古籍整理出版规划领导小组出版资助。书于2010年底出版，共计10册650余万字。一家地方古籍出版社，出版了中国古代两位可称编辑出版家的全集，也是中国出版史上的佳话。

《凌濛初全集》出版，对于魏先生而言，了却了一桩多年的学术心愿；但对我来说，更看到了一位“身兼学者、编辑、出版家于一身”的前辈，在“尽心出版”与“不忘学术”两个方面的执着。

三、曹光甫先生

2009年，凤凰出版社出版了由曹光甫校点的《赵翼全集》，并于2010年获第二届中国政府出版奖提名奖。赵翼是清中期享有盛名的文学、史学家，诗与袁枚、蒋士铨并称，史与钱大昕、王鸣盛齐名。2018年，我们出版社拟推出江苏省重大文化工程《江苏文库》首批图书，收录历史上江苏籍学人重要著作，其中包括赵翼《廿二史札记》《陔余丛考》，故电话联系曹光甫先生，希望在《全集》的基础上稍加订正，以便收入《文库》。不想曹先生已因病去世，这是我们所始料不及的，因事先不知，出版社竟没能对其家属表示慰问。

江苏古籍出版社自二十世纪八十年代中期成立伊始，就着手江苏学人文集的整理与出版，有《金圣叹全集》《李审言文集》等出版，1999年，在时任社长薛正兴先生支持下，笔者开始《赵翼全集》出版的组织工作，首先是物色整理者。在此之前，赵翼著作系统整理出版并不多，主要有《赵翼诗编年全集》（天津古籍出版社，1996年，华夫主编）、《瓯北集》（上海古籍出版社，1997年，李学颖、曹光甫校点）、《廿二史札记校证》（中华书局，1984年，王树民校证）等。笔者建议由李学颖、曹光甫先生承担，并由此与曹先生保持了四年的通信。1999年9月16日曹先生来了第一封信，对出版社的建议进行了回复：

关于《赵翼全集》的校点，我愿意承担。有利条件是有乾隆、嘉庆间的《瓯北全集》作底本，也曾校点过《瓯北集》，为之独立撰写了“前言”，因此对赵翼其人其书也比较地熟悉。不利条件是赵翼涉猎既广且深，而其书部帙浩大，据粗略统计其全集当有176卷，估计在二百万字左右，校点的难度相当大。而本人基本上只能利用业余时间耕耙，所以在时间上也比较吃紧。好在只要贵社有能力接受此书出版，我也有信心积极投入完成此项任务。来信情况已全部转告李学颖先生，她因年事已高（70岁），且手头有两部大稿要完成，即《杨诚斋全集》的笺注及《陈维崧全集》（代人完成），都在百万字以上，且需大量耗费时间精力，因此她表示不再参与《瓯北全集》的校点，但表示愿积极支持和帮助我搞好此书。

从事此项工作，目前亟需解决的问题是：

一、底本的复印问题。

由于是“乾隆兼嘉庆”本，底本比较珍贵，不能原书提供，只能提供复印。贵社可派员来我处取走原书，同时清点册数、卷数、页数，检查有无损坏，记录在案，而后带回贵社复印。结束后将原书及复印件一并交我。原书可以拆线摊开复印，以保证复印件的质量与清晰度。但拆后的书仍要按旧貌装订成册。

二、校点方法。

是繁体直排，抑简体横排？要不要加专名线？

我的倾向是繁体直排，且加专名线。贵社意下如何？请告。

……

三、校点报酬。

希望贵社按现行标准，给一个初步框架。如果双方都能接受，则易于签订合同。言不及义固非，言不及利亦伪。此事望能斟酌。

四、交稿最后期限及最终出版日期。我已仔细酝酿，深感平均每天校点二三千字已非容易，所以不想仓促率尔从事。至少需要壹年半时间，也即从二〇〇〇年一月算起，至二〇〇一年六月交稿，最迟不超过二〇〇一年九月（之所以从二〇〇〇年一月算起，因手头任务拟在年内完成，明年起不再接受他稿，专心从事《赵翼全集》）。而贵社用一年时间审稿发稿，再用一年时间出版，即二〇〇三年应该能出书。当然，前提是保证书稿质量。另一前提是，在校点期间我的身体机器能正常运转。人生难测，由于无法预见的体质方面原因，我的撰稿计划也应相应或推迟，或取消。人无远虑，必有近忧。或是杞人忧天，但也不可不忧也。

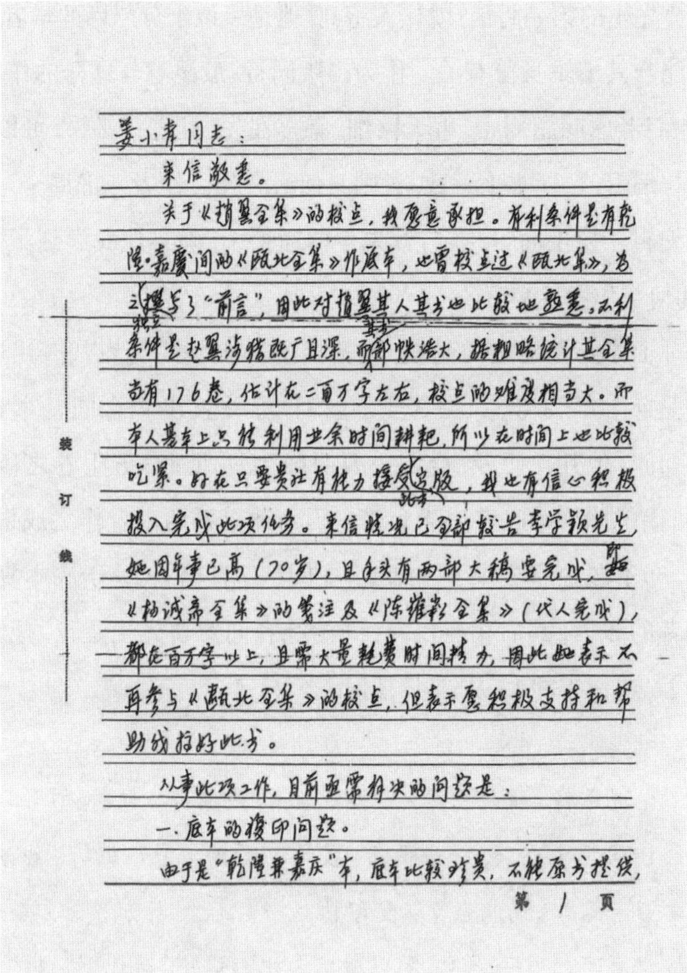

姜小青同志：

来信敬悉。

关于《赵翼全集》的校点，我愿意承担。有利条件是有乾隆·嘉庆间的《瓯北全集》作底本，也曾校点过《瓯北集》，为之撰写了"前言"，因此对赵翼其人其书也比较地熟悉。不利条件是赵翼涉猎既广且深，其书部帙浩大，据粗略统计其全集当有176卷，估计在二百万字左右，校点的难度相当大。而本人基本上只能利用业余时间耕耘，所以在时间上也比较吃紧。好在只要贵社有能力接受出版，我也有信心积极投入完成此项任务。来信情况已面告李学颖先生，她因年事已高（70岁），且手头有两部大稿要完成，即《杨诚斋全集》的笺注及《陈维崧全集》（代人完成），都在百万字以上，且需大量耗费时间精力，因此她表示不再参与《瓯北全集》的校点，但表示愿积极支持和帮助我搞好此书。

从事此项工作，目前亟需解决的问题是：

一、底本的复印问题。

由于是"乾隆兼嘉庆"本，底本比较珍贵，不能原书借贷，

第 1 页

曹光甫致作者信（部分）

曹先生的第一封信，就让人感到，他是一位十分严谨的学者，我想，这可能与其编辑身份有关。作为出版同行，最愿意与这样的作者打交道，他们考虑问题周密，事无巨细，有言在先，且言行必果，可以信赖。作者与编辑，目标本来一致，否则又何必合作。作者考虑周全，其实就是帮编辑。换位而言，在与曹先生的通信中，确实让我学到了作为编辑，如何与作者打交道。

对于曹先生提出的问题，包括稿酬、样书等，笔者代表出版社分别于是年10月8号、11月3号予以回复，并就出版合同基本达成一致。期间，他几次提及，合同中要明确"《瓯北集》五十卷之稿酬，将来望能单独结算，此点望能允诺。因为此稿系两人合作之成果，不敢掠美，亦不敢独享成果"（1999年11月27日信）。关于底本复印，由于笔者的原因，其后稍有反复，开始笔者同意曹先生建议，他也着手准备了，这一年的11月27日来信：

> 现已将《瓯北全集》三拾伍册书，逐册清点卷数、页数毕，并均已详明记录在案，一式两份，届时供复核。另已拟订"约法三章"之《借底本〈瓯北全集〉复印协议书》，以便双方签署，信守协议，按章办事。君子之交，固以诚信为本，然法治时代，协议亦必不可少。倘易地而处，人心亦同，望勿见怪……
>
> 万事俱备，只欠东风。待贵社派员来沪，签署正式有效协议书后，《瓯北全集》（或称《赵翼全集》）的校点工作即可正式启动。

后笔者考虑，依曹先生想法，底本往来、拆装，不太方便，当然更怕在某个环节出现差错，以曹先生的细致，届时一定有口难辩。如今说来惭愧，当时怕担责任，反而给曹先生提了一个难题，提出由我们出版

社出钱,让他自己复印。九十年代,复印不像现今方便,何况是一部古籍刻本:

> 关于底本。原打算让贵社派员来去取底本复印,为此我已逐册清点记录,一式两份。现在看来,贵社已另择他途,即由我操作。很麻烦……

曹先生在信中说,他咨询了上海古籍出版社复印室,一是出版社正在复印《续修四库全书》底本,任务很重,根本不可能复印个人的东西,二是即便可以,拆装、清点十分困难,

> ……我很犯难。后来我考虑,这本家藏乾隆、嘉庆时的刻本,用得其所,也就不再一定要保存了。我的打算是以复印价,即1500元出售给贵社(按:曹先生了解,当时上海复印价一页六毛钱,量大最少也要五毛一页。全书总计2955页),径以此作底本省得许多麻烦,我也可立即操作……(2000年3月15日来信)

且不言这部刊于赵翼生前的嘉庆十七年(1812年)湛贻堂原刊本在当时的价格,就曹先生"用得其所"一句,便足见他"不忘情于学术的一面",在他那里,学术是天下公器。当然,"专业出版人尽心力于出版"是本职,曹先生也是如此,为《续修四库全书》编辑工作,他推迟了《赵翼全集》整理工作。《全集》出版协议签订于2000年8月,距笔者邀请曹先生承担整理工作几近一年,其中除了包括底本如何处理等问题需双方商量,则与曹先生尽心于编辑本职工作有关:

……那封装有合同的信是二月十八日收到的，屈指算来，已将满月，拖拉延迟，实不像话，深深致歉……此事一直铭记心头，只是由于《续修四库全书》子部发稿工作未能按时完成，日夜加班加点，对贵社的事脑中虽早已酝酿许久，待到想执笔一抒管见，早已筋疲力尽，故此拖延。望见谅。至今日下午，方将鄙人所任部分三百五十余种书稿，四大类别，组装成五十七册书的子部书稿杀青，善后工作尚未有涯矣，且偷闲复信说。编辑工作忙忙碌碌，亦是本职，不能不尽绵薄也。想君当有同感……（2000年3月15日来信）

作为同行，深知处理好编辑本职与学术研究关系之不易。根据双方商定，《全集》拟完稿于2002年底，而实际完成校点初稿（还不包括前言等）已是2003年底，“虽然还有若干暂时无法弥补的缺憾，如体例未完全统一，少量专名线漏标……目前，全稿总算已校点完毕，鄙稿将在近日陆续搬至社里，盼您能告知我取稿日期，以便在社里恭候”（2003年10月28日来信），其中原因，一是曹先生治学严谨，不因业余做研究而放松要求，二是对编辑本职工作认真：

因为手头没有用以校勘的光绪寿考堂《瓯北全集》本，也暂无法购得或借得该本（已向上海古籍书店查询，无此版本，朋友也无此藏本），所以下阶段工作将去上海图书馆进行200多万字的校勘，并在此基础上整理出校勘记。由于字数较多，也由于家与上图间路隔途远，所以困难不少。但这是无可奈何而必需迈过的一道门坎，将耗时不少。据我从前校点《瓯北诗集》（五十三卷）的经验，光绪本与乾隆、嘉庆本版式完全相同，异文很少，但毕竟有异

文，所以还是有必要校勘一番，以提高出书质量。（2002年11月8日来信）

光统一异体字一项，仅《瓯北集》五十三卷，我就先后从头至尾反复了四遍，总算将我以为当统一的异体字全统一了（也许，百密一疏，仍有少量漏捡的，将仰仗贵社审稿诸君）。其他因标专名线及文字正讹问题，大量核捡工作不胜其难，但责任攸关，我总尽量严谨，主观上尽力改少差错……（2003年6月10日）

2002年，曹先生到了退休年龄，本计划可专心《全集》之整理，但出版社仍希望返聘留社担任三审工作，“人情之盛，很难寡情断然决舍，因此很沉重的三审工作落在肩上，白天审稿非常紧张繁忙，不能不耗费了我大量时间和精力……我不会玩忽职守，也不会玩忽任何文稿”。所以《全集》整理进度受到一定影响，他在多次来信中对延迟交稿表示歉意，但同时表示，“不会因赶进度而草率了事，尽量将拙稿整理得严谨一些，以对得起贵社厚爱，对得起自己，对得起读者……退休暂时无望，我只能更加努力更加艰苦地去完成我尚未全部完成的校点任务了”（2002年11月8日）。值得一提的是，曹先生每次来信希望延迟交稿，都遵守合同中“甲方不能按时交稿，应在交稿期限届满前六十日通知乙方，双方另行约定交稿日期”的约定，既严谨守诚，又尊重合作者。正因如此，《全集》从编辑出版到十年后再续版权，我们双方合作非常愉快，而且书出版后得到了学术界和出版界的认可，荣获第二届中国政府出版奖提名奖。我想，这与曹先生治学严谨、做事认真、待人坦诚分不开。

当然也有点遗憾，即2003年7月，笔者因主事更名后的出版社，杂务缠身，没有精力再担任《赵翼全集》责编工作，失去了继续向曹先生请教的机会，《全集》交由同事卞惠兴兄负责并担任责编，他的工作，曹先生在前言中有充分肯定，此不赘述。《全集》于2009年出版，其中的《廿二史札记》于2008年上半年先单行出版。《全集》出版后，曹先生特意让卞惠兴兄给我转来一套签名本，以不忘四年间书信中的友谊，虽然我们一直未能谋面。

因李国章先生的一本书，高克勤兄的一句话，引出了几段旧事回忆，但更想说的是，古籍出版社编辑，为他人作嫁衣是本职，大多默默无闻，并不为他人所知，他们的学术研究条件较之高校、科研机构专职人员，有许多不足，但他们对学术事业热爱是发自内心的，他们中的许多人，如果专门从事学术研究，成就或不可估量。这也是笔者写这篇小文的初衷。

（原刊《中华读书报》2019年5月1日）

安作璋先生和齐鲁书社

宫晓卫

2019年2月21日早晨，我收到齐鲁书社副总编辑刘玉林通过微信发来的安作璋先生于2月20日晚辞世的消息。虽然安先生是以九十三岁高龄驾鹤西去，此消息于我仍然感到十分震惊。因为在我的印象里，安先生是增寿不见老的典型。从我认识他起的二十几年里，无论是见面还是通电话，他总是情绪饱满、精神爽朗、声音高亢、思维清晰，时光在他身上似乎是停滞的，让你完全忽略了他已是一位年逾古稀、已入耄耋之年的老人。2015年，我卸下了齐鲁书社社长的任职，没有再因工作的事去请教、打扰他。记得在我离任前我们还就“山左名贤遗书”通过电话，他的声音依然如旧。不意几年不见，已成永隔。而他的音容笑貌，在我脑海里也就定格在了2015年之前，留下了永远的记忆。

安先生的离去，对学术界是一重大损失，对齐鲁书社而言更是失去了一位一直关心、支持、呵护我们的重要作者、良师益友。我手头正在草拟齐鲁书社建社四十周年大事记，其中一项是对我社建社以来所出图书的简略回顾。回想安先生与齐鲁书社的关系，首先想到的是他在齐鲁书社出版的一批学术成果。大略梳理一下相关的图书和选题，约有《两汉与西域关系史》，此为1979年齐鲁书社建社当年出书之一，系作者1959年著作的修订增补本；有由安先生和我社老编辑苏昭民先生共同申报省古籍整理项目，在我社建社之初即列入重点选题并陆续出版的“山左名贤遗书”；有在二十世纪八九十年代出版的《刘邦评传》《秦汉官制史稿》《简明中国历代官制词典》；有进入二十一世纪出版的《郝懿行集》《济南通史》、修订版《秦汉官制史稿》，以及2003年我们约请他主编的地方教材《齐鲁文化》；还有我们协商重启并列入国家2011—2020十年古籍整理出版规划的“山左名贤遗书”。因这些书稿和选题，安先生与齐鲁书社之间作者和出版社的关系持续了数十年。我想，仅从安先生在齐鲁书社出版的学术成果，当已能够窥见他在史学研究方面学术成就之大概。如《秦汉官制史稿》，是为学界公认的安先生史学研究代表作；《郝懿行集》的整理，则是安先生从事古籍整理的扛鼎之举；《济南通史》是其地域史研究的力著；《简明历代官制词典》则反映了他对历史概念的严谨、精准把握，安先生曾送我一册他编著的《论语辞典》，亦见他对此类著述方式的涉足并非偶然；《刘邦评传》又能看到他将艰深的学术研究通俗化传递的积极尝试。由这些著作，已可以清晰彰显作者在史学研究领域宽宏的视野和娴熟的驾驭能力。

撇开这层作者和出版的密切关系，安先生还是齐鲁书社的顾问，因此，于我们的出版工作又有着点拨和指导者的身份。在二十世纪八十年代初齐鲁书社建社不久，我们曾聘请匡亚明、季羡林、任继愈、启功等三十六位国内著名学者为书社顾问，安作璋先生是其中一位。当年这个高规格的顾问团队，对齐鲁书社作为国内改革开放后第一家成立的地方专业古籍出版社的选题制订、经营运作、品牌树立，起到了至关重要的作用。齐鲁书社建社五周年时能被学界谬奖为“文兴齐鲁、功在学林”“书出齐鲁、文贯古今”，离不开他们的关照、指导和支持。而安先生人在济南，尤为方便我们就近请益，其指导和建议更是直接的。这在我任普通编辑时虽未谋面安先生，却时常在当时的社领导或其他编辑室编辑言谈中听到他的大名，以至于我这个学古代文学的编辑对史学大家“安作璋先生”的名号已是耳熟能详，足可以得到印证。

安作璋先生与齐鲁书社有着如此特殊紧密的关系，而且他与齐鲁书社的很多合作，是我在齐鲁书社社长任上彼此有着直接交流的。于公于私，我都应送安先生最后一程。只是当时我在国外，实在无法赶回，深为遗憾的同时，叮嘱刘玉林，请他们在代表社里参加悼念告别仪式时，务必代我表达哀思，并向安先生亲属转致诚挚的问候。

现在想来，我虽然在二十世纪八十年代中期即到齐鲁书社任编辑，熟知本省著名学者安先生的大名，但安先生的学术领域是史学，因专业隔行的原因，学古代文学专业的我，当编辑时和他没有交集。记得初次近距离见安先生是九十年代初我任齐鲁书社总编室主任时，当时社里搞了一次选题专家论证会，总编室是负责会议安排和专家迎来送往的，记忆里那是我第一次见到安先生，但没有印象深刻的交流。

与安先生的第一次交流是1997年我任齐鲁书社社长之后。1997年初，我被任命为齐鲁书社社长。此时的齐鲁书社正处在一个极度艰难的阶段，债务沉重，资金匮乏，别说正常的生产经营，账面资金连职工的当月工资也不够支付。面对如此窘况，好像一切都需要理顺，内部秩序、选题开拓，与印制厂、与书店、与作者的关系，等等。其中与作者的关系，主要是一些重要作者已交付的古籍整理书稿的积压。这些书稿因规模较大，人力、资金投入较多，而当时社里已无此力量，以致长时间不能按正常程序出版。这类书稿，有袁世硕先生的《王士禛全集》、王绍曾先生的《山左戏曲集成》、朱其铠先生的《谢榛全集》和安作璋先生的《郝懿行集》，等等。《郝懿行集》的整理是作为"山左名贤遗书"的项目之一启动的，其在1992年就列入了山东省出版总社重点图书计划，也是山东省"八五"重点图书规划项目。郝懿行作为山东籍的清代经学大家，其经学研究成就甚高，著述丰厚，然对今人而言，他的著作未免艰涩难懂，因此校点整理难度甚大。安先生带领他的团队做了大量艰苦扎实的工作，出版社也早已安排发稿，并且已看过二次样。但到我任职之前，其编辑出版工作实际上已经暂停。这除了出版社经营困难的原因，还有一个复杂的情况，就是印刷技术发生了变化。

当时，印制厂排版系统已经完成了由铅字排版到激光照排的技术升级。曾专门为齐鲁书社业已铅字排版正在看样的《王士禛全集》《郝懿行集》等繁体竖排重点书而延续保留了两年的繁体字铅字架，已等不及这些书的出版必须要拆除了。如此一来，这些书要继续出版，就得重新排版，这势必带来人力、资金的更大投入。这对于我接手的"烂摊子"，是个一时不能解决的难题。坐在出版社负责人的位置上，尽管前期的责任不在我，但我心中对于这些书稿的长期积压，对其主编是深感歉疚的。因为除了编辑，我也是个古籍整理的参与者，在出版工作之余，从事过不少古籍的点校整理，也是袁世硕先生主编的《王士禛全集》的整理者之一，深知一部书稿完成后整理者对正式出版的期待；换位思考，也能体会一部众人参与的大书，成稿后其主编作为组织者所承受的出版压力。身为出版者，对一部书稿的长久搁置，应该给作者一个交代。况且我很清楚，一个专业古籍出版社品牌形象的树立，离不开优秀的古籍整理书稿的支撑。但当你还在为"隔夜粮"发愁，凡事捉襟见肘，那种明知应为而不能为、心有余而无能为力的感觉，实在是一种无奈的纠结。所以多年后，在我们终于走出困境，我在接受《出版参考》记者采访时，回顾这段经历，曾感慨道“饿着肚子无法举牌子”，这句话也被记者用作采访标题。能发如此感叹，实是事出有因。

应出的书稿不能出，我需要在到任后尽早去拜望几位老先生，给他们个解释。另外自己要去见几位先生，也是存有一点私心，即这些先生都早已是桃李满天下，不乏在省内身居要职的学生，我担心各位先生一旦施展自己的影响对齐鲁书社予以抱怨，无疑会在我所处的重重困境上再加压力，有必要尽快面见他们说明情况，求得他们的谅解，给我一段解决问题的时间。不意我人还没来得及行动，就因省古籍整理的一次会议，和几位老先生都见面了。

1997年5月，在省教育厅召开山东省古籍整理规划领导小组扩大会，讨论山东省古籍整理第九个五年规划。我记得很清楚，因共同参会，是我和安先生以出版者和作者的关系第一次面对面的交流。那次会之所以让我记忆深刻，盖有几个原因。一是这是我第一次作为会议邀请代表参与省古籍整理工作的讨论，当时，得与大部分为前辈的老先生共同商讨本省古籍整理，令人难忘，也没想到我以尚不到四十岁的年龄，竟会从此置身本省古籍整理和古籍专业出版，摸爬滚打，直到退休。二是那次会议虽然参会者仅二十余人，规模不大，但规格高，省政协副主席崔惟林，省政协副主席、省古籍出版规划领导小组组长吴富恒都到会。那次会后，印象里省内古籍整理会再没有被省领导如此关注过。再往后，随着人事变迁，即便是省内有关部门，对古籍整理领导小组及其办公室的概念也几乎没有了。这从山东大学董治安教授去世后的纪念文字中，几无人提及董先生曾任山东省古籍整理规划领导小组办公室主任，及其为山东省古籍整理工作所做的贡献；我在董先生纪念会上发言特别提及此事，但听者无甚反应，均可见山东古籍整理组织工作的日渐衰微。让人唏嘘之余，不免生出对往日省领导理解古籍整理、重视文化传承的怀念。再有就是因袁世硕、王绍曾、安作璋等先生的到会，我与他们分别谈了几部积压书稿的情况。

第一次和安先生交谈，没想到他对齐鲁书社的情况非常了解，他十分理解我的处境，言谈中并没有我曾担心的怪罪。他完全同意我的意见，即先在原样上进一步修改、补充，等时机成熟再行下厂排版以减少排版错误；另外，我们共同努力争取外界的资金支持，以保证本书的早日出版。二十世纪九十年代的古籍整理出版，虽有国家和省里的古籍整理资金扶持，但额度都不大，且省里每年三十万元的古籍整理经费基本只用于整理，难分出版一杯羹。在出版社极度困难的情况下，更需寻求其他支持。安先生的理解和认可，纾解了我心中的担忧。从此，我和安先生就算真正结识了。

回顾往事，我和安先生最初交流的话题主要还是《郝懿行集》，大致都是关于稿子的修订和增补诸事宜。过了两年，稿子可以下厂重排了，这也意味着新投资的开始。安先生告诉我他给省委宣传部长写了封信，主要谈了郝懿行作为清代山东产生的著名经学家，其著作的整理出版价值和意义，建议山东出版总社继续完成“山左名贤遗书”的出版计划，其中首先是《郝懿行集》的出版。闻知此信，我当然从心底感谢安先生的主动作为以减轻我工作压力的盛意，但也担心未必能够如愿。因为既然是请部长让山东出版总社落实此事，而山东出版总社领导班子新调整不久，新领导从外单位来，并不了解出版，恐怕安先生这种专业图书出版的信最终会转到我手上。结果还真是被我“不幸”猜中，部长接信后很重视，很快就按安先生的要求批转给了山东出版总社的新领导，新领导果然又将此信转到我手上，要求我看后给他写个文字报告。我在给总社领导的报告中介绍了山东古籍整理的情况，介绍了安先生信中所说的郝懿行著作的整理出版“是学术界的一件大事，影响深远”，介绍了齐鲁书社的现状，并建议山东出版总社参照其设立其他出版基金的办法，设立“古籍出版基金”，用于解决一些重点古籍整理项目的出版。报告呈上，最后没了下文。依稀记得与总社领导有过多次对话，总的感觉是新领导并不认可将钱投到古籍的整理出版上，他不认为这类书的出版有多大价值。如此，再谋求支持，就十分不易了。一段旧事，由安先生的书稿忆起，信笔而至，置此存念吧！

经过几年的调整和拼搏，齐鲁书社的经营状况得以逐步好转。进入二十一世纪，我们已经可以遵从自己的出版理念正常安排选题的上马、图书的出版了。积压的古籍整理书稿陆续发稿排版，《郝懿行集》也进入了新的排版看样程序。鉴于社里出版规模扩大，发稿量猛增，而编辑人手没有明显增加，特别是能够胜任古籍整理书稿的编辑人手短缺，为保证《郝懿行集》的正常出版，我本人在繁忙的管理工作之余，担任了《郝懿行集》的责任编辑，并邀请社里退休的老编辑协助我共同履行编辑职责。因是责编，我和安先生就又多了一层编辑与作者的关系，也就有了围绕书稿的修订增补、清样的交接退还等事项，彼此见面商谈，或电话联系，乃至有文字书信的往来。而且《郝懿行集》的最后付梓，安先生的确施展了他的影响力，托请省领导联系到郝懿行的家乡，用购书的方式，给了出版社实实在在的经济支持，令人感念不已。

在这里，必须说到的还有安先生对齐鲁书社开发教材的帮助。2003年初，山东省拟上马部分地方教材，其中包含与传统文化相关的内容。这对齐鲁书社而言无疑是个改善选题结构的难得机遇。为保证所编教材的权威性和提高被审查通过的把握，我们希望能由安先生出任新编教材的主编。编教材是个辛苦活，费心费力，却又不是高深的学术成果，而且安先生已年逾古稀，我们的要求实属不情之请。虽然以我们对安先生的了解，以安先生对齐鲁书社的厚爱，他会一如既往地关照支持我们，但还是抱着试一下的心态去问询他的，没想到安先生答应得很痛快。此后，为编教材事，他不顾自己年事已高和腿脚不甚灵便，数次来社里主导编撰方案的讨论。该书后来定名为《齐鲁文化》，于当年完成编撰并顺利通过山东省中小学教材审定委员会审查，列为“山东省地方课程学习指导书”，2004年初正式出版。多年来，我们在探索齐鲁书社的出版路径，即既要树立、维护出版品牌，又要彻底扭转古籍专业出版社经营困难局面的过程中，围绕中华传统文化，逐渐形成了出版选题结构的古籍整理、学术研究、普及读物和助学读物四个板块。《齐鲁文化》就是发挥本社专业优长，在助学读物选题方面的一次成功运作。念及此，就不能忘记安先生当年的鼎力相助。

那些年，除了六卷本的《郝懿行集》，安先生另有修订本《秦汉官制史稿》和六卷本的《济南通史》等重要图书，分别于2007年和2008年我任社长期间在齐鲁书社出版，对书稿的出版安排和出版合同的签订，我们也都有着密切交集。2007年是安先生从事历史研究六十周年暨八十华诞，由我社出版了《安作璋先生史学研究六十周年纪念文集》。2010年，国家古籍办制订古籍整理2011—2020十年规划，安先生数十年关心的“山左名贤遗书”成功在规划中立项，延续着他和齐鲁书社的合作。可以说，从我任齐鲁书社社长之初结识安先生，在我任职社长的十八九年里，我们的联系从未中断过。

当然，在我们的交往中，话题也不仅限于与齐鲁书社相关的事情。即如前面说到的《论语辞典》，安先生知道我和接受该书出版的上海古籍出版社社长王兴康是研究生同学，2002年曾托我向兴康询问书稿的出版安排。该书能于2004年出版，我也算是出过助推之力。私下想来，我和安先生之间，除了出版者和作者的合作关系，是有着良好的私人友谊的。

行笔至此，有一种感觉，即作为出版人，在出版生涯中能得以与安作璋先生这样的作者合作，实为难得之荣幸。就出版社而言，能够得到学问如安先生这般史学大家的高度信任，虽然合作中也有坎坷，但能让他始终不离不弃，不断将自己厚重的学术成果交给我们出版，是我们出版之幸；就编辑而言，他的宽厚平和，博学多识，以及严谨求实的学风和对职业的理解和尊重，是编辑之幸；对我辈后生而言，他通达包容、中正祥和的长者风范，让人如沐春风，是晚辈之幸。所谓学高为师，德高为范，安先生实为师范之楷模。正是出于与安先生多年合作交往中心存景仰敬重，且以能结识安先生而深以为幸，在接到齐鲁书社现任总编辑傅光中来电，告知安先生的亲属、同事拟编一部安先生追思集，仍交由齐鲁书社出版，并嘱我写点纪念文字时，虽然我正因腰疾卧床休养，也不能以此推拒。

安先生给后人留下了丰厚的学术遗产，对其价值和贡献的评价，学界自有公论，毋庸我置喙。但他与齐鲁书社的关系所留下的永久记忆，我是知之较多者；齐鲁书社的职工中与安先生有业务交往的，我是时间较长者。况且我们的交往，都是在我的社长任上。因此，要纪念安先生，我想应该写一下他和齐鲁书社这段交往和合作的历史。安先生与齐鲁书社的合作近四十年，尽管以一个人的了解和记忆来写这段历史难免会有疏漏，不过主体内容想必不会有大的缺失，所以我将这篇文字标题为“安作璋先生与齐鲁书社”，大概还不至于太过唐突。也谨以此文，致敬已在天国的安作璋先生，奉上一个老出版人的深切缅怀和纪念。

（原刊《安作璋先生纪念文集》，齐鲁书社，2020年9月）

雨丝风片座中春

——程毅中先生晚年琐记

徐　俊

一

元月十日程毅中先生要住院做肠梗阻手术,我提前一天得知的消息,第二天在中华书局召开中国版协古籍出版工作委员会班子换届大会,作为退任班子的班长,我不能离会,没能在第一时间去医院看望。后来从有庆兄电话中了解到手术顺利,只是欠体力,不怎么说话。我想九十五岁高龄,术后自然需要慢慢恢复。想到程先生平日里的健康状况,相信他老人家一定能闯过这一关。

春节前,约李岩兄一起去看望程先生。2月1日早上,中华书局肖启明总陪同我们一起去电力医院。到病房,有度兄和护工在。护士打完针,我们进到病床前。有度说,这几天程先生清醒的时候多一点,早上还跟他说过话。但我们进去后,程先生处于谵妄状态,我们喊他只知

李岩、徐俊看望程毅中先生（2020年1月）

道略微睁眼，给他看我写的福卡，也只是略有笑意。程先生半躺着，病号服从前面反穿伸出两个胳膊，高举双手，作打字状，后来又右手捏着左手大拇指，作按动鼠标状，眼睛则直盯着着天花板，若有所思。天花板有灯箱，貌似电脑显示屏。有度说，程先生还想着没有做完的事，说要下载文章和什么目录。护工补充说，程先生常说要写字。

我第一次听说“谵妄”这个医学术语，是一种脑高级功能障碍，表现出意识受损后的妄想和错觉，完全处于自己臆想的状态。我看着他这样高举着手太累，让护工拿一个病床饭桌，上面搁一个靠垫，但是他还是不把胳膊放下，保持着打字的姿势。半个小时后，护工趴在他耳朵边大声说单位领导看您来了，认不认得他们？程先生仿佛一下子醒过神来了。眼神和面部表情都恢复到常态。护工问:“他们是国家图书馆的吧?”程先生肯定地说:“不是,中华书局的。”护工指着李总问他是谁?程先生清楚地说出“李岩”。指着我问,程先生清楚地说出“徐俊”。我再次拿出手写的福卡,有度举到他眼前,程先生清楚地读出“吉祥”“平安”。程先生又指着肖总说了一句不完整的话,你们忙,意思是让大家走。

这是最后一次见到程先生。看程先生处于谵妄状态,我当时就想起那时候到电力医院看傅璇琮先生时的感觉——落叶坠地,逝水东流,不能挽回了,内心无比伤感。但临走看到程先生思维和语言都很清晰,面容也回到平时说话的神态,顿时让我很有信心,相信康复只是时间问题。

二

2020年2月11日下午,程先生发来邮件:

> 徐俊同志:谅全家安好。按合同《月无忘斋文选》应付稿费,请查“文史馆馆员文丛”是否履行?如有可能,请帮我把稿费捐助武汉中心医院一线医护人员,外加红河审稿八千元。另,下月请勿为我作任何祝寿之举,谢谢!程毅中

程先生提出要把稿费和审稿费捐给武汉的医护人员,我马上请编辑室查了稿费支付情况,《月无忘斋文选》稿费30 000元,税后26 640元,已于2018年11月汇入程先生银行账号。程先生表示抱歉,说存折只记十二月累存多少,包括工资、稿费等在内,并表示要取现金捐寄。

第二天又跟我说,《红河文库》的审稿费已收,但他觉得没有充分参与,想退又无法退,决定捐掉。程先生明确表示一定要捐给武汉中心医院的一线医护工作者。

程先生要捐出的这两笔钱实际上都需要从他银行存折里提取,3月4日,在梁彦兄等同事的陪同下,程先生亲自到工商银行,将34 640元捐赠武汉。3月12日,武汉中心医院给程先生发来感谢信,“您通过湖北慈善总会爱心捐赠的三万四千六百四十元整疫情防控善款已全额收到”。这期间程先生电话跟我说,九十岁生日,捐出一点稿费,自己为自己的生日做一点表示,也很快乐。我当时跟同事们感慨:人和人的境界就是不一样!

此前我们曾经想借《程毅中文存三编》出版之机为程先生祝寿,但程先生总表示还有一些文章没有写成,写出来再收摊。也曾设想等编校中的《宣和遗事校注》出版后,在局内开一个年轻编辑座谈会,请程先生跟大家谈谈古籍整理出版,以代祝寿仪式。但程先生跟责编要求,校样改定后他还要再亲自审读一过,另外还有书影待补,因此出书推后。到3月25日九十大寿生日当天,因为新冠肺炎疫情防控,大家不能进入小区到家里表示祝贺,程先生提出来局,在书局院子里,人力资源部按例准备了鲜花和蛋糕,熊国祯先生、柴剑虹先生预先写好了寿联和彩笺。程先生谈笑风生,说疫情之下才理解古人说的“不为良相,便为良医”,良医应该越多越好。说想起以前读过的康有为《大同书》,多是对大同世界的空想,只有最后“医视疾病之乐”一段才是有利生民的。

三

2021年秋,我的《翠微却顾集——中华书局与现代学术文化》编定，曾面请程先生赐序。11月初全书清样改定，送到程先生家，程先生表示很有兴趣先睹为快。只用了一周时间，程先生通读了全稿，校样边上还留下多处铅笔校改字迹，写出了4 000多字的序言。11月8日，程先生发来序言初稿，邮件云：

> 徐俊同志：大著序言，已拟一初稿，送上请提意见。关于《海瑞集》《徐渭集》《文选》和大字本《李太白全集》的项目，如有旧档，想请齐浣心替我核对一下，尊意如何？待我改定后再把校样退回。即祝撰安。程毅中，11月8日晨

邮件显示发出时间：6点10分。

因为《翠微却顾集》所写都是中华书局的书人书事，正是程先生一直看重的内容，所以得到了程先生的高度评价。程先生一直关注书局书稿档案的保存和管理，平时也经常打电话给我，对一段时间流失的书稿档案表示关切。程先生初稿再次提到流失档案的事："我感到遗憾的是，中华书局有一时期的部分档案，竟流失在外了。幸而这位废品收购者比某位出版社当事人还有眼光，把这部分档案送到了拍卖公司，又有识货的人收购了。徐俊又从网络上搜索到了一些残片，稍稍得以补救一点，也算是拾遗补缺了。听说社科院近代史研究所的学者，已经据中华书局的部分档案立项一个大课题了，也是不幸中的大幸。"因为档案流失涉及"文革"中中华书局全员下放咸宁干校，涉及1971年回城后单位的分合，涉及中华书局迁出王府井大灰楼，具体情况至今扑朔迷离，难以说清，因此我建议序言不提此事。程先生回信说：

> 徐俊同志：我尊重你的意见，基本照改了，又改了几处，以此为

准吧。另附旧作一文，供参考。程毅中，11月11日

11月11日，程先生返还我序言改定稿，并用附件发给我一篇旧作《赵玄郎与赵玄朗》，是关于赵匡胤名号的考证。

12月底《翠微却顾集》出样书，28日一早去家里给程先生送书。程先生预先准备好了自己的一册藏书放在沙发边，说送给我留做纪念——1936年中华版向达译《斯坦因西域考古记》，扉页盖有“程毅中曾读书”朱文印章。程先生说这是他保存的父亲的藏书，说学法律的父亲不知道怎么会买这本书，可见那个时候西域考古是个热点。我请程先生题字留念，他说字就不写了，你就原样保存着吧。

四

2022年5月7日晚，傅杰兄微信发来嘉德“笔墨文章里的大家小品”拍卖专场的一页图录，是启功先生写给程毅中先生的“《老学庵笔记》勘误”4页，末页有启先生留言：

毅中先生：兹将《老学庵笔记》中校点之误录出奉上，请阅。如有可采处，再版可修也。弟功敬上，卅日

我当晚发邮件转给程先生，邮件显示发送时间20:08。半个小时后，20:46程先生回复邮件：

徐俊同志：感谢你和傅杰先生的盛意。这封信非常宝贵，可是我毫无印象了……正好近日我也写了一篇再读《老学庵笔记》的

> 笔记，还未发表。那是由《全宋笔记》里的硬伤而引起的……可惜照片字迹不大清楚，要仔细辨认。古史室如有人愿意用以修订史料笔记，我愿合作。最近我的电脑中了病毒，所有笔记、文件都丢了，尚待修复。现在疫情严重，一切停顿了。请多保重。程毅中，5月7日

傅杰兄很快又发来清晰的单张图片，我请历史编辑室录出启先生勘误原文，都一并转给程先生。5月17日，程先生回复我：

> 徐俊同志：启功先生的信已请胡珂整理打成文件，我想发给周杨在《简报》上发表，附上请一阅。学习了《古籍工作的意见》，我斗胆放手写一文……拟对跑马圈地、好大喜功的学风进行质疑……如何措词，尚待斟酌。附上请提意见。顺祝健康！程毅中，5月17日

程先生的文章题为《重读〈老学庵笔记〉》，列举了前人对中华书局1979年版《老学庵笔记》的指误，分析了启先生勘误的价值，并对《老学庵笔记》的两个新整理本标点和校勘进行了举例评价，指出大象版“没能充分借鉴前人今人已有的成果，包括各界读者的反馈，因而达不到后出转精的目标”，指出浙江古籍版“才是现有《老学庵笔记》最好的版本（可惜的是，书中有些繁体字与简体字混了），才是后来居上的新版本了，值得推荐和学习”（后发表于《古籍整理出版情况简报》2022年第7期，题为《关于提升古籍整理出版能力的几点思考》）。

我立即回复程先生，并附上新写的短文《一种过去的“编辑病”》

（刊于《中华读书报》2022年5月18日），短文主要引述新见的吴泽炎、刘叶秋两位商务老人给赵守俨先生的字条，字条所记都是某本中华版图书的标点错误。次日收到程先生来信，对这种过去的“编辑病”谈了自己的认识：

徐俊同志：

三封信都已收悉。所问文题，实为一稿。我的初稿先给周杨作“内参”，不敢发表，古籍工作意见印发后，正好得见启老的信，才改写成文……此稿你认为可以发表，那就稍加修改发周杨了。

感谢你发来的文章，编辑匠的职业病就是爱吹毛求疵。这本是工匠精神的体现，但容易得罪人，自己也会有优越感，以己之长，轻人之短，那就不好了。我近年自知渐明，要换位思考。如吴小如先生批评我们编辑不识草书字，我就不痛快，但他那样的“学术警察”对我们也有好处，觉得看问题要全面客观一些，也要知道自己的“病”。老编辑都有管“闲事”的习惯，吴泽炎先生也常给文学书留言，我往往在样书上改过就把小条扔了，不像守俨先生那样都存入档案，这一点就该向赵先生学习。文学室的样书没有保管好，一搬家就散失了，我也有一部分责任。你的文章是不是在微博上发？以后可以收入文集，传承老一代的传统。

启先生的信，胡珂整理出来了，我转给柴剑虹看，他对原书校了一遍，改了四处；我又对照片校了一遍，又发现几个错处。一封短短的信，三个人校出了三个版本，可见古书校勘之必要和出错之难免。附上最新的版本，请你再看看。闭门焦虑，聊天也是一乐。顺祝健康！

程毅中，5月18日

程先生写过很多古籍整理的勘误札记，正如程先生所言，这本是编辑匠的职业病，这也是中华书局的传统。二十世纪八十年代起，由中华承办的《古籍整理出版情况简报》几乎每期都有各地学者、读者撰写的点校勘误短文，主要针对对象就是中华版新印古籍。中华自己办的小刊《书品》，也一直刊发读者对本版书的纠误批评，后来才扩展到不限于本版书。古籍小组李一氓老甚至亲为题签，由“古籍办”定期从报章选编出版了《古籍点校疑误汇录》六册。程先生历年所撰古籍整理札记，主要见于他的《古籍整理浅谈》，他说：“我的《浅谈》主要是总结正、反两方面的经验……更偏向于反面的例证，所以多数文章是吹毛求疵的。我的信念就是质量第一、读者第一，知错必改、举一反三。”（李小龙《丹铅绚烂焕文章——程毅中编审访谈录》，《文艺研究》2017年第1期）

在2022年元月二日给我的长信中，程先生还说了另一件事：

> 前年我偶尔见到《仪顾堂题跋汇编》的序文，读不懂，就努力为它做些考证。最后写成一文，愿提供同仁们参考。但不想公开发表……最近又稍加修改，先请你提意见，还想以适当方式发表……因为这篇序文很典型地说明了骈文的弊病，代表了晚清文风的歧途。

程先生发来的这篇文章题为《时刻要警惕古籍里的暗礁》，全文6 200字，对古籍中骈文的标点问题进行了深度探讨，文末说：

> 根据我多年来读书和审稿的经验教训，骈文的标点往往最容易出错。这在新印的通俗小说的序跋和赋赞里也常能发现，几乎

已成为一道难关。因此我要再一次提出警告。当然,古籍整理最好要先读懂全文。夏鼐先生曾提出一个设想,整理古籍要先做注释后加标点,这一要求虽然在理论上是正确的,但目前很难实现,我们只能从一部分急需做、值得做注释的书做起。

文末附注了写作时间:2020年12月6日初稿,2021年12月26日改定。

五

从我前面不厌其烦的引述中,大家可以感受到程先生直到晚年仍然抱有非常强烈的学术探究之心和写作的动力,这一点在“躺还是卷”的社会大背景下,实在太难能可贵了。

2023年6月14日晚上,程先生给我发了一封极短的邮件:

徐俊同志:送呈拙稿,请指正。程毅中,6月14日

邮件有一篇附件,题为《〈敦煌讲唱文学写本研究〉读后》,4000多字。《敦煌讲唱文学写本研究》是日本学者荒见泰史先生的著作,2010年在中华书局出版。程先生于敦煌俗文学研究有素,一直关注敦煌学的研究进展,突然对十年前的一本旧书感兴趣并写下长篇读后感,必有新见。程先生指出:

作者从写卷年代先后的变异,推测其情节的累积变异之迹,这和我们整理古籍时重视早期写本是一致的。但荒见先生更关注同

一母题的不同品种，有讲唱文学之外的作品，包括故事素材和受其影响的案头作品。这就扩展了研究的广度，不止于校勘文字的范围了。

又明确指出：

首先要向读者推荐这本书对敦煌讲唱文学的校勘工作一个新的突破，就是从内容的差异来推测其年代的先后，确定其较早的底本，然后再以本校、他校的方法，校勘其文字的优劣和是非。比以前我们先校文字，然后再推测其写作年代及改写年代，的确有不少新的发现。

程先生高度肯定荒见先生在日本旧藏的《众经要集金藏论》里发现的称作某某“缘”的十四种佛经故事“略要”（提要），认为是僧人“说因缘”的底本。发掘了中国人和日本人唱导佛经故事的新资料，是一个比较重要的新发现。文章最后有一条附记：

附记：偶尔发现了一个问题，本书第203页上有一句话，令人莫名其妙：“《众经要集金藏论》是北周释道纪之作的一本佛教文学集……”《金藏论》作者佚名，无从考查，怎么又出了释道纪的作者呢？我从北周的僧人里探索，发觉应该是释道安之误。北周时有个僧人道安，著有《二教论》和《训门人遗诫九章》，前者可说是佛教文学的一篇书录，出自较晚的《广弘明集》卷八，那才是一部佛教文学集。这里不知怎么出了一个很显著的错误，今后此书重印时应当改正。

我认真学习了论文,并就道纪《金藏论》查了一些资料,两天后给程先生回复,附件发给他伍小劼、王惠民等近年刊发的文章。第二天,程先生邮件回复:

徐俊同志:感谢你提示的信息,纠正了我的错误。说明我大大的落伍了。伍氏的文章刊于《文献》今年1期,也没看到,教训是必须随时搜索网上的有关信息。荒见的书写于2007年,出版于2010年,他没有考证作者,又一再说作于9、10世纪。我虽怀疑,不知十几年来,已有许多人作了补正。我今年才看到他的书,所以对道纪那句话感到奇怪。我从中得知说因缘的底本,都取自某某经的"略要",是一大收获。敦煌写卷有因缘一类,也可以证实。荒见对《金藏论》的发现是很大的贡献。再次表示感谢。希多保重。程毅中,6月17日

直到9月10日,程先生还在考量此事,又发来邮件:

徐俊同志:感谢你的关心。荒见的书,出于2010年,我到去年才看,真是太落伍了。王惠民的文章,知网出于敦煌研究院,不知是否《敦煌研究》?似始发于20年,很早很全面,想责编也看到了……只是书中203页那一条,非常奇怪。附上一条,请替我转告她,因我没有她的邮箱。现在你是敦煌学的专家,请多指教。程毅中,9月10日

程先生要我转给本书责编,旨在重印改正,可见程先生的责任感。程先生在文中还提到了道教变文:

“说因缘”成为一种伎艺，比变文流传更久，在南宋末周密《武林旧事》记载的“诸色伎艺人”里有“弹唱因缘”艺人童道、费道等十一人，看来像是已被道士所传承了。中国道教接受了佛经的影响，这一点荒见在书中《道藏本十王经典类》一节里已作了考证。但《水浒传》里鲁智深也谎称他会“说因缘”，可见和尚会说因缘还是佛门的传统。

当时我正好在撰写提交敦煌吐鲁番学会成立四十周年年会的论文，向他报告关于变文用于道教传播，我最近从上图碑帖叙录看到一张宋刻《灵宝度人经》跋的图片，跋文直接提到了阎立本“灵宝度人经变”。因为我对道教经籍完全不懂，在几位友人的帮助下，才勉强成文。兰州年会结束后，我把论文发给程先生，请他指教，其后于10月4日、10月19日收到程先生两封邮件：

近日重读大作，很感兴趣。第一页引《宝刻丛编》文末“範”应作“范”。此道家变文实为仅见，非常珍贵。文中叙及“南方丹霞元君”一词，引起我的联想，泰山顶峰有碧霞元君，传说为高层女神，与丹霞正好相对，疑下文大富长者之女，出家后或即成神，则有可能称碧霞元君，惜经文中无此情节，变文已残。您如有兴趣试探一下，有无线索？

近日重校《云斋广录》，注意到《盈盈传》中泰山顶上的玉女，已被写成女仙，是盈盈的侍主，也就是碧霞元君的前身。在宋真宗时受封为神。又偶而发现，唐卢肇《逸史》中有女神紫素元君，能主管人的生死寿夭，才是碧霞元君的前身。但唐代道家变文里可能早有丹霞元君，则无可怀疑。《逸史》已佚，残文见《类说》卷

27，李剑国有详考。供参考。

这是程先生读书治学时时留意、博涉旁通的生动例证，而我在文章提交会议宣读后，也就没再继续关注了，重读程先生邮件，愧恨交加。

六

程先生是成就卓著的古代文史学者，古体小说整理与研究的开创者和集大成者，但是他时刻知道自己作为一个编辑和出版人的本分，不但对中华版古籍的选题、编辑出版和整理质量始终关注，也长期关注业内同行的古籍整理出版成果，关注古籍人才培养，并积极推动古籍数字化良性开展。

2023年6月14日，我上午回六里桥参加《南史》修订定稿会，下午陪肖总一起拜访程先生。程先生手拿从网上买来的《锦衣为有金针度：陈新古籍整理与古典文学研究论集》，发自内心地表彰陈新先生一心为人作嫁的编辑本分。又说无论是物质生产还是精神生产，高质量发展总没有错。

2021年2月8日，我陪“古籍办”领导去给程先生拜年。程先生屡屡说到古籍整理出版人才问题，特别说到1981年中央37号文件《关于整理我国古籍的指示》当中的一段话：“从事整理古籍的人，不但要知识基础好，而且要有兴趣。”对古籍整理质量问题，程先生始终认为一方面是知识储备不够，另一方面是态度不够认真。每当发现中华版古籍的问题，听闻学术界对中华版某本书的批评，都会寝食难安，会给我和顾青打电话、写邮件。文学编辑室一度人才流失减员严重，程先生当面跟我说，不能让文学室编辑力量这样削弱下去，看着我说“你有责任”。

2021年12月29日，我从书局领导岗位卸任，倍感轻松。但就在当天，网络上出现了多年没有的舆情——读者对《梁佩兰集校注》校注质量提出了尖锐批评，引发热议。两天后就是中华书局一百一十周年局庆日，给刚刚接手的新班子带来棘手难题。2022年元月二日，程先生给我一封长邮件，开头就说：“从网上看到《梁佩兰集校注》事故，大为震惊。中华一百一十周年纪念的活动，更要以总结经验、提高质量为主题了。”后来我知道程先生也给顾青兄写了更严厉的信。近日又偶然读到程先生给一位媒体朋友的邮件，其中说道：“最近中华书局遭到了猛批，我为之痛心不已。对我来说，以前在职时没有尽力按金灿然、徐调孚先生那样强调质量第一和重视人才，也留下了一点遗憾。”看到程先生的自省自责，我作为当时的主官，真觉无地自容，教训惨痛。

年事已高的程先生，对中华书局发展状况的关切从未消减。2023年6月2日，我和李岩兄一起参加了中央召开的文化传承发展座谈会，散会之后拿到手机，首先收到的是程先生的邮件：

> 徐俊同志：近安！在《文艺报》上看到大作，很有感触。二十年后，中华又发生了一次小地震，似乎又要来一次“新生”，我不禁感到忧虑……希望你能全面地总结经验教训，继续为中华出主意，帮助尹涛、张继海他们走向再一次“新生”。顺祝健安。程毅中，6月2日

过去一段时间，书局领导班子变动较频，引起程先生的焦虑。我曾应凤凰徐海总约稿，唯一一次就2003年中华书局的调整写了一篇小文，题目原是《将学术引向大众的最初探索》，刊发时被改为《二十年前，中

华书局的一次新生》，有点“骇人听闻”。程先生由此想到中华书局近二十多年经历的挫折，不禁感到忧虑。散会回程与李岩兄同车，看过程先生的邮件，我们都为程先生的爱局之心深深感动。

七

新冠肺炎疫情居家，我又写了几篇与中华书局局史有关的文章，都曾发给程先生求教。一篇是《最喜春风同坐处——校史之外的先生们》，一篇是《卢弼〈三国志集解〉印行前后——古籍出版社书事钩沉之一》，2022年5月19日，程先生给我邮件：

徐俊同志：拜读大文，十分佩服，材料如此丰富，真善于搜集资料。古籍出版社只有两年多的历史，它的社史只能附在中华局史里叙述，非常可贵。文学古籍刊行社也把一批存稿转给了中华，但没有记录。我问过人民文学社，他们也没有档案。去年还是我给他们提供了关于古籍整理出版的一些史料。大文如能交《世纪》发表，我就可以完成代约稿的使命。否则给《中国出版史研究》，也可以增光一下。《澎湃》见的人不多，我也找不到想看的文章。程毅中，5月19日

5月25日又给我邮件：

徐俊同志：信和附件收读，非常高兴，你居家几天就写出了两篇大文章。收集的资料如此丰富，真是有心人。《当时乐事》文，第二节2行引书待补年份，第5页引王仲荦手书题记，“询”当作

> "洵",想在复核中。你是否准备以此篇给《世纪》?我已与沈飞德通信,他表示欢迎。我觉得《三国志集解》那篇史料价值更高,不知你准备给谁?如能都给《世纪》更好,或先给一篇。悉听尊意。《当时》这篇照片很多,不太清楚,不知还能否修整?改定后给我先转去,你的电话可否给沈?以后可直接联系。我的《宣和遗事校注》印出来了,是你的题签,中华还拿不到书,可是网上已经在卖了。要等小区解封后再说了。即祝健康。程毅中,5月25日

"当时乐事……"是《最喜春风同坐处》初稿时的题目。文中涉及启功先生诗的部分,我请柴剑虹先生和刘石兄帮我核正补充,竟然发现启先生答唐长孺先生诗不止一首,不但有异文,还有不同的诗题。现在常见的启先生书赠王湜华手迹,是我2006年亲见并拍摄的,后来用作"二十四史"修订宣传,把"王湜华长兄"那一行修掉了。按理启先生和诗也应该有三首,不知道为什么没有完整保存,一首见于《启功絮语》,另一首见于《集外集》。启先生书赠王湜华手迹的诗后题记部分,有一处断句,我请程先生帮我再斟酌。程先生回复:

> 徐俊同志:信和定稿已收读,又有新的发现,可喜!启先生书赠王湜华的一首,用居、庐、须、腴韵,即和唐先生的第二首,当作于1976年无疑。落款1976年冬,连下王命书而言,但不须移后。另一首用翰、寒、餐韵,和唐之第一首,只山与端字不同。可能有和第三首韵的,待访查。我闷坐无聊,每天早晚都开邮箱,因电脑里的资料找不出,不能写新的东西,只能聊天了。尊稿拟将转《世纪》,如有修改,可请他们打出校样再发回看一遍,如何?程毅中,5月27日

程先生非但解我疑惑，还热心地将稿件推荐给中央文史馆和上海文史馆合办的《世纪》杂志，让我跟主编沈飞德馆长取得了直接联系。在我已经向《世纪》投出稿子之后，程先生6月3日还来信指出其中的误字，并说："我替《世纪》组稿的任务完成了，也是一乐。"

我自己觉得最是一乐的还有一件事。2022年，巴蜀书社影印出版了《李一氓旧藏词集丛刊》，其中有李老词籍收藏中最重要的清彭元瑞知圣道斋抄本宋元词，并附"烬余词题识册"一册。当年我曾背着这本题识册到南京请唐圭璋先生题词，年久已经不记得准确时日和题跋内容，于是请巴蜀书社林建兄复印题词以备回忆。获见题词图片后，我请文学室刘明兄打印给当年承办此事的冀勤先生和存有题诗的程毅中先生。程先生看到后给我邮件致谢，没想到他还写了一篇短文《词林佳话：〈烬余词〉题识的问世》，正好与我写的《"击楫词人"李一氓——墨缘录一则》同期刊登在《文汇报》2023年9月15日"笔会"，快何如之。

尽管程先生在邮件中说"因电脑里的资料找不出，不能写新的东西，只能聊天"，但就在这封邮件里还附了一篇不久前写的校史笔记：

> 你收集"二十四史"的资料很多，记不记得有关《汉书·高帝纪》的一个问题，我前不久写了一条笔记，谈了一个疑案。不知点校本之后六十年来有没有人提过？包括《汉书补注》的资料？现把拙稿附上请教，此稿已给胡珂看过，她说将提给汪桂海看，但如果有人已说过，那就没必要了。我不会参与群聊，只能用邮信跟你聊天了。

这篇文章的题目为《〈汉书·高帝纪〉的问题》。

八

2022年7月25—26日，北京中贸佳圣春拍预展，上拍了汪绍楹先生的全部手稿。汪先生被程先生称为“古籍整理专业户”，整理的古籍包括《艺文类聚》《太平广记》《搜神记》《搜神后记》等重要典籍，还参加了中华书局“二十四史”的点校，留存档案资料极少。在友人的帮助下，我连续两天到预展现场翻看了全部两箱文稿，选拍了一些照片。26号下午回到家，就给程先生写邮件报告了汪绍楹先生遗稿的情况：

程先生好！

最近北京的一家拍卖公司上拍了汪绍楹先生的全部手稿，据拍卖公司的人说是汪家天津所存。昨天和今天预展，我昨天去看了五个小时，今天看了三个小时，调出来一摞摞翻看。汪先生在《魏书》《隋书》《晋书》三史上下了太大的功夫，工作记录和校勘记初稿全部都在，对我来说有很多新知，比如《魏书》，汪先生只是短暂参与，但也留下了大量初稿资料，第一次看到了王永兴先生校《册府》和《御览》的卡片册（一种宣纸小册子）。《隋书》其实基本做完了，85卷校勘记原稿有84卷都在，留存的与《隋书》有关的资料更多，后台功夫了不得！《晋书》我以前知道他跟吴则虞先生的矛盾，现存有汪先生重新加工《晋书》的原稿和详细记录，包括闹翻的直接原因。最可贵的是“文革”前各种体例样稿和会议纪要的油印件，比书局所存要多很多，应该是比较全了。以前一直没有找到刘节《旧唐书》的样稿，这次看到了卷一、卷八两个油印件，都是当时的讨论稿。汪先生古籍整理的成绩，不只限于子部书，集部、史部都下过功夫。

拍品中有《太平广记》的校勘记一大捆，我拍了卷一卷二的首页，拍了这捆的最后两页。

拍品中有一部《宣和遗事》稿本，五大册，正文剪贴，每则后钢笔抄的笔记文字。同时放了一册上海版《宣和遗事》，拍卖公司以为是这本书的底稿。这个稿本我随机拍了一些手写稿部分。

《太平广记》和《宣和遗事》的照片都在邮件附件中，供程先生阅览。

暑热，您保重身体！

徐俊敬上

程先生当天傍晚收到邮件后，就给我回了信：

徐俊同志：非常惊喜。感谢你把《广记》和《宣和遗事》的校记送我，虽无大用，但了解他做了许多工作。《广记》书上只夹注一部分重要的异文，实际上他是做了很多校勘的。当时风气要求简明，反对烦琐校勘，所以留得少。有些必要的交代也省了，中华重印时我帮他改了一下说明，如谈本有三个印次，才公布了。《隋书》《晋书》我不了解，既有油印本怎么局里反而没有呢？可见我们的档案不全。也许像张元济百衲本校记那样，会藏在哪个角落里吧。这是从汪家冒出来的，不知起价多少？如果中华有钱，就该买回来。我们印了好几种汪校的书，我总觉得还欠他一笔情。或者找个热心人买了，所有权归他，复印一份给中华。顺祝健安。程毅中，7月26日早在二十年前，程先生就写过专文《怀念古籍整理专业户汪绍楹先生》，表示了对汪绍楹先生的怀念和歉意。文章结尾说：

《搜神记》出版之后，很受读者欢迎。第一版印了五万二千册，不到一年就卖完了，第二年就再次印行，到1985年第三次重印，已印了近二十万册，这是出乎我的意料之外的……现在出书后销路很好，学术界的反应也很好，我总想送几本样书和补发一些稿酬给作者的家属，可是始终没有找到他家的后人，这事也使我久久不能忘怀。

……汪先生整理的古籍，至少还有一本人民文学出版社的《昭昧詹言》。此外，可能还有一些没署名的。我希望有知情的人能多介绍一些情况，以表对这位为古籍整理做出过不少贡献的专家的敬意。

程先生自述与汪绍楹先生只因《太平广记》重印，见过两面，但他因汪先生的古籍整理成就，一直心存感念。

这让我想起另一件事。中华书局老同事之间关系是比较简单的，所谓君子之交也。但程先生对老同事很有感情，2021年谢方先生在上海去世后，程先生写了专文交给《文史知识》刊发，表示怀念，在给我的邮件中说：

徐俊同志：你好！6月初得悉谢方先生去世，我作为同时期的老同事，觉得应该有所表示，写了一篇追思的文章……我自知写得比较简略……但觉得谢方先生是中华书局培养的第一个学者型编辑，对中西交通史和《大唐西域记》的贡献很大，在学界也有较大

> 影响，只在网上发一讣告似还不够尊重。他也是《文史知识》的老作者，是否另组一两篇纪念性文章为宜。程毅中，9月16日

我想这首先是一种同事间的认同，也应该是中华书局编辑传统的一种表现吧。

九

程先生出生于吴门世家，他在几篇访谈和自述中有谈到幼年在苏州的读书生活。另外，程先生与苏州的关系，还因为一部宋版《杜陵诗史》（全名《王状元集百家注编年杜陵诗史》）而一再被提起。

2022年12月，古吴轩出版社出版了苏州文学山房江澄波先生口述自传《书船长载江南月》，书中重提《杜陵诗史》的旧事：

> ……苏州图书馆馆长许培基因馆中没有宋版书，特意向市里请示。在他的强烈呼吁下，市里安排苏州古旧书店卖一部宋版给他。书店其实不想卖的，但也没有办法。开价八千元，结果许馆长认为太贵了。通过市里协调，最后以四千元的价格成交。《王状元集百家注编年杜陵诗史》从此成为苏州图书馆的镇馆之宝。
>
> 过了许多年，许馆长在《文物》杂志上发表文章介绍这部宋刻本，被王季常的嗣孙程毅中先生看到。他已寻找这部书多年，没想到书从保姆家流转到了苏州图书馆，于是一纸诉状，将苏州图书馆、苏州古旧书店、卖书人告上法庭。最后法院判藏书人将售书款归还程氏，图书馆再补给程氏两万五千元。

以江澄波先生的影响力，书出版后一时很受关注，先后有几位朋友将书中的有关内容发给我。我对此事也不甚了了，于是就用邮件转发给程先生。2023年2月5日，程先生复我：

> 承转示江澄波新书图片，老先生记忆尚健，但所说已补偿25 000元，则系误传。当时法院审判员进行调解，谓苏图经费不足，只能补偿此数。我代表全家意志，要惩罚盗卖者，首先确认追赃，不愿放弃。审判员以威胁姿态说否则将驳回上诉。结果高院果然驳回上诉，我们分文未得。我已写了《〈杜陵诗史〉百年传奇的最后一页》一文，详述本末，发表于《世纪》2007年5期，但愿后人评说，以正视听。

此文2022年2月19日“善本古籍”公号曾转发，很容易看到，误传可以休矣。

十

程先生擅辞章书法，硬笔毛笔都佳，在我看过王仲闻先生《全宋词》审稿意见手稿后，发现程先生的硬笔字与王仲闻先生有惊人的相似之处，感觉到1958年程先生入职中华后所受到的同道影响。在王府井时代我就留意搜集、收藏学者书法，但从没敢向程先生求字。得到程先生的第一幅墨宝，是书局搬到六里桥后，我请程先生、傅先生为图书馆阅览室各写一幅书法张挂，顺便向程先生开口求字。程先生写了两张相同的联语：“坐拥百城称巨富，借观万卷乐新知。”交给我的时候他说，久不写大字，试笔写了两幅，一幅让我留下。第一幅是偶得之，第二

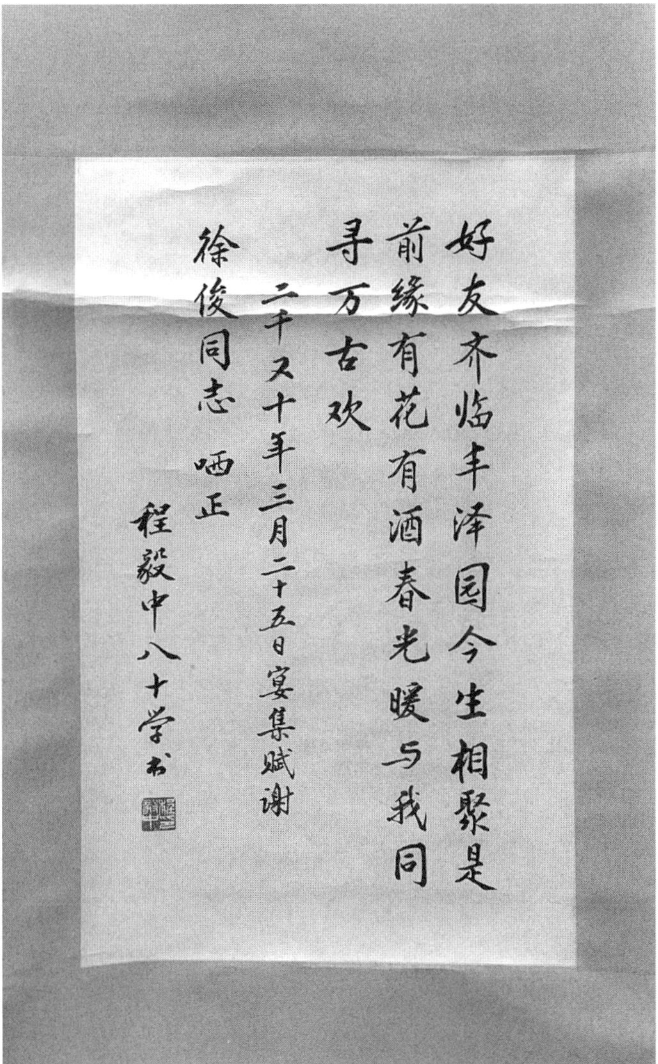

程毅中八十寿诞丰泽园宴集赋诗

幅则是程先生专门写赠。

2010年3月25日，程先生八十寿诞，设宴广安门内丰泽园，宾朋齐集，祝贺生日。之后程先生赋诗工楷写赠诸位，以表谢意。我为获书者之一：

好友齐临丰泽园，今生相聚是前缘。
有花有酒春光暖，与我同寻万古欢。

二千又十年三月二十五日宴集赋谢

徐俊同志哂正

程毅中八十学书

以上两件程先生墨宝，均已捐赠我的家乡扬中博物馆永久收藏。

二十世纪八十年代以降，中华版图书题签以启功先生最多，另有三位先生皆书局书法能手，赵守俨、程毅中、魏连科，程先生题签代表作，我以为本版书首推《事类赋注》，外版书首推《最后的贵族》，有兴趣的朋友不妨找来验证。后来，程先生新书在书局出版，两次命我题签：《清平山堂话本校注》（2012年）、《宣和遗事校注》（2020年），深感荣幸。

2018年11月9日，我陪陆灏兄拜访程先生，程先生为陆灏收藏的《宋元话本》补题。此前几年，应我的请求，程先生曾为我们各写文房小联一副。九十岁以后，程先生因颈椎压迫引起手指疼痛麻木，一般不再应允题字，但有两件长跋，值得一记。2023年6月22日程先生发来邮件：

徐俊同志：南大宋健先生送我《闲堂老人法书长卷》，的确很精美。我和他不大熟，找不到地址电话。请告我，并他的简历……

顺祝健安！程毅中，6月22日

7月21日再次发来邮件：

徐俊同志：宋健地址收到，谢谢。看来他也是有心人，波斯识宝，但信中不留地址，快递单信息不全，我不能不复。眼昏手颤，勉力写了几句题词，附上请正。顺祝康吉。程毅中，7月21日

因为这件《闲堂老人法书长卷》高仿复制件，是我题签，程先生想我当知道地址，因此我第一时间拜读到了程先生长跋，又从南京友人宋健兄处看到了墨迹本。下面是程先生发来的电子版：

题闲堂法书

冲冠一怒为红妆，一曲梅村讽夜郎。

新曲何如周癸叔，法书精妙仰闲堂。

近年论者谓吴伟业《圆圆曲》含有妒意，乃讽刺吴三桂降清之作。而陈圆圆终于断发绝情，出家为尼，胜于朝秦暮楚之藩王及追悔屈节之学士者。闲堂老人专志凝神写此长卷，盖亦赏识周癸叔新曲，赞同巾帼有胜须眉之意也。癸卯初伏，得见闲堂法书后敬题。程毅中，年九十三

因为这件事，程先生知道了我以“容斋”为号，信中还调侃了一句：“你借用洪迈的号，也准备写随笔吗？”汗颜！

新冠肺炎疫情中我起意写《最喜春风同坐处——校史之外的先生

们》，是因为应大连山上美术馆赵胥兄的邀请，于2022年5月28日线上参加《空谷兰——罗继祖先生书画展》开幕当日的座谈会，会上我意外看到了罗继祖先生作于北京翠微路二号院的扇面，看到了翠微校史诸位专家访问陈垣先生的又一帧合影，有感于翠微校史除了书稿档案外竟无片纸诗酒艺文活动的遗存，于是搜集成文。第二年3月，赵胥兄发来新获罗继祖先生《黄山云海图》征题，在我还在踌躇无措的时候，赵胥兄发来了程先生题写的长跋：

罗继祖先生于一九六三年来中华书局参与点校“二十四史”，住入北京翠微路西北楼，我有幸与校史诸公居同楼而隔一门，遂有一面之缘。罗家与先外舅祖蠙庐公（王）有通家之好，因而吾家亦有雪堂先生墨宝多件，惜在十年浩劫中悉已捐毁。其中有先祖母（季常）之纪念册，乃蠙庐公手书寄妹诗而雪堂先生为题耑者，劫后遍寻不获，乃驰书拜于继祖先生求访蠙庐公门人孙宝田先生处，得其所编年谱及寄妹诗一稿见示，因宝藏之，并录副呈之王氏后人。罗先生在翠微路校史时，王仲荦先生曾建议罗先生绘一翠微校史图，惜未动笔，惟为王先生书画扇面，记有岁月。罗先生《蜉寄留痕》书中有《翠微校史》一节详叙其事，洵佳话也。以三世之交与一面之缘，幸留鸿爪，今赵胥先生以罗先生《黄山云海图》赐示，喜饱眼福不浅，因忆世纪之初助编《中国地域文化通览·安徽卷》，时曾在黄山区小住，恨以年衰不敢登山一览，幸见此图，得补卧游之乐，僭题一诗为赞：

翠微校史仰高明，雅集宏图惜未成。

恰似黄山交臂过，卧游云海免攀登。

癸卯四月，程毅中

从未见过程先生写这么小字的长篇题跋，在九四高龄留下如此精品，令人赞叹。跋文中提到的蟫庐公寄妹诗，程先生撰有《失而复得的蟫庐寄妹诗与张元济先生的题诗》，发表于《文汇报》2023年7月29日“笔会”。

早在王府井大灰楼的时候，我就听老同事们说，局里能做标准四六文的唯有程先生一人。程先生有《月无忘斋诗存》（中华书局，线装本，2010年）和《当代中华诗词名家精品集·程毅中卷》（中国青年出版社，2015年），这里仅就所见所记，转录三副程先生所撰挽联如下，以见一斑：

程先生与傅璇琮先生同学、同事，在王府井大灰楼还是同屋办公，程先生挽傅先生联：

同窗同事从来同道称畏友；
斯人斯疾请以斯言问老天。

白化文先生是程先生同学，一生至交，白先生去世后，程先生用大幅宣纸亲笔题写了挽联：

一生善与交游，不愁黄壤无知己；
八面全能应对，遍踏青山有粉丝。

在告别厅，程先生特地让我为他和阎中英先生在挽联前留影。2017年春，程师母病逝，4月9日告别仪式，程先生有挽爱妻顾薇芬联：

七十年因缘终须一别，
八九岁风雨胜历三生。

字简情挚，感人至深。非常怀念程师母在时，去家里看望他们，那样温馨的氛围。

“抄书暂借磁盘记，通信都凭网络连。”这是程先生《八十自励》诗中的两句。电脑和网络，是程先生进入耄耋之年后读书写作和学术交往的工具。借电子邮件之便，我在程先生晚年与他有较多的交流，获教多多。重读这些文字，回忆过往程先生的耳提面命，深感有程先生这样淹博、严谨、方正、敢说真话的人在一起工作，真是福缘造化。愿前辈们的精神，能够内化为中华书局生生不息的传统，风范永存。

写到这里，零点已过，今天正是程先生诞辰，明天就要去向程先生告别。

程先生安息！

（原刊《中国文化》，2024年春季号）

在学术行列中为时间所认定的位置
——《傅璇琮文集》出版感言

徐　俊

首先要向清华人文学院、刘石教授以及我的老同事中华书局学术中心的编校同仁，表示我个人由衷的敬意，感谢大家为傅先生《文集》付出的辛劳。

《文集》出版是我动议的，也参加了前期的体例商讨，刘石教授慨然支持并承担起组织落实工作，使《文集》顺利启动。这时已经是2021年10月，年底我就卸任了，一直到今年2月国林发我会议邀请，上周拿到样书，非常惊叹《文集》规模之巨大、成书之典重精美和《文集》编校工作的高效。

本周我用三个日夜，翻阅了24册《文集》，主要读纯学术文章以外的篇章，感触很多。傅先生1992年为《文史知识》写了一篇《学术理性的启示——读〈启功丛稿〉一得》，说："过了十年，正如白居易所说，年岁渐长，阅事渐多，近日重读这部著作，产生出一种从未有过的亲切感，

唐代诗人丛考
唐代诗人丛考
李德裕年谱
李德裕年谱
河岳英灵集研究
唐代科举与文学
唐代科举与文学
李德裕文集校笺
李德裕文集校笺
李德裕文集校笺
唐翰林学士传论
唐翰林学士传论
唐翰林学士传论
唐翰林学士传论
驼草集
驼草集
驼草集
驼草集
驼草集
驼草集
驼草集
驼草集
驼草集
驼草集

《傅璇琮文集》书影

享受到一种在学识追求上得到极大满足的愉悦。”(《驼草集》,937页)读到这里,我想,傅先生说出了我读《文集》的最准确的感受。

在2016年9月唐代文学学会成都年会为傅先生举行的追思会上,我讲了对傅先生的两点认识——一是“丁酉之祸”对傅先生的影响;二是编辑职业对傅先生学术形成的影响。这次重读,加深了对傅先生的理解。

简单讲感触最深的两点:

一、傅先生柔弱、谦和的外表下有强毅、强大的品格和对学术追求的强烈信念。

傅先生《文集》中多处回忆被打成“右派”,到商务、中华工作初期的情况,在那么重的政治压力下,“我这个人毕竟是个书生,从上世纪五十年代起,不管环境如何,总是抓时间读书作文”。1973年从干校回京后,“虽已是‘文革’后期,但政治运动仍很频繁,且当时还没有个人著作出版的希望,但我不管这一切,日夜躲在书室中,读书写文”。“我们这样的读书人或学者,不必有什么需求,更不必有什么做官、致富的奢望。如果有什么需求,那就应该是,自己所做的要在时间历程上站得住,在学术行程中得到认可”(《唐代诗人丛考》2003版前记)。这次读到《驼草集》卷首傅文青写的“弁言”,说到傅先生听到自己被划为“右派”后的反应,“把自己关在房间里,三天,看了托尔斯泰的《战争与和平》,然后,就出来了”,“书中的安德列战场受伤后,躺在俄罗斯广袤无垠的土地上,看到的太阳是黑色的,他的心沉到了海底,但是,当他看到了俄罗斯的年轻人勇敢前行坚强不屈时,太阳又是红色的了,给了他希望”。现在我们很难想像关在房间里的三天,傅先生都经历了怎样的思想挣扎,但我们能够清楚看到那一代人独特的精神信仰。傅先生还不止一次引用雨果的话:“艺术就是一种勇气！”引用巴尔扎克的话：“我也许能够写出一部史学家们忘记写的历史，即风俗史！”一再引用陈寅恪为杨树达所撰序里的话：“寂寞勤苦，逾三十年，不少间辍，持短笔，照孤灯”，“非彼假手功名，因得表见者，肥瘠荣悴，固不相同，而孰难孰易，孰得孰失，天下后世当有能辨之者”（《近代学术之源泉——谈〈嘉定钱大昕全集〉》，《驼草集》，1510页）。理解傅先生的思想境界，才能理解他周末一个冷馒头对付午餐，日复一日在图书馆查检抄录群书，完成百万字的《黄庭坚和江西诗派卷》《杨万里范成大资料汇编》两部资料书，才能理解在云梦楚泽就开始《唐代诗人丛考》的准备，在晚年仍然开启唐代翰林学士的考证，才能理解一直到晚年傅先生都保持着写作的冲动，保持着借助各种形式的写作和发言来表达自己对学术的关切。我现在也过了花甲之年，看到这一点，尤为感佩。

傅先生虽然讷于言说，但笔下的文字洋溢着哲思和诗意，最为大家熟悉称道的是《唐代科举与文学》序言描叙从兰州到敦煌一段路的见闻与感想：

> 车过河西走廊，在晨曦中远望嘉峪关的雄姿，一种深沉、博大的历史感使我陷于沉思之中，我似乎朦胧地感觉到，我们伟大民族的根应该就在这片土地上。在通往敦煌的路上，四周是一片沙碛，灼热的阳光直射于沙石上，使人眼睛也睁不开来。但就在一大片沙砾中间，竟生长着一株株直径仅有几厘米的小草，虽然矮小，却顽强地生长着，经历了大风、酷热、严寒以及沙漠上可怕的干旱。这也许就是生命的奇迹，同时也象征着一个古老民族的历史道路吧。

其实,《文集》中类似这样感性的文字还有很多,读来身临其境,精神可感。在安阳农村搞“四清”时,看到揭批《新编唐诗三百首》的报章:

> 安阳是殷墟的旧地,甲骨文是我们文明的老祖宗,我倚伏于中原大地上一家农舍昏微的灯光下,面对这篇檄文,真感慨于我们古老的历史传统中一种可怕阴森的东西。(《热中求冷》,《驼草集》,1334页)

在咸宁向阳湖干校,最后两年,人走的差不多了,劳动战地变成了休闲场所,晚饭后有时找萧乾、楼适夷等先生聊天,后即转入屋内,点起煤油灯看书——先期回京的杨伯峻先生寄来的《三国志》、范注《文心雕龙》:

> 咸宁地处楚泽,广漠的平野常见大湖返照落日的奇彩。晚间我遥望窗外,月光下的远山平湖,仿佛看到这屈子行吟的故土总有一些先行者上下求索而悲苦憔悴的影子。这时心也就渐渐平静下来,埋首于眼前友人从远地寄来的旧书中。(同上)

傅先生在谈朱东润先生史传文学时说:“读朱先生的著作,总会感到一种人格的力量,又能受到做学问的一种极难得的启示和陶镕”,“既要有理性的思索,又要有情感的倾注,这样才能使传统的研究蕴含一种‘秋冬之际’‘山阴道上’的眷恋情怀,又能有一种‘仲春令月,时和气情’的舒朗气息”(《理性的思索和情感的倾注——读朱东润先生史传文学随想》,《驼草集》,1293页)。用傅先生这段话,来理解他那些富有历史感的美文,非常切合。与其说是诗意美文,毋宁说那就是傅先生人格的外化。

二、如何认识作为出版家的傅璇琮先生?

匆匆读过十册《驼草集》,另一个印象深刻的方面,是作为出版家的傅先生,他的焦虑和努力,跃然纸上。过去我未曾着意,读后有一些新的理解。

在我们经历的近四十年出版历程中,出书难、出书慢和经济效益考量,可以说贯穿始终,非亲历者不能深知。傅先生二十世纪八九十年代前后二十年时间担任中华书局副总编辑、总编辑,这些也是他最大的困扰。

《学术漫录》是1980年代以后深受读者喜爱的不定期集刊,书局内部一些人视为同仁刊物,由傅先生发起并亲自组稿编辑出版,投入大量心血。“1980年6月出初集,到现在已出版了十二集……目前还有一集正在排印中,却已是拖了两年,迟迟未能印出,陷入经济危机。”印数也不断下降,特别是1988年,出现了大滑坡。傅先生就各集出版时间和印数作了统计:

> 初集1980年出,印了三万多册;二、三、四集1981年出,五、六集1982年出,七、八集是1983年出,九集是1984年出,这几集印数都在一万几千册。1985年倒也是出了两集(十、十一),印数已跌进一万以内了,而1985年以后,1986、1987两年都是空档,1988年1月才出了第十二集,印数只有二千五百册。这当然要亏本,出版部的同志不热心,经营管理的同志也提出意见……有的是开玩笑地说:《学林漫录》的“漫”应该改为“慢”了。

傅先生感叹:“前途如何,渺不可测,我们只求在排校中的第十三集还能印出来，希望苦撑一段时期，还能一集一集地编出来，哪怕慢一点。”（《〈学林漫录〉琐记》，《驼草集》，812页）透着无奈和企望。

在回顾《唐才子传校笺》出版过程时，傅先生说：“第一册出版于1987年夏，等到第四册出版，已经是1990年的岁暮了，其间竟占了四个年头，我们现在出版一部稍具规模的学术著作，真有想不到的艰辛！”（《〈唐才子传校笺〉编余随札》，《驼草集》，837页）。

当他看到三联版陈寅恪《柳如是别传》首印10 000册，不到一个月销售一空时，开始关心报纸上的追问：《柳如是别传》这一脱销现象，带给出版界一个什么启示？现在出版界都在谈论市场意识，那么什么是真正的市场？图书市场究竟需要什么？（《奇文共赏，疑义相析——〈柳如是别传〉怎样读》，《驼草集》，1685页）傅先生的回答是：

> 不过我认为，图书市场的真正涵义是文化，一部有高品位文化的书，不但能带动图书市场，也还能使一个时期的图书市场有一种“更上一层楼”的活力。（同上，1686页）

傅先生的愿望是真诚的，其目标指向是图书的文化含量和学术质量。面对出版界越来越强烈的追求经济效益的倾向，他明白“要改变过去单一的产品经济模式，参加到商品经济的行列中去，因而重视经营中的经济效益，这不但无可厚非，而且也是应该的”。傅先生给出的出路——“我认为出路还在于我们自身”，一是“自己要有一个信念，我们做的是文化积累的工作”；二是“在竞争中力求高质量”，他说，可以预计在今后一段时期内，出版竞争会是相当激烈的，“学术工作不得不参加到这个竞争的机制中去”（《吴汝煜〈唐五代人交往诗索引〉序》，《驼草集》，563页）。这样的想法体现了傅先生对学术质量的一贯追求,也符合他严于责己的性格。

傅先生对自己认为该做而没有做到的事,抱有真诚的愧意。1985年,中华书局出版了曹道衡先生的《中古文学史论文集》,反应极佳。但多年后,傅先生接到曹先生告知,他应台湾文津出版社之请,拟将《续编》交台湾出版,请傅先生作序。傅先生说:“我很惭愧在我主笔政之际未能将道衡先生有关中古文学研究论文编成续集在中华书局出版。”(《曹道衡〈中古文学史论文集续编〉序》,《驼草集》,985页)

在谈到书局的小刊物《书品》时,傅先生说:“出版社应有文化学术意识。在目前市场经济的情况下,出版社当然不能忘记经营,而且要着意把经营搞好。但出版物并非是纯粹的商品,也不能简单地说把出版社推向市场。特别是我们搞的是社会主义市场经济,那么文化与学术应当是出版社的灵魂。”(《〈书品〉:与著者读者沟通的桥梁》,《驼草集》,1224页)惭愧的是,援用傅先生前段的话,《书品》就是在我“主笔政”的时候关张的,也让很多读者失望。那是因为后来书评文章发表的范围大大突破,我们也大力鼓励编辑到外面的媒体发表,扩大影响力。借此机会我希望我们的员工年度文选《春华集》能够保持出下去。

以上主要是说的傅先生对出版现状的焦虑,作为主中华笔政、有引领学术风向之志的傅先生,竟然有与我们同样的焦虑,这是这次阅读才集中关注到的。意识到这一点,我才对傅先生文中屡屡写到的“信念”(对文化的信念,对出版的信念)有所理解。

从大处看,作为出版家的傅先生,有更值得我们汲取借鉴的地方。比如,与他对学术研究特别重视学科建设一样,他始终用学术的目标来规划出版、设计选题,引入出版;对古籍整理出版规划、学术出版结构,他都有非常独到深远的考量;他总结历史上占有地位的出版社,“不管当时是赚钱或赔钱,它们总有两大特点,一是出好书,一是出人才”;傅先生对学术和出版始终抱有乐观的憧憬，是非常值得我们追效的。

傅先生入职出版业之初，就“天真地立下一个志愿：我要当一个好编辑，当一个有研究水平的专业编辑”（《驼草集》，1365页）。对于中华书局，傅先生说：“我始终对这个环境是有感情的。”（《驼草集》，2288页）反过来说，1980、1990年代的二十年光景，就是傅璇琮们“主笔政”的年代，今之视昔，诚然是一百一十年中华书局史上既出人又出书最高光的时段之一，我有幸在入职之初，在他们的领导下工作，读《驼草集》，更有所感。编辑出版他们的著作，一方面是向前辈们致敬，另一方面这也是书局历史的一部分。

傅先生一再说：“我总是以为，一个学者的生活意义，就在于他在学术行列中为时间所认定的位置。”（《驼草集》，1563页）学术如此，出版何尝不是如此！最后我要说，《驼草集》十册按年编排，读起来，真有展开半个世纪唐代文学、中国古典学术历程之感，也有展开改革开放以来古籍学术出版历程之感。这是《傅璇琮文集》超越其学术自身的历史价值。

（原刊于《澎湃新闻·上海书评》2023年4月15日）

作为出版家的傅璇琮先生

——《傅璇琮文集》发布会归来几点感想

姜小青

今年四月间，到美丽的清华园，参加由清华大学人文学院与中华书局联合举办的“纪念傅璇琮先生90诞辰暨《傅璇琮文集》发布会”，其盛况是近年类似会议所罕见的，有学者说：“2023年4月15日，有史以来清华园内古典文学学者最多的一天。”据主办方说，限于规模，很遗憾，还有很多学者不能到会。与会者的发言，大多从“傅璇琮先生是著名学者”这个角度，谈傅先生的唐代文学研究成就，以及对中国学术发展贡献。作为出版界参会者，笔者以“作为出版家的傅璇琮先生对中国出版的意义”，简要谈了几点想法。会后，又认真拜读了24册的文集，特别是其中10册《驼草集》，对“傅璇琮先生是著名出版家”有了一些新认识，愿与出版同行分享。

我本人最早知道傅先生的名字以及他的书，是《李德裕年谱》，缘由是一直记得家乡北固山上的宋代铁塔文字介绍中提到李德裕，大概

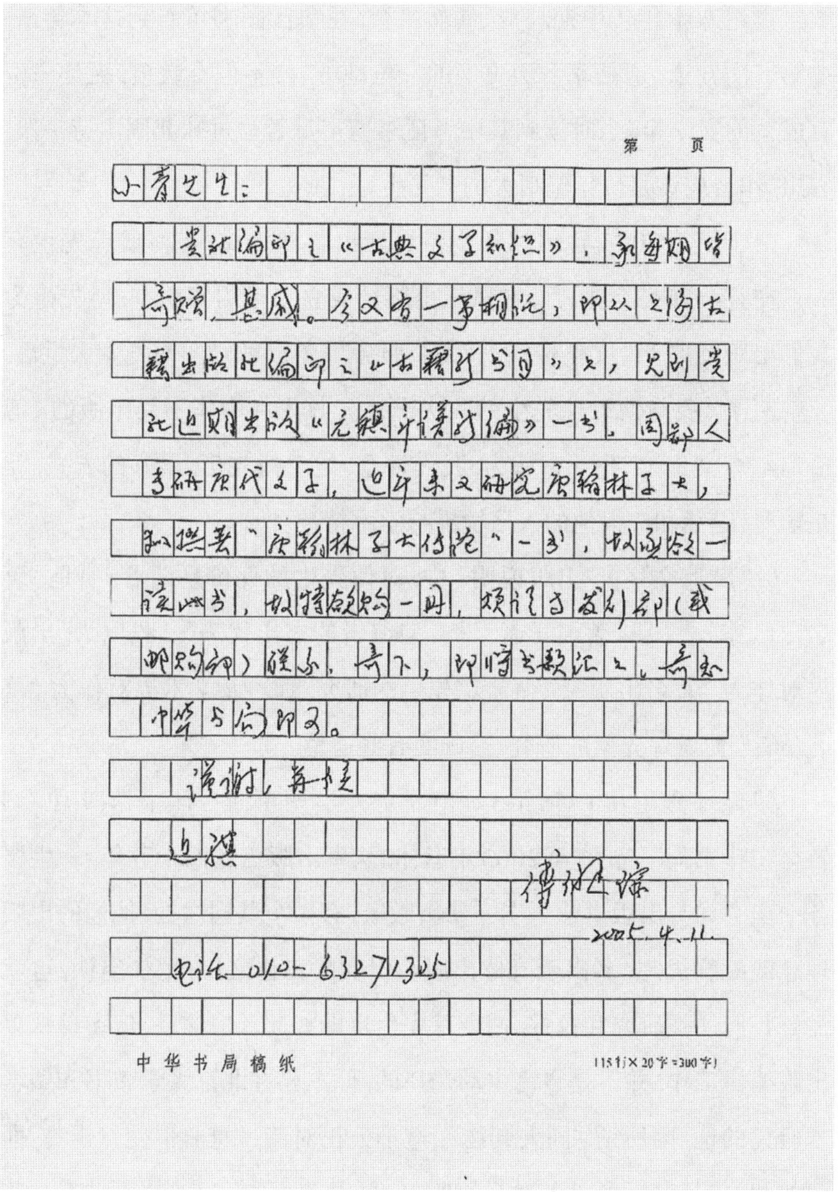
第 页

小青先生：

贵社编印之《古典文学知识》，承每期皆寄赠，甚感。今又有一事相托，即从上海古籍出版社编印之《古籍新书目》上，见到贵社近期出版之《元稹年谱新编》一书。因鄙人专研唐代文学，近年来又研究唐翰林学士，拟撰著"唐翰林学士传论"一书，故亟盼能一读此书，敬请能赠阅一册，烦请寄发行部（或邮购部）径寄。寄下，即将书款汇上。寄书中华书局即可。

谨谢，并候

近祺

傅璇琮

2005.4.11.

电话 010-63271325

中华书局稿纸 (15行×20字=300字)

傅璇琮致作者信

二十世纪八十年代中期，一次偶然机会，在镇江图书馆看到这本年谱，才第一次知道，这是家乡历史上的一位地方官，不但有政绩，更是一位有成就的文学家，当时读到其中考证李德裕是否写过咏北固山诗一段，心想，作者应该是位年纪很大的老先生。

由于笔者2003至2018年主持凤凰出版社工作，与傅璇琮先生有一点交往。2013年10月，在凤凰出版社成立三十周年前夕，傅先生为我们出版社题"为文化传播，为大众服务"，予以勉励。傅先生去世后，我曾写了《我与傅璇琮先生的几次交往》，收入在中华书局出版的《傅璇琮纪念文集》。我一直认为，我们怀念、纪念傅先生，最好的方式，就是学习、继承和广大他的人格境界与学术精神。

《傅璇琮文集》"出版说明"中，对傅先生的评价是两点，一是"著名出版家"，一是"著名学者、学者型编辑的杰出代表"。我以为，出版界对作为"著名出版家"傅璇琮先生的研究，远不及学术界对作为"著名学者"傅璇琮先生的研究，这确实有些遗憾。

傅璇琮先生从1958年3月由北京大学调至商务印书馆、7月"调转至中华书局"起，直至2003年退休，从事出版工作四十五年，一生服务中华书局与出版事业。老一辈出版家，有一个共同之处，他们的出版理念或编辑思想，多出于具体出版编辑实际工作之中，很少空谈，这就需要我们加强研究和挖掘，傅璇琮先生也即如此。应该说，傅璇琮从事出版编辑工作，并不是自己主动选择的，原本已在北京大学教书和做学术研究的他，因所谓"同人刊物"，遭不公正对待，"身心俱受打击"。即便如此，包括其后所处各种逆境时，他总以"屈子行吟的故土总有一些先行者上下求索"而自励（《驼草集》，1334页。下文中的页码均为该集），当时就"立下一个志愿：我要当一个好编辑，当一个有研究水平的专业编辑"（1365页），"我那时就想尝试一下，在出版部门，长期当编辑，虽为他人审稿、编书，当也能成为一个研究者。我们要为编辑争气，树立信心：出版社是能出人才的，编辑是能成为专家学者的。”（1366页）可以说，编辑学者化或称学者型编辑，是傅先生的自觉追求，他不但自我实践，而且在不同时期文章中，多次提出这个问题。所以我认为，这就是我们今天认识、理解和研究傅先生作为当代著名出版家最好的切入点。他曾多次说过这样一段话：“回顾本世纪的出版史，凡是能在历史上占有地位的出版社，不管当时是赚钱或赔钱，它们总有两大特点，一是出好书，一是出人才。我们一提起过去的商务，总会自然想起张元济、沈雁冰、郑振铎、傅东华；一说起开明，就会想起夏丏尊、叶圣陶、徐调孚、周振甫。五六十年代的人民文学出版社，古典部有冯雪峰、周绍良、顾学颉、王利器、舒芜；而中华书局当时则有张政烺、陈乃乾、宋云彬、杨伯峻、傅振伦、马非百、王仲闻。出版社要具备文化学术意识，就得在编辑部中有专门家、学者，他们可以不受某种潮流的冲击，甘心于文化学术事业而操劳一生。因此不妨提倡，编辑应当把学者化作为自己进取的目标。”（1226页）

也正因有如此认识，傅先生在不能发表论文的处境中，一边审读、加工书稿，一边做杨万里、范成大、黄庭坚研究资料汇编，并以此为他的学术研究起点，他后来总结说：“我是一个编辑，编辑当然首先要把本职工作做好，审读稿件，把住质量，开阔视野，组织选题，但同时还要提高本身的文化素质和学术修养，尽可能使自己在某一专业领域发展。学术研究与审读书稿，是互为影响，互补互长的。”（1367页）出版社编辑学术水准高低决定着选题与图书质量，这本身并不难理解，但要成为一名被公认的“学者型编辑”，则并不是一件容易的事。周振甫先生编辑钱锺书先生《管锥篇》，已成为中国出版史上的佳话。傅先生曾说：“我已立志于一辈子做编辑，中华书局在我之先的就有周振

甫。”（1394页）

观当代出版行业，如周振甫、傅璇琮这样的“学者型编辑”确实不多见了。近些年来，出版界很少再提“学者型编辑”，谈得更多的是所谓“复合型人才”，这样的人才固然好，但现实中确实难得，且不说“复合型”何以定义，容易造成出版人才概念化和形式化，甚至容易造成少数夸夸其谈者受到追捧。好像有人说过：现在一些似乎什么都懂的所谓专家，其实离什么都不懂也不远了。现实中看，这话多少还有点道理。傅先生的文章中，也谈到过类似现象：“现在，社会上有些人，被捧为什么‘大师’，有时却连起码的常识性错误也会在笔端中流出，却颐指气使地训斥别人。”（1319页）虽然我们所处的出版环境发生了变化，但出版所承载文化传承、传播的本质与功能并没有改变，随着出版业专业化程度越来越高，特别是学术出版，从某种意义上讲，“学者型编辑”将是决定中国出版未来高质量发展的重要因素。从傅先生早期为几部中华书局图书写的“出版说明”就可见，如《诗经通论》《全唐诗》《清人考订笔记》等，没有相当的学术修养，很难写成这样的文字，而那时他才二十几岁。

刘跃进先生在纪念傅先生的文章中有这么一段话：“都说教学相长，其实编研亦相辅相成，为他人作嫁衣裳的同时，也可以把自己嫁出去。”随着时间推移，傅先生这一代学者型编辑，会给后人更多的启示。有人会说，“学者型编辑”主要是针对从事学术出版的人而言。其实同理，任何门类的出版，编辑在这个领域专业程度的高低，同样决定着出版物的质量。所以，对于编辑学术研究与图书出版之间的关系，傅先生特别强调二者间的相互促进：“出版社的编辑工作，确实有所谓‘为他人作嫁衣裳’的味道，但真正投入者会有大学、研究机构所不易具备的求实、广学、高效三者兼备的机能。在专业性较强并有一定学术环境的出版社，只要自己努力，是能够在学术上有所成的。即使在商品经济体制下，我想这种情况也是不会改变的，中国的出版社，应该说已与大学、研究所一起，成为有较强发展前途的学术研究基地。”（1394页）傅先生对编与研如同教与学相长关系深有体会，“我始终觉得当编辑是一个乐事，从来不相信‘为他人作嫁衣裳’的话。编辑的劳动不纯粹是支出，稿子无论合用不合用，经过阅读，付出了劳动，同时也增加了知识，长进了学问”（937页）。由知之好之乐之，我们就不难理解，傅璇琮先生为什么能够成为当代“学者型编辑”的杰出代表，他在编辑、策划、主持出版了众多影响中国学术发展图书的同时，在中国古典文学、特别是唐代文学研究以及古籍整理方面，取得了令世人瞩目的成就，在国内外具有广泛学术影响，《唐代诗人丛考》《唐代科举与文学》《李德裕年谱》等，都已成为公认的当代学术经典。

作为“学者型编辑”的杰出代表，更让人敬佩的，是傅先生对“编辑学者化”所持非狭隘性观念，他说：“编辑学者化，并不是说编辑一定要作一个专业学者，而是说编辑具有一定的专业志趣与成就，就有利于与文化界的交往，促进出版业务的发展。”（2223页）而且，他能依据出版环境的变化，对“编辑学者化”有着与时俱进思考：“我曾经提出‘编辑学者化’。现在出版环境变化了，编辑学者化的说法不一定合适，可以改成‘编辑工作应该注意社会化’，更好地面向社会，而不仅是专注于某一个专业。比如古籍整理除了专业工作以外，还存在一个普及工作，应该有一个传统文化现代化的观念，思考古籍文化如何与现在的读者沟通、结合。”（2417页）我在想，如今的出版业态较之以往确实有很大不同，尤其是“商业出版”的逻辑已普遍为从业者所推崇，甚至“出版家”也被重新定义并日渐泛化，但能对出版本质的认识与实践合一者，傅先生这一代出版家，不但没有被超越过，而且似乎越来越少。

我认为，傅璇琮先生之所以倡导并实践“编辑学者化”理念，与他始终坚信出版的文化本质属性相关。早在初中阶段，他即受出版家叶圣陶、夏丏尊主办的刊物和著作影响，对编辑行业有了初步认识；1958年到出版社以后，“我特地借阅张静庐辑注的两部中国近现代出版史料书（中华书局20世纪50年代出版）。看了以后，我打开眼界，不由得对出版行业心向神往，油然生情，还使当时虽只有二十几岁的我，已判然地意识到中国近现代文化的发展，确与出版关系密切，要研究近现代文化史，断离不开出版史研究的”（2070页）。中华书局的历史，也坚定了他的这一想法，“中华书局竟还是出了那么多值得人评说的书，可见，尽管人事倥偬，文化还是能在时间上站得住脚的”（1223页）。因此，他坚信：“文化是一个国家软实力的重要组成部分，是民族素质的重要体现，中国传统文化是中华精神的源泉，中国传统文化典籍在历史上对古代中国和中外文化交流都有过巨大的贡献。随着历史的推进，在现代化进展的背景下，中国传统文化典籍仍有其现实意义，应该是中华民族伟大复兴的基石。”（2846页）正是他这些一贯认识，使他一生致力于出版编辑事业中，始终坚持出版的文化本质，无论是理论还是实践上，对自己总有着“一种高层次文化导向的自期”（1563页），并以此为基点，在几十年的出版编辑生涯里，不管时势风云如何变幻，甚至个人遭“因所谓世态炎凉而致的落井下石”（2288页）的不公遭遇时，也从没有怀疑或放弃作为编辑应该有的“文化学术意识”以及“学者化的抱负和气质”（1969页）。由此，就不难看出，傅先生极力提倡和实践“编辑学者化”，其实是对“出版”这一具有文化属性的人类文明行为准确认识与把握。

二十世纪八十年代末、九十年代初，出版业随着市场经济兴起，行业间对出版物的文化属性和商品属性、图书的社会效益和经济效益，有着不同的争论与追求，傅先生说："我也是搞编辑出版工作的，深感在当前的情况下，出版工作中经济效益和社会效益往往不能一致，如何抉择，就显出当事者的眼光和魄力。"（454页）我想，大多出版从业者在实际工作中，对"两个效益"统一的问题是有体会的。但这并不表示傅先生不讲出版物的"经济效益"，包括他极力促成《万历十五年》出版、策划《学林漫录》、提倡古典文学普及等，都是在探求两个效益结合；但他又不是概念化的讲"两个效益有机统一"，而是讲"结合点"。进入本世纪，出版体制改革，传统出版观念受到挑战和冲击，一段时间把图书等同于一般商品的看法甚至成为实际工作中的主流，这时的傅先生应该已经退休，但他对这个关乎行业发展的关键性问题，还是有着鲜明观点："我们出版业正处于改革和发展的关键时刻，面临出版改制，注重市场经济，但我们还是要把社会效益放在首位，以此为基点，寻求社会效益与经济效益的结合点。"（2223页）傅先生在这里讲"结合点"，正是一个出版家实事求是精神体现。

在傅璇琮先生留下的数百万字著作和文章中，虽然没有一篇专门系统谈自己的出版思想或编辑理念，但就从上述点滴文字中，我们是可以看到其中所蕴含的极具深刻性的出版思想和理念。

当我们谈到傅先生作为著名出版家、学者型编辑的杰出代表，自然而然会想到他主持出版了众多对中国学术发展具有重要意义的著作，除了《文集》发布会上大家提到的《启功丛稿》《中国古典文学研究资料汇编》《万历十五年》等，以及傅先生晚年付出许多心血的《中国古籍总目》《续修四库全书总目提要》等大型项目，我特别留意了傅先生自1991年到1997年任总编辑期间中华书局的书目，许多书至今仍是从事相关学术研究的重要著作，如《全唐诗补编》《中国文学家大辞典》（唐五代卷）、《全清词·顺康卷》，等等。凡二十世纪九十年代初、中期在出版社工作的人都有体会，对于一时汹涌而来的商品浪潮，坚持学术出版是非常不容易的，我想，这些书出版，固然与中华书局出版传统有关，但也一定与主持书局编辑业务的傅先生的胆识、学识与远见有关。如果我没有记错，1990年代末的五六年间，中华书局由于主要负责人变动，书局出版发生偏向，让不少学者、读者为之痛心。

有学者说："傅先生的工作在中华，但他的学术舞台却是全国的。"我套用一下：傅先生的工作在中华书局，但他的出版格局却是全国的。据《中华书局百年大事记》，傅先生是全国古籍整理出版"八五"计划和十年规划起草小组组长。《文集》"出版说明"中也提到，傅先生直接参与制定《国家古籍整理出版规划（1982—1990）》《中国古籍整理出版十年规划和"八五"计划》《中国古籍整理出版"九五"重点规划》。同时，傅先生领衔和参与了如《全宋诗》《全宋笔记》《唐五代文学编年史》《宋登科记考》等非中华书局出版项目，当我们谈到作为出版家的傅先生，首先想到的就是一部部与中国学术发展密切相关的著作，有中华书局出版的，也有非中华书局出版的，这就是一个出版家的大格局。另外，《驼草集》中收录了一百多篇傅先生为别人、特别是年轻学者著作写的序，也能说明这一点。

傅璇琮先生作为出版家的远见，还体现在两个方面：提倡重视传统文化普及和古籍整理出版的现代化手段。二十世纪八十年代初，傅先生在《重视古典文学研究的普及工作，加强书评，提倡正常的学术批评风气》一文中，指出学术研究中应该具有提高和普及两个方面的内容，且不可偏废，"普及的工作之所以不受重视，一个很重要的原因是被人看不起，认为没有学术价值，这其实是一种传统的偏见。普及的工作真正要做的好，没有专门的研究基础是不行的"（308页），并特别把普及的问题提到"牵涉到我们搞社会科学的人怎样更好地联系实际、面向广大群众的学风问题”（308页），并结合一些出版社在传统文化普及读物方面的选题，指出如果“没有对于该选题作专门的研究，要在短短数万字中概括而清晰地介绍出来是不可能的”（308页）。他后来还写过一篇文章，题目就叫《普及的层次》（604页），从自己读朱自清《经典常谈》体会，就针对不同读者人群，提倡古籍普及的多层次，反对简单化、一体化。可以说，傅先生在这个问题上，一直没有停止思考和呼吁，十年后，他在为三秦出版社1998年出版的《唐宋八大家文钞校注集评》一书所作序中，再一次提出古籍普及的层次问题，“我以为对古籍的整理，古书的普及，现在应该作深层次的研讨，不要停留在简体横排体现普及方向这样表面性的言论上……普及也应注意不同层次，不能把普及仅仅归结为白话翻译、汉语拼音，或加一些艳文丽词的装饰作现代商业性的包装”（1349页），并再次倡导普及的“中间环节”以及向下延伸做法。二十多年过去了，传统文化普及仍是一项十分重要的工作，遗憾的是，傅先生指出的一些问题，至今也没有完全解决。

傅璇琮先生最早提到古籍整理出版现代化手段问题，是1993年，在《力求务实创新，切忌急功近利》一文中说：“电子计算机技术的迅速发展和普及，为古籍整理出版和研究工作展示了极为广阔的前景。特别是中文信息工作的长足进步，使电脑这一最现代化的技术与中国古籍这一古老文明得以结合。如果我们现在要求创新的话，其中一个重要课题即是研究如何加快古籍整理出版手段现代化的步伐。这不单单是为了提高整理的速度，计算机的推广应用，还必定会使我们的整理研究在质量上出现新的飞跃。”（1002页）如今的学术、出版界对此早已有了共识，古籍数字化也已成为发展趋势，并上升到国家文化发展层面，取得丰硕成果，傅先生当时提及的一些问题，也被后来的古籍整理出版所证明。但在三十年前傅先生呼吁这个问题的时候，恐怕就未必如此了，想想当时，图书出版尚未完全告别“铅与火”，电脑在出版社还是“稀罕”物品，包括笔者在内身边许多出版从业者，甚至学会使用电脑的几项简单功能，也是几年以后的事。在国家古籍出版规划中，直到2001年，才在“综合参考类”中列了一个项目。

2022年4月，中共中央办公厅、国务院办公厅印发了《关于推进新时代古籍工作的意见》，其中，对“做好古籍普及”和“推进古籍数字化”，有非常重要的表述和明确要求，这是一份引领新时代古籍工作的纲领性文件。笔者曾经预言，未来回顾和总结这个时期古籍工作成就，上述两项将是重要指标。从这个意义上讲，傅璇琮先生在三四十年前提出这两方面问题，的确难能可贵。

另外，傅先生之所以得到那么多人尊敬与怀念，除了他的学术成就与贡献，更由于他春风化雨、润物无声般地提携、帮助和关心青年人成长。罗时进先生说：“近数十年来，多少中青年学者曾因他在学术上的指点而拨云见日，更有多少学者因他的青眼和奖掖而改变了前景？这种改变，影响了一批的学术创造，乃至一定程度上改变了学术生态。”我在纪念傅先生的文章中，也曾谈到傅先生给凤凰出版社推荐罗时进先生《明清才子传笺证》的事，当时罗老师也是并不知情，是我后来告诉他的。这部书稿现在已经入选了国家重点出版规划项目和国家出版基金资助项目，近期将出版。现已是中华书局副总编的俞国林也曾忆及，他第一次得到傅先生帮助时还是一位书局实习员工，傅先生就他提出董邵南是否举进士问题，专门查文献并书面回复。我想，如果出版界多一些像傅先生这样的出版家，出版行业的人才问题或许会有很大改善。我有亲身感受，如今出版行业的年轻人，固然需要导师般的谆谆教导者，但更需要的，是能给自己实实在在帮助的人生阶梯。

我以为，加强对傅璇琮先生这一辈出版家、学者型编辑的研究，对中国出版未来发展具有特别意义，故愿意把自己读傅先生文集的一点心得写下来，一是向前辈致敬，一是向出版同行讨教。

（原刊于《中华读书报》2023年10月18日）

沉思往事立残阳

——薛正兴先生去世十年追忆

姜小青

2010年9月14日凌晨3时30分，全国古籍整理出版规划领导小组成员、江苏古籍出版社原社长兼总编辑、薛正兴先生因突发心脏病离世，距其六十八周岁，仅一日之差，时天空突降大雨。

我与薛正兴先生同事二十年、邻居十二年、在他领导下的班子共事三年、一室办公两年多，是他生前见到的最后一位同事，也是他倒地送医前，除他家人外，唯一在场的外人。十年来，不时与我们共同相识的同行、朋友说起“老薛”（同行大多这样称呼他），我总觉得应该写点什么，但从2003年至2018年底十多年间，一直受命负责由江苏古籍出版社更名为凤凰出版社后的杂务，身心疲惫，心力不济，始终没能写成一点文字，来纪念亦师亦友的薛正兴先生。如今脱身，时有闲暇，故于公于私，都应该留点记忆，除了自己心中的感念，更希望在“出版家”称号贬值与“丛生”的今天，前辈出版人的身影不要被忘却。

沉思往事，十年前一幕，又在眼前，当年9月13日下午6点左右，我与薛正兴同路下班回家，途中，他就《文汇读书周报》所刊有关《子海》《子藏》两个出版项目的笔墨官司谈了看法，并对我准备洽谈《子海》的想法，予以认同。事后回想，他那天的话似乎比平常要多。由于我们是同楼同一单元二、三楼上下的邻居，经常一路同行，有一段时间几乎是每天一起步行上下班，后他因膝盖不适，才改乘地铁。到家门口，则如往常，简单一句道别，各进家门。不意凌晨两点多，被马老师（薛正兴夫人）急促的呼救声惊醒，慌忙上楼，见薛正兴先生倒在卫生间地上，眼角似有一滴泪水。120救护车赶到，简单处理后即送不远处的东南大学附属医院急救，然回天无术，终究没有出现我们大家希望看到的结果，天不假年，短短几个小时，薛正兴先生就与家人、朋友、同事阴阳两隔，第二天刚好是他六十八周岁生日。

薛正兴先生1942年9月15日生于江苏省江阴市月城乡蔡庄（薛家村），父母务农，兄弟三人，其行二。为供三兄弟读书，家中经济一直比较拮据，这也养成了他一辈子勤俭节约的生活习惯，与其相处，从未见过他对衣食有所要求和浪费，甚至有点“不合时宜”，直到去世，还是拎着不知用了多少年的人造革包。小学、初中，他就读于乡村的蔡庄小学和月城初级中学，1958年，考取有百余年历史的江南名校“南菁高级中学”，该校曾涌现出一批杰出校友，如教育家蒋维乔、唐文治，革命家陆定一，爱国民主人士钱昌照，社会学家吴文藻，文学家汪曾祺等。良好的学习氛围与环境，使薛正兴在文科方面的兴趣得以发挥，不但被选为班级文史科代表，还参加了校《南声报》编辑兼记者、《江阴日报》通讯员工作，曾获“江阴文联创作奖”。“南菁”三年，坚定了他未来在文史方向发展的志愿，在他当年高考申请报考书中，十五所意向学校的专业志愿，都是中文或历史等文科专业。1961年，薛正兴以总分265分、平均88.3分的高考成绩，被第一志愿的南京大学中文系录取。“南大”五年，他在文史领域更是得到多位名师指点，并进行了系统性学习，其刻苦用功，给老师留有较深印象，四十多年后，周勋初先生在薛正兴去世后，曾回忆道：“薛正兴君是南京大学中文系1966届的毕业生。其时已处‘文化大革命’的前夕，激进的学生无不摩拳擦掌，上面一声令下，也就竞相投入‘焚书坑儒’的伟大运动中去。薛正兴在班上比较特殊，喜欢读书，这在当时来说，显得有些‘落后’。”（《薛正兴文存》序，凤凰出版社，2011年）读书期间，他除参加过鲁迅诗歌注释，还在文学社写作新诗，以我的印象，这样一位对一字一词都十分较真的学者，无论如何与新诗写作是挂不上号的，我曾当面与他开过玩笑，他却认真地举出我们共同的熟人、一位比他低两届的系友王许林先生予以证明。恰好前些天遇到王许林，谈及此事，他说，当年赵瑞蕻先生编过一本南大中文系师生诗歌集，薛正兴和他都有诗歌入选，并说，他们这一代许多人的文学热情与梦想，后来都被历次“运动”所消亡了。正是因为在学校打下的坚实学业基础，在1966年大学毕业分配到地质系统工作十年后，薛正兴在“文革”后首届研究生招考中考回母校，投名师门下，以语言学为业。从此，即便后来在出版社工作，为他人做嫁衣，特别是任出版社社长兼总编辑期间，经营管理工作十分繁重，但他仍在业余时间坚持学术研究，并多有建树。除参与编纂《汉语大词典》并担任分卷主编外，他更多的是把学术研究与图书编辑结合起来，把古籍整理实践与古籍整理理论研究结合起来，是国内同行公认的“学者型编辑”与古籍整理专家。2008年，退休六年后，他仍被国家新闻出版总署聘为第四届全国古籍整理出版规划领导小组成员。

1978年，薛正兴再度回到南京大学，考入中文系汉语史专业攻读硕士，师从著名语言学、训诂学家洪诚先生治语言学。这时距他离开母校已整十年（1966年毕业后，因“文革”，在校待分配至1968年1月）。洪诚先生1931年入中央大学中文系，问学于黄季刚，“文革”前即著（编）有《古代汉语》《文字语言通说》《中国历代语言文字学文选》《训诂学》等。1979年，受教育部委托，在南京大学主持举办了全国训诂学课教师培训班。得此机缘，薛正兴结识了多位学术同道，有的保持了终身友谊，其中就包括后来担任过全国人大常委会副委员长的许嘉璐先生。虽然他们在某些学术观点上互有商榷，如薛正兴在《南京大学学报》（哲学社会科学）1981年第1期发表了《〈古代汉语〉注释疑义讨论》（硕士论文一部分），旋即，《社会科学战线》1981年第4期，发表了赵克勤、许嘉璐的商榷文章《谈〈古代汉语〉（王力主编）文选注释原则——兼答薛正兴同志》，其后，薛正兴于1985年，又分别在《徐州师范学院学报》第1期、《苏州大学学报》第1期，再度发表商榷文章《〈古代汉语〉注释原则及疑义讨论——与赵克勤、许嘉璐同志商榷》《〈古代汉语〉注释疑义再讨论——与赵克勤、许嘉璐同志商榷》。但这样学术上的互动，不但没有影响他们的关系，而且还加深了他们之间的学术情谊。记得有一年，许嘉璐副委员长到江苏视察工作，还专门抽出时间，与薛正兴叙旧。得知薛正兴去世后，许先生第一时间发来唁电并送花圈，悼念亡友：“噩耗突来，不胜震惊！薛君刻苦为人，于古籍之兴亡继绝贡献良多。其去何其遽也。痛哉！敬祈转告家属节哀顺变，一切保重。”

薛正兴研究生二年级时，导师洪诚先生因病去世，经学校联系，转入南京师范大学中文系著名语言学家徐复先生门下继续学业。徐复先生受业于章太炎、黄季刚，与洪诚先生同门。薛正兴有幸得两位语言学大家指导，并以《〈古代汉语〉注释疑义讨论》学位论文，于1981年6月答辩。笔者托友人在南京师范大学档案馆查阅了当时答辩档案，获悉，

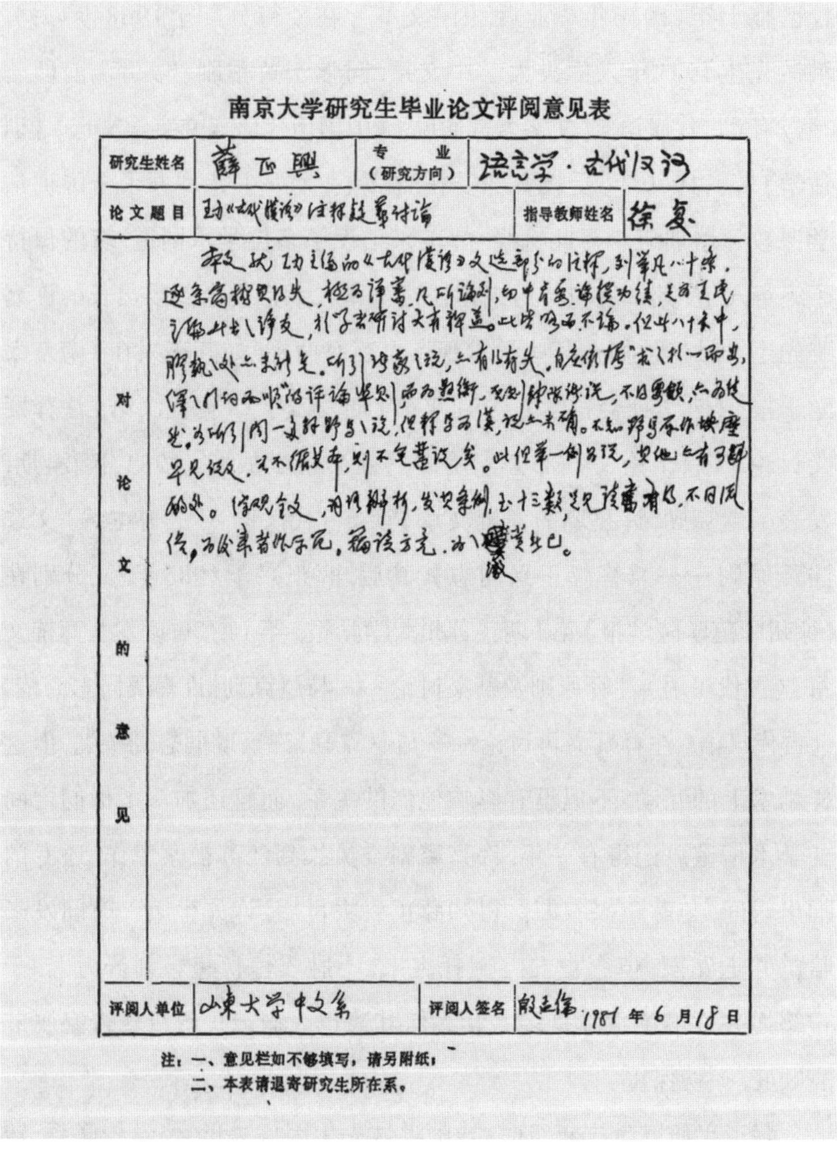

南京大学研究生毕业论文评阅意见表

研究生姓名	薛正興	专业（研究方向）	语言学·古代汉语
论文题目	王力《古代汉语》注释疑义讨论	指导教师姓名	徐复

对论文的意见：

本文就王力主编的《古代汉语》文选部分的注释，列举凡八十条，逐条商榷其得失，极为详审。凡所论列，如中肯綮，论证[illegible]，足为王氏[illegible]之诤友，于学术讨论大有裨益。此皆略而不论。但此八十条中，胶执之处亦未能免。所引诸家之说，亦有得有失。[illegible]

评阅人单位	山东大学中文系	评阅人签名	殷孟伦 1981年6月18日

注：一、意见栏如不够填写，请另附纸；

二、本表请退寄研究生所在系。

殷孟伦先生写的薛正兴研究生毕业论文评阅意见

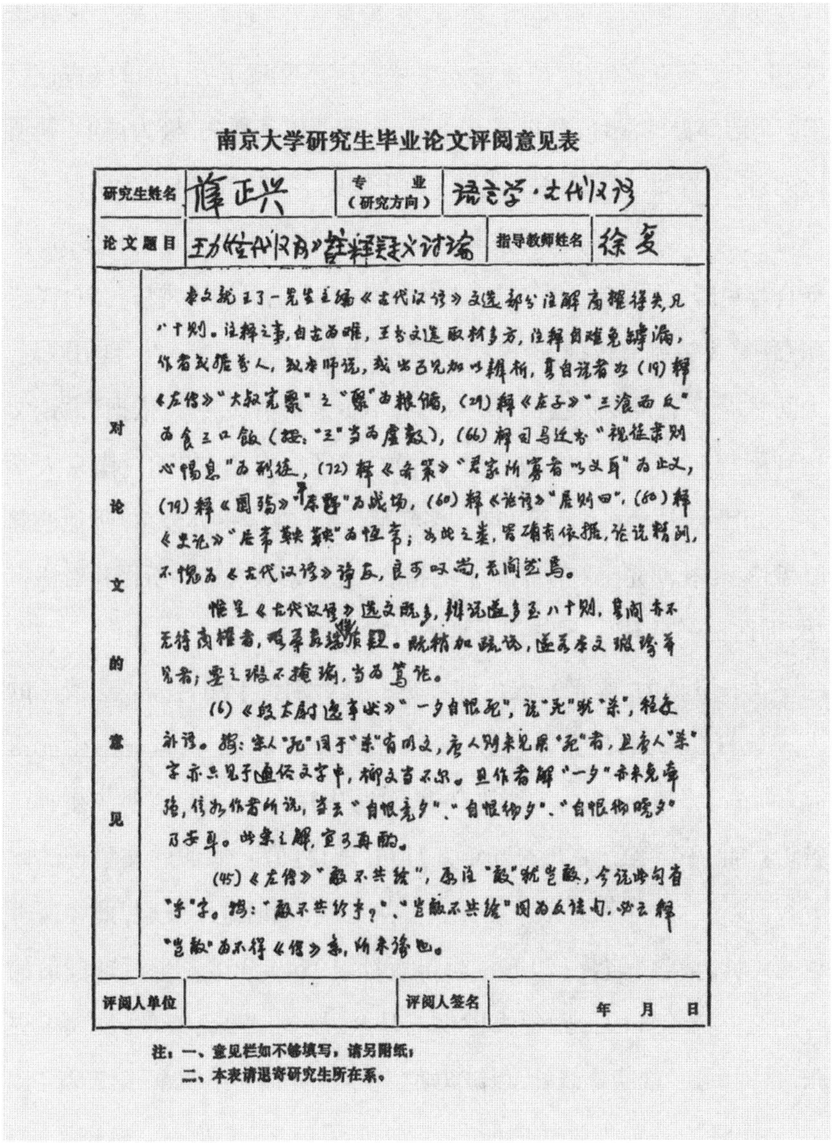

南京大学研究生毕业论文评阅意见表

研究生姓名	薛正兴	专业（研究方向）	语言学·古代汉语
论文题目	王力《古代汉语》注释疑义讨论	指导教师姓名	徐复

对论文的意见：

本文就王了一先生主编《古代汉语》文选部分注解商榷得失凡八十则。注释之事，自古为难，王著文选取材多方，注释自难免疏漏，作者既能寻人，既本师说，或出己见加以辨析，其自诸者如（19）释《左传》"大叔完聚"之"聚"为粮储，（29）释《庄子》"三飡而反"为食三口饭（按："三"当为虚数），（66）释司马迁书"视徒隶则心惕息"为刑徒，（72）释《齐策》"君家所寡有者以义耳"为正义，（79）释《国殇》"平原"为战场，（60）释《论语》"居则曰"，（60）释《史记》"居常鞅鞅"为恒常；凡此之类，皆确有依据，论说精到，不愧为《古代汉语》诤友，良可嘉尚，无间然焉。

惟是《古代汉语》选文既多，辨说益多至八十则，其间亦不无待商榷者，略举数端质疑。既稍加疏证，益为本文瑕瑜并见者；要之瑕不掩瑜，当为笃论。

（6）《段太尉逸事状》"一夕自恨死"，谓"死"犹"杀"，疑系补语。按：宋人"死"同于"杀"有明文，唐人则未见用"死"者，且唐人"杀"字亦未见于通俗文字中，抑文当不尔。且作者解"一夕"亦未免牵强，倘如作者所说，当云"自恨竟夕"、"自恨彻夕"、"自恨彻晓夕"乃妥耳。此条之解，宜可再酌。

（45）《左传》"敢不共给"，原注"敢"犹岂敢，今谓此句省"乎"字。按："敢不共给乎？"、"岂敢不共给"同为反诘句，必云释"岂敢"为不得《传》意，似未谛也。

评阅人单位		评阅人签名	年　月　日

注：一、意见栏如不够填写，请另附纸；
二、本表请退寄研究生所在系。

蒋礼鸿先生写的薛正兴研究生毕业论文评阅意见（部分）

答辩委员由殷孟伦、蒋礼鸿、徐复、周钟灵先生组成，蒋礼鸿先生任主席，论文受到专家肯定，殷孟伦先生评曰："本文就王力主编的《古代汉语》文选部分的注释，列举凡八十条，逐条商榷其得失，极为详审，凡所论列，切中肯要，论撰功绩，是为王氏主编此书之诤友，朴学者研讨大有裨益。"蒋礼鸿先生评曰："注释之事，自古为难，王书文选取材多方，注释自难免罅漏，作者或据前人，或本师说，或出己见加以辨析，其自说者如（例略），皆确有依据，论说精到，不愧为《古代汉语》诤友，良可叹尚，无间然焉。"答辩委员会认为论文"有不少辨析精到，确有依据"，"论文达到了较高水平"，并一致通过。论文（部分）发表在当年《南京大学学报》（哲学社会科学）第1期。多年后，由于在同一办公室，听他谈起殷孟伦、蒋礼鸿先生对他学术上的指点，总是崇敬有加。所惜我对语言学、训诂学一窍不通，没能记下具体内容。

我一直认为，薛正兴先生并不是一位特别善于用言辞表达情感的人，对于自己的两位老师，他以实际行动感恩终身。洪诚先生生前留有《训诂学》遗稿，原为油印讲义稿，刻写中存在不少讹误，洪先生自己曾说："此稿着笔于一九六五年九月初，随讲随写，寒假后文科迁溧阳分校，遂于六六年三月草草结束。其第五章，当时迫不及就，此今所补也。"（《训诂学》自序，江苏古籍出版社，1984年）洪先生写这段话的时间是1979年11月，距他去世仅三月余，故说："今已衰病，欲大事更张，精力不逮，惟略作修补，以减愆尤。"（同上）该书第四章、第五章"读注""作注"，是洪先生病中所写，引文多凭记忆，未及一一核查原书。薛正兴一毕业，即承担起老师遗稿的整理出版工作，除校正讲义稿中的讹漏衍文，还根据自己听课笔记，补充引例；特别是对书稿引文，更是找来原书，逐条核对，注明版本异同及出处。例如，在整理到原稿第三章第七节"杨树达《古书疑义举例续补》十三《文中有标题例》"时，他对有些引文、书名有疑问，起先以为是原稿抄刻错误，即核查杨著原书，结果发现是原书错了，考虑到洪著还有多处以杨著引文为例，为此，他首先深研《古书疑义举例续补》，并校正杨著原书引文标点工作，写出《〈古书疑义举例续补〉标点失误举例》（后刊《镇江师专学报》1985年第1期），为校改《训诂学》书稿引文标点错误，确立了理论依据，保证了老师的书稿质量。同时，他还亲任责编。书于1984年出版，他又撰《训诂学研究的新成果——简评〈训诂学〉》（刊《中国出版年鉴》，1985年），予以推介，光大老师学术。《训诂学》出版后，广受学界好评，成研治训诂学必读书目。陆宗达先生曾说："《训诂学》我见过油印本，是嘉璐从南京带回来的。甫一披览，我即为其精深所折服……但我在赞叹的同时又感到有点不够满足，以为原稿尚不够系统严整。因为其时自明先生已经病重，这一点浅见也就未及奉献。如今这个稿本经自明先生的弟子们整理加工后付梓，果然如我所愿，我想这恐怕也是自明先生的遗愿，倘其有知，也会含笑于九泉。"（《训诂学》陆宗达序，江苏古籍出版社，1984年）2000年，洪诚先生诞生九十周年、去世二十周年，薛正兴又主持编辑出版了《洪诚文集》，并作《〈洪诚文集〉述评》（刊《书品》2001年第3期）。对于自己另一位老师徐复先生，他同样以编辑出版先生著作、光大先生学术思想的方式，感念师恩，先后担任《徐复语言文字学丛稿》（1990年）、《徐复语言文字学论稿》（1995年）、《徐复语言文字学晚稿》（2007年）等著责任编辑。另外，在我印象中，每年岁末，他都要到徐复先生家中问安，我唯一一次到徐府，就是随他去的，可惜当时没有相机，没能留下师生相见影像。

对于两位恩师，薛正兴晚年有一段饱含感情的文字："我深切怀念我读研时的二位导师：洪诚先生（1910.12.6—1980.1.21）、徐复先生（1912.1.8—2006.7.24）。我年方弱冠，即受业于恩师洪诚先生，前后达二十年，先生耳提面命，亲切教导，至今言犹在耳，而恩师已长逝矣。每念及此，星陨山颓，曷胜摧慕。先师遗著《洪诚文集》，已由同门师兄弟合力编就出版，以自慰释。2006年7月下旬，正当拙稿（案：《王念孙王引之评传》）紧张写作之际，惊闻恩师徐复先生逝世噩耗，辍笔摧咽，悲痛不已。先生教导我二十八年，在我撰写的一些论文初稿上都留下了先生批改的手迹。2006年元月25日，即农历新正前，师兄弟们同向先生拜年，先生九秩晋五，谈经论文，一如既往，嘱我发扬光大高邮二王学术精神，做专精研究。当时情景，如在目前，思之泫然。先师生前自订的《徐复语言文字学晚稿》一书，经同门师兄弟一起认真编校，终于赶在先师逝世一周年追思会召开之前顺利出版，稍可宽慰。先师洪诚先生、徐复先生，都是国学大师黄季刚的入室弟子，他们的人品学问、道德文章，激励我勤奋学习，专心求知；他们的谆谆教诲，我永远铭记在心；他们的音容笑貌，将永远活在我的心中。”（《王念孙王引之评传》“后记”，南京大学出版社，2008年）谁都不会想到，写下这段文字的两年后，他竟也随两位恩师而去。

追忆和总结薛正兴先生编辑生涯，主要在三个方面：一是图书编辑，二是《汉语大词典》编纂，三是古籍整理与研究。

一、薛正兴先生与图书编辑

薛正兴先生1981年底研究生毕业，分配到江苏人民出版社词典编辑室，开始了自己的编辑生涯。1984年江苏古籍出版社成立，任副总编辑，后担任过江苏教育出版社副总编辑、江苏古籍出版社社长兼总编辑，兼任江苏《汉语大词典》编纂领导小组办公室主任。1988年评为副编审，1993年评为编审，1996年享受国务院特殊津贴。直至2010年

9月去世，他服务江苏出版近三十年，这其中包括2002年退休后返聘的八年，就时间而言，并不算最长，但其贡献，则有多个方面，是同行公认的“学者型编辑”。他们这代人大多被特殊时期耽搁了十年，真正事业起步时已近四十岁了。笔者与薛正兴共事二十年，不管是正式场合还是闲聊，从未见他自我标榜过所谓成就，他也从不接受记者采访。然桃李不言，他的编辑出版贡献与书同名。由于笔者能力所限，只能及其一斑，好在书比人寿，书在人在。

作为编辑的薛正兴，1988年在一次工作总结中说：“编辑出版工作，又是一项科学文化工作，具有很强的知识性与科学性，这就需要编辑人员具有比较广泛的科学文化知识，并对某项学科有一定深度的研究。要做到这样，并非易事。为此，平时要认真专研业务知识，不断开拓知识领域。我感到，编辑书稿的过程，也是一个学习过程，研究过程。责任编辑是所出新书的第一位读者，也是第一位研究者，他对书稿最熟悉，最有发言权。”这样一段话，与如今一些高深莫测的编辑出版理论相比较，再平常不过了，然而要做到，却非易事。薛正兴不但这么说，更是身体力行。二十世纪八十年代，他策划编辑出版了一套“江苏地方文献丛书”(九十年代又增补)，并担任多部书稿责任编辑，其中编辑《吴越春秋》时，发现书稿标点差错较多。该书是后汉赵晔所著，多记春秋末期吴越之事，《四库全书总目》将其归为史部载记类，言“尤近小说家言，然自是汉晋间官杂记之体”，故各种史料来源较杂，但作者“所述虽稍伤曼衍，而词颇丰蔚”（中华书局，1995年，582、583页），经薛正兴归纳总结，发现书稿标点错误，主要是整理者对词语理解不明造成。由此，为了提高所编图书出版质量，他先开始做《吴越春秋》词语考释工作，作为改正书稿标点错误之依据，为此做了大量卡片与札记，并写成《〈吴越春秋〉词语校释》(后刊于《社会科学战线》1988年第3期)。图书出版后，作为责任编辑，他仍致力于给读者一本尽少差错的图书，对自己编辑的图书，不断勘误，又作《〈吴越春秋〉点校本校补及勘误》（刊《古籍整理出版情况简报》，1988年第200期），待有机会再版时改正。1999年，该书重版，作为十年前的责任编辑，此时他已担任出版社社长，经营管理工作十分繁重。应该说，此书重版，只要把他当年勘误文章中提到的问题加以订正，图书质量就可以得到很大提高。但他却不满足，又利用业余时间，一如十年前，尽一个他认为是编辑的本分之责，重新审定全书，不但改正已发现的标点、断句以及排版差错，更是从读者角度考虑，在编辑上精益求精。一是对虽未错但过长的断句，重新标点，以方便读者阅读；二是对一些难以读通的原文新加校勘记，以方便读者理解；三是对原有校勘记所列版本异文进行辨识，以便读者判断；四是对附录重新调整与补充，以便读者掌握更多资料。对于一本十万字的小书，作为编辑的薛正兴竟如此用心用力，对于今天有些年轻同行来说，恐怕只能觉得是"天方夜谭"了，而这样的工作，在薛正兴所编辑图书中是常见的。

编辑一职，历来为他人做嫁衣，尤其古籍整理图书，整理者做的工作，编辑者也要做，若为名利，便难益其事。1988年，薛正兴在编辑苏州过云楼主顾文彬所著《过云楼书画记》时，发现点校者用的是初刻本，但当他得知，顾家尚有一部重刻本，为确保图书出版的更高质量，便商得校点者同意，从苏州顾家借出该书重刻本，用于编辑中对原稿校核，从而补入了重刻本增改过的部分，并重新修改了相关校勘记，同时另抄得顾文彬诗四十余首，增于附录。1999年，该书重版，仍由薛正兴担任责编，又新撰"弁言"于书前，这些工作他并未在书中提及一字，因为他认为，那都是一个编辑应该做的。记得2012年凤凰集团竞购过云楼藏书，名噪一时，事后多位主事者来讨要《过云楼书画记》，但这本书背后的编辑故事，没有多少人关心。对于图书编辑工作，薛正兴历来淡泊名利，他看重的就是如何提高图书质量，至于个人所做工作如何体现，他从不在意。他的老师周勋初先生在《薛正兴文存》“序”中谈到一件事，即2008年，笔者提出，希望周先生重新校订“文革”期间集体编写的《韩非子校注》(关于此书编写过程及具体情况，周先生在2009年出版的该书修订本附录《疯狂的年代，理性的思考——〈韩非子校注〉编写始末》有详细记录)，薛正兴知道后，十分高兴，认为此书确有重版之必要，他的老师洪诚先生当年也参与了注释工作。薛正兴主动要求承担责任编辑工作。《韩非子》成书年代较早，虽然之前有不少整理成果，但受历史条件限制，校勘、注释等方面，都存在一些问题，特别是注释方面，除了词义外，还有对法家学说、思想体系的理解问题，编辑难度很大，以薛正兴的学术水平和编辑能力，他是此书编辑的不二人选，此时他已退休六年，虽说返聘，但也没有承担这种繁重工作的义务了。而且，该书又入选当年国家古籍整理出版专项资助项目，有出版时间要求。我想，他之所以主动要求，一是感恩母校和老师，二是支持更名后的出版社工作。这部书也是他编辑生涯责编的最后一部，书出版一年后，他离开了我们。周勋初先生回忆道：书出版后，“他(薛正兴)于2010年7月8日的《古籍新书报》上发表了一篇《精心修订 求新求精——简评〈韩非子校注〉修订本》的书评，文中列举了几项在旧版上加以改进的内容，这些确实是新版的优胜之处，值得读者珍视。但我感到，这些地方好多是他的治学心得，而他又不明白标示，读者不明底细，以为是我修订时加入的。我最不愿意看到的是学界中人不讲道德，侵占他人成果，暗中将别人的研究心得占为己有，因此我就打电话给他，让他再写一篇书评，介绍自己在工作过程中加入了哪些研究成果。他不肯，认为责任编辑就应该隐姓埋名，后来经我力劝，他才答应重写。

只是天不假年，一两个月之后竟因心脏病突发而遽而辞世，结果还是没有完成新稿，只是留下了一篇略事增订的旧稿”（《薛正兴文存》序）。我是薛正兴晚年交谈比较多的人，但也从未听他讲过，如果不是周勋初先生写这段文字，恐怕没人知道。相较现今一些人，做了一点事情，沾沾自喜，到处吹嘘，生怕别人不知道，薛正兴的编辑品格是何等让人敬仰。

笔者动手写此文时，正值第十届江苏书展在苏州举办，连续若干年的江苏书展，都在人文底蕴十分丰厚的苏州举办，已成为江苏每年重要的文化活动，论坛嘉宾高屋建瓴，指点行业发展未来走向；图书编辑使出浑身解数，推介自己的劳动成果，大多数人对江苏书展落户苏州的效果表示满意。然而谁又会想到，早在1985年，在一个刚刚成立一年、且只有十几个人的江苏古籍出版社任副总编辑的薛正兴，就曾向省新闻出版局党组书面提交了《关于在苏州建城2500周年纪念活动期间举办江苏书展的建议》。

1995年至2000年，薛正兴先生担任江苏古籍出版社社长兼总编辑，其时，出版社的经济状况并不理想，甚至连图书印制成本都难以支付，此前，他于1992年调任江苏教育出版社副总编辑，在当时，教育社的收入、福利，特别是住房，是古籍社员工想都不敢想的。2002年，江苏古籍出版社更名凤凰出版社，除留下十八人外，其余四十多人分流到集团其他出版社，由于种种原因，只是对分配到教育社的几位员工，稍晚了几天开出调令，有的人就开始哭闹，甚至到了寻死觅活地步，深怕失去到教育社的机会。薛正兴调回古籍社，不说受命于危难之间，也至少是非常困难时期。后来，他在从社长位置退下来前的最后一次工作总结中回顾：“回想四年多前，从外单位调回江苏古籍出版社，种种困难，重重压力，那种窘境是叫人永远不会忘记的。”

面对困难和压力，作为出版社经营管理者的薛正兴，既没有怨天尤人，也没有只做“口头革命派”（这个词他不止说过一次），而是把他始终认为的出版社本分——出书，来作为改变现状的唯一办法，并带头策划选题。如今，遍检他留下的文字，没有编辑出版理论方面的，不能不说是一种遗憾。

薛正兴给大多数人的印象，是一位只读古书而两耳不闻窗外事的“学究编辑”，但实际上恰恰相反，他对时事的关心远多于我辈，每晚央视“新闻联播”必看，每天的《参考消息》《光明日报》以及几份行业报刊必读。二十世纪九十年代中后期，互联网还未完全普及，我们同在一个办公室时，每天有一个不成文的“议程”，下班后，闲聊半小时，大多听他“转口”报刊新闻。他主持出版社工作，首先抓的工作，就是调整图书选题结构，提出“调整和优化全社的出书结构，使之更合理更科学，做到大中小型结合，学术专著和通俗读物并重，排印和影印并举，特别注意开发本社独占性大选题”，他是较早提出学术出版市场化问题的人，并带头实践，策划了一批传统文化通俗性读物。笔者2014年曾为《三十而立，书比人寿——凤凰出版社建社30年纪念》撰前言，其中有一段文字，反映这个阶段出版社的工作：“面临了新的环境与挑战，在市场经济地位逐渐得到确立的环境中，如何坚持古籍专业出版，如何保持出版社良好的古籍专业出版势头，这对自成立伊始就是事业单位、甚至在许多方面靠财政拨款或扶持的古籍出版社而言，有了众多不适应，也遇到了前所未有的困难，特别是在图书经营上，一时甚至茫然不知所措。这对刚刚接任社长的薛正兴先生及其领导班子而言，无疑是极大考验……一方面，坚持以书立社，延续办社十年的基本方向，抓精品图书，特别是加强高学术水平古籍整理图书的开发与出版，对已启动的项目，有再大的困难，也不放弃，从而进一步扩大出版社特色与优势……

要知道，这些项目的出版，出版社是顶着巨大压力的，因为其时，出版社经济上正面临较大亏损，对出版周期长、编辑难度大、成本投入高、短期收益少的古籍整理项目，不仅在出版社内部，甚至整个行业，都有不同争论……另一方面，面对市场环境，在保持专业特色同时，调整选题结构，强调专业与普及并重，力求古籍专业出版更加贴近大众、贴近现实，让中华优秀传统文化在当代现实生活中生生不息，为此一大批中华传统文化普及性选题开发与实施，使我社古籍专业出版工作又有了新的亮点。更重要的是，图书选题结构调整，使我们对古籍出版如何适应市场环境，在观念上有了新的突破。《文史普及小丛书》《花香鸟语诗词集锦》《中国古代短篇小说精品丛书》《古典文学知识丛书》《新编民间传说故事丛书》《古代文化知识丛书》《名碑名帖实用临摹丛书》以及《古典小说名著系列》等，都是在这一时期集中出版，取得了较好的社会效益与经济效益……探索与实践市场条件下古籍专业出版工作，不但使我们增强了坚持古籍专业出版的信心，也为后来进一步面向市场，甚至转企改制，在思想观念、内部机制、出版流程、产品结构等方面，都打下了良好基础。”

最出彩的，就是1998年由薛正兴策划、组织与实施的“中小学语言文字规范手册”（中小学各一册），配合了国家“在各类学校，特别是中小学说好普通话，写好规范字”的要求，以当年共计六百万册的印数，在同行中引起不小的反响与震动。那一段时间，出版社印制、发行部门，忙得不可开交，过去一些对我们避而远之印刷厂，纷纷主动上门，要求承印业务；省新华发行集团，更是破天荒地为古籍社一本书，专门召开全省发行大会，这在出版社历史上至今也是唯一的一次，估计今后也难有其事。一个选题、一本书，使出版社走出了多年经济困境，也算是奇迹了。记得第二年，出版社为每位员工家中配发了一台万元联想品牌电脑，成为出版社史上除住房以外最大一笔福利了，许多员工，包括笔者,就是从那时起,才开始学习使用计算机的。

由于专业缘故,薛正兴长期研究文字规范问题,二十世纪九十年代初,撰《简化字与〈简化字表〉略说》(刊《语言研究集刊》第六辑,江苏教育出版社,1999年),从简化字与汉字简化运动历史、汉字简化方法、规律以及国家颁布的《简化字总表》三个字表对比分析,提出应对简化汉字规范问题予以重视,"逐步消除社会用字混乱的不正常现象",并对通用的《语言文字规范手册》予以补正,撰《〈语言文字规范手册〉的几处差错》(刊同上,署名辛正)。1997年12月23日,"全国语言文字工作会议"召开,会议提出:"为了提高社会用语用字规范化水平,当前要抓以下几方面的工作:一是要发挥教育的基础作用。各级各类学校,特别是中小学校、师范院校要继续把说好普通话,写好规范字,提高语言文字能力作为素质教育的重要内容,首先使普通话成为校园语言;教师要成为说好普通话、写好规范字的模范。各级教育行政部门要将这方面的要求作为管理、督导和教师考核的内容。"(《做好语言文字工作,为现代化建设服务——李岚清同志在全国语言文字工作会议上的书面讲话》,1997年12月23日)薛正兴正是从当晚央视"新闻联播"中,看到这条消息,长期的积累与一时的灵感,有了一个效果出人意料的选题,偶然中存在着必然。前面说过,很遗憾,薛正兴没有留下编辑出版理论性总结文章,毕竟编辑出版工作具有实务性质,以他编辑出版实践业绩与文字能力,恐怕并不难为之。现今一些编辑出版高论,概念不少,文字也漂亮,终因缺乏实践基础,不免让人感觉有点隔靴搔痒。

二、薛正兴先生与《汉语大词典》编纂

其实笔者对薛正兴这一段工作并不熟悉,倒是他后来送我一套12

卷的《汉语大词典》，一直放在办公室书架上沿用至今。我到出版社时，各地《汉语大词典》编纂已近尾声，本不想写这段文字，后考虑到，这项工作是薛正兴编辑生涯十分重要的内容，全面地反映一位老出版人的工作，如果缺了这一段，终是遗憾，故只能勉为其难，依据手边现有资料，做一点有限记录。好在日前，老同事、也是《汉语大词典》编纂者之一的胡慧斌先生告我，他近期将有长文发表，回顾江苏在编纂《汉语大词典》方面所做的工作，并微信发来有关薛正兴的文字，有些是我第一次听说，相当精彩，他与薛正兴共事更长，也是《汉语大词典》工作委员会委员，文章值得期待。

《汉语大词典》是国家重点科研、出版项目，在周恩来、邓小平关心、支持下，于1975年启动，主编罗竹风先生回忆说："中央书记处和中央办公厅多次下达指示和文件，为《汉语大词典》的工作指明前途，解决困难，这种由中央下达'红头文书'，支持一部词典开展编纂工作的做法，是中国出版史上的先例。同时中央又帮助组建了三委会，即由新闻出版署副署长刘杲等39位同志组成的工作委员会，由语言学大师吕叔湘教授为首的14位中国语言学家组成的学术顾问委员会，由华东五省一市43个编写单位的72位同志组成的编辑委员会。"（《在〈汉语大词典〉全书出版庆祝大会上的讲话》，《语文建设》1994年第9期）薛正兴的两位老师洪诚、徐复先生都是《汉语大词典》副主编。上述43个编写单位，由江苏、浙江、安徽、山东、福建以及上海五省一市共同组织，各省设"《汉语大词典》办公室"（简称"词办"），负责本省各编写组组织、编写工作，其中出版单位只有两家，江苏古籍出版社是其中之一。《汉语大词典》历时十八年，于1994年出版全12册，另有索引1册。薛正兴在江苏古籍出版社成立前，就参加了江苏省"词办"组织的《汉语大词典》初稿审稿工作，1982年至1983年一年间，即审高、鬥、门、车、走、金、隹7个部首，纠正了原稿不少错误，同时还承担了词条撰写工作，其中“页”部600多条、“辵”部500多条。1984年4月，他从江苏人民出版社转入新成立的江苏古籍出版社，任副总编辑，并兼任江苏省《汉语大词典》领导小组办公室主任，除图书编辑外，《汉语大词典》的编写、审稿、定稿成了他最重要的一项工作。笔者查阅相关档案，在一份《薛正兴同志的主要学术成果》中获知，江苏在《汉语大词典》编写、审定稿中，他承担了71个部首，占全书200个部首的35.5%，编写词条11万多条，占全书总条目的36.6%，包括第9卷6个部首1.2万条、第10卷13个部首3.2万条、第11卷9个部首3.3万条、第12卷40个部首3.3万条，另有2个部首调入第8卷。从第2卷开始，薛正兴被聘为《汉语大词典》编委会委员，并担任第10卷主编，第10卷共辰、豕、貝、見、里、足、邑、身、辵、釆、谷、豸、角13个部首。据胡慧斌先生回忆，“大约是在1987年前后，江苏各编写组所编的《汉大》初稿业已完成”，“《汉大》工作委员会在北京召开加快审稿进度的工作会议，会上根据主编罗竹风先生的提议，决定采取‘分卷主编负责制’。此议得到与会人员的一致赞同和国家新闻出版署、国家教育委员会的大力支持。会后，《汉大》编纂处又召开专门会议研究落实、精心组织布署，‘分卷主编负责制’由此开始，审定稿件定工作普遍展开”。因此，江苏省新闻出版局决定，薛正兴虽仍担任江苏古籍出版社副总编，但这一阶段以《汉语大词典》审定工作为主，暂“不再过问和参与出版社的业务工作”（上述引号中文字由胡慧斌先生提供）。直至1992年底，江苏如期完成所承担的《汉语大词典》审、定稿工作。薛正兴作为“词办”主任，不但组织协调了全省编纂、资料工作人员，在南京、苏州两地集中审稿、定稿工作，更是按照“分卷主编负责制”的要求，自始至终主持第10卷初稿、复审加工、终审及定稿工作，他终审通读了全部的3.2万条目，约430万字，并又应编委会要求，终审通读了第9卷4个部首、第12卷8个部首的书稿，共计约1.7万余条目、284万字左右。从薛正兴1982年参加《汉语大词典》初审工作算起，十年间，共计编写释文初稿8 583条，约142万字，复审加工6 635条，约110万字，定稿3 976条，约66万字，终审通读49 135条，约710万字。笔者查到一份"《汉语大词典》编纂人员名单"，列为三类：主要编纂人员、编纂人员、工作人员，薛正兴名列"主要编纂人员"。他所涉词条，无论初、复、审、定稿，均达到规定要求，受到上级与同行好评。《汉语大词典》副主编、著名语言学家、南京师范大学教授徐复先生，在江苏完成《汉语大词典》编、审、定稿工作后，于1993年6月，亲笔撰写了《鉴定书》，其中提道："薛正兴同志任《汉语大词典》江苏省词办主任，全面负责本省承担的大词典编纂业务工作。任《汉语大词典》编辑委员，第十卷分卷主编，能帮助编纂人员解决学术上的各类疑难问题，严格地把好质量关。他编写的、审定的词条准确、精当，学术上达到了教授水平。该同志主持词办学术业务工作，我们老一辈同志是放心的。"

《汉语大词典》虽然并不是在江苏出版的项目，但薛正兴以及其他参与此项工作的人员，为江苏出版界赢得的声誉，体现了江苏出版社编辑的学术水平以及参与大型项目的编辑能力，为整个项目完成做出了贡献。1994年5月10日，国家有关部门在北京人民大会堂隆重召开"《汉语大词典》编纂出版胜利完成庆功会"，薛正兴与省内十二位编纂人员受邀参加，他作为重要贡献者，被安排坐在主席台，并受到党和国家领导人江泽民、李鹏、丁关根、李岚清、李铁映等接见、合影。第二天的《人民日报》发表长篇通讯《龙飞在天——〈汉语大词典〉编纂前前后后》，其中有一段写道："江苏教育出版社的副总编薛正兴（案：《汉语大词典》编纂完成后，薛正兴于1993年调入教育社，1995年又调回古籍社任社长兼总编辑），是第十卷的分卷主编。他整整一年半的时间都是忍着眼病的折磨，凌晨一二点钟才睡，一字一字地校完了400多万字。可是他的眼睛却已经近乎失明。”而在庆功会之前，5月6日的《光明日报》也刊发了长篇通讯《把生命溶入永恒——写在〈汉语大词典〉出版之际》，也有一节写道：“别人说，第十卷主编薛正兴在这几年的光阴是卖给《汉大》的。几年中，他为编《汉大》看过的资料，堆起来有半间屋子。为保证书稿质量，副主编已通读过的书稿，他仍要通读一遍。通读中，他根据自己掌握的五六万张卡片，补进上百条原稿和现有辞书上查不到的条目。”薛正兴在《汉语大词典》编纂中，除了尽“分卷主编负责制”之责，还“对全书提出过一些建设性的意见，如这部5 000万字、分为12卷的大型工具书，如何检索使用，颇费心思，据说将本册部首印在各册书脊上，一目了然，就是由他提议并获认可的。薛先生的工作，得到了学术界和出版界的认可，他也于1990年被汉语大词典出版社聘为《汉语大词典》（简编本）副主编，为《汉语大词典》作出了更大的贡献。这应当是薛先生作为‘学者编辑’的亮点之一”（王华宝《怀念“学者编辑”薛正兴先生》，《古籍整理出版情况简报》2012年第5期）。

参加《汉语大词典》这样大型辞书编纂，每一个条目，无论编写还是审稿、定稿，大多工作都隐没在几十字之中，是无名奉献者。薛正兴对此十分淡看，在平时交谈中，也从未听他炫耀与最高领导人合影一类的事。记得有一年办公室调整，他把一些荣誉证书也作废弃物处理了，对有年轻同事劝留这些证书，他淡淡地说了一句：“都是虚名。”

三、薛正兴先生与古籍整理和研究

薛正兴先生是古籍出版同行公认的“学者型编辑”。现今的出版圈内，对人誉美毫不吝啬，什么这个“家”那个“家”的帽子满天飞，当然，这种口头游戏，除了增加一点娱人与自娱的“喜感”外，其实也并没有什么不好，大家都未必当真。但在二十世纪九十年代中期，薛正兴担任出版社领导的时候，这类称谓似乎还并不盛行。薛正兴之所以能被同行认可为“学者型编辑”，是因其在古籍整理、辞书编纂、语言研究等学术领域卓有成果。就古籍整理著作而言，他先后整理出版了《太平广记钞》《春秋衡库》《百城烟水》《太湖备考》《刘熙载文集》《范仲淹全集》《周礼汉读考》《仪礼汉读考》，以及古籍整理理论研究专著《王念孙王引之评传》等，并主编了《李伯元全集》《中国历代书院志》（两位主编之一）、“江苏地方文献丛书”。大家知道，从事编辑出版工作，要坚持学术研究，首先在“时间”这个客观条件上，就有先天不足，除了本职的图书编辑之外，特别是二十世纪九十年代以后，市场经济逐步确立，作为出版社的经营管理者，经营压力激增，尤其是薛正兴这一代的出版社掌门人，更有一个适应过程，即便在这样的情况下，他也没有放弃学术研究，上述数百万字的古籍整理著作，以及所发表的数十万字相关学术论文，大多是他几十年如一日，利用业余时间完成的。据我了解与观察，薛正兴除了读书、写作，几乎没有任何业余爱好（抽烟除外），家中事务，悉由夫人马老师负责。我们邻居十二年，至少我是从未在菜场或超市见过他，如果马老师偶有外出，据说他大多是以面条或稀饭打发，记得一次我们同路闲聊，他还对自己煮面条技术颇得意。有一次七天长假过后，我们一同上班，我随口说了句“又没出门吧”，他马上回道：“每天下楼拿报纸。”他几乎每晚都工作到深夜一点多钟，我们也提醒过他别睡得太晚，他总是说习惯了，甚至还提起当年在地质队通宵不睡的“勇事”。他去世的当晚，也是工作到深夜一点左右才洗澡，随后即感到身体不适。

薛正兴为什么会花这么大力气，几十年如一日从事古籍整理与研究，我想，一方面是他从大学起就确立了学术追求思想。他大学毕业后分配到浙江地质系统工作了十年，失去了继续学术研究的条件，但心里总有不甘，他曾在一份工作总结中写到当时的想法："自己对以往无休止的政治运动感到厌倦，希望能重新学习自己原来学过的然而被荒废的专业，做到学用对口。在这种想法下报考了研究生。"另一方面，则是他的编辑出版观念。他始终认为，一个编辑，特别是古籍图书专业编辑，一定要有相关学术领域研究专长和能力，一定要搞学术研究和撰写学术论文，只有这样，才能了解学术动态，发现选题和作者，才能在书稿编辑中掌握重点，才能有发现和解决问题的能力。在今天看来，这是一个极为普通的常识了，但上世纪八九十年代，在我们身边并不是共识，一些出版社的领导认为，编辑就是要为他人做嫁衣，甚至少数人把编辑的学术研究与不安心工作划等号。我刚进出版社时，就有同事友善提醒"少干私活"，甚至有的人发表了文章也不敢让领导知道。但薛正兴恰恰相反，他总是鼓励编辑搞研究，写论文。曾经的同事王华宝兄也有同感："在做好本职工作的同时，他常提醒年轻编辑利用业余时间从事专业研究工作。在他的观念中，从事研究工作的编辑，更能体会到作者的甘苦，与作者更易沟通，且对判断选题的学术文化价值，也有极大的帮助。"（王华宝《怀念"学者编辑"薛正兴先生》，《古籍整理出版情况简报》2012年第5期）

1995年，薛正兴从教育社回到古籍社任社长兼总编，在他主持出版的多个古籍整理项目中，就鼓励和要求相关编辑参与点校或注释工作，熟悉古籍整理基本工作，从而锻炼和提高古籍专业图书编辑能力，例如，1997年，他主编了《李伯元全集》，八位点校者中，五位是本社编辑。笔者本人的研究生专业并非文献学，他曾对我说："专业可以不同，研究方向可以不同，兴趣也可以不同，但作为古籍出版社编辑，古籍整理是基本功，你只有搞过古籍整理，才能编好古籍整理图书，没有搞过不要怕，可以先易后难，总要有所实践。”记得他是把我叫到会议室，慎重其事说这番话的，并让我搬到他的办公室。同时，他把自己准备整理清人姚承绪的《吴趋访古录》工作交给我，并把南京图书馆所藏道光十九年刻本复印件以及相关资料也全部转我，指导我做校点，书稿完成后，又经他修改，收入“江苏地方文献丛书”。接着，又送我一部民国二十五年江天寺影印乾隆年间刘名芳所撰《金山志》，希望继续整理，可是至今未能完成，辜负了他的厚待。

薛正兴主张和鼓励出版社编辑做学术研究，是希望把书本上的理论知识转化为实际工作能力，通过古籍整理实践来提高图书编辑能力。他提倡踏踏实实的工作作风，反对眼高手低，认为古籍整理来不得半点虚浮，他特别反感夸夸其谈的人，曾经转述过讽刺这种人的一段顺口溜，记得其中有这么两句：“胸前一支笔，嘴上会总结。”

薛正兴自己整理出版的图书，都与出版社选题有关，如《太平广记钞》《春秋衡库》是《冯梦龙全集》所收录26种书中的2种，《百城烟水》《太湖备考》是“江苏地方文献丛书”20种书中的2种，《刘熙载文集》《范仲淹全集》是“江苏学人文集”系列的2种，《周礼汉读考》《仪礼汉读考》是《段玉裁全集》中的2种，每一种书，就其在“全集”“系列”或“丛书”中，并未占很大比例，但有了自己参与整理工作实践，知其甘苦，更知其要领，从而编辑同类书稿，会更有心得，更能抓住重点。《百城烟水》是薛正兴校点出版的第一部古籍整理著作（1986年），他将校勘学中基本理论、方法付诸自己的古籍整理实践，采用的主要方法包括：“一、凡是征引前人诗文，疑有讹误，而能找到原诗文集对校勘者，则据以校改（例略，下同）”，“二、有疑误处而能在本书中找到内证者，则本校法校改”，“三、有疑误处而不易找到原诗文集对勘者，则用理校法校改”（见《百城烟水》前言，江苏古籍出版社，1986年）。正是他长期坚持把学术研究与编辑工作相结合，使他成为了名副其实的学术水平高、编辑能力强的“学者型编辑”。更多的，是他把古籍整理实践中积累起来的经验和能力，用在编辑图书和提高古籍整理图书质量上。例如，1986年，他担任清人顾禄所撰《清嘉录》一书责任编辑，其时，上海古籍出版社正好出版了由来新夏先生校点的该书，当年的资讯没有今天发达，出版社选题“撞车”是难免的，为编辑好自己承担的图书，做到后出转精，他便通研起“来著”，并做校勘工作，发现“来著”标点、断句、校勘等有可商处，都一一记下，例：“《二月·文昌会》《楚词》：‘后文昌使掌行兮’，顾命中宫敕百官。王逸注：‘天有三宫，谓紫微、太微、文昌也。’（38页）按：‘顾命中宫敕百官’句，并非顾禄叙述语，实是《楚辞·远游》‘后文昌使掌行兮’句的王逸注语，当加标点，并出校记说明。”又例：“《七月·秋觳碌收秕谷》范石湖《秋雷叹》云：‘……天人远近叵戏论，禆灶安能尸祸福。’（117页）按：‘禆灶’当作‘裨灶’。原刊本、日本翻刻本、《啸园丛书》本、进步书局本均误。《广韵》平声支韵：‘裨，符支切。副将，又姓，郑有大夫裨灶。’裨灶，春秋时郑大夫，其事详见《左传·襄公三十年》《史记·天官书》。”后撰成《〈清嘉录〉校点琐议》（刊《苏州大学学报》1987年第1期），这样的研究工作，极大地提高了他的图书编校质量。他对自己编辑并已出版的图书，也是有误必纠，从不回避。前面提到，他为编辑《吴越春秋》所做的工作，便是一例。在《〈吴越春秋〉点校本校补及勘误》一文，写到：“书中多处发现标点、排印、校对疏误，责任编辑概有责焉。今作校补及校勘，以补前愆。”并举例，言误之己责，如该文例99：“卷四校记 十一、三〇页一一行‘大家之丧’，大德本、弘治本、万历本均如此。本书同页□行作‘大家之众’（49页）。按：在点校者原稿上为同页，在排印本上却不一定为同页。校记‘同页□行’，当作‘下页二行’。此系点校者与编校人员疏忽致误。”薛正兴先生的古籍整理水平和能力，使他有超乎一般编辑发现图书编校问题的敏感和解决问题的能力。他曾在阅读中华书局1984年版《玉壶清话》（与《湘山野录》合一册），发现一些差误，列30例，撰成《〈湘山野录〉〈玉壶清话〉点校本补议》（刊《古籍整理出版情况简报》1988年第199期），第一例即书脊上书名印作《玉壼清话》问题，这是大多读者可能不太会注意的地方：“‘玉壶清话’之‘壼’字，当作‘壶’，字形相似而误。壼，《广韵》苦本韵，今音kǔn。壼字甚古。《尔雅·释宫》：‘宫中衖谓之壼。’《诗·大雅·既醉》：‘其类为何，家室为壼。’朱熹集传：‘壼，宫中之巷也，言深远而严肃也。’壶，古今汉语均为常用字，无烦费辞。‘壶’误为‘壼’，无独有偶。江苏古籍出版社1987年《南唐先生李昇年谱》，其中有33处提及《玉壶清话》，均无一例外地将‘壶’印作‘壼’，酿成谬误。一本书的封面、扉页、书脊、版权页等，往往是编辑、校对在编校过程中容易疏忽的地方，而这些部位恰恰是书本的窗户，最先与读者见面，是千万不能疏忽的。”之所以将此条全部照录，是希望我们这些后来者，对“学者型编辑”需要怎样的学识与能力有所了解。我们一些同事私下聊天，如果薛正兴审读到自己编辑的图书，谁都会紧张。因为大家知道，书中如果有错，是很难从他眼前逃过的。我曾经手过一件事：一次，江苏省新闻出版局图书质量审读部门，委托薛正兴审读本省一家出版社出版的一本古籍整理图书，他发现问题太多，便逐一校改，形成了三万多字审读报告，相关出版社很紧张，主管部门也感到，如果审读报告刊布出去，脸上也没面子，所以他们希望薛正兴不要发表。但他们并不知道，薛正兴是一位对学术问题、对图书质量从不含糊且较真的学者，他也不谙人情世故，说：“你们可以商榷，可以反驳，但不可以阻止我发表文章的权利。”后来省局有关领导给我打电话，希望做做工作，最后经我手，选取了很少一部分，摘录了一百余条“硬伤”，发表在《中国典籍与文化论丛》第十二辑。现在想想，还真有点对不起薛正兴先生。因为他对这类问题是非常认真的。他曾就中华书局1995年版《九九销夏录》点校本有关问题，连续写过三篇商榷文章：《〈九九销夏录〉点校本断句标点疑误举例》《〈九九销夏录〉点校本专名号讨论》《〈九九销夏录〉点校本误字脱字举例》，其中第一篇分上下两期，就刊登在中华书局自己办的刊物《书品》上。因此，他对中华书局以及许多编辑都十分尊重，自己出了书，也赠送给他们，并希望得到批评。

说到薛正兴的古籍整理成果，有两部书不能不提，一部是他校点整理的《范仲淹全集》，一部是他所著《王念孙王引之评传》。

薛正兴2000年从社长岗位退下来后，就着手《范仲淹全集》整理，2004年由凤凰出版社出版，至今已重印了五次，成为出版社一个品牌性长销图书。周勋初先生评价：“如以古籍整理而言，足以代表他水平的著作，自然要推《范仲淹全集》。无论从版本之的当，参校本之精要，逸文之完备，附录之丰富，图片之美赡，都已达到上乘水平。特别是那长达二十四页的《前言》，更将范仲淹的一生及其贡献作了全面而简要的表达，足供宋代文史研究者参考。”（《薛正兴文存》序）《范仲淹全集》的整理，体现出薛正兴丰富学术储备和多重知识结构，堪称当代别集文献整理典范之作。除了底本、校本选择精当外，编纂体例也是一大特色，在保持底本（康熙四十六年本）基本编例的同时，又根据内容实际情况作相应调整，分入整理本上下册。上册收范仲淹本人作品，除列《文集》《别集》《政府奏议》《尺牍》，还将康熙本《范文正公集补编》五卷一分为二，其卷一作为范仲淹本人作品归入上册；将《年谱》《年谱补遗》《言行拾遗事录》（其中无关范仲淹言行遗事的，作了删除）、《鄱阳遗事录》《遗迹》《义庄规矩》《褒贤集》《补编》编为下册，并新增三个附录：下册首列《范文正公集逸文》，刚好与上册衔接，卷末分列《范文正公集续补》《范文正公集著录和序跋》。这样的编纂体例，科学严谨，也便于读者使用。《全集》校勘规范，校勘记简明扼要，同时，对一些有违史实的内容，又详加考论。例：《补编》卷第二《宋太师中书令兼尚书令魏国公文正公传》《续补》卷第一脱脱撰《范仲淹传》有："既长，知其家世，感泣辞母，去之应天府。依戚同文学。"他通过查《元丰类稿》中《虞部郎中戚公墓志铭》《宋史·戚同文传》《乐全集》中《举戚舜宾馆阁检讨状》等文献相关记述，并结合《范仲淹全集》所涉内容，得出"范仲淹出生前，戚同文已去世，范不可能'依戚同文学'"的结论，这个问题，在前人的范仲淹文献的整理或研究中，是没有注意到的。周勋初先生提到的"那长达二十四页的《前言》"，除了全面介绍范仲淹生平、《全集》整理凡例等，重要的一点，就是对范仲淹"先忧后乐"思想进行阐释，指出其思想基础是传统的"民为邦本，本固邦宁"，其思想来源是《周易》阴阳变化、祸福倚伏观念，进而生发出"故善安身者，在康宁之时，不谓终无疾病，于是有节选方药之备焉。善安国者，当太平之时，不谓终无危乱，于是有教化经略之备焉"国之危安观，故其"先忧后乐"的"出发点和落脚点是天下民众，这样的忧乐就不是指纯属个人的忧乐，而是从属于天下民众忧乐的忧乐"。及此，足可窥作为"学者型编辑"的薛正兴，所具有的学术能力多重性。

《王念孙王引之评传》（南京大学出版社，2008年）是薛正兴古籍整理理论系统研究的代表性著作，洋洋六十余万字，是他毕生古籍整理实践与研究的总结，也是他生前最后一部著作。该著为南京大学中国思想家评传中心组织、匡亚明先生主编"中国思想家评传丛书"之一。丛书共计200部，2006年全部出版，获首届中国出版政府奖。薛正兴曾给笔者说过，在南大读研究生时，他曾专研过高邮“二王”，做过许多基础资料收集工作（可参见《王念孙王引之评传》后记）。1985年发表过《谈王念孙的推理校勘》（《社会科学战线》1985年第2期）。他到出版社后，于1984年、1985年主持编辑出版了“高邮王氏四种”（《广雅疏证》《读书杂志》《经传释词》《经义述闻》），2000年又主持出版了《高邮王氏遗书》，并撰《弁言》。他的古籍整理与研究，在方法上，笔者以为，多有“二王”“路数”，例如，在其《〈古代汉语〉注释疑义讨论》等商榷文章中，就有多处采王氏父子之说为证；又如，在《〈两汉文学作品选〉注释商榷》（《滁州师专学报》1987年1—4期合刊）中，又多用王氏“注音辨义”方法。所以“南大思想家评传中心”早期就有邀他撰“二王”评传的想法，由于工作原因，他没有接受。2002年他退休后，旧事重提，其时返聘，一方面有审稿和指导年轻人的工作，另一方面《范仲淹全集》整理尚未完成，他仍有顾虑，怕不能按时交稿。据说对方允以不受时间限制，故该书出版已到了2008年，实际上是“中国思想家评传丛书”第201部。

高邮王念孙、王引之父子，是清乾嘉学派的中坚，在经学、校勘、语言、文字诸多领域，成为扬州学派的代表性人物。乾嘉时期，由于理念和方法差异，有所谓“皖派”“吴派”之分，张舜徽说过：“吴学最专，徽学最精，扬州之学最通。”（见《清代扬州学记》“叙论”，华中师范大学出版社，2005年，8页）王氏父子在继承了皖派代表人物戴震精深之学的同时，又向广博拓展，做到融通，所以，薛正兴在给《评传》的“内容简介”中写道：“高邮二王的著作，是中国古典校勘学走向近代化的指路标，是中国传统语言学走上科学道路的里程碑。高邮二王博及群书，观察敏锐，他们冲破了汉字字形的束缚，从有声语言本身观察，研究字词，从而他们就能解决古书中前人所未能解释的许多问题。”乾嘉学术特点与成就，主要在考据，所谓“凡古儒所误者，无不旁征曲喻，而得其本义之所在。使古圣贤见之，必解颐曰‘吾言固如是，数千年误解之，今得明矣’。”（《经义述闻》阮元序，江苏古籍出版社，1985年）“二王”之学，尤以训诂、校勘最精，是考据学的代表人物。薛正兴对此有所总结：“高邮王氏训诂学的特色及其卓越成就，不仅在于王氏父子能够‘究其微恉，通其大例，精研博考，不参成见’（孙诒让《札迻序》），对经传和古诸子史作了全面细密的校勘整理，更在于他们通过对汉唐旧注的匡谬正误，特别是撰著了《广雅疏证》《读书杂志》《经传释词》《经义述闻》等典范著作，条分缕析，发凡起例，提出并初步解决了一系列有关汉语音韵学、文字学、词汇学、语法学和训诂学的重大问题，已能初步运用历史主义的发展观点和一些比较科学的方法来研究语言现象，并建立起一个比较完整的训诂学体系。”“校勘业绩是他们以考证的原则和方法用于校书的结果。由于校勘的实质是对古籍文字的订正刊误，因此他们自觉地运用文字、音韵、训诂及历史文化知识，对古籍文字正误进行分析考证，并由此考查其致误之由，归纳通例，从而在校勘学理论上取得突出成绩。”（分见《王念孙王引之评传》第二章《高邮王氏训诂学》、第四章《高邮王氏校勘学》）即便如此，相比较于“中国思想家评传丛书”其他200位传主，以考据、训诂名世的“二王”，如何做到丛书要求的“评传结合”，并非易事，正如主编匡亚明先生所说：“如果论述一个人的思想而不联系他的业绩（包括著作），必将流于空洞的抽象；同样，如果只讲一个人的具体业绩而不结合他的思想活动，又必将成为现象的罗列……当然，思想和思想家，思想家和实践家，都是既有区别又有联系的不同概念……丛书的重点则是放在两者的联系和结合上。至于如何使两者很好联系和结合而又着意于剖析其思想活力，各占多少篇幅或以何种方式表达，则自当由作者根据传主的具体情况创造性地作出妥善安排。”(见“中国思想家评传丛书”序)。可以说,薛正兴凭着几十年对“二王”之学的研究,特别是通过“二王”之学在自己的古籍整理实践中加以运用(如前述《百城烟水》整理原则),完成了从书本理论到工作实践的过程,从而使他深得“二王”思想精髓和学术要领,由此,“创造性”地解决了“思想和思想家,思想家和实践家”这对关系在“传主”身上的体现。全书既有“二王”生平家世,更注重其学术形成的历史、文化、思想基础;既有对“二王”训诂、校勘思想、方法,作系统梳理,条分缕析,一目了然,又有对其思想、贡献作理论归纳和总结,言简意赅。例如,他指出“因声求义”,以声音通训诂是“二王”训诂学的灵魂,“促进古老的训诂学走向科学语言学的道路”(204页)。又如,在比较了清代校勘学中对校派与理校派异同后,指出,以戴、段、“二王”为代表的理校派“都有深厚的小学根柢,并以此名家,博极群书,熟悉诸书体例及致误读规律;他们广泛搜集包括版本异文在内的各种异文材料,根据本书义理,运用文字、音训、训诂、版本、目录及有关历史文化知识,分析考证各种异文,定其是非,明确主张订正刊误,敢于改正误字。这派基本上继承郑玄《三礼注》、陆德明《经典释文》的古典校勘学传统并有所发展……比较而言,对校派更多贡献于说明版本根据的重要原则,理校派则在总结校勘方法和归纳校勘通例方面,有着突出的贡献”(487—488页)。特别是第三、第五两章:《高邮王氏训诂学训释方法分类述评》《高邮王氏校勘学校勘方法分类述评》,对“二王”训诂、校勘方法,进行了详尽梳理和归纳,训诂列8节43法、校勘列7节26法,每一类都从他们的著作中举出实例加以证明,同时予以自己的评述,其中也融入了他自己古籍整理观念、方法和实践体会,从而得出这些方法“至今对于阅读古书、整理古籍、编纂语文工具书、提倡写规范字,仍然有着积极的现实借鉴意义”(386页)。前面说过,薛正兴学术研究一直是与编辑实际工作相结合，无论其古籍整理实践或古籍整理理论研究，其出发点和落脚点，都是提高古籍图书编辑能力，故此书最大特点，就是理论联系实际，以阐释“二王”学术思想与方法，有针对性地来解决现今古籍整理中的一些实际问题。由此，我们也不难理解，薛正兴为什么称得上是名副其实的“学者型编辑”。

十年后追忆和纪念薛正兴先生，最好的方式，是读他的文章和著作，了解他是怎样编辑图书的，怎样成为一名“学者型编辑”。虽然如今，商业出版逻辑已远胜于文化出版逻辑，更博得行业认可，但我始终以为，近一百年前，中华书局创办人陆费逵先生的一句话，仍是我们对这个行业认识的至理名言：“我们希望国家社会进步，不能不希望教育进步；我们希望教育进步，不能不希望书业进步。我书业虽然是较小的行业，但是与国家社会关系，却比任何行业大些。”（《书业商会二十周年纪念册序》，《陆费逵文选》，中华书局，2011年，152页）由此，我们希望，“学者型编辑”不要成为这个时代永久的“背影”。几十年前，梅兰芳先生在谈到京剧改革时，提出“移步不换形”，我理解梅先生讲的“形”，不是外在的东西，“本”有所“固”，“创新”方得基础。笔者三十年前入行江苏出版，所在办公楼顶有“出版大厦”四个字，进出多少有点自豪感与敬畏之心；如今已换成了“凤凰广场”，每每看到年轻同行匆匆脚步，不知他们是怎样憧憬着这个行业。三十年间，人虽多非，然物依旧，我有时想，如果能够编辑一本《从“出版大厦”到“凤凰广场”》，或许可以想想，“移步”时，还有哪些“本”需要留住。

断断续续，写下上述文字，来追忆昔日前辈师友，并以纳兰词句为题，多少有点伤感。

（原刊《诚斋文录》，广陵书社，2023年）

送赵昌平先生最后一程

徐　俊

赵昌平先生离世的消息是黄晓峰兄一早微信告知的，不敢相信是真的。耐不得打字，晓峰改用语音留言，我则立即打电话确认。周一事多，无暇细想，但与赵先生二十多年的交往，大事小事，还是挤进脑际，一一重现。

上个月11日，我为别的事翻检旧照，找到1995年10月与赵先生夫妇、陈尚君兄夫妇在扬州的合影，随手拍了一张发给尚君，半夜尚君回复：已发昌平。正如尚君兄所说，赵先生看似严厉，实则内心柔软，去年夏天以来，他深陷丧妻之痛，想那天他看到这张照片，一定伤心难过，就跟我们现在面对这张照片一样。

赵先生是我的前辈，无论为学为人，还是作为同业同行，都令我钦敬。各种场合相聚，与我同辈的友人，都亲昵地以“昌平”“昌平兄”相称，在我则无论当面还是书面，只称“赵先生”。在二十世纪八十年代

与赵昌平夫妇、陈尚君兄夫妇在扬州合影（1995年10月）

的中华书局，某人被称为“先生”或“老师”，有一种约定俗成的区分，赵先生在我心目中当得起这个称呼。

赵先生二十世纪八九十年代就以唐诗研究蜚声学林。认识赵先生是因为我较早参加唐代文学学会年会，赵先生与傅璇琮先生交往多，在南北两大古籍出版社工作，自然多了一些认同感。1995年10月底，王小盾兄在扬州组织了一场小型学术会议，主题是“世纪之交的中国古代文学研究”，赵先生夫妇、尚君兄夫妇、张伯伟曹虹两学长，还有吴小平、蒋寅兄，几位一同参加，赵先生作了“唐代文学研究综述”的学术报告。就是在那次会上，我第一次向大家汇报了敦煌诗歌整理的情况和对唐写本诗集的认识，得到了赵先生的鼓励。除了开会，还同游了扬州名胜，盘桓数日。二十多年过去，回头看，尽管当时与各位早已熟识，但扬州之行加深了我们的友谊，成为最好的一批朋友。

1997年之后，书局经营发展遇到了一些波折。其中在外界影响较大的，是1998年中华与上海古籍出版社两家因为“中华活页文选”而起的争执。身在两家的熟人都难免有些尴尬和生分。2000年末，我离开中华，到社科院文学所工作，专心于敦煌文献的整理研究。这年夏秋，我随荣新江兄出差到上海，首要工作就是去上古查阅俄藏敦煌文献的未刊部分，以写定我们合撰的《唐蔡省风〈瑶池新咏〉重研》。记得到上古后去拜访赵先生，见面落座，赵先生先开口说，“不能因为我们两家闹矛盾，你就不来看我了”。一席话打破了我的不安，很多年一直萦绕在心。

赵先生是第十、十一两届全国政协委员，每年都要来京参加两会。2004年到2011年，赵先生每来开会，必与中华的朋友一聚，成为惯例。会议驻地恰巧也都在中华附近的建银饭店。因为赵先生在内蒙古工作过多年，聚会地点每次都在中华附近的西贝莜面村。莜面村充满北方乡村味道的环境，是我现在想到赵先生畅谈言笑的背景。赵先生给我们的印象是很讲究生活品质的，与这样的背景反差很大。其中的深层原因，是他对内蒙古数年的一点寄托吧。这几天看了他的旧作《我的中学情结》，更能体会到这一点。

赵先生担任上海古籍出版社总编辑十数年，对古籍整理出版事业的贡献毋庸赘言。因为工作分工的缘故，我们俩参加“古联体”的活动较少，但每次见面所谈还是以工作交流为多。2004年春，赵先生来京开会，特地到了书局，这一次交流给我留下印象最深的是，赵先生说古籍出版这么小的行业，中华上古要加强合作，只有两家形成合力，在出版市场化的时代，才有古籍出版的声音。后来，在赵先生的亲自策划推动下，我们两家联合出版了“文化中国”丛书，包括“辉煌时代”“世界的中国”“文化简史”“中华意象”四个系列，是一套以世界文化视域来透析中国文化的、为青少年量身定制的原创传统文化读物。题材是传统的，眼界是当代的，体现了赵先生对传统文化大众化的长期思考。

我从与赵先生的交谈中获益最大的是他关于“基本书”的理念。赵先生对编辑工作的思考，与他的学术研究一样，具有非常强的学理性。给我最深的印象是，既不从声流俗，又不固步自封，在今天的出版界是非常难得的品格。我们后来在书局的工作中大力推广“基本书”理念，并把“基本书”理念用到传统文化大众出版上来，取得了很好的效果。

赵先生对中华书局一直关注、支持，尤其是在2003年李岩兄为首的年轻班子组成以后，赵先生更是对我们有求必应、有请必到，从百年局庆活动、中华上海公司成立，到近年的宋云彬古籍整理出版基金理事会、《中国出版史研究》编委会成立，都发表热情洋溢的讲话，鼓励有加。

2011年12月28日，中华书局百年历程暨珍贵图书文献展在上海图书馆举办，当天召开了中华书局成立一百周年座谈会，上海学术文化界、出版界代表到会，裘锡圭、邹逸麟、陈昕、赵昌平先生等发言，赵先生以上海出版协会理事长的身份，把中华的过去和当下归结为四个字——“固本出新”。他说，“新”由“本”出，所有的“新”都是有其“本”才能出的。

2013年夏上海书展，适逢《史记》修订本出版，8月17日《史记》修订本在上海书展首发。当天晚上，由赵先生亲自主持，在上海图书馆报告厅，我作了题为“《史记》点校往事”的报告。我的报告主要是以档案图片展示1958年之后“二十四史”点校的工作历程，以及顾颉刚、宋云彬等先生在《史记》点校工作中的卓越贡献，看那个特殊年代古籍整理出版工作中的曲折艰难。报告结束后，赵先生作了长篇评点，对老一代学者的贡献、古籍整理工作的复杂性和整理传承价值的阐发，令我感动。

关于古籍整理的质量问题，是赵先生每见必谈的话题。近几年“古籍办”加强了古籍补贴项目的质检工作，中华承担了大量任务，中华的书则交由上海方面检查。赵先生多次与我交换对某些书的意见想法，有些属于质检范围的具体问题，有些涉及如何更恰当地提升当下的古籍整理水平，每每让我汗颜，令我警醒。有些话是只有我们同行才能说、才能理解的。良师益友，不可多得，思之怅然。

几年前赵先生就答应把他的论文集交给中华出版。每次见面，我都重申此约。2017年2月16日，赵先生收到拙著《鸣沙习学集》，给我短信：“俊兄，惠赐大著《鸣沙集》奉到，谢谢！……我一年来忙于‘开天辟地’学术文本，写了近四十万字，估计旬内可成，再忙文集事，兄著正可为弟编次样版……”斯人已逝，感念长存！希望能够为实现赵先生的遗愿，尽一份心力！

（原刊《澎湃新闻·上海书评》2018年5月26日）

致力于文化的传承与传播

——记作为出版人的赵昌平

高克勤

赵昌平先生去世后不久,我应《文汇读书周报》之约,写了《良师益友赵昌平》一文,回顾了与昌平先生相识三十多年来的历程,叙述了他留给我的深刻印象,主要是他作为一个学者型出版人对学术和出版事业的执着追求和清晰认识。当时正值治丧期间,诸事繁冗,无暇对他的业绩作细致的梳理。关于赵昌平在学术上尤其是在唐诗学等领域的贡献,已有学者专文评述,不再赘言;兹应《文汇学人》之约,着重评述他的出版理念和编辑艺术。

一

赵昌平是一位有丰硕成果的学者,但他更是一位有众多建树的出版人,出版人是他的职业身份。自从研究生毕业后,他就开始了长达三十三年的出版生涯。在长期的出版生涯中,凭借着好学深思的特性，扎实深厚的功底，日积月累的实践，赵昌平形成了清晰的出版理念，提出了一系列有关编辑出版的观点，策划出版了一大批至今仍为读者所欢迎的、具有很高学术质量和很大影响力的图书，成为一位有思想、有实践、有业绩的出版人。

作为一位从事古籍出版的专业出版人，赵昌平的出版理念和实践无疑聚焦于“找准传统文化与当代社会的契合点”，做到古今相通、中西相容，即做好传统文化的传承与传播；而致力于策划出版高品位、系列化、精品化的普及读物是做好传承与传播的有效途径。这一理念，随着他思考的深入和实践的积累，日益清晰和丰富。

早在1991年，赵昌平策划了“中国古代生活文化丛书”，包括中国交际文化、服饰文化、酒文化、茶文化、馔食文化、书具文化、养植文化、装饰文化、游览文化、博弈文化十种。他在丛书的《出版说明》中写道：

> “中国古代生活文化丛书”的编写目的，就是向具有一般文化水平的读者，介绍中国古代、近代生活的情状；从文化角度，对生活习俗、方式作审视，分辨雅俗；从而使读者对民族传统、心理有一个大体而生动的印象，潜移默化，提高生活情趣。

他还写道：

> 丛书充分注意到知识性、民族性与实用性、开放性的结合。考虑到现代人的审美观念，开放的时代特点，各书虽以介绍中国古、近代生活文化精髓为主，却又纵横古今，驰骋中外，或随处引发，或专节漫谈，以帮助读者思考：如何在生活中发扬民族文化传统的同时，有机地吸取域外文化的营养，而避免东施效颦的遗憾。

2004年，中共中央、国务院明确了一项重大的文化战略："对未成年人进行以爱国主义为核心的伟大民族精神的教育"，要求通过中华民族优良传统和悠久历史的教育学习，引导广大青少年"从小树立民族自尊心、自信心和自豪感。"作为全国政协委员，赵昌平提交了《关于将高质量、规模化的未成年人民族精神教育丛书纳入全国古籍整理出版的"十一五"规划》的提案，他又策划了"文史中国"丛书，由中华书局和上海古籍出版社联合出版，首批共三十八本，分为四个系列：辉煌时代、世界的中国、文化简史、中华意象。其中"辉煌时代"系列十本介绍与分析中国历史上十个辉煌的时代，以显示开放心态和创新精神是中华民族发展振兴的主体精神。"世界的中国"系列十本集中表现中华文化与世界各民族文化的交流与融合，强调中国与世界的开放共荣、和谐共处是中华文化的固有精神。"文化简史"系列包括中国音乐文化、中国古代绘画、中国书法篆刻、中国饮食文化、中国服饰、中国建筑文化、中国图书文化、中国古代体育、中国书院文化和京昆简史十本。"中华意象"系列八本选取最能够体现中华民族主体思想的、具有象征意味的如"龙凤""金玉""山水""花木"等意象进行深入的解析，展示中国人特有的精神世界。他在"文史中国"丛书的《出版缘起》中写道：

> 有别于以往的传统文化读物，"文史中国"的宗旨可概括为一句话：题材是传统的，眼界是当代的。因此除了科学性与可读性相统一的常规标准外，丛书从选目到撰写，更要求以一种世界性的文化视域来透析中华文化的深刻意蕴。而"中华"与"上古"深厚的学术底气与近十年来的创新精神，正是践行这一宗旨的可靠保证。

无疑这套丛书的范围和内涵较"中国古代生活文化丛书"都有了扩大

和深化，这也反映出赵昌平出版理念的发展和成熟。

正因为有这样的出版理念，赵昌平特别重视普及读物的出版，并身体力行。他曾这样阐述自己对普及读物的认识："必须走出以学术为社会效益（雅），以普及为经济效益（俗）的认识误区。虽然学术与普及的量的比例会有时代性的调整，但与一切学科一样，基础资料（古籍整理）与基础理论（学术研究），永远是专业社的核心。只有保持学术优势，方能确立品牌优势，方能高屋建瓴处理普及读物，使之具有较久的市场独占性。""普及读物，从本质上看是学术思想成果的社会化延展，所谓'提高指导下的普及'，应是这些成果与民众心理与阅读习惯的结合。因此必须确立'普及读物要精品'的意识。"（《传统文化与当代出版》，《编辑学刊》2000年第6期）

2001年，他以"开拓进取，加快发展"为主题，撰写了《坚持专业优势，将"上古"品牌拓展到各个层次》一文，围绕图书结构调整研究问题并解决问题，提出："坚持专业优势与学术骨架，将上海古籍出版社品牌拓展到各个层次，这是本社今年乃至今后数年内选题工作的中心任务：我们必须坚持发扬建社四十四年来积淀的专业优势，保持并扩大本专业的学术优势，但是又不能固步自封，在古籍出版资源十分有限的情况下画地为牢。将'上古'品牌由学术领域拓展到各个读者层次，是当前中国文化发展趋势在出版业的必然体现，也因此是本社持续发展的必由之路。"（《古籍整理出版情况简报》2001年第3期）在他的主导下，上海古籍出版社的普及读物一度出现了"遍地开花"的局面，除了传统的选本、译注之外，引人注目的是出版了一批高品位的画册和图文本，如《戴敦邦新绘全本红楼梦》等名家绘画"四大名著"、《唐诗三百首（图文本）》等诗词曲图文本系列、《红楼梦（图文本）》等古典小说名著图文本系列等；还"试水"少儿读物，编辑出版了"经典拼音背诵读本”“拼音小名著”等图书，也取得了一时的成功。虽然由于图书市场的细分和阅读习惯的变化，这类普及读物已盛况不再，但其探索和努力值得肯定，其得失和经验值得总结。

二

赵昌平的出版理念植根于上海古籍出版社的出版传统和出版实践。三十三年来，他一直在上海古籍出版社从事编辑出版工作。上海古籍出版社是一家有着悠久历史和光荣传统的专业出版社，建社以来一直以弘扬中华优秀传统文化为己任，以整理出版高质量的古籍作品、学术研究著作和普及读物为重点。几十年来，上海古籍出版社出版了一大批代表古籍整理和学术研究水平的图书，涌现了不少业界著称的学者型出版人。赵昌平1982年10月进入上海古籍出版社的时候，在上海古籍出版社第一编辑室任编辑。第一编辑室主要从事文学古籍的整理出版工作，其担纲的“中国古典文学丛书”是上海古籍出版社编辑出版历时最长、学术含量最高、最能体现本社精品图书特色的一套大型丛书。当时主持第一编辑室工作的是李学颖先生，时任副总编辑包敬第、陈振鹏、汪贤度都担任过第一编辑室主任，他们都负责过这套丛书的编辑，并且也都承担过其中一些集子的整理工作。陈振鹏先生为著名学者钱仲联的《剑南诗稿校注》、邓广铭的《稼轩词编年笺注》做的审稿工作使两书在质量上得到很大提高，得到两位先生的高度肯定。同样，李学颖先生为钱仲联的《后村词笺注》纠正错注近百条，深得钱仲联的推许；她曾审阅王蘧常的《顾亭林诗集汇注》，王先生评价她“商榷体例，复审资料，莫不心细如发，目利于刃，真编辑中之巨匠也”。前辈的这些故事在社里都成为美谈，并成为青年编辑学习的榜样。这套丛书的编辑加工方式很有特色，如编辑中坚持签条制度，后审指出前审问题，用签条指导查证修改，从而以老带新，使青年编辑得到成长。赵昌平担任编辑后也得到了严格规范的训练，审稿能力特别是审读古籍整理书稿的能力迅速提高。他先后初审、复审的古籍整理图书有《卢纶诗集校注》《嘉祐集笺注》《元诗纪事》《文心雕龙义证》《升庵诗话笺证》等。他与同门严寿澂、黄明还合作完成了《郑谷诗集笺注》。赵昌平曾感叹道："我从陈振鹏、李学颖老师那里学到的知识，是在北大、华师大学不到的。"

编辑出版高质量的普及读物也是上海古籍出版社的传统。赵昌平曾自述他喜欢中国古典文学就是从少年时期读中华书局上海编辑所（上海古籍出版社前身）编的《中华活叶文选》开始的。《中华活叶文选》在二十世纪六十年代曾风靡一时，是一代人中国传统文化的启蒙读物。上海古籍出版社还出版过两套各80本的小丛书"中国古典文学作品选读"和"中国古典文学基本知识丛书"，前者中的《唐诗一百首》《唐宋词一百首》等和众多的作家作品，后者中的《读诗常识》《读词常识》等和众多的作家传记，得到了无数读者的喜爱。上海古籍出版社的前辈中有许多擅长策划编辑并撰写普及读物的高手，如金性尧、何满子、陈邦炎等先生。金性尧先生不仅参与了《中华活叶文选》《唐诗一百首》等的编选工作，他自己撰写的《唐诗三百首新注》也以注释的浅切和评析的精到风靡一时，行销数百万册。赵昌平对金性尧先生及其《唐诗三百首新注》也很推崇。他精研唐诗，除了撰写不少高质量的、有创见的学术论文外，尤致力于唐诗普及读物的撰写，他曾与马茂元先生合著《唐诗三百首新编》（岳麓书社，1985年），修订马茂元先生选注的《唐诗选》（上海古籍出版社，1999年）；自己也编了《唐诗选》二册（上册《唐音浮沉录》，下册《唐诗性情编》，香港中华书局，1991

年；上海书店出版社1993年版收入“中国诗歌宝库”丛书)，撰写了《唐诗三百首新译》(台湾建安出版社，1999年；复旦大学出版社2006年版易名《唐诗三百首全解》)。他在《唐诗三百首新译》的序中写道：“一切研究的起点是文本解读”，“我的唐诗研究是以极认真的文本解读为起点的，也常常有些独特的感悟。”他把具体做法归纳为四句话：“诗要熟读，又要一字一字地读，反反复复比较着读，从中以我心去感悟诗心。”可能是源于大学毕业后做过中学语文老师的经历，更可能是出于出版人的责任，赵昌平对撰写普及读物情有独钟。他还编写过中学教材。1987年，他受邀与上海教育出版社老编审陆萼庭先生合作为香港商务印书馆、香港教育图书公司编写中学高年级用《中国文学》教材及参考资料各四册(撰写一、二册)，出版后长期成为当时香港同一教材中使用率最高者。1997年，他主持编撰的《二千年前的哲言》被列为上海市中学思想教育课程教材。除了唐诗选本外，他还撰有《孟子——匡世的真言》(香港中华书局，1996年；上海古籍出版社1997年版收入“中国经典宝库”丛书)、《美文精读与写作(中国古代卷)》(上海古籍出版社，1999年)等。后者精选中国古代美文25篇，按内容体裁分为写景记游、写人记事、论说辩难、杂文随笔、抒情言志五辑，每篇美文均有引言、解读要领、谈美初阶、作文启示等五个版块。可见他的关注所在。

2002年由赵昌平策划出版的“新世纪古典文学经典读本”丛书，就是对上海古籍出版社出版普及读物传统的继承和发展。这套丛书将“中国古典文学基本知识丛书”中的作家评传与“中国古典文学作品选读”中的作品注析两种方式融为一体。他自己撰写了《李白诗选评》(上海古籍出版社，2002年)一书示范。他在《编者的话》中这样写道：

> 这套丛书继承发扬了上海古籍出版社四十六年来出版普及读物的优良传统，也集结了多方面的正反经验：名家撰作，深入浅出，知识性与可读性并重，固然是其基本特点；而文化传统与现代特色的结合，更是她新的关注。学界近半个世纪以来新的研究成果，从中获得适应新时代读者欣赏习惯的浅切化与社会化的表述；反俗为雅，于易读易懂之中透现出一种高雅的情韵，是其标格所在。

对于出版社尤其是古籍专业出版社来说，出版唐诗宋词、“四大名著”等经典作品的图书是大家不约而同甚至是趋之若鹜的事，但高下就在于如何与时俱进地适应时代和读者的需求，做到“人无我有”“人有我优”。如果说，上述将经典作品加以浅切化、通俗化传播的选本、图文本等“新瓶装陈酿”的做法还不足以显示出编辑匠心的话，那么，借鉴或利用旧有的品牌和定型的形式，注入全新的适合时人阅读的内容这种“旧瓶装新酒”的做法就更体现出编辑策划的创新点了。1997年，赵昌平与时任社长李国章共同创意主编的《二十五史新编》(15册)可以说是“旧瓶装新酒”的范例。这套丛书用读者耳熟能详的“二十五史”的旧名，但在具体书目上有所变化，请当代在相关方面有精深研究的学者在旧史的基础上写新的断代史，内容上以读者欢迎的“传记”为主，辅以反映历史梗概的“纪事”、表现政治制度等的“志”和记载王朝帝系传承的“表”，多角度、多层次、经纬交织地建构中国五千年的历史，既汲取了旧史的精华，又注入了现代史学研究尤其是考古发现的新成果。这套丛书出版后，果然很受读者欢迎，并荣获中国图书奖。香港中华书局通过版权贸易几乎同步推出了全书的中文繁体字版，至今畅销不衰。类似《二十五史新编》这样的案例，在上海古籍出版社还可找出不少。

近二十多年来，赵昌平的出版理念和实践不仅影响着上海古籍出版社的编辑出版，而且影响还波及上海出版界和全国古籍整理出版界。书比人长寿。他为中国当代的出版尤其是古籍整理出版做出的贡献，将永远为同人所铭记。

（原刊《文汇报》2018年7月13日）

亦师亦友四十载

——陈尚君印象

高克勤

认识陈尚君已经有四十多年了。这四十多年,也是他整理研究唐诗并最终完成纂校《唐五代诗全编》这部达1 800余万字的巨著的四十多年。《唐五代诗全编》是当代以一人之力完成的单体体量最大的古籍整理著作。2024年8月15日,在上海展览中心举行了“《唐五代诗全编》首发式”,当这部16开精装50册的皇皇巨著展现在读者面前时,大家无不为陈尚君四十多年来锲而不舍耕耘在唐代文史及其相关领域,凭借着超出常人的才力、毅力和付出取得的巨大的成果而惊叹。作为陈尚君四十多年前在复旦大学做指导员时期的学生,近四十年来与陈尚君密切合作的上海古籍出版社的编辑,我有幸目睹了他从青年教师成长为杰出学者的过程。他的为人和治学,都给我留下深刻的印象。

一、年轻的指导员

1982年3月,时年三十岁的陈尚君从复旦大学中文系唐宋文学专业硕士研究生毕业留校,做的第一份工作就是担任我们复旦大学中文系本科1979级的指导员。我们也由此了解了他的经历。他祖籍宁波,生于南通。中学才读一年就遭逢"文革",学校停课,去农场务农八年。1977年3月,作为最后一届工农兵学员进了复旦大学中文系。他发愤读书,努力弥补知识空白。第二年,恢复招考研究生,他以在校生身份参加考试,结果以专业第一、总分第二的成绩考上了时任复旦大学中文系主任朱东润(1896—1988)的研究生,专攻唐宋文学。朱东润先生是一个具有现代学术意识的学者,对中国古典文学和文学理论都有深入的研究,同时还从事传记文学创作。他在学术研究方面的特点是求真求是,不盲从,有自己的独特见解。朱先生为人质实,独立进取,为学刻苦,读书力透纸背,曾言:"用最艰苦的方法追求学识,从最坚决的方向认识人生。"朱先生治学的格局气象和为人处世的特点给予陈尚君深刻的影响。陈尚君在读研究生期间就好学深思,撰写了《杜甫离蜀后的行止试析——兼论杜甫之死》《李白崔令钦交游发隐》《温庭筠早年事迹考辨》等论文,在《复旦学报》《中华文史论丛》等刊物发表,得到朱先生的称赞。朱先生颇欣赏其独立思考的能力,对他寄予厚望,在与人谈及时,认为陈尚君将给复旦大学带来光荣。

按照当时的大学惯例,我们一入学,系里就安排了一位从事现当代文学研究的青年教师沈永宝担任我们班的班主任,负责班里的一切事务。陈尚君来的时候,我们已是大学三年级了。作为指导员,他主要

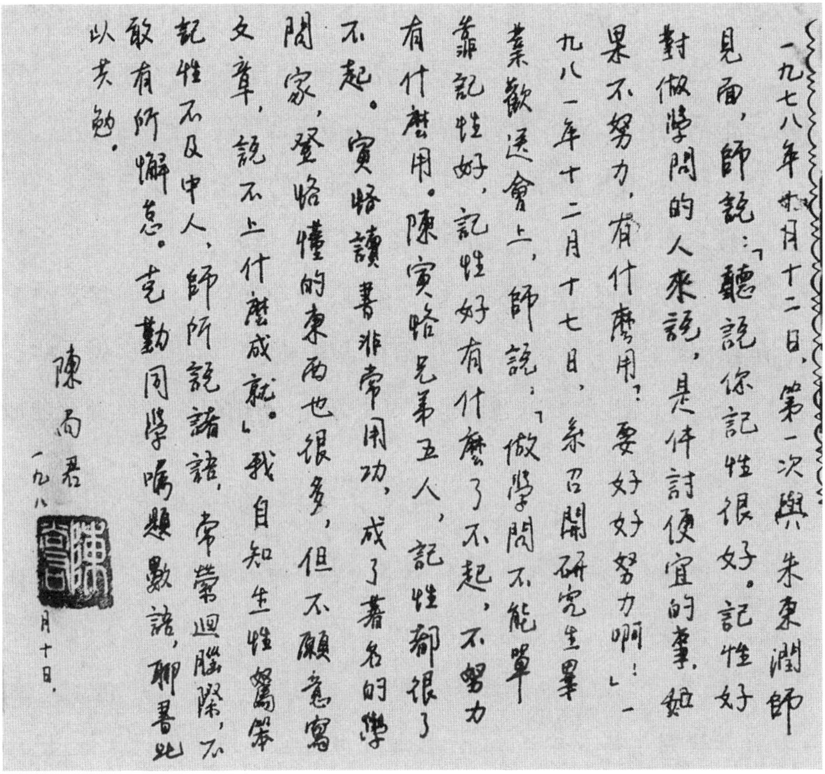
一九七八年秋月十二日，第一次與朱東潤師見面，師說：「聽說你記性很好。記性好對做學問的人來說，是件討便宜的事，如果不努力，有什麼用？要好好努力啊！」一九八一年十二月十七日，系召開研究生畢業歡送會上，師說：「做學問不能單靠記性好，記性好有什麼了不起，不努力有什麼用。陳寅恪兄弟五人，記性都很了不起。寅恪讀書非常用功，成了著名的學問家，登恪懂的東西也很多，但不願意寫文章，說不上什麼成就。」我自知生性駑笨，記性不及中人，師所說諸語，常縈迴腦際，不敢有所懈怠。克勤同學囑題數語，聊書此以共勉。

陳尚君

一九八 月十日

陈尚君先生给作者的赠言

做的工作就是关心同学，帮助同学解决思想与生活问题。我们班同学年龄相差不小，年长的与年轻的最多相差一轮，有几位同学还比陈尚君年长，所以多把他当成同辈的朋友，与他交流毫不拘束。当时他还没有结婚，住在学校附近的宿舍，所以我们班的集体活动他多参加，如给班里组织的足球比赛当拉拉队员，与同学一起包饺子迎新年，等等。有时周五下午安排小组学习，他来我们男同学寝室串门聊天，还与同学下围棋。我们几个准备考研究生的同学，就向他请教应试的注意事项。最后一学期，他与沈老师忙着同学们的毕业分配。我当时已录取为唐宋文学专业的研究生，陈尚君就主动找我，介绍他自己做研究的方法。我还去过他当时住的宿舍，看到他当时正在做唐诗辑佚工作时的情形。

毕业前夕，我班制作了“当我们在一起”的纪念册，请我们入学时的系主任朱东润先生题签，请时任系主任章培恒先生题词。章先生的题词是：“追求真理，锲而不舍，纵罹困厄，毋变初衷。”我们拿着纪念册，请老师同学题词留念。朱先生给我的题词是：“为我国多做一些有益的工作。”章先生给我的题词是：“开辟新路，不循旧章。”陈尚君老师给我写了一大段话：

> 一九七八年十月十二日，第一次与朱东润师见面，师说：“听说你记性很好。记性好对做学问的人来说，是件讨便宜的事，如果不努力，有什么用？要好好努力啊！”一九八一年十二月十七日，系召开研究生毕业欢送会上，师说：“做学问不能单靠记性好，记性好有什么了不起，不努力有什么用。陈寅恪兄弟五人，记性都很了不起。寅恪读书非常用功，成了著名的学问家，登恪懂的东西也很多，但不愿意写文章，说不上什么成就。”我自知生性驽笨，记性不及中人，师所说诸语，常萦回脑际，不敢有所懈怠。克勤同学嘱题数语，聊书此以共勉。
>
> 陈尚君
>
> 一九八三年七月十日

当时在班里我也有“记性很好”的名声，所以陈老师向我转述朱老语重心长的话。陈寅恪兄弟五人，为陈衡恪、陈隆恪、陈寅恪、陈方恪、陈登恪。陈登恪（1897—1974）是古典文学研究专家，述而不作，发表的论著不多,朱东润曾与他同在武汉大学任教,比较了解,故有此语。

我们班同学毕业以后,一直与沈永宝、陈尚君两位老师保持着比较密切的联系。毕业四十多年来,我们班同学的每次聚会,从1999年的入学二十周年纪念到2023年的毕业四十周年聚会,无论聚会地点是上海还是北京,两位老师都参加了。陈老师的夫人孔沂澜是上海师范大学中文系1977级的毕业生,曾经在复旦大学古籍研究所工作,后来到上海大学影视学院任教,也经常随陈老师参加我们班的聚会,成了我们班的"专职摄影师"。

我读研究生三年间,在系里经常遇到陈尚君老师,他还很关心我的学业。他的硕士学位论文是《欧阳修与北宋文学革新的成功》(《研究生论文选集·中国古代文学分册[一]》,江苏人民出版社,1983年),我看了以后颇受启发。他说,朱东润先生在他的毕业评语中,指出他的长处是善于在复杂的文献中厘清线索。经朱老启发,陈尚君才坚定地走上考据之路。他还给我讲了做考据与做理论研究的区别。1985年,陈尚君把刊有其《欧阳修著述考》一文的《复旦学报》(1985年第3期)赠我,我读了后也依样画葫芦地写了一篇《王安石著述考》(《复旦学报》1988年第1期)。

1986年,我研究生毕业后进入上海古籍出版社工作,因为相同专业的原因,与陈尚君老师的联系就更加密切了。陈老师对我与我社的工作一直给予积极支持,是与我社长期合作的作者。他在我社出版的论文集《汉唐文学与文献论考》《唐诗求是》,他主持的复旦大学中文系编《卿云集——复旦大学中文系七十五周年纪念论文集》《朱东润先生诞辰一百一十周年纪念文集》和主编的"复旦大学古代文学研究书系"等书也都是由我经手的。在合作过程中,我深深地感受到陈老师对学术的执着和认真、对事业的坚守和负责、对师长的尊重和深情、对友生的提携和帮助。《唐五代诗全编》更是他与上海古籍出版社精诚合作的范例。

二、从辑佚开始的唐代诗文研究

2012年春，陈尚君向时任上海古籍出版社总编辑赵昌平（1945—2018）谈了他拟独自编纂《唐五代诗全编》的进展情况和学术追求。赵昌平是著名的唐诗专家，对陈尚君的学术水平和此书的学术价值给予了高度肯定，此书选题很快得到上海古籍出版社的批准。当年8月，陈尚君与时任上海古籍出版社社长王兴康签订了《唐五代诗全编》的出版合同。2013年1月，我主持上海古籍出版社工作后，继续推进此事，落实了对接此书的编辑。2020年6月30日，陈老师来我社与编辑进行来稿前的体例交流，并于当年10月20日交来第一批稿件，编校工作正式启动。文学编辑室一半以上的编辑担任了此书的责任编辑，加上二审、终审的编辑共有十多位，校对科全体人员投入了校对。陈老师本来期望两年后即他七十周岁时能够出版此书。但由于此书篇幅实在大，出版社采取了特殊的流程，陈老师交来一批稿件编辑就审读一批，然后送陈老师核定后再送厂里退改，改样再由校对科校对，陈老师一个人要审读多次校样，不但要不时复校底本、查核文献、统一体例等，而且其间还不断补校善本，甚至更换底本，纠正罅漏。这样，从审稿读样到出版也花了近四年时间。此书出版时，陈老师已年过六纪，我也退休两年了。

陈尚君从决定以一人之力纂校《唐五代诗全编》到最终完成出版，花了十多年的时间；但他研究整理唐诗，可是持续了四十多年的努力啊！

《全唐诗》是清朝康熙年间由彭定求等十位江浙两省在籍翰林奉敕编纂的，是在明末胡震亨《唐音统签》和清初季振宜《唐诗》的基础上编纂而成的。全书共九百卷，收录唐五代诗48 900余首，作者2 200余人，是三百多年来通行的唐诗文献的权威读本。由于皇命不可违，《全唐诗》成书很快，只用了一年半的时间，不免仓促，还存在许多瑕疵，如失收、误收、重收及小传小注舛误、编次不当等。因此，《全唐诗》成书后不久，就有学者议论，此后数百年间出现了补遗考订之作，也有学者提出改编《全唐诗》。1982年，中华书局出版了王重民、孙望、童养年辑《全唐诗外编》，补录唐诗两千多首。陈尚君也就在此前不久开始了他的《全唐诗》研究。

据陈尚君《唐五代诗全编·前言》（以下凡引本文处不再注明）自述，他对《全唐诗》的最初接触，是读到《南京师范大学学报》1979年第1期刊发的孙望《全唐诗补逸》选录六十多首，其间似有相识者，于是利用上海书店影印版《佩文韵府》所附索引，检出有八首见于《全唐诗》，写成短文《关于〈全唐诗补逸〉中几首诗的误收》。这是他平生所作第一篇具有学术意味的文字，也可以视为他研究整理唐诗的开端。

1982年，陈尚君见到《全唐诗外编》，发现还有许多他所知的唐诗没有收录，于是下决心全面网罗唐人佚诗。1992年，陈尚君辑校《全唐诗补编》由中华书局出版，其中包括《全唐诗外编》（校订本）和《全唐诗续拾》两部分，前者由陈尚君校订，后者是他爬梳剔抉所得，所收唐诗4 300余首。全书共3册120多万字，后者占了2册。三十年后，该书荣获第五届思勉原创奖，评语曰："该著作的原创性在于：此书为辑佚之作，虽然前代学者亦曾在此领域有所开拓，但就辑补的诗作和增添的诗人之数量而言，皆不能与本书比肩，此书实为对《全唐诗》数量最大的补充，对了解唐代诗歌的整体面貌，具有不可替代之价值。其辑录与考订不仅迈越前贤，亦代表当今最高学术水平。不仅为唐诗研究提供了丰富的新材料，也拓展了唐诗研究视野和方法，是一部具有填补空白价值的重要文献学著作。”

《全唐诗补编》完成后十余年间，陈尚君又完成了《全唐文补编》和《旧五代史新辑会证》两部大书，2005年分别由中华书局和复旦大学出版社出版。前者290多万字，录得唐人遗文6 200多篇，相当于前人所得唐文四分之一强，对唐代各方面的研究有很大的参考价值，于2022年荣获第三届宋云彬古籍整理奖图书奖。后者300多万字，对“二十四史”中唯一一种原书没有流传下来而由清人邵晋涵辑成的辑佚书《旧五代史》作新辑会证。陈尚君此本牢笼群书，细分文献，以求恢复一代史籍之真貌，与邵晋涵辑本相较有很大增加和修订，出版后于2006年荣获第一届中华优秀出版物奖图书奖。一个学者一辈子能完成一种这样水准和规模的大书已属不易，何况陈尚君在二十多年间完成了这三部大书。在这二十多年间，陈尚君还发表了各类学术文章上百篇，结为论文集多种，其中有《杜诗早期流传考》《〈全唐诗〉误收诗考》等力作，1994年与汪涌豪合作的《司空图〈二十四诗品〉辨伪》（《中国古籍研究［第一卷］》，上海古籍出版社，1996年）在学界影响尤大。

三、前辈学者的厚望

陈尚君的学术成果很快得到了学术界尤其是唐诗学界的高度肯定。中国唐代文学学会先后两任会长程千帆（1913—2000）、傅璇琮（1933—2016）对陈尚君都很赞赏。1986年4月在洛阳召开的第三届唐代文学年会期间，作为会长的程千帆先生专门登门看望参会的年轻讲师陈尚君，鼓励他多写踏实有创见的文字（陈尚君《想到程千帆先生》,《濠上漫与——陈尚君读书随笔》,中华书局,2019年)。1996年12月27日,程千帆在致弟子蒋寅的信中说,青年学者中陈尚君等人,“皆我所畏者也”(《闲堂书简》,上海古籍出版社,2004年)。他的外孙女张春晓后来成为陈尚君的博士研究生。1998年11月16日,他在致复旦大学中文系教师傅杰的信中说:“外孙女春晓思拜尚君先生门下,夫子之墙数仞,不知有此造化否,但努力赴之。千帆四十年代初在武大承乏,即荷东润先生拂拭,至今不敢忘。若春晓得为朱老之小门人,亦是一因缘,为老朽所希冀也。”(同上)

傅璇琮先生对陈尚君更是寄予殷切的期望。1997年,陈尚君的第一本论文集《唐代文学丛考》由中国社会科学出版社出版,傅先生作序,序中提到朱东润先生对陈尚君的称赞,说:“朱东润先生对青年学子的要求是很严格的,他能对尚君同志作如此的赞许,确实表现出极为难得的伯乐风范与大家气度。在这里,我想借用朱先生的这句话,窃以为,以尚君同志十余年来在唐代文学基础研究也就是文献资料考证上所作出的业绩与贡献,他也必将为中国的唐代文学研究带来光荣。”如今,傅先生的话应验了,陈尚君已经为中国的唐代文学研究带来光荣。

二十世纪八十年代末,学术界重新提出新编《全唐诗》的设想,1992年《全唐五代诗》在全国高等院校古籍整理研究工作委员会立项启动。鉴于陈尚君已经在《全唐诗》整理方面取得的成就,他被推为该书的主编之一,参与编纂工作达十余年之久,参与了凡例、细则、样稿的起草等。由于这是一部“多方合作的大书,统一步伐本来就不容易,在责任、利益与名分等事情上协调更为困难。从最初涉及技术层级的争议,如校记是随文夹注还是诗后另注,据别集整理要不要逐诗说明各书引录情况,乃至整理责任人如何署名,皆很难达成共识”(《亲身经历唐诗研究的黄金时期》,《出入高下穷烟霏:复旦内外的师长》,商务印书馆,2022年),陈尚君虽克尽责任，但深感无从继续合作，乃退而自为，在年届花甲之际以惊人的勇气独自纂校《唐五代诗全编》。因为已经有了三十年整理研究《全唐诗》的学术积累，所以他做此决定是有底气的，也可谓水到渠成。

四、求全、求真、求是

陈尚君纂校的《唐五代诗全编》，有自己的学术理念和追求目标。这本书收录从唐武德元年（618年）唐王朝建立，到五代十国归宋期间的全部汉语诗歌。他在做这本书时考虑最多的是应该确定怎样的学术目标，如何避免重蹈前人的误失，如何最大限度地满足当代学术研究的需求。他在《断代文学全集编纂的回顾与展望》（《四川大学学报》［哲学社会科学版］2005年第5期）一文中提出衡断此类著作的八项原则：一、搜辑全备。二、注明出处。三、讲求用书及版本。四、录文准确，备录异文。五、甄别真伪互见之作。六、限定收录范围，包括空间范围、时间范围、语言范围、单文与专著的区别等四方面。七、作者小传及作品考按。八、编次有序。归纳起来，就是求全、求真、求是。《唐五代诗全编》的纂校正是按照这样的目标和原则纂校的，其成书可以说达到了这一目标。

一千多年来，在唐诗流传的过程中，由于种种原因，造成唐诗文本多误多歧。陈尚君希冀《唐五代诗全编》达到的学术目标即编纂宗旨，就是“让唐诗回到唐朝”。他充分汲取一千多年来特别是近一个世纪的唐诗研究成果，利用目前可见的一切文献，除对唐诗逐首进行甄辨、考订与校勘外，对诗题、本事、作者小传等都考镜事实，努力溯源，尽可能地接近现代学术研究的需求，提供可信而全备的唐诗文本。十多年来，在没有外出活动的日子里，陈尚君每天到校伏案工作。他曾记录有一天在本书活页夹中的文件数量为13 703个，大约六千个在渐次写作。正是这样日复一日、年复一年的坚持劳作，经过十多年的艰苦努力，从而完成了《唐五代诗全编》的纂校出版。全书凡正编一千二百卷，别编二十五卷。正编以唐、五代十国、世次无考、幻部及无名氏等为序编录。别编收录历代传误为唐诗的唐前及宋后诗歌，分传误类型编录。据统计，《唐五代诗全编》正编收录诗人3 781人，收录诗55 262首，皆大大超过清编《全唐诗》，打造了一座唐诗文献的恢弘宝库。全书所涉作者与作品数量之多，所涉传误变化的千差万别，工作量之巨大，是常人难以想象的。

《唐五代诗全编》出版以来，已有不少学术界特别是唐诗学界的学者撰文指出其取得的巨大的学术价值和意义，被誉为唐诗整理研究的高峰和里程碑，可以取代清编《全唐诗》。相信，随着岁月的磨洗，这部巨著的意义会不断地得到发掘，影响会日益增大，在学术史上得到应有的地位。

五、师道传承

熟悉陈尚君的人都知道，他不是一个只埋首书斋的学究，而是一个关心时事、关注学术前沿、勇于承担责任、乐于接触新事物、兴趣广泛的学者。

陈尚君1981年12月毕业留校任教，1983年8月任讲师，四十多年来一直从事教学和研究工作，同时还先后从事过学生工作、管理工作，还承担了一些学术职务。在我们这一届毕业后，他又担任了一年复旦大学中文系本科1980级的指导员。做了十年讲师后，他于1993年5月任副教授。此时他的学术成就已得到公认，1992年11月在厦门召开的中国唐代文学学会第六届年会上当选为理事。1995年5月晋升教授。1996年1月任复旦大学中文系分管教学的副主任，次年12月到2001年6月任中文系主任。2000年10月在武汉召开的中国唐代文学学会第十届年会上当选为副会长，八年后在芜湖召开的中国唐代文学学会第十四届年会上当选为会长，2022年卸任后又担任了名誉会长，继续参加学会活动。中国唐代文学学会是全国最早成立并以学术氛围浓厚著称的中国古代文学断代研究学术团体，历任会长都是学术成就卓著的大家。陈尚君是继萧涤非、程千帆、傅璇琮后的第四任会长。2008年12月任国家古籍整理出版规划领导小组成员。2014年9月任复旦大学学术规范委员会主任。2014年10月任复旦大学文科资深特聘教授。2016年3月任复旦大学中国古代文学研究中心主任。复旦大学中国古代文学研究中心为教育部首批高等学校人文社会科学重点研究基地之一，也是全国唯一的中国古代文学重点研究基地，陈尚君是继章培恒、黄霖后的第三任中心主任。2019年12月任复旦大学任重书院院长。至今他还担任着中心主任和书院院长两个职务，除了带博士研究生之外，还在为本科生开课做讲座。这么重的担子，这么多的事情，居然没有影响他的专业研究。我真佩服他精力充沛，利用时间的效率又这么高。我与他交往以来，感受最深的除了他的治学特点之外，就是他为人处世所呈现出来的责任和兴趣。

无论是担任复旦大学中文系主任等本职工作，还是担任唐代文学学会会长等社会学术职务，陈尚君都能亲力亲为，以光大学校、光大学会为职责，关注学术前沿，引领学术风尚。他在任中文系主任时，致力于继承和弘扬前辈优秀的学术传统，主持了《卿云集——复旦大学中文系七十五周年纪念论文集》一书的编选，收录历任复旦大学中文系教授代表作，并撰写长篇前言，对系史和学术传统、学风特点作了全面的回顾和精要的概括。他策划了"复旦中文先哲丛书",不仅自己倾注心力编《朱东润文存》,还积极支持赵景深弟子江巨荣教授编《赵景深文存》、陈子展弟子徐志啸教授编《陈子展文存》;他拨冗精心整理中文系前辈刘季高教授的诗作,编入《刘季高文存》,也由上海古籍出版社出版。作为中国古代文学研究中心主任,他主编了"复旦大学古代文学研究书系",收录了复旦大学几代学者研究古代文学的著作,有力地展示和推进了复旦大学的古代文学研究。他在这方面投入的心力,完全当得起"奉献"二字。在校读《唐五代诗全编》校样紧张而又繁忙的时候,他也挤出时间为耄耋之年的江巨荣教授的文集《枝叶集——戏曲研究及其他》(上海古籍出版社,2024年)写下了万言长序,全面地介绍评介了江老师的学术成就和为人。他饱含深情地写道:"巨荣老师更是个追求卓越的人。他深知绿叶对根的情意,深知承学于老师,有责任将老师的学问发扬光大。不计个人的得失荣辱,不计工作或生活的曲折艰难,始终坚毅前行。在一个大师遍地的时代,他执着地只做一个普通人,在退休后平凡而不再有竞争与考核的日常中,没有轻言放弃学术,也没有降低长期坚持的学术准绳。他现在的学术,达到了无我自由的境界,值得现在的年轻人体会学习。"

陈尚君盛赞江巨荣发扬光大老师的学问,他自己何尝不是这样呢!在研究生毕业后的四十多年间,他从不间断地学习、整理朱东润先生的著作。除了编《朱东润先生诞辰一百一十周年纪念文集》《朱东润文存》外,他还先后整理了朱东润先生所著《八代传叙文学述论》、《中国传叙文学之变迁》、《中国文学批评史大纲》(校补本)、《元好问传》等。其《出入高下穷烟霏:复旦内外的师长》一书中,有关朱东润先生生平学术的文章达15篇之多,其中《师友琅琊馆学记》《朱东润先生的治学方法——以〈梅尧臣传〉为例》《朱东润先生1939年的学术转型》《探索中国传叙文学发展道路的珍贵记录——〈中国传叙文学之变迁〉〈八代传叙文学述论〉导言》《朱东润先生研治中国文学批评史的历程——以先生自存讲义为中心》等文都是精心结撰的力作。可以说，他是朱门崇尚师德、弘扬师风最努力的弟子。

在尊师重教的同时，陈尚君也像程千帆、傅璇琮等前辈一样奖掖后进，挤出时间阅读大量青年学者的书稿，写下不少富有学术性的序文，肯定他们的创获，指点问学的门径，并结集为《我见青山》（文津出版社，2017年）一书。特别值得一提的是，受他帮助、影响的不仅限于从事古代文学专业研究的后辈。2008年从复旦大学历史系获得博士学位的仇鹿鸣，留校后参加了陈尚君主持的"点校本二十四史修订本"新、旧《五代史》和《旧唐书》的修订组，经过七年的努力，与陈尚君的弟子唐雯一起协助陈尚君完成并出版了点校本《旧五代史》《新五代史》的修订本。这一期间，他与陈尚君几乎每天在一起工作，陈尚君的治学风格给了他很大的影响。十几年间，仇鹿鸣治学成果丰硕，除了撰写并出版《魏晋之际的政治权力与家族网络》等著作外，还与陈尚君的另一弟子夏婧辑校并出版了《五代十国墓志汇编》。2025年1月，四十四岁的仇鹿鸣出任复旦大学历史学系主任。

六、苦中作乐的本领

生活中的陈尚君兴趣广泛，不乏幽默，富于情趣。仇鹿鸣曾回忆道："初识陈老师时，稍觉意外的是他毫无大学者的架子，表面上看起来高大威猛，不苟言笑，但一旦开始聊天，便妙语连珠，段子满天飞。渐渐熟悉并习惯了校勘工作后，我开始体会到这种性格的好处，在漫长而乏味的和古人较劲的过程中，如果没有一点苦中作乐的本领，确实很难熬下来。”“记得陈老师很喜欢讲一个段子，大意是说《旧五代史》某一处记‘杀二千人’，他考证后大笔一挥，改‘二千’为‘二十’，‘一下子救了一千九百八十个人的命，真是了不起的功德’。稍作停顿，尚君师又幽幽地说，‘可惜这些人谁也没活到现在’。”（《校勘家与段子手：〈旧唐书〉与两〈五代史〉修订花絮》，《澎湃新闻·上海书评》2018年6月15日）

在以主要精力辑校《唐五代诗全编》的同时，陈尚君近十年来还撰写了大量有关唐诗的随笔和唐代诗人的传记。由于对唐代文史和唐代诗人行实烂熟于心，他写这类文章既有学术性又有文学色彩，有的还颇有趣味，可谓好看又好玩，看似信手拈来，实是精心结撰，融入了自己的学术发现和人生感悟。他先是在《文史知识》等杂志上开设专栏，几乎是每月一篇，已经坚持了多年，并结集出版了《行走大唐》《诗唱大唐》《我认识的唐朝诗人》等著作。他告诉我，每当截稿期来临，他想好题目，一篇近万字的文章几天就能写成。写这些文章也可以说是他在从事繁重单调的校勘工作中的自寻快乐，展现了他在写厚重的考据文章外的另一副活泼灵动的笔墨。我常惊叹和感佩他的捷才和勤奋。

陈尚君博览群书，不但熟读中国史书，而且爱读外国史书，尤其喜欢读军史著作，谈起中外战争史时更是眉飞色舞。在一次讲座中，他说自己是一个生物分类学的狂热的痴迷者，对于昆虫学还是花过气力的，买过好几种昆虫的书。他还爱看电影，不仅欧美大片耳熟能详，亚洲一些国家的新锐影片也能如数家珍。他有篇文章《〈客堂〉：杜甫生命至暗时刻的心声》（《诗唱大唐》，凤凰出版社，2021年），题目显然受到他看过的英国影片《至暗时刻》的影响。《至暗时刻》讲述英国首相丘吉尔在第二次世界大战期间，带领英国人民度过黎明前的黑暗时刻赢得胜利的故事。杜甫的《客堂》一诗，反复叙述去留不决的犹豫困惑，“重病而有生命之虞时，他对放弃一生追求的为国效力的机会深感可惜，但人生有时真无法做出别的选择。我们可以理解杜甫的痛苦，这一段至暗时刻，他的胸中激荡着高亢的家国情怀，也不能不面对艰窘的眼前困难”。显然陈尚君是用自己的人生感悟去体会古人的诗意，他也有遇到困境的时刻。他曾在一次接受访谈时说：“人生，总是有拍案而起，或者遭遇困境，发奋进取的关键时刻。有的时候真的只能把个人的一切得失放在次要的位置。”“《唐五代诗全编》这部书最后能够完成，很大程度在于最近的十多年之中，其实我是把个人的生死放在次要的位置，不顾一切地往前走，才能够有所成就。”（《南方都市报》2025年1月5日）

在完成《唐五代诗全编》之后，已经年逾古稀的陈尚君依然精神矍铄，除了不间断地修订《唐五代诗全编》之外，还在进行一些重大的古籍整理项目，其中有《先秦汉魏晋南北朝诗》校订和《旧唐书》的修订。我们衷心希望陈老师生命之树和学术之树长青，继续有精品力作问世。

（原刊《南方周末》2025年3月27日）

亲历

从“古联会”“古工委”说古籍出版四十年

宫晓卫

我国的古籍专业出版，自1958年国家确定中华书局为专业古籍出版社以来，在二十世纪八十年代前，主要是由中华书局、上海古籍出版社（原中华书局上海编辑所，1978年初改名）承担，加上人民文学出版社古典文学编辑室担负的中国古典文学作品和文学理论作品的整理出版，基本就是两家半的古籍专业出版格局。1979年，乘着改革开放的东风，个别省市创办专业古籍出版社（如1979年初山东成立齐鲁书社），古籍出版的业态变化还不明显。真正促使古籍出版业态发生大的转变、推进全国古籍出版业实现新跨越、走上蓬勃发展之路的，是1981年9月中共中央《关于整理我国古籍的指示》的下发，也包括随之而来的恢复古籍整理出版规划小组、召开全国古籍整理出版规划会议、改《古籍整理出版情况简报》（下称《简报》）为古籍整理出版规划小组机关刊物并寄发相关单位等一系列实际举措。

中共中央《关于整理我国古籍的指示》(下称《指示》)里明确指出:“整理古籍,把祖国宝贵的文化遗产继承下来,是一项十分重要的、关系到子孙后代的工作。”“整理古籍是一件大事,得搞上百年。”指明了古籍整理的意义和方向。古籍整理出版规划小组的恢复,以及之后一些地方省市古籍整理出版规划小组陆续成立,使领导推动整理古籍有了组织保证;启动1982—1990国家古籍整理出版规划的制订,绘出了直观的工作蓝图;编发《简报》,起到了反映动态、交流经验、指导工作的直接作用。从落实《指示》精神出发,到各项具体工作的推动,全国古籍整理出版工作焕发出勃勃生机。单就古籍出版而言,其突出的变化,是一批地方专业古籍出版社相继成立,情状如雨后春笋,次第涌现。

从1982年到1985年,短短四年间,全国各地成立的古籍专业出版社就有湖南的岳麓书社、四川的巴蜀书社、河南的中州古籍出版社、江苏的江苏古籍出版社(今凤凰出版社)、浙江的浙江古籍出版社、安徽的黄山书社、天津的天津古籍出版社、陕西的三秦出版社、吉林的吉林文史出版社。这些专业古籍出版社的成立,壮大了古籍专业出版队伍,增强了古籍出版实力。拥有古籍出版社的地域范围开始向全国各地延伸,彻底改变了古籍专业出版只在京、沪两大城市开展的局面。

李一氓同志1983年在《再论古籍和古籍整理》一文中曾提出古籍整理出版要在北京、上海原有的古籍出版力量之外,“发挥地方积极性”,让各省“每年出五到十种”的设想。地方专业古籍社的成立,以新兴社超乎寻常的干劲和一些省份参照国家对古籍出版有一定经济资助的做法所给古籍社的政策、资金扶持,其出版能力很快就超出了李一氓同志的预期。他们不但很好地履行了地方专业社理应承担的地方古籍整理项目的出版职责,且主动组织策划当地文献的整理出版;又能跳出地域限制,在中华书局、上海古籍出版社之外,适当分担一些重要古籍整理项目的出版，代表性的如江苏古籍出版社的《清诗纪事》、巴蜀书社的《全宋文（1—20册）》、天津古籍出版社的《北大图书馆馆藏稿本丛书》、齐鲁书社的《全清散曲》，等等，显示了地方社昂扬向上的成长势头。新生力量的加入，让古籍出版界显得意气风发，活力四射。

地方专业古籍出版社的崛起，使古籍专业出版呈现出一种崭新的面貌，也让这个新生的产业群体面临着许多亟待解决的问题。由于新兴古籍出版社的从业人员基本没有从事传统文化类图书出版的成熟经验，专业的古籍图书出版，对他们来说是个全新的领域。况且当年国家对出版社出书范围的限制十分严格，面对单纯的传统文化图书的出版，出版社工作如何开展，书稿编辑有哪些应注意的问题，经营如何运作，是各古籍社新掌门人急于了解、学习的内容。相互交流、借鉴学习乃是这些社的共同需求。由此引发的同行间坐到一起开个会、彼此探讨交流的想法，促生了1986年由齐鲁书社承办、在烟台召开的"全国古籍出版工作研讨会"。当时有古籍专业出版分工的出版单位几乎全部到会，计有中华书局、上海古籍出版社、人民文学出版社和各省新成立的专业古籍出版社，以及像中国书店、上海书店、山西人民出版社等已有古籍出版编辑部、还未正式成立独立古籍出版社的单位，共十六家，显现了古籍出版队伍迅速扩容后的空前规模。

这次会议是全国古籍出版社间的第一次行业聚会，中宣部出版局、古籍办都给予了关注并派员到会指导。在《简报》第168期关于此次会议的报道里，简短描述了当时的古籍出版状况："十一届三中全会以后，陈云同志对古籍整理工作的指示和中共中央关于整理我国古籍的决定，给我国的古籍整理出版工作带来了生机，几年来取得了显著成绩。据统计，近五年来，全国共出版各种古籍一千五百余种，相当于建国三十年的出书总数量。这期间，在中华、上古等原有的专业出版社以外，一批地方古籍出版社相继建立，挖掘、整理、出版许多具有地方特色和学术价值的好书。”可见《指示》下发对古籍出版事业高速发展的直接影响。1990年12月，还是在烟台，原新闻出版署组织召开全国古籍整理出版工作座谈会，会上提到了一个新的统计数字：“1981年9月中央发出了关于整理我国古籍的指示……自1982年至1989年，全国整理出版文史哲古籍三千五百多种，超过新中国前三十二年的总和。大量基本古籍、常用古籍整理出版，一批重大项目填补了空白，在国内外引起了强烈反响。”（见《简报》总263期）进一步指出了《指示》下发对古籍整理出版有力且卓有成效的推动。

1986年“全国古籍出版工作研讨会”的召开，让参会的古籍出版社的负责人们普遍感觉到同行间相互交流信息、加强横向联合、扩大彼此合作、研讨解决问题、集群共同发声的必要。大家一致认为这样的同行聚会应该一年举办一次，办会的方式为各专业社轮流坐庄，并在上一年会议上指定下一年会议的承办方。从此，大家认真遵守了这个约定，古籍出版社负责人的碰头会每年都召开一次，特殊需要时还会临时增开，不限次数。虽然在前十几年里这个会议的名称并不固定，在“全国古籍出版工作”的名头下或称“座谈会”，或称“研讨会”，或称“联席会”，却从未间断过。

既然行业每年一次的聚会已成惯例，“年会”的概念实际上早已形成。但把这个会正式以届排序且称“年会”，是从1999年7月中华书局承办的“第十四届全国古籍出版社年会”开始的，届期的源头推溯是1986年的烟台会议。不过将会议定名为“社长年会”并延用至今的，却是2000年在西安召开的“第十五届全国古籍出版社社长年会”。自此，每年的会议只排届次，名称不再变更。到2021年的年会，已经是第三十五届了（2020年因新冠肺炎疫情影响停办一届）。

在1986年第一次全国古籍出版研讨会后，古籍出版行业间的联系日趋紧密，同行间的合作逐渐增多，行业联合越来越实在。如在只过了一年多的1988年，古籍社联合组织的《中华大典》编纂工作在上海启动；为加强图书宣传，由各社联办的《全国古籍新书目》在上海古籍出版社创刊；第一次"全国古籍优秀图书"评奖在成都举办等，数项行业联合项目相继实施。除了这些分别延续了数年乃至数十年的合作模式，在"年会"以外，还有如"海峡两岸暨香港中国古籍读物出版研讨会"、与高校古工委等专业机构的业务座谈、从最初的古籍社联合看样订货会演变为后来的文史图书订货会等各种专项活动的举办。由诸多合作的操作，可以看出，这个时候固然还没有古籍出版行业联合的团体名称，古籍出版行业联合体的基础已经形成了。

二十世纪九十年代，随着市场经济的深入，出版业被推向市场，受专业分工和古籍出版物读者面窄、投入大见效慢且市场回馈低等各种因素影响，让本应各方扶持方能平坦发展的古籍出版业颇感不适应，责任和生存的矛盾十分突出，古籍出版遭遇了艰难的发展期。这时期的古籍出版社基本上都是各地出版系统最穷困的单位，经济实力最弱，职工待遇最差，即便有少数几家经营状况稍好者，其实力和职工待遇也远不能与其他类型的出版社相比。尤其是对尚没有多少积累的地方古籍出版社而言，经历的是一段过程漫长的困顿和彷徨岁月。那些年，有的社因无力支撑选择了转型，但大部分的古籍出版人还是坚守了初心，他们没有戚戚于贫困，而是在励精图治的艰难调整中，让各自的出版社依然以古籍和传统文化学术研究类图书出版为主体，保持着古籍出版的专业特色。在困难时期，行业的联合并没有削弱。大家聚合抱团，能够集体发声，反映问题，提出诉求；可以合力拓展市场，谋取相对有利的地位；又可集思广益，分析问题，相互启发，探求出路。种种优长，对各社在困难的道路上最终找到适合自身发展的门径，走出困境，给予的助力是实实在在的。同行间保持互通信息、加强协作，是互利共赢的好事，维护联合，业已成为绝大多数古籍出版人的共同选择。于是，在保持"年会"、继续合办订货会的基础上，成立行业联合体那样的合作组织的呼声渐高。

将成立古籍出版联合体的议论有了实质性推进的，是1997年北京图书馆出版社（现国家图书馆出版社）承办的"全国古籍整理出版工作座谈会"。该会议的与会代表就成立行业联合体的事宜进行了专项具体磋商，初步提出了挂靠中国出版工作者协会成立古籍出版专业委员会的意见，并委托在京古籍社予以前期筹备。

经过一年多的充分酝酿筹划，古籍社成立行业联合体的准备已经到位。只因希望挂靠中国版协成立专业委员会的预想暂时不能实现，故拟成立完全自主联合，且有其组织名称的民间团体。1999年7月，由中华书局承办"第十四届全国古籍出版社年会暨第四届全国古籍图书订货会"，会上通过了成立全国古籍出版社联合会（简称"古联会"）的决议和《全国古籍出版社联合会章程》。联合会理事单位为参会的"北京古籍出版社、国家图书馆出版社、中国书店出版社、齐鲁书社、江苏古籍出版社、广陵书社、岳麓书社、上海古籍出版社、上海书店出版社、辽海出版社、中州古籍出版社、吉林文史出版社、山西古籍出版社、天津古籍出版社、三秦出版社、巴蜀书社、黄山书社、中华书局"（《简报》总345期）十八家古籍社，及因故未派员参会的文物出版社、中医古籍出版社、浙江古籍出版社，共二十一家。中华书局为会长单位，上海古籍出版社为副会长单位。联合会秘书处设在中华书局。从此，古籍出版业原来有实无名的联合体有了正式的名称。秘书处和秘书长的设置，则使"古联会"的活动安排更加有序，活动也开始有了较为完整、统一的记录。

“古联会”的工作得到了各级领导的关注和支持。2008年，经中国出版工作者协会、原国家新闻出版总署、民政部批准，“古联会”正式成为中国版协下属的古籍出版工作委员会，2008年9月，民政部下达批文。2009年1月6日，“中国出版工作者协会古籍出版工作委员会”（简称“古工委”）成立大会在北京召开。于是，原来的“古联会”成员单位进入“古工委”，成为国家正式社团组织的一员。

“古工委”成立后，在中国版协的领导和原国家新闻出版总署、古籍办的指导、支持下，组织活动愈加活跃和规范。借每年年初的北京图书订货会之便，与会各社负责人到中华书局相聚，让“年会”之外又增加了一次成员单位碰头会。原国家新闻出版总署图书司、古籍办领导通常会在这次会上向大家通报一年中相关的工作思路和安排，是这个

“古工委”成立大会（2009年1月，北京）

会的一大特点。作为运行规范的社团组织，"古工委"成员单位彼此愉快合作，共同维护社团建设，培育了良好的社会声誉，影响日著。另外，"古籍出版工作委员会"较之"古籍出版社联合会"，名称上没有了专业社的局限，实际上已由专业社协会转变为行业协会。因此，其他在传统文化出版物方面有所着力的出版社开始提出希望加入这个团体的意愿。特别是那些综合性大学出版社和本地没有专业古籍出版社的地方人民出版社，这些出版单位设有专门的古籍编辑部门，有固定的古籍编辑队伍，承担过国家级古籍出版项目，出版的古籍类图书曾获得过省部级以上的图书奖励，逐步成长为在专业古籍社之外的一支不可忽视的古籍出版力量。受"古工委"协会章程里"除京沪两地外，各省、市、自治区原则上不超过一个成员单位"入会条款的限制，"古工委"不能满足所有入会者的申请，但即便如此，到2019年接纳崇文书局入会，"古工委"理事单位仍达到了四十家出版社，所涉区域遍布全国大部分省、市、自治区，架构起一个名副其实的全国性古籍出版行业社团组织，代表了全国古籍出版的主体力量。

今天，站在"古工委"这个平台上回顾《指示》下发以来的古籍出版，作为置身其中不改初心、视这份事业为无悔选择的出版人，我们自然会自豪于四十年来堪称辉煌的古籍出版业绩，而不再计较曾经的艰辛。业绩的辉煌，既体现在已出版四万多种古籍图书的傲人数量上；更熔铸于那些影响重大的古籍出版精品力作，如《中华大藏经》《续修四库全书》《四库全书存目丛书》《中华再造善本》等大型出版工程；"二十四史"修订、各种文学体裁的断代总集、著名学者作家全集、重要出土文献整理、《中国古籍总目》等标志性古籍整理项目；以《湖湘文库》《江苏文库》为代表的规模庞大的地方文献综合整理出版；和必须特别提到的古籍小组、古籍办2013年发布的九十一种向全国推荐优秀古籍整理图书和2020年发布的四十种经典古籍及一百七十九个优秀整理版本，它们的出版者，大都是“古工委”成员单位。四十年来，是这支古籍出版队伍的负重前行、埋头苦干，才不负使命创造了这份辉煌。他们无愧于赓续文脉、传承文化的优秀担当者。

同时，我们也必须充分肯定行业联合的意义。从最初的行业聚会到“古联会”“古工委”的成立，古籍出版的这种行业联合体生成于共同需求，又稳定于联合后形成的集群优势和成效显著的合作。简单地说，自行业联合以来，大家友好协商、和谐相处，维护团结远大于同行间的竞争。各兄弟社相互交流信息，共谋事业发展；一起宣传图书，拓展营销市场；评选优秀图书，强化精品意识，塑造品牌形象；集体建言献策，表达行业心声，对古籍出版事业的稳步发展，出版队伍的日益壮大，行业声誉的提高，均有着积极的正面推动作用。而一个行业群体的聚合，团体的建立，尤其是一步步走到国家正式社团组织——“古工委”的成立，又大大畅通了与国家管理部门的沟通渠道。这既体现在这个团体始终得到了古籍办、原国家新闻出版总署、中宣部出版局、中国版协的重视、关怀，每次年会都会有领导亲临现场，通报工作思路、鼓舞队伍士气、调研行业情况、指导具体工作；也体现在这个行业团体有能力接受或协助完成上级交办的各项任务，包括协助配合国家古籍整理出版规划的制订以及相关会议的组织、承办，筹办古籍整理出版成果展览，围绕古籍整理作品的版权保护而参与《著作权法》研讨，组织对外出访和加强对外合作交流，协办古籍编辑培训班，等等。自觉担当，圆满落实，达到了在“古工委”成立大会上原国家新闻出版总署领导对这个组织提出的期望和要求，即“充分发挥古籍出版工作委员会在古籍保护、古籍出版规划工作中的协调、组织作用”“充分发挥在古籍出版单位改革发展中的促进作用”“充分发挥与政府行政管理部门之间的沟通、桥梁作用”“充分发挥中介组织的管理和维权作用”（见《简报》总455期）。以其实际作为，凸显了行业联合组织独具的价值和作用。

做好古籍整理出版，让中华民族优秀传统文化得以保存、继承和发扬，是一项功在千秋的伟大事业，出版是其中不可或缺的一环。回顾《指示》下发四十年来的古籍出版简况，重温《指示》精神，我们更加深切地感受到当年党中央的指示对推动这项事业发展的重大意义。国家的主导和具体要求，乃是提高各方认知、勉力加以落实的关键。现在，我们纪念《指示》下发四十周年，又适逢中国共产党成立一百年，可以说，古籍出版也站在了新的历史起点上。习近平总书记在十九大报告中指出：“中国共产党从成立之日起，既是中国先进文化的积极引领者和践行者，又是中华优秀传统文化的忠实传承者和弘扬者。”相信作为从事党的出版事业的古籍出版人，在新的征程上，依然会担起责任，不负使命，继续创出新的辉煌。

（原刊《古籍整理出版情况简报》2021年第9、10期）

古籍出版社社长年会起始及其他

宫晓卫

2018年，在云南昆明召开的“全国古籍出版社社长年会”，是“第三十三届”，一年一届的“年会”，已经走过三十三个年头了。随着古籍社长“年会”届数的延伸，近年来，在会上会下，我已多次听到有人提起“年会”何时起始的话题。作为对这段历史尚知一二的过来人，我曾偶作解释。有朋友建议应该把这段历史追述一下，因为一个行业聚会，能够数十年持续不断地坚持实属不易，且能如此者，在出版圈的各个领域里并不多见，本身在古籍出版史上就值得一书；何况“年会”还在延续，对于其起始及相关的情况，也有必要留个文字记录。这给了我写下本文的理由。

时下，各界热议改革开放四十周年的话题余音犹在，在这个时节谈古籍出版社的“社长年会”，同样要说这也是改革开放的产物。1978年12月，党的十一届三中全会召开。伴随着此后改革开放的脚步，古籍图书的出版面貌发生着日新月异的变化。一个重要特征，就是一大批古籍专业出版社的相继成立。顺应形势，率先应时而动的是山东。1979年1月，山东出版人在听取十一届三中全会精神传达后，立即提出成立一家传统文化专业出版社的申请，2月，申请获批，于是就有了山东省的专业古籍出版社——齐鲁书社。进入八十年代，随着1981年9月中共中央《关于整理我国古籍的指示》下发，从1982年到1985年，全国各地成立的专业古籍社就有湖南的岳麓书社、四川的巴蜀书社、河南的中州古籍出版社、江苏的江苏古籍出版社、浙江的浙江古籍出版社、安徽的黄山书社、天津的天津古籍出版社、陕西的三秦出版社等。这些专业古籍出版社的成立，迅速扩大了古籍专业出版队伍，改变了此前专业古籍出版社只有中华书局和上海古籍出版社两家，和由这两家社承担古籍整理图书出版、人民文学出版社承担古典小说整理出版的古籍图书出版状态。古籍出版事业蓬勃发展。

在新兴的古籍出版社，从业人员大都没有从事传统文化类图书出版的成熟经验，专业的古籍图书出版，对他们来说几乎是个全新的领域。况且当年国家对出版社出书范围的限制十分严格，面对单纯的传统文化图书的出版，出版社工作如何开展，经营如何运作，是各古籍社新掌门人普遍面临的问题。相互交流、借鉴、学习几乎是大家共同的需求。他们先是个别进行社与社之间的走访、学习，之后自然萌生了同行之间坐到一起，共同探讨交流的想法。这个想法，催生了1986年召开的“全国古籍出版工作研讨会”。显而易见，改革开放后大批新兴古籍出版社的出现，是生成行业聚会的基础。

1986年的“全国古籍出版工作研讨会”（也称“烟台会议”），是专业古籍出版社负责人首次坐在一起，共议行业话题的聚会。会议在山东烟台召开，由齐鲁书社负责邀集承办。当时何以会由齐鲁书社出面邀集同行会聚山东？以我个人的记忆及和本社与此事有过关联的同事交流，盖因齐鲁书社在新兴古籍社中成立最早，建社数年，即已创出了良好的声誉。特别是1984年齐鲁书社建社五周年社庆，全国各地著名学者云集济南，盛赞齐鲁书社“文兴齐鲁，功在学林”，在业内广有影响，同行来访者众。当大家不约而同地萌生出共同研讨的想法时，就有人提议，由齐鲁书社作为邀集人办一次行业聚会，齐鲁书社于是就成了这次会议的承办单位。由此可知，这次会议的产生，完全是行业内民间自发的。

从齐鲁书社现存文档所见，为了这次会议的召开，齐鲁书社做了比较充分的准备。先是为确定会议议题而向各专业社发出预备通知，广泛征求对“研讨会”的建议和要求；其次是发挥山东的自然地理特点，将会议地点安排在当时大家很少到过的海滨城市烟台。会议的正式通知是在集合了大家的意见并向国家出版局做了专题请示汇报后发出的，其基本内容为：

会议名称：古籍出版工作研讨会。

会议时间：1986年11月7日报到，8日会议一天。

会议地点：烟台警备区招待所。

会议中心议题：1. 交流编辑出版经验；

2. 研究横向合作的可能性；

3. 商讨共同关心的问题。

“烟台会议”尽管是纯民间自发的，但得到了业内出版单位的积极响应，举凡当时从事专业古籍出版的单位，几乎全数到会，其中也包括像中国书店、上海书店、山西人民出版社等已有古籍出版编辑部、还未正式成立独立古籍出版社的单位。国家古籍办对会议给予了关注和支持，办公室副主任沈锡麟同志亲临会议指导。在时任中宣部出版局局长伍杰同志的回忆文章里，曾提到1986年11月的“烟台会议”，中宣部出版局派张小影同志参加了会议（伍杰《〈中华大典〉试点漫记》，《千山远，万水长》，重庆出版社，2012年）。因从存档“会议名录”里没有看到张小影同志的名字，且张小影同志长期在中宣部出版局工作，经常到出版业务会上指导工作，与出版社同志见面多了，反而让我问过的几位烟台会议与会人员记不清她是否到过了。这么多年过去，不知张小影同志尚能记得清否？不过从伍杰同志的回忆来看，起码说明了中宣部出版局领导对这次会议也是重视的。

“烟台会议”到会单位十六家。我曾看到其他涉及本次会议的文字，对本次会议到会单位有不同说法。要真实记录这段历史，理应细述一下各参会单位和人员。依原会议名录顺序，参会单位和人员为：中华书局陈金生，上海古籍出版社钱伯城、魏同贤、高章采，岳麓书社钟叔河、胡遐之、伍国庆、黄保定、朱纯，巴蜀书社段文桂、黄葵，黄山书社胡士萼、曾石铃，中州古籍出版社孟庆锡、杨新平，浙江古籍出版社李国铎、萧欣桥，北京古籍出版社赵洛、刘宁勋，天津古籍出版社吴恩扬、许幼珊，江苏古籍出版社高纪言，山西人民出版社孙安邦，三秦出版社宁品、卫青，人民文学出版社刘国辉，中国书店出版部衣锡文、杨华，上海图书公司林国华、陆国强，齐鲁书社孟繁海、赵丙南、李新。三十多年过去，如今回看这个名单，参会人员作古者已近半，而仍在工作岗位者，只是个别人了。

我本人那时是齐鲁书社文学室编辑，被社里安排在济南接待需要从济南中转去烟台的会议代表，也算是参与了办会的会务工作，不过没去烟台，只能说和会议蹭了个边。但仅仅如此，已似乎预示着我与这类行业会议开始有了瓜葛。因为从此往后,古籍社间大大小小的会议就多了起来,除了绝大部分社参加的联席会,时常有临时动议而发生的小范围碰头会、专题研讨会等。时任齐鲁书社社长或总编在自己参会时一般都让我陪同,或者他们因各种原因不得抽身,就派我为代表参会。得此信任,使我虽然不过是齐鲁书社的一名年轻编辑,却较之其他同事更多地经历了业内聚会,更早地融入了一个大的古籍出版圈,幸运地成为古籍出版业界联合之初那些年一些会议和事态的亲历者。以我个人当年与会的经历和感受,现在回顾古籍出版行业"年会"的形成,1988年6月在上海金山召开的"全国古籍出版社工作会议"以其承前启后的特殊意义,是值得单独一提的。

1986年在烟台召开的古籍出版工作座谈会,齐鲁书社文档里没有留下"纪要",大概是第一次办会,缺少经验,齐鲁书社没指定专人负责此事。但这次会议显然是有成效的,其突出的标志,就是在短短的数月后,即1987年5月,各社又在成都召开了第二次会议。迫切地愿意短时间里再聚首,反映了大家对这种会议形式必要性的认可。同行之间的交流、启发、合作,是大家的共同需求。创造一个平台,加强横向联系,交流工作信息,互相取长补短,且能以集群优势抱团取暖、共同发声,已是这些新老出版社,尤其是新兴出版社负责人的共识。成都的会议由巴蜀书社承办。这次会议接续了1986年"烟台会议"探讨行业联合的话题,开始明确了一些行业联合的意向:集合各社之力编纂出版《中华文献大典》的可行性及其他合作项目的思考;考虑办一份《古籍新书目》报纸,用以宣传古籍图书出版信息;鉴于各古籍专业社已经有了不同程度的出版成果积累,而古籍图书参加评奖的机会太少,可否由业内自行搞一个奖项,既展示出版成果,也能鼓励从业编辑,等等。针对这三项事宜,巴蜀书社、上海古籍出版社、齐鲁书社三家社被指定先分头做一些探索、尝试及方案的草拟等工作。至于论证合作的可行性及如何实施，就有了1988年由上海古籍出版社承办、在上海金山召开的名称为“全国古籍出版社工作会议”的行业聚会。这次会议虽称“全国”，但到会出版单位只有十一家，特别是因这次会议有《中华文献大典》的议题，据悉时任国务院古籍整理出版规划小组组长的李一氓先生对此项目持保留态度，批示要求中华书局不介入，故中华书局未到会。这并不是一次正式的年度会议。本年的年度联席会是10月在成都召开的大会和评奖会。因涉及本单位要参与行业联合事宜，我在金山参会后按社领导要求曾写给山东出版总社一份汇报，称会议为“全国古籍出版社上海金山会议”（以下简称“金山会议”）。

“金山会议”是承接古籍社1986、1987年最初两次会议内容的一次专题会，议题很单纯，就是对此前两次会议提出的联合意向的确认和落实。而所确认和落实的内容，即联合做书、联合办报、联合评奖的正式启动，使古籍出版各社之间开始有了实质性的合作关系。自此，古籍出版业虽无行业联盟之名，却有了行业联盟之实。而且这些合作内容此后与古籍社的关系竟或紧或松地绵延了三十多年。所以说这是一次承前启后的会议，也是“金山会议”的独特之处。在“金山会议”之后，除了“年会”，古籍社还联合召开过多次专题会，印象较深的如1988年10月成都社长年会前在西安与全国高校古委会的古籍整理与出版研讨会，1990年9月在南京的首届海峡两岸古籍出版研讨会等，每次会议都有其独到的价值和意义，但都不及“金山会议”内容明确而具体，且影响如此之久远。谈及古籍出版业联合开会的历史，“金山会议”实属应予特别关注的一个节点。鉴于此，这里不妨将此会所定的三项具体合作内容简略地分说如下。

第一，联合出版项目的启动。其中主要是《中华文献大典》的编纂。《中华文献大典》是一部新编大型类书，其编纂思路的萌发，盖出于《古今图书集成》的重印。1985年，巴蜀书社与中华书局协商联合影印出版中华书局版《古今图书集成》，由巴蜀书社具体操作并做市场推广，图书出版后，赢得了良好的市场反响。其成功合作，是主持此事的时任巴蜀书社总编辑的段文桂先生常挂在嘴边的话题。《古今图书集成》成书于清雍正年间，时隔二百多年后再新编一部大型类书的文化积累意义，和业已见到的此类图书的市场需求，已得到各古籍社同行的认可，并在1987年成都会议上建议由巴蜀书社先做一些前期调研和拟出编纂草案。巴蜀书社为此还专门以“《中华古代文献大典》编纂筹备组”的名义出了一份成都会议的《简报》。“金山会议”上，段文桂先生介绍了他们前期的调研情况和对编纂方案的考虑。在介绍调研情况时，段文桂先生特别提到了他已分别向方毅、张爱萍等领导当面作过汇报，并向任继愈、李约瑟等海内外著名学者征求过意见，均得到了赞赏和支持。而在金山会议期间，时任中顾委委员、全国高校古委会主任周林，古委会副主任章培恒、秘书长安平秋专程到会，对“大典”的想法给予了充分的肯定。凡此种种，坚定了大家合作编纂“大典”的信心，鼓舞了合作的热情。与会代表议定项目名称为《中华文献大典》，并作为古籍社联合项目正式启动。商定先着手进行三项工作：1. 修订方案，争取列入国家级整理项目；2. 成立“大典”基金会，向社会、包括海外广泛募集资金；3. 与会各社按各自情况承接分典的组织编纂出版任务。相关报告和工作规划的起草，由巴蜀书社和上海古籍出版社负责。到此，《中华文献大典》就进入了实质性操作阶段。按照《金山会议纪要》的说法，“这次会议已将《大典》的工作大大推进了一步，从原来的设想阶段转入了筹备阶段。大家充满了信心和干劲，决心在十年内完成这部巨著，向建国五十周年献礼”。

联合出版项目的启动当时还有一项为“中国古代要籍丛编”，也是在成都会议上有了由上海古籍出版社考虑的《新编四库备要》想法，在“金山会议”上改为此名。会上议定仍由上海古籍出版社重拟方案，先提出一百种图书选目提交后面的会议讨论。只是此议题最终没有了下文，原因不得其详。

第二，联合办好《全国古籍新书目》。在本次会议前，上海古籍出版社已根据成都会议上提出的联合宣传古籍出版成果的想法，于1988年2月创刊了《全国古籍新书目》，4开4版，每月一期，已试发了5期。报纸编辑组的负责人到会汇报了试发的报纸深受海内外书店、图书馆及学者和古籍爱好者欢迎的情况。鉴于其良好的社会反响，大家达成了联合办报并将报纸办下去的共识。会议议定了该报需由上海古籍出版社具体落实的事项：1. 将该报申请正式刊号，使之可以通过邮局公开发行，扩大读者面，由此架起一座连接古籍出版社与读者的桥梁；2. 增加新书推荐、重点图书评介文章；3. 增加图书征订功能。同时还讨论了各社供稿和办报费用的分摊办法等。

第三，正式启动古籍图书评奖。会上明确了当年就开评，评奖会在本年度10月召开全体会议时一并进行，先评奖后开会。会议就评奖的具体内容，如奖项的名称、评委的产生、参评图书的限定及推荐办法、奖项的设置及奖金的标准，包括证书的制作等进行了深入讨论。指定前期筹备由齐鲁书社负责，根据会议讨论的意见完成“评奖方案”分寄各社征求意见。因时间紧迫，会议还推选上海古籍出版社、齐鲁书社、巴蜀书社、岳麓书社、中州古籍出版社、江苏古籍出版社六家社于9月份在南京开一次碰头会，敲定评奖方案、程序和邀请嘉宾。10月份的评奖会和联席会则由巴蜀书社承办。

在“金山会议”上，一部书、一份报纸、一个奖项的行业联合事项的确认,强化了古籍社之间的联系和合作,尽管这种合作是松散的,但行业团体的平台事实上已经形成了。这为此后坚持下来的一年一度的古籍社负责人联席会议模式奠定了稳定的基础。写到这里,我想特别提一下当时上海古籍出版社的社长魏同贤、巴蜀书社的总编辑段文桂、江苏古籍出版社的社长高纪言等几位先生,他们都是当年古籍社合作的积极倡议者和组织者。个人以为,没有这几位先生对古籍出版事业超乎寻常的执着和热情,出色的组织联系能力和活力四射的人格魅力,开放的眼光和合作精神,以及那种义无反顾主动作为、自愿担当的大度,或许就不会有二十世纪八十年代古籍出版同行相聚一堂的抱团和风生水起的协作,起码难以将彼此的合作在短时间里高速推进和长时间地坚持下去。回眸那一代古籍出版人,可谓群星熠熠,这几位先生无疑是其中最耀眼的。

"金山会议"距今已经三十多年了,也许当时的与会人员谁也不会想到,会上议定的几件主要事项竟会历经数十年绵延至今。《中华文献大典》,后改称《中华大典》,进展并没有当初想象得那么顺利,古籍社参与者也没有最初考虑得那么普遍,包括我所在的齐鲁书社,原定负责《哲学典》的编辑出版,是因本单位原因而退出的。不过"大典"最终得到了国家立项,并成为国家重大出版项目。到2018年,全部二十四个典完成出版、结项验收,毕竟画上了一个比较圆满的句号。2018年11月,我参加了国家出版基金办组织的对上海古籍出版社承担的《历史典》和上海交通大学出版社承担的《交通运输典》的结项验收,见证了硕果的结成。同是在上海,此时距离"大典"的启动,时光已过去了整整三十年。想起当年的"金山会议"上一呼群应,规划十年完成的雄心和豪气,不免让人心生感慨而唏嘘。《全国古籍新书目》1993年正式有刊号后改称《古籍新书目》,2002年后又改称《古籍新书报》。报纸创办以来记载了各参与社的古籍整理及中华传统文化研究类图书的出版历程，为宣传古籍出版新成果、扩大古籍出版影响和增加图书订数做出了突出贡献。而且主办单位上海古籍出版社曾连续多年每年组织各参办单位的通讯员召开工作交流、研讨会，对各社宣传人员业务素质的提高起到了重要作用。但随着纸质报刊影响力的日渐式微，《古籍新书报》终于走到了变化转型的关口。2018年11月，报纸编辑部发出了"休刊启事"，向社会昭告"《古籍新书报》纸质版自2019年1月起休刊，同时进行数字化转型"，宣布了这份纸质报纸历史使命的完成。图书评奖在1988年10月第一届开评，名为"全国古籍优秀图书奖"，且商定之后两年评一次。按事先的约定，评奖的筹备由齐鲁书社负责，齐鲁书社则指定由我一人完成"办法"的拟定、与各社和专家联系、评奖程序的建议，及评奖表的收缴和安排样书的寄送，等等。评奖会是由巴蜀书社承办、在成都召开的。这次评奖拟议时即定名为"全国优秀古籍图书奖"，因中华书局认为此类奖应由官方来办的建议不能落实，回函答复不拟参加此次评奖，使首次评奖留下了缺憾，且名称内的"全国"亦显得名不副实。但评奖后即召开的颁奖大会隆重而热烈，中宣部出版局局长伍杰、中国版协副主席许力以、全国高校古工委领导章培恒、安平秋，四川省人大常委会主任、政协主席、省政府分管副省长等领导和一大批学者纷纷到会祝贺，这在我当时撰写的《全国古籍优秀图书评奖委员会简报》第一期里曾有详述。可以说从评奖的意义和影响来说是开了个好头。可是其随后的发展之路走得并不平坦。原定两年一评的，结果四年后才开第二届，而且到1994年第三次评奖后就停止了。一直到2006年，全国古籍出版联合会共议重启评奖，这个奖项才得以新生。从2006年至今，每一年度的优秀图书评奖会与"社长年会"同时召开，奖项名称仍定为"全国优秀古籍图书奖"。十多年来，这个奖集中展示了古籍出版业所出版古籍整理图书的优秀成果，业已成为运行稳定，业内、学界口碑甚佳的一个奖项。我从1988年古籍出版业内首次评奖的具体经办者，到进入二十一世纪重议启动行业评奖的参与推动者，且亲历了2006年以来的历年评奖，置身古籍出版三十多年，竟与这件事如此有缘，交集这么长时间，也真是三生有幸了！

古籍出版界同行在1986年的初次聚会完全是自发组织的，之后的历年聚会，在相当长一段时间里也是没有组织架构，大家是自愿参加的，通常是由古籍专业社分别做东，轮流承办。好像在第一次会上就有人建议以后每年开一次会，且实际上也是这么做的。最初的一段时间里，每次开会，有的社对到会与否不甚在意。在我印象里，那时开会，常常有出于各种原因不到会者，也有如筹建中的湖北荆楚书社偶尔到会，后来却悄无声息者，还有的社是班子成员不到会，只派员参加者，等等。会议的名称多由承办单位随性而定，或称“研讨会”，或称“碰头会”，或称“联席会”，乃至有称“社长沙龙”者。古籍出版行业真正有了团体的名称，明确了哪些社是团体成员而以成员身份参会，是到了1999年“古联会”成立时。1999年7月，由中华书局承办在北京昌平召开了一次古籍出版座谈会。在这次会上，十八家参会单位一致同意成立“全国古籍出版社联合会”（简称“古联会”），确认与会社及未到会的文物出版社、浙江古籍出版社、北京古籍出版社共二十一家专业古籍社为理事单位；中华书局为会长单位，上海古籍出版社为副会长单位，秘书处设在中华书局。至此，古籍出版社才正式有了自己的行业联合会。不过当时每年一度的联席会名称还没固定，像1999年的年度联席会是9月由岳麓书社承办在湖南长沙召开的，名称为“全国古籍出版社联合会理事会”。初次挂出“社长年会”的会标，是在2000年5月由三秦出版社承办在西安召开的会上。那次会议称“第十五届全国古籍出版社社长年会”，第一次用了“社长年会”的名称，其届期的推算，则以1986年的行业初次联席会为届期之始。从此以后，会议就按届排序了。即便到了2008年9月民政部批准“中国出版工作者协会古籍出版工作委员会”（简称“古工委”）成立，原来的“古联会”转身成了“古工委”，成为国家正式社团组织，“社长年会”依然延续着历史的脉络，按顺序逐年排了下来。

现在，古工委的年度例会已不单是社长年会，还有一次是与每年初北京图书订货会同步在中华书局开的工作碰头会。这个会是在原中华书局总经理、古工委主任李岩，原中华书局副总经理、古工委秘书长黄松的热情邀集下形成的，作为惯例也有十几年了。古工委秘书处的日常事务加之一年一次的办会，中华书局为此义务承担了大量繁复的工作，由此保证了古工委工作的稳定和规范。古籍出版行业的横向合作，从最初松散的自然组合到现今有完善的组织架构运行，我想应是当年促成行业联合的老一辈古籍出版人难以想象却甚感欣慰的。

（原刊《中国出版史研究》2019年第3期）

风物长宜放眼量
——凤凰出版社更名前后

姜小青

徐海兄主持《文艺报》出版专栏，风生水起，所见撰稿者，皆卓然成家的行业大咖。但我想，这肯定是件苦差事，否则，也不会拉我这样的碌碌之人充数。因与徐海兄有乡谊，不敢违命，勉力写一点自己在出版社更名前后的经历吧。

2002年底，江苏古籍出版社更名为凤凰出版社，今年刚好是以凤凰社名义出书的第二十个年头，经查出版社书目，以凤凰社社名出版的第一本书，是王兆鹏、刘尊明先生主编的《宋词大辞典》，时间是2003年9月。兆鹏兄收到样书，10月15日给我的信中说："印制颇精美，只是'江苏古籍'金字招牌换了后，新社名要被人认同还有段时间。"此书的编辑工作完成于更名前，受更名影响，未及付印。书稿是我在吴小平、卞岐二兄指导下，沿他们策划、编辑出版的《唐诗大辞典》《元曲大辞典》思路，向王兆鹏兄约稿，日前翻检出兆鹏兄1996年11月15日的来函，谈对我邀约编纂《大辞典》的回复以及体例中所要考虑的问题。现在想来，这种快乐的时光，在出版社更名后的十五年里，真是少之又少。

出版社更名后，在我自己还没有弄清什么缘由的情况下，由原江苏古籍出版社副总编辑被指定为凤凰出版社古籍部主持工作的副主任（除“古籍部”，也没有其他部门），并要求于2003年7月开始主持工作。人员从原古籍社六十多位职工中，结合本人意愿，留下十八人（班子三人、发行两人、仓储一人、财务三人、文字编辑七人、美编一人、行政一人），其他人员分流到集团各出版社。我当时考虑一些延续性项目需要人手，特别如《全元文》这样的大型在编项目，便擅自做主，上报名单中多加了一位编辑，被时任集团总经理电话中批“胆子真大”，并要求立即去掉。2004年4月，集团授权“古籍部”社级经营权限，2006年初，我被任命为凤凰出版社总编辑、法人代表，主持工作。日前，有出版史研究性刊物，鉴于不少出版社更名，准备组织相关专题稿件，向我约稿，我不敢贸然答应，一是怕不知内情，所述有违事实，二是自己也不愿再回首曾经的经历。2018年10月，我卸任凤凰社社长兼总编辑，友人问及十五年的感受，答复六个字：不值得，不后悔。

出版社更名后，首先面临定位、选题、人员三大问题。出版社更名并不鲜见，如古籍出版同行中，就有山西古籍出版社更名为三晋出版社，但其古籍专业出版的性质和定位没有变。我们更名遗留下来的问题要复杂得多，大家都弄不清为什么要更名。当时，我们班子在出版社未来定位上，并无多高思想境界，但有三点共识，一是江苏古籍出版社的历史和优势应该继承，二是江苏需要一家专业古籍出版社，三是留下的十八位员工，都是自愿且能够从事古籍出版的。因此，我们决定，坚持古籍专业出版方向和定位。

最初几年，学术界对此是有些疑问的，当我们向作者约稿时，常有这样的尴尬，他们大多会问：既然你们仍是做古籍出版，又为什么要改名？这期间，就有学者对与“古籍部”签订出版合同有疑虑，把几与江苏古籍出版社签约的选题撤走。可能是被之前更名、变动吓怕了，我说过一句极端的话：凤凰社的古籍专业选题，要专到集团所有出版社都不能做，甚至连书名都不知道什么意思，或许才有存在下去的理由。说这句话，有个缘由，2004年，周勋初先生为鼓励我们坚定继续从事古籍出版的信心，将已基本完成编校的《册府元龟》（整理本），交给当时还称作“古籍部”的我们，2007年，该书获首届中国出版政府奖，是古籍类四个正奖之一，集团主要领导来电，询问“册府元龟”四个字的意思。更名后的头几年，出版社经营规模，年销售不到一千万元，相比较集团内许多出版社一个编辑室的年销售，可能就是我们的好几倍，从这个角度说，我们始终有被重组的担忧，但内心又有所不甘，所以，除了加快如《全元文》等一些在编项目的出版进度，在经济状况十分艰难的情况下，又签约《册府元龟》《清词珍本丛刊》《阳明后学文献丛刊》《金圣叹全集》等大型古籍整理选题，并在宁召开了古籍学术界专家座谈会，征集选题，当时一个想法，就是要尽快把凤凰社古籍专业出版的声势造出去。我曾在公开场合说过，自己是一个胸无大志的人，如果要说还有什么理想，那就是恢复江苏古籍出版社社名。不但嘴上说，甚至付诸行动，曾书面向集团打了报告，结果可想而知，被斥之为“翻烧饼”。现在想想，确实有点“不懂规矩”。

如今的凤凰社，在古籍专业出版道路上，越走越扎实，越来越被学术界和出版界认可，已经成为能够承担各类大型，甚至超大型古籍整理图书编辑出版，并具有自己优势内容生产板块的专业古籍出版社。

在出版社定位问题上取得共识后，面临的另一个困难，就是缺少选题。由于受更名影响，出版社几乎一年多时间没有正常开展编辑业务，造成选题断档，留下来的十八位人员中，甚至连负责印制的也没有，致使更名前已完成编校的书稿也无法付印，缺少新书。2003年是出版社自1984年成立以来出版新书最少的一年。为了解决选题缺口，当时我们想了几个救急的办法，一是将更名前出版的几部大型古籍整理图书，稍加改造，以影印的方式，作为新书出版，如《清诗纪事》《冯梦龙全集》等。《清诗纪事》由著名学者钱钟联先生主编，全书22册，近一千万字，单册定价，1987年至1989年陆续出版，是江苏古籍社当时规模最大的单体古籍整理项目，1994年获首届国家图书奖提名奖。我们将其扫描、拼页，改成16开4册，附加若干勘误及索引，整套定价，于2004年影印出版。2003年12月4日上午，倪培翔兄到苏州钱府送该书合同，钱先生躺在床上签字盖章后，培翔即返，尚未登车，接钱先生门人罗时进教授电话，先生去世，享年九十六岁（我成了与钱先生签约的最后一人，签字时间是12月2日）。《冯梦龙全集》由上海古籍出版社原社长魏同贤先生主编，也是22册，单册定价，1993年出版。我们也是通过对内容稍作归并，重新分为18册，整套定价，于2007年影印出版。另外，为了尽量增加图书品种，节约成本，对一些即将到版权期的大型古籍整理项目进行重印，如《宋诗话全编》，该书由吴文治先生主编，10册，约八百万字，1998年出版。吴先生对我们的做法非常生气，现在看来，当时的做法有点欠妥。解决选题的第二个办法，就是把江苏古籍社几个系列性选题再继续下去，这些选题成熟度高，不需要再花时间去论证，例如《中国地方志集成》"江苏学人文集""历代诗话全编"等系列。《中国地方志集成》启动于二十世纪八十年代，是由巴蜀书社、上海书店出版社、江苏古籍出版社联合出版的超大型古旧方志集成性项目，根据协商，各社承担十个左右的府县志。我们更名前，从1991年到2002年，十年出版府县志五辑，分别是江苏、江西、安徽、湖北、湖南，共计371册。2003年下半年，我们决定，首先将这个项目接续下去，2004年就出版了95册的山东府县志，其后每年一辑或多辑，至2014年全部完成，十年从未间断，共计出版915册，其中府县志14辑602册、省志24辑151册、善本方志2辑162册。另外还出版了《范仲淹全集》(2004年)、《金圣叹全集》(2008年)、《辽金元诗话全编》(2006年)、《宋金元词话全编》(2008年)等，这些延续性选题，对凤凰社古籍古籍专业选题进一步确立，起到了很好作用。第三种做法，就是着手开发出版相对比较快的新选题，从"一大一小"着手，所谓"大"，就是规模较大的影印项目，如《清经解 清经解续编》(13册，2005年)、《清词珍本丛刊》(24册，2007年)等。记得为了节约成本，《清经解 清经解续编》底本，是我与王华宝兄一起到集团原图书馆，在封存已久的书库中找到的，当时两人被弄得灰头土脸。所谓"小"，就是传统文化普及性选题，如由当代名家选注的《历代名家精选集》(20种，2006年)等。

上述做法，初步解决了受更名影响缺少选题的情况，也使我们认识到，出版专业化的定位，必须有专业选题作支撑，方能可持续和走得更远，自此，制定古籍专业化选题，就成了凤凰社最重要的工作，一个不到二十位编辑的出版社，"十二五""十三五"国家重点出版规划项目、"2011—2020年国家古籍整理出版规划项目"分别达到二十、十九和五十余项，在全国也是排在前列的。当然，这也超出了出版社自身的编辑出版能力，有的项目至今尚未完成。但在当时，就是想通过多多益善的专业重点选题，来确立和带动出版社古籍专业出版的定位和发展的可持续。得失之间，对于当时的在场者，是很难明辨的。

第三就是人员问题。出版社更名后十八人的局面一直维持了近三年，这在全国可能是比较少见的。2006年，因为有了出版社经营权，我们首次单独招聘编辑，其后每年参加集团统一招聘，逐步解决人员紧缺的问题。结合我们对专业选题的思考，考虑从多方面获取选题资源，在招聘编辑中，除对应聘硕博生专业背景有所要求外，还考虑能否有利于多渠道获取选题资源，所以，除了南京大学、南京师范大学两所本地院校外，我们尽可能把招聘对象的学校面铺开一些，先后录用了北京大学、复旦大学、武汉大学、山东大学、暨南大学、上海师范大学等外地高校毕业生，对拓宽选题来源渠道取到了一定效果。例如，现已是出版社副总编的韩凤冉，硕士毕业于复旦大学历史地理所，2007年入职凤凰社，2010年前后，策划了由该所著名学者周振鹤先生主编的《明清之际西方传教士汉籍丛刊》，项目入选国家重点图书规划，获得国家古籍出版专项经费资助，在学术界引起非常好的反响。这些来自不同高校的年轻人，通过在专业选题编辑出版中的锻炼，如今，他们中的许多人，已经成为凤凰社古籍专业出版的中坚和主力，多人入选国家、省部级人才工程、三人走上出版社领导岗位，2009年以前进社的编辑，均获评编审职称。

当年更名留下的十八位员工，陆续到了退休年龄，出版社历史上一段特殊经历，也将随之渐行渐远，并终将被忘却。谈这个本不愿回顾的话题，实在不是件愉快的事，何况“文不逮意”，只能就此向徐海兄交差了。

（原刊于《文艺报》2023年11月15日）

那年，获准出版《金瓶梅》

宫晓卫

《张竹坡批评〈金瓶梅〉》书影

在新中国古典小说整理出版史上，二十世纪八十年代批准整理出版《金瓶梅》，无疑是其中特别令人瞩目的一节。1985、1987、1988三年里，人民文学出版社整理本《金瓶梅词话》（删节本）、齐鲁书社整理本《张竹坡批评金瓶梅》（删节本）和《新刻绣像批评金瓶梅》（足本）接连获准出版，在学术研究界、出版界曾有着堪称“轰动”的影响。那个阶段，正处在改革开放不久，国家对古旧小说的出版管理尚严，人们聊起被习惯视为“禁书”的《金瓶梅》整理出版“开禁”，自然会联想到思想解放。

我1985年入职齐鲁书社，成为该社文学编辑室的编辑，亲历了两种《金瓶梅》和与之相关图书的出版过程。从协助老编辑看《金瓶梅》清样，到参与选题策划、任责编，乃至负责校点整理部分项目，得到了方方面面的编辑历练，留下了个人出版生涯的一段特殊记忆。

一、张竹坡批评《金瓶梅》

1986年4月，山东出版总社向国家出版局呈送了《关于出版张竹坡评点本〈第一奇书金瓶梅〉的请示报告》，报告说该书整理者王汝梅历经五年，“对《第一奇书金瓶梅》的删秽和校点工作已告结束”，出版条件已成熟，故再次上报，申请由齐鲁书社出版。

1986年5月，国家出版局下达《出版张竹坡评本〈第一奇书金瓶梅〉的批复》([86]出版字456号)，“批复”称:

> 《金瓶梅》版本繁多，张竹坡评本《第一奇书金瓶梅》在体裁、回目、文字上自成特色，具有一定的学术参考价值。经研究，同意齐鲁书社出版王汝梅的整理删节本。印数不要超过一万部，由齐鲁书社内部定向对口发行。

这是继上一年国家刚批准人民文学出版社出版《金瓶梅词话》后，紧接着批准的第二种《金瓶梅》整理本出版。其校点是以清康熙刊本张竹坡批评《第一奇书金瓶梅》为底本，参校《新刻绣像批评金瓶梅》及多种版本完成的。整理者王汝梅先生时为吉林大学教师。

张竹坡批评《金瓶梅》是清代影响最大的《金瓶梅》版本。在《金瓶梅》版本流传过程中，“张竹坡批评本”（以下称“张评本”）与“词话本”分属两个版本系统，快速同意另一种不同系统《金瓶梅》版本的整理出版，人们看到的是国家顺应学术研究需求和呼声的开明态度。

印象里我知道齐鲁书社将要出版“张评本”《金瓶梅》的消息，还是在华东师范大学中文系读研时。记不清是1983年还是1984年，中文系黑板报上发了一则简讯，称人民文学出版社将出版校点本《金瓶梅词话》、山东齐鲁书社将出版校点本张竹坡批评《金瓶梅》。处在八十年代初那个书荒时期，一部不乏自然主义的性行为描写，而被目为“淫秽”受到“禁毁”的著名古典小说将要出版，虽然只是简讯，分量却很重，让人过目不忘。这条信息于我的另一层意义，是让我知道了家乡还有这么一家出版社，从此增加了一分对这家社的关注，以致对它的认可，竟成了自己毕业分配时的职业选择。

一条尚不确定的消息能早早出现在大学的讯息板上，可以想见当年学术界对这种消息终会实现的信心。消息的来源已无考，但后来我知道，齐鲁书社早在1982年就向国家出版局报告过要整理出版《金瓶梅》的意向，因为《金瓶梅》是古代名著，书中含大量山东方言，写的是山东的事儿，作者“兰陵笑笑生”有着明显山东地域指向，实属典型的山东地方古籍。齐鲁书社1979年成立，作为山东的专业古籍出版社，围绕地域古代小说的整理，此前出版了二十四卷本《聊斋志异》和《醒世姻缘传》，均获得极好的市场反馈。再策划古代小说选题，将《金瓶梅》纳入出版思路，放在那个年代，想法虽然有点大胆，但不意外。1982年的报告未获允准，消息却是真实的，不是什么秘密。且从后来的二次申报获批，知道最初的申报虽然未成，希望之门却没有堵死。

当然，如果说消息是源自1980年曾在华东师范大学参加“中国文学批评史”培训班、对张竹坡和《金瓶梅》的研究即始于此的王汝梅先生，或者是1983年到华东师大中文系参加过第一次全国词学讨论会的齐鲁书社文学编辑室主任、也是“张评本”《金瓶梅》责任编辑的任笃行先生，也都在情理之中。

1986年，齐鲁书社作为一家新兴的地方古籍出版社，能在“国家队”人民文学出版社之后，成为第二家被批准出版《金瓶梅》的出版社，不免惹人艳羡。记得当年总有人喜欢问个为什么。梳理个中原因，肯定是多种因素交织的结果。而我以为其中很重要的一点，是这家单位建社几年来，用出色的出版业绩所树立的学术品牌和赢得的学界口碑起到了关键作用。1984年齐鲁书社建社五周年社庆，一大批顶流学者云集济南，所谓“文兴齐鲁，功在学林”，是与会学者对齐鲁书社的一致褒扬。良好的声誉，也促成了1986年齐鲁书社承办改革开放以来第一次全国古籍出版工作座谈会，这次会议后来被推论为延续至今的古籍出版社社长年会的首届。在这样的时间节点上获准出版“张评本”《金瓶梅》，显然不是偶然的。相对1982年一个新建社即提出出版《金瓶梅》这种敏感选题，报告的不被认可实属正常，出版社几年来的快速成长、成熟，形象立住了，方能被信任。

从1986年5月拿到批文，到1987年1月“张评本”《金瓶梅》见书，仅半年多时间。在铅字排版年代，一部百万多字、精装两册、彩色插页，需往返多次看样推版改版的古籍图书，能有这样的高效率，必须承认这是借助了计划经济时代本系统合力的优势。当时山东虽然已成立了多家专业出版社，但还是实行出版总社编、印、发、供统一管理。是山东出版总社的统一协调，特事特办，各相关单位一路绿灯，才促成了本书的顺利出版。当然，全书52个印张加17个彩插，又是限量出版、内部发行的特殊图书，初版定价只有25元，显现的也正是计划经济不甚讲究供求关系的特征。

“张评本”《金瓶梅》的出版，意料之中地影响火爆。记得那时与友人见面、通信，几乎言必称《金瓶梅》。由于按批文要求的初版限量印制一万部，与市场需求太过悬殊，即便当年又获准加印一万部，仍做不到购者有其书。书是在山东出版总社大院门对面一路之隔的山东新华印刷厂印制的，于是乎就有了系统内不少人知道的一个小秘密，在出版社买不到书，到工厂找人却能搞得到。不过那只是私下里的小动作。山东人敦厚、本分，不大敢干破规矩的事，不随便擅自加印，让“张评本”《金瓶梅》卖方市场的好日子持续了几年，直到后来大量盗版书的出现，才完全打破了这种供求关系。

九十年代中期，随着整个古典小说图书市场的式微，齐鲁书社版“张评本”《金瓶梅》与《明代四大奇书》一并停止了重印。岂料这一搁置竟近二十年。直到2013年，新闻出版总署批准了齐鲁书社提出重版《明代四大奇书》、重印“张评本”《金瓶梅》的申请，更换了开本、插图，重新加以修订的“张评本”《金瓶梅》才于2014年12月以新的面孔再次面世。只是时过境迁，新版书的登场，早已没有了当年的新鲜，昔日的风光泯然矣！

二、《新刻绣像批评金瓶梅》

在“张评本”《金瓶梅》出版后，1988年6月，新闻出版署批复同意了齐鲁书社出版《新刻绣像批评金瓶梅》的申请（[88]新出图字第597号）。在有多家出版单位有此出版意愿并提出申请的前提下，唯独批复同意一家地方古籍出版社连续出版两种《金瓶梅》版本，齐鲁书社何其

《新刻绣像批评〈金瓶梅〉》书影

有幸！

著名“金学”家王汝梅先生说：“《新刻绣像批评金瓶梅》崇祯本，据现存词话本改写加评语而成，又是张竹坡据以评点的底本。处于《金瓶梅》版本流变的中间环节，承上启下，至关重要。”（《〈金瓶梅〉版本史》）齐鲁书社获准整理出版这个版本，除了其独有的版本价值，还有一个让世人特别关注之处，就是这部《新刻绣像批评金瓶梅》（简称“崇祯本”），是第一次不加任何删节的校点整理足本《金瓶梅》。新闻出版署批文中说：

> 《金瓶梅》一书已出版了万历词话本和康熙张评本两种删节本，因此，再行整理出版崇祯本，就不能停留于只为读者提供一个较为通顺可读的本子，而应更多地从有利于研究工作的实际需要加以认真考虑。应尽量搜集崇祯本的国内外公私藏本，经比勘研究，选择其中最好的刻本为底本，与其它刻本进行互校、参校，务求完善……不仅为研究工作者提供了方便，更是弥足珍贵的研究资料。

按以上要求，该书的整理，以北京大学图书馆藏《新刻绣像批评金瓶梅》为底本，并据当时可知有价值的各版本做了全面校勘。为尽可能保留底本原貌，采用繁体竖排，并于各卷后附有“校勘记”，是一部内容最全、学术性很强的整理本。整理者仍以王汝梅先生为主。初版印数8000套，于1989年6月出版。随着这部整理本“崇祯本”的面世，被学术界一般认为的《金瓶梅》最具研究价值的三个版本——明代万历词话本、崇祯本和清康熙张竹坡批评本的校点整理本出齐。

据笔者所知，在八十年代，关于《金瓶梅》的整理本，国家只批准了这三种出版（1988年6月，新闻出版署［88］新出图字第610号文曾批复同意浙江古籍出版社将《金瓶梅》纳入《李渔全集》出版，但要求“于1990年以后，将《金瓶梅》崇祯本纳入《李渔全集》，出版少量删节本。”故这里不把浙古本算在八十年代本中）。短时间里三种整理本《金瓶梅》的问世，成为那个时期古典小说出版的一大热点。而齐鲁书社在其间“三分天下有其二”，尤显突出且不易。

“崇祯本”作为第一种整理本足本《金瓶梅》的面世，其影响绝不亚于此前的“词话本”和“张竹坡批评本”。考虑到“足本”的特殊性，书是放在当时位于莱芜山坳里、属于国家“小三线”厂的山东人民印刷厂印制的。厂区远离城镇、独立封闭，保证了图书印制的严密管理，不出差池。那种阵仗，对于所有的经历者都是第一次。

该书的发行对象也被严格限制，从现存文档中看到的齐鲁书社“遵照上级对该书‘严格控制，内部定向发行，主要对象为较高层次的教学、研究工作者’的要求”，制定的《关于校勘足本〈金瓶梅〉发行办法的通知》，可知该书的发行对象为：1. 大学文科教授、社会科学研究机关研究员以及文联、作协等有关专业机构的相应人员；2. 大学及研究机关研究中国古典小说的副研究员、副教授；3.《金瓶梅》学会会员；4. 省级以上图书馆；5. 有关领导部门（宣传部、文化部、新闻出版署）的部级、省级以上领导干部。在当年高级职称学者数量有限的年代，这个发行范围是很小的。但即便如此，加之此书又是罕见的自主定价——175元一套实属高昂，足以让一些有资格购书者望而却步，实际上却还是一书难求。笔者当年只是一介普通编辑，自是难以满足友人购书之需，个中尴尬，至今难忘。

“崇祯本”整理本为一套精装两册，铜版纸印制，即便放在今天，书的装帧设计和印制质量仍不失其高端精美。因系唯一的排印本足本且限量出版，内地又只印制了这一版（后来曾向香港三联书店版权输出），三十几年过去，好品相的一套书，早已是图书收藏者眼中的珍品。

三、《金瓶梅续书三种》和《明代四大奇书》

那个时期，围绕《金瓶梅》的整理和研究，齐鲁书社策划出版了一众出版物，其中《金瓶梅续书三种》和《明代四大奇书》是最有影响的两种。

《金瓶梅续书三种》，1987年经新闻出版署批准整理出版，1988年见书。1988年新闻出版署下发《关于整理出版〈金瓶梅〉及其研究资料的通知》（[88]新出图字602号），其第四条为“关于《金瓶梅》续书及资料”：

> 《金瓶梅》续书中有价值的不多。山东齐鲁书社经认真筛选，提出其中三部：《续金瓶梅》《金屋梦》《隔帘花影》，1987年经我署批准，出版少量删节本，内部发行。以上三书，不再批准其它出版社重复出版。

“续书三种”是对《金瓶梅》续书的首次集中出版，精装上下两册。书名系冯其庸先生题签，“前言”是黄霖先生撰写。初版四万部，也是仅印了一版，此后市场上出现过《续金瓶梅》单品种书，但三种合出，这是唯一一版。

笔者以为，《金瓶梅续书三种》出版的学术贡献和最大意义，在于其对文学研究的资料价值。此以书中的《隔帘花影》为例。鲁迅先生在《中国小说史略》中谈到《金瓶梅》续书之一的《隔帘花影》，说“书末不完，盖将续作，然未出”。笔者责编的图书，就遇到过有研究者在书稿中持相同观点，认为《隔帘花影》书“未成”，虽已向其指出，仍坚持不改的事。可见《金瓶梅续书三种》的出版，将三种续书全貌展示，事实上也起到了某种纠偏作用。

《明代四大奇书》，是将《三国演义》《水浒传》《西游记》《金瓶梅》四种文学名著组合出版。由张竹坡批评《金瓶梅》延伸到《明代四大奇书》的选题创意，是齐鲁书社建社以来最成功的选题策划之一。“四大奇书”的概念，古人原有不同认识，然自清初以降，称《三国演义》《水浒传》《西游记》《金瓶梅》为“四大奇书”，基本已是论者共识。现在提“四大奇书”，已经是一个平常认知，但在当年能借“张评本”《金瓶梅》的“第一奇书”一说，提出编辑一套“四大奇书”的想法，却是具有一定学养的灵光一现。这里面，获准出版“张评本”《金瓶梅》是前提。有了这个前提，才有了生出“四大奇书”选题策划的基础。

与“张评本”《金瓶梅》配套，“四大奇书”其他三种选的同是著名的批评本，分别为毛宗岗批评《三国演义》、金圣叹批评《水浒传》、李卓吾批评《西游记》。三种书的组织校点工作历时两年有余，直到排版看样完成，始向新闻出版署提出重印“张评本”《金瓶梅》，将之与另三部名著配套出版发行的申请。1990年得到新闻出版署批准。

1991年《明代四大奇书》面世。全书精装八册，彩色插图，每种均请学术名家撰写“前言”，封面由启功先生题签，全套锦缎盒装，尽显高端大气。该书当年即在广州第四届全国书市上大放异彩，广受关注；次年在成都的第五届全国书市上获评最受读者欢迎的十种图书。在全国风潮渐起的古代小说整理出版板块里，一时风头无两。

《明代四大奇书》的策划，打破了齐鲁书社古典小说整理出版一直不成系列、以单打为主的瓶颈，带动了本社古代小说类选题拓展的一发不可收。此后，成系列出版的古代小说，既有同等开本和装帧效果的《清代四大小说》《全本三言二拍》，也有与前者装帧豪华、适合高端图书市场相对应，所推出的定价低廉、主打大众普及之路，用小5号字排版的所谓“小字本”“中国古典小说普及丛书”。高、低两端市场反馈均佳，尤以“小字本”表现出奇的好。这些古代小说以其规模效应，数年里都是齐鲁书社图书发行的基本盘，是稳住那一时段出版社经济效益的主要支柱。

在二十世纪还强调出版社专业分工的时代，齐鲁书社是较早把古代小说选题板块文章作足、创获颇丰的专业古籍出版社。这中间，“张评本”《金瓶梅》的获准出版，属实有着启动开创之功。之后的系列小说出版，我本人是编辑室合作团队的主要成员。期间的建言创意被采纳，选题策划的具体落实，校点整理的组织实施，到书稿编发、高品质图书的追求，以及新书面世、市场成功的快感，可谓满满的编辑正面体验。职业出版几十年，阅历够多，但回想那段岁月，还是会不断让人回味。

进入九十年代，随着市场经济的深入推进，古代小说市场迅速饱和，盛衰似乎就在转瞬间，使得齐鲁书社人一时极度不适应。至此，齐鲁书社集中发掘出版古代小说的那一页，已基本翻篇。但齐鲁书社版

《金瓶梅》和《明代四大奇书》的话题，似乎没有老去。盖因它们古代名著的不灭光环和当年那道独有的出版风景，已经深深印在了那一代人的记忆里，至今依然会被时常谈起。（说明：上文中批文的机构名称和引述的相关文字，均为原貌实录。）

（原刊《南方周末》2024年11月26日）

关于《全元文》出版的一点回忆

——兼及大型古籍整理项目出版中的相关问题

姜小青

《全元文》至今仍是凤凰出版社出版的规模最大(3 000多万字,61册)、出版周期最长(十年以上)的单品种古籍整理项目。笔者是1997年3月开始接手负责该项目出版工作,接到主编李修生先生第一封信的时间是当年的4月10日(当时我的分管领导吴小平副总编给李先生打电话,告之我任出版社总编辑助理,将具体负责《全元文》),其时项目前5册正在编辑审稿阶段,因此,本人见证了《全元文》出版全过程,并有幸参与其中(终审了全书的6—61册,1—5册由吴小平先生终审)。《全元文》出版后,本该写篇文章,只因当时出版社更名不久,全社仅留下十八人从事古籍编辑出版工作,杂务繁多,后又将工作重点放在了出版社生产经营、管理方面,静不下心来,文章的事就一拖再拖,转眼十多年,不禁感慨。

日前因退居二线,少了行政杂务,故有时间对自己近三十年的古籍

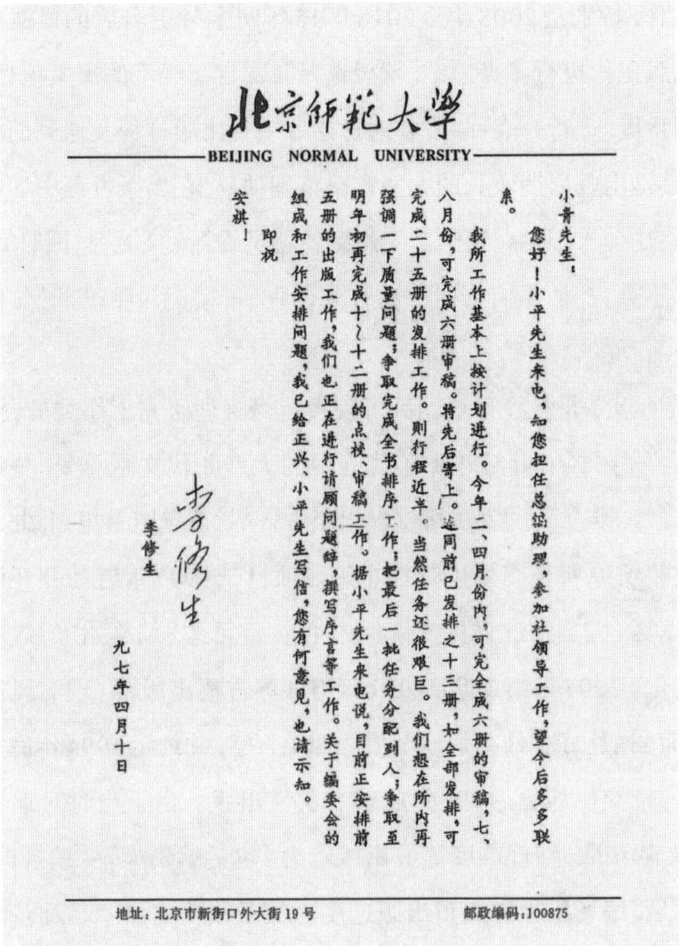

小青先生：

您好！小平先生来电，知您担任总编助理，参加社领导工作，望今后多多联系。

我所工作基本上按计划进行。今年二、四月份内，可完全成六册的审稿，七、八月份，可完成六册审稿。将先后寄上。连同前已发排之十三册，如全部发排，可完成二十五册的发排工作。则行程近半。当然任务还很艰巨。我们想在所内再强调一下质量问题；争取完成全书排序工作；把最后一批任务分配到人；争取至明年初再完成十～十二册的点校、审稿工作。据小平先生来电说，目前正安排前五册的出版工作，我们也正在进行请顾问题辞，撰写序言等工作。关于编委会的组成和工作安排问题，我已给正兴、小平先生写信，您有何意见，也请示知。

即祝

安祺！

李修生

李修生

九七年四月十日

地址：北京市新街口外大街19号　　邮政编码：100875

李修生致作者信

出版工作，特别是2003年至2018年15年间主持更名后的凤凰出版社古籍出版工作进行一点总结，就想选择几部自己经手的出版项目，从编辑出版角度，进行一点回顾，并通过这些项目出版过程及遇到的相关问题，尤其是出版周期较长的大型古籍整理项目，在出版过程中如何少走弯路，略述个人心得。当然首先想到的就是《全元文》。只因时间过久，记忆总不会完整，虽有当时一些往来信件、审稿记录帮助回忆，但肯定是挂一漏万。

《全元文》是教育部全国高等院校古籍整理研究工作委员会（简称“古委会”）在二十世纪八十年代立项的大型断代文献总集，分别被列入国家、“古委会”、国家古籍整理出版“十五”重点图书规划，北京师范大学古籍所原所长李修生教授主编。项目于1987年启动并开始文献普查、编纂（编纂情况详见李修生先生《〈全元文〉编纂始末》，《中国典籍与文化》2007年第2期），1991年与江苏古籍出版社（现名凤凰出版社）签订出版协议，最初估计全书约四千万字，并约定1994年底完成点校，分三批交出版社，1996年底前一次性出版。由于当时对编纂难度（包括文献获取、整理难度等）、出版能力（包括编辑人手、编校进度等）估计不足，编纂整理和编辑出版进度远低于预期，后经双方商定，考虑到一次性出版不太现实，故改用单册书号的形式，每年出版5册，1994年前5册发稿，1997年出版，其时仍是铅排，从第6册开始改电脑照排，至2001年共出版25册。后双方认为这样的出版进度太慢，于2001年又签署“补充协议”，除对原比较低的稿酬标准作了适当提高外，对余下部分各册交稿、出版时间又进行了重新约定，计划全书于2004年底前完成。2002年出版社更名，人员变动，编辑工作有所耽搁，除了发排26册—37册，2002、2003两年没有出版新书。2003年11月，北京师范大学古籍所和凤凰出版社联合召开“元代文化研究暨《全元文》编纂研讨会”，参加会议的学者，包括邓绍基、陈高华、傅璇琮、袁世硕、杨忠、杨廉等先生一致认为，为适应学术研究需求，应该加快《全元文》出版进度。傅璇琮先生在会上说，“《全元文》这样的总集出来，对于元代文化研究、文学的研究都会有很好的促进作用”。杨忠先生说到，由于出版社经济方面的原因，《全宋文》出版目前暂时停下来了，希望更名后的凤凰出版社一定要把《全元文》坚持出完。会后，经“古委会”、北师大古籍所和凤凰出版社共同商定，计划于2005年底前完成其余部分出版，故出版社对正文部分尚未出版的26—60册均留好了2004年的书号，第61册索引配2005年书号，全书共计61册，约三千万字。从版权页信息显示，《全元文》出版于2005年。实际上，《全元文》全部出齐是2006年下半年。2006年1月初，北京师范大学、凤凰出版传媒集团在北京人民大会堂联合召开“《全元文》出版座谈会”，时任全国人大常委会副委员长许嘉璐等领导，以及郭预衡、蔡美彪、邓绍基等专家学者出席会议，会场展示60册图书中（不含索引）的最后两册是非正式出版的“样本”。《全元文》出版后，先后获教育部“第四届中国高校人文社会科学研究优秀成果奖”一等奖、首届中华优秀出版物奖提名奖等。

简单回顾《全元文》出版过程，确有“事非经过不知难”的感慨。《全元文》是新编大型元代文章总集，收录有元一代的汉文单篇散文、骈文以及诗词曲以外的韵文，共计3 140余人，33 400余篇文章。全书正文60册，另编《索引》（含作者、篇名）一册。出版社从1994年收到《全元文》第一批书稿，到2006年全书最后一册“索引”出版，十多年间，对于这样一个出版周期长的大型古籍整理项目，编辑工作除了通常核对版本、辨词析句、统一体例等，针对其繁复，特别是因出版社更名、多名责编调离情况下，仍基本做到有序出版，现在回想起来，当时的编辑工作，有五个方面，值得记一笔。一是建立档案。《全元文》的编辑工作，自1991年签定图书出版合同，到2006年全部出齐，前后历时十几年。为保持工作的延续性，以防“各行其是”，出版社指定资深编辑卞岐先生作为项目编辑负责人，自始至终负责编辑出版统筹，对来稿、审稿、发稿、出书等情况，进行登记，做好书稿档案，对遇到的各类相关问题及解决办法，一一记录。这项工作十分琐碎，稍不留神，容易忽略。二十世纪九十年代，人员往来、通讯联络都不似如今便捷，前后共有十多位编辑担任过《全元文》的责编。由于编纂与出版分别于京、宁两地，点校整理者也有数十人之多，古籍整理书稿中的许多问题又是特别具体，每一位编辑与整理者之间沟通的问题，既有属于全书编纂与编辑工作的共性问题（如基本体例问题等），也有大量不同文献点校中的个性问题（如底本、校勘、异体字处理等问题），在时间跨度长、经手人员多，且编辑人员变动大的情况下，《全元文》编辑工作基本能够保持前后一致，没有出现大的差错，并较顺利出版，首先要归功于书稿档案建立。二是排列顺序。依《全元文》编纂体例，“所收元文一律按作者生年先后编排”，“为便读者引用，本书仍按旧式编纂法分卷。每卷收文一万字左右，文多者一人多卷，文少者数人一卷”。据此，图书编辑出版的排序、分册、分卷也以此为原则。但由于书稿是多人分别点校整理，进度快慢不一，由主编终审通过后，分批从北京邮寄到出版社，往往先寄来的书稿，需要编排在后寄来的书稿之后，有些多人合册的还需待全部书稿寄到后才能分卷。此项工作仍由卞岐先生一人统筹，先对来稿进行分册分卷，然后再交由不同编辑审稿，其中调整分册分卷是常事，有的甚至出校样后还得重新调整原定册数与卷数。查当时发稿记录，第55册原发稿是20卷（卷1670—1689），实际出版为19卷（卷1675—1694），第56册原发稿是26卷（卷1690—1716），实际出版为25卷（卷1695—1720），第58册原发稿是28卷（卷1745—1773），实际出版为28卷(卷1762—1790),第59册原发稿是41卷(卷1774—1815),实际出版为29卷(卷1791—1820)。不同责任编辑之间,经常因分卷调整只能相互抽换校样重新编排。全书60册1880卷,是由编辑一次次不断调整、精心编排而成的。即便如此,第60册(卷1821—1880)所收大部分文章是整理者在编辑出版过程中陆续发现的缺漏,因前面各册或已出版,或已进入付印阶段,无法再按体例插入到相应各册,只能单编为一册,故与编纂体例稍有不符,也算一点遗憾。三是增加校次。图书编辑,按要求三审三校,《全元文》稿件大多是在各类刊刻本复印件上点校,好处是编辑能看到底本原貌,缺点是有些字迹比较模糊,特别是从影印出版的各类丛书中复印的元、明本有二十多种,字迹模糊情况更常见。二十世纪八九十年代,复印机的清晰度不如现在,加之刻本中还存有大量的俗体字、异体字,这些都给排版公司造成了很大难度,一校样的差错率比较高,有些字编辑虽然能辨识,排版人员不一定认识。这里还有一个小插曲,九十年代,电脑排版逐渐被出版社接受,社会上电脑照排公司也随之增多,《全元文》前5册是铅排,从第6册开始改电脑照排,当时南京一家照排公司通过熟人介绍,承接了6—10册的排版,正如上述,不但校样差错多,而且对不能辨识的俗体字、异体字以及一些刻本字体等,均以造字处理,一册五十万字校样,造字多达两万多个。由于排版中造字费用相对较高,是单独结算的,当时双方在结算成本时还闹了一点不愉快(出版社随即换掉了该排版公司)。另外,前面也提到,由于分卷分册不断调整,不同责编之间的校样经常要调换,书眉、页码都会变动,也容易出现错误。面对这些问题,出版社没有回避,其中一个方法就是增加校对次数,大多书稿都在四校以上,对书稿中存在的问题一遍遍检查,将编校差错率尽可能降到最低。四是拾遗补缺。古籍整理图书,因其专业特点,编辑过程中的增删改等，都需要编辑有一定的相关学科专业素养，有时编辑还要充当整理者的角色，对书稿整理不到位的地方予以完善或补充，查《全元文》发稿记录，编辑不但在文字辨识、标点断句、版本核对等方面做了大量工作，有的甚至一整面稿件因漫漶不清整理者未能标点，最终由编辑完成（见42册发稿单）。另外，编辑在改写、重写作者小传、校勘记也是做了不少工作。《全元文》体例，作者名下有“小传”，校勘记在每篇文章之后。虽然“凡例”中对“小传”“校记”有原则性要求，但书稿成于众手，如第35册收录作家一百五十余位，文章五百八十余篇，校点整理者多达数十位，由于水平、认识甚至态度不一，所撰小传或校勘记不但格式不统一，质量也是参差不齐，有的甚至标了校勘记注码却忘了写。编辑过古籍整理图书的人都有体会，改校勘记是很费心的事，所以有人就说，改写不如重写容易。同时，编辑查找原书、核对版本比现在困难得多，那时查找文献不方便，也没有电子文献可以使用，编辑过程中，有时往往为了一两个字，跑南京图书馆，费时费力。我们出版社当时的年终奖金计算，主要就是看发稿字数，在这个方面，《全元文》的责任编辑吃了不少亏。诸如此类的“拾遗补缺”，对书稿质量提升有很大帮助，虽然可以说，这些都是编辑分内之事，但也说明，古籍整理图书编辑并不是只要有编辑资质就能胜任的，它对专业性的要求是比较高的，当然还需要有奉献精神。五是印前审读。凤凰出版社（原名江苏古籍出版社）在决定出版《全元文》这样大型古籍整理项目时，才刚刚成立六七年时间，不但人手不够，各方面经验不足，特别是2002年出版社更名，一半以上原先担任《全元文》责任编辑的人员调离，编辑队伍和力量相对减弱，为了保证图书质量，出版社采取借助外部力量办法，每册付印前，聘请社外专家进行了印前审读，其中，上海古籍出版社原副总编辑（后任汉语大词典出版社社长）李梦生先生几乎审读了每一册，改正了许多差错，但却分文不取，对此，我们至今心存感念。

作为一家地方古籍专业出版社，成立不久就承担了《全元文》这样大型古籍整理项目，出版过程中有一些曲折，也碰到不少困难，但都得以解决并比较顺利地出版。回想起来，除了上述编辑工作，各界关心与支持，以及经费保障，也是《全元文》这类大型古籍整理项目出版中很重要的条件。

《全元文》从编纂立项到全书出版，得到了学术界许多老一辈专家学者关心和支持（见李修生先生《〈全元文〉编纂始末》，《中国典籍与文化》2007年第2期），特别是"古委会"，不但自始至终指导编纂工作，对我们出版社出版工作也是给予了极大关心。2002年，出版社更名，人员调整分流，超过三分之二人员调离，即使是我们留下来的十几个人，对出版社今后的发展方向也很迷茫，谁也不知道《全元文》出版会是一个怎样结果。这期间，就有作者将原定在我们出版社出版的书稿撤回了。"古委会"非但没有变更《中国典籍与文化》这份重要学术期刊的出版单位，并继续把更名后的出版社列为"中国典籍与文化研究丛书"四家出版单位之一，特别是在我们最困难的时候，安平秋先生、杨忠先生一直鼓励我们继续做好《全元文》出版，坚定古籍出版信心，并邀请我们参加"古委会"的学术活动。记得2004年前后（具体时间记不清），安先生、杨先生等到南京师范大学开会，专门挤出时间到凤凰集团，向集团领导介绍《全元文》情况及其重要意义，为我们鼓劲打气。当我们今天看着61册煌煌出版成果，欣然中更应有感恩，所谓"新枝""全凭老干为扶持"。

说到经费保障，因为大型古籍整理出版项目，出版周期长，专业性强，市场相对小，一定的经费投入，是项目得以实施的必要条件之一。《全元文》出版的十多年间，出版社经历了四任社长、四届领导班子，一直把该项目列入各级重点出版规划，但在上世纪九十年代，古籍出版社经济效益普遍比较差，特别是我们出版社没有任何教材教辅类出版产品，职工福利（特别是住房）、奖金等与同系统其他出版社相去甚远，甚至出版社生产经营性投入也是“捉襟见肘”。所谓“有心无力”，李修生先生曾提出，希望每年出版10册左右，出版社没有答应，除了编辑等方面的原因，经费也是一个重要问题。《全元文》出版后，我们对历年投入的直接成本进行了统计，约480余万元，这对当时的古籍出版社来讲，是无力承担的。这些经费主要来自江苏出版总社（2001年成立集团），前后采取过两种形式，先是项目补亏，即每年《全元文》出版中的经费亏损，由集团（总社）给予补足，因此，出版社在结算时总是设法加大一点成本，也可见当时古籍出版社经济上的窘迫。后改为一年一度的专项定额补贴，结余归出版社。两条经济上的扶持政策，基本上使出版社在《全元文》出版经费上无后顾之忧。也正因为如此，《全元文》是“古委会”立项的同类项目中起步较晚，却完成得比较快的一个项目。

《全元文》出版后，学术界在肯定的同时，也对其存在的问题提出了批评，包括点校失误、收录失实（漏、重、错）、底本选择欠妥以及编辑差错等，这些都是实事求是的。李梦生先生曾就《全元文》说过一句话，“前无古人，后有来者”，学术研究总是在这样一个过程中进步的，古籍整理上的“一锤定音”又有几人做得到哪，关键是看我们如何正确对待这些问题。目前，《全元文补编》已经启动并立项（国家“十三五”重点图书出版规划、2011—2020年国家古籍整理出版规划），期待对上述问题有所弥补。

由《全元文》这样大型古籍整理图书编辑出版，笔者体会到，作为地方专业古籍出版社，在选题规划时，一是要认识到大型古籍整理项目对带动出版社整个内容生产板块的作用。古籍专业出版社实施大型古籍整理项目，可以使出版社选题规划的思路、定位更加清晰，发展目标更加明确，生产能力更加体现，品牌效应更加突出。二十世纪八十年代中期，江苏古籍出版社成立不久，即规划和出版了包括《清诗纪事》《敦煌文献分类录校丛刊》《全元文》等多个大型古籍整理项目，由此，出版社的选题在三十多年间，一直在相关专业领域延伸和拓展，形成了出版社的选题特点与优势，也得到学术界和出版界的认可。所以，笔者建议，地方古籍专业出版社在条件允许的情况下，要有实施大型古籍整理项目的规划，要敢于做大项目。二是要重视专业化的问题。古籍整理是一门学科，其专业性十分强，出版古籍整理图书，特别大型古籍整理图书，对编辑相应的专业要求也是比较高的。有些选题非常好，尤其是大型古籍整理项目，但我们的出版社是否有专业编辑出版能力，是应该有所考虑的，否则，可能有违初衷而成为负担。笔者经手过不止一部规模较大的古籍整理图书，都是由其他出版社"半途而废"的，如《册府元龟》（校订本），原先就是一家教育出版社承担并做了前期投入，但在项目进入编校阶段，他们才发现难度太大，无编辑力量，只好主动放弃，为了不承担"违约"责任，甚至连前期投入也不要了。此书后来由凤凰出版社接手编辑出版，并获首届中国出版政府奖，不知这家教育出版社有何感想。由此想到第三点，地方古籍专业出版社，上马大型古籍整理项目也要量力而行，并不是大型项目多多益善。由于大型项目实施周期长，需要投入的人力、物力、财力多，尤其过程中可能存在不确定因素，就以《全元文》为例，双方最初协议，几千万字等书稿，要求两年内一次性出版，显然没有考虑到古籍整理图书编辑难度，也有违图书编辑出版规律，后来大家认识到了这一点，调整了出版思路和计划，对最初协议中部分不实事求是的条款，在相互理解的基础上，进行了补充。所以说，如果我们的大型项目选题，超出了出版社实施能力，其效果可能会适得其反。

（原刊《中国出版史研究》2019年第1期）

将学术引向大众的最初探索

——二十年前，中华书局的一次新生

徐　俊

周日晚枯坐岱北山居，突然微信声响，本家海总发来凤凰书评“开栏的话”三篇，接着又推给我克勤兄《怎样找到最合适的作者》和为松兄《从〈战上海〉到〈火种〉》，还有一篇凤凰少儿陈总的《“转行”做编辑》，说“想在4月份要到你的大作”。当时看了一乐，海总一句白话却用了一个很偏的古语，“要”就是“约”，吐鲁番契约文书中常见；转念一想，“要约”还是一个法律术语，正合了海总的专业。语言多奇妙，其实“要到你的大作”根本就是海总的家乡话——镇江东乡话，因为我们的同乡之谊，海总特地弃用了日常“官话”而已。

第二天我们古工委班会诸同行有荆楚三日行，参访了古工委最年轻但也是最年长的理事单位崇文书局，说最年轻是因为崇文入会最晚，说最年长是因为崇文诞生在晚清出版业新旧交替的时代，是晚清四大官书局之一。一路上参访交流，“老”与“新”、“大”与“小”、“专业”与

“大众”几个词不时闪过脑际，于是就试着用“出版的专业与大众”为主题，来回应海总的“要约”吧。

今早翻朋友圈，满屏“风继续吹”，对张国荣的追念带我们回到那个年代，友邻接龙贴出“愚人节故事”，于是我从停更的微博找到了十年前的今天写自己二十年前的“愚人节故事”。就是张国荣纵身一跃的同一天，十年前的微博是这样写的：

> 十年前的今天，周二，一周一次的上班日。下午正上一节叫××研究通论的课，课间接到一个电话，很像愚人节的玩笑，于是不容多想去赶车，赶上了开往太西里38号的返程车。

转了这条微博到微信，补足这一条愚人节故事：

> 看到十年前微博说自己的愚人节故事，现在又过了十年，再说一遍。二十年前的今天，本徐正在建内五号上文学史研究通论课（大家分段合开，三年只上过这一次课），下课看到手机有多个未接电话，稍后再接，知道是朝阳门CPG（编者注：中国出版集团简称）打来的，问愿否重回六里桥。下午李黄二兄到建国门约见，在长安大戏院内渝信，一杯清茶，半日枯坐，于是有了后来大家二十年同舟共济的人生。

我迄今四十年的出版生涯，就在这一天分为前后两个二十年，后面这个二十年经历了中华书局起死回生后的各个阶段，李岩总引用当时著名的电视广告词说：“我们一直在努力！”过来人都能体会到其中的悲怆，一直在努力，循环往复。

李总带领大家走过的这二十年中兴之路，起始于2003年11月20日以“回归传统，重塑品牌”为主题的朗润园座谈会，中华书局在出版了“中华时尚”“旅游指南”和大批量中小学教辅等出圈品种，市场化试水差点被淹死的时候，重新回归专业化道路。最初的举措是向学术界征求古籍图书重印书目，以解燃眉之急。以专业出版求生，谈何容易！彼时最大困境是品牌受到伤害，好的作者、好的选题流失殆尽，面对读者和市场缺乏有效产品，更遑论产品板块和产品线了。

第二年，2004年国庆节前，阎崇年先生《正说清朝十二帝》上市，打响了古老中华冲向市场的第一枪。阎先生的百家讲坛“清宫疑案”，经CPG总裁牧之先生点拨，在中华书局编辑手中变成了“正说历史”，这不只是重起一个书名那么简单，是准确理解当时大众的阅读需求，包括大家对满屏戏说历史的逆反心理，二十年后我们可以做出更深刻准确的研判，但那是事后，事不经过不知难，还是看看我们的责任编辑宋志军当时的认识——书上市三个月，小宋在《中华读书报》发表了编辑感言——《将学术引向大众——〈正说清朝十二帝〉编辑感想》，“将学术引向大众”，这个话题现在也不过时！《正说清朝十二帝》国庆上市，到年底三个月销售十万册，兹后陆续策划出版的“正说”系列十种，销售码洋总计超过3 000万，着实让大家吃了一惊。从小宋文章的标题就不难看出，在中华书局新一轮改革探索中，对脚下的传统文化大众出版之路可谓旗帜高举，信心满满。

就在朗润园座谈会上，袁行霈先生给我们提出了“守正出新”的期望，过后我们特地请袁先生用大字书写，张挂在每月召开中层例会的大会议室，成为中华书局二十年来的局训。守正——就是要坚守中华书局古籍学术出版的核心，出新——就是要大力推动传统文化大众出版。

将学术引向大众

——《正说清朝十二帝》编辑随想

宋志军

王毅　摄

《正说清朝十二帝》自2004年国庆期间面世以来，得到广大读者的厚爱和业内同行的首肯：在3个多月的时间里，总销量超过10万册，并获得“2004传记纪实类图书年度大奖”、入选“2004颇具人缘好书”。一本历史读物能进入畅销书行列，确实远远超出推出时的预期。这当然得力于作者阎崇年先生在中央电视台“百家讲坛”栏目精彩的讲座和央视媒体巨大的影响力，这些因素在本书的销售中所起的作用难以用量来评估。作为该书责编，我想着重从文本打造的角度谈一些如何使学术走向大众的感想。

首先，从文本定位来讲，作者和编辑认识比较一致：我们不是做一本纯学术的书，其读者对象主要不是专业研究者，而是一般爱好者；同时，我们所做的是“正说”，而不是“戏说”，因此要言必有据，有比较高的学术水准。同样是关注历史疑案，“戏说”者是渲染、铺排，我们的重点则是解析、澄清。

这个文本又天然的具备了一些做成大众普及读物的潜质。其一，它讲述的是清代历史，而这恰好是大众关注的热点。以清代历史为内容的影视剧相当长一段时间以来几乎霸占了荧屏，使得清代一些人物形象深入人心，而戏说成风的现状又让普通观众有了越来越强烈的了解事实真相的需要。此时推出“正说”，比较合时宜。其二，以皇帝为主线，以疑案为重点，是这个文本的主要特色。皇帝是古代社会最重要的人物，皇帝的政治生活和家庭生活从古到今都是普通百姓最想了解的。何况我们重点介绍的是发生在这些皇帝身上或者与之相关的历史“疑案”，这应该算是热点中的热点。其三，将清代十二个皇帝放在一本书中介绍，这种结构方式在同类书中不多见。这种类似于“压缩饼干”的结构方式也许比每本书介绍一个皇帝更符合当代读者的阅读需要。它带有明显的大众读物特征，快餐式的结构方式与当代读者生活节奏加快、阅读时间减少的实际相适应，而“解密”类的读物则满足了中国读者一直以来不曾改变的好奇心。《正说清朝十二帝》这个文本有快餐文化要求的“浓缩”的特征，又有“解密”的性质，所以说有做成大众普及读物的潜质。

其次，在文本打造的过程中，我们竭力避免很多“快餐”式读物实际存在的粗制滥造的毛病，而是按照打造精品的目标反复调整、打磨。大致的程序是：作者提供原稿（当时尚无全稿，基本是完成一部分提供一部分）——编辑加工——返回作者——局外专家审读——修改定稿。我们邀请书局退休老编审，兄弟出版社的资深编辑审阅全稿，对于他们提出的意见认真吸收，及时更正书稿中一些表述不确之处。

作为这本书的责任编辑，我学的不是历史学专业，但阎先生不以编者学识不足而轻视其意见。比如，每章之后增加传主“个人小档案”和“相关阅读书目推荐”是我提出的，前一个栏目主要是受到一些时尚杂志经常设置的“明星小档案”的启发，一是觉得这样对读者梗概了解传主有一定作用，同时也想借助这种形式拉近与年轻读者的距离。当时确实有些顾虑，这样有点时尚的形式阎先生能否接受？不想阎先生不仅接受而且觉得这个栏目很好，还提了不少修改意见。

如同阎先生在“后记”中说的那样，这个文本的最后形成凝结了许多人的劳动，而我认为关键还在于作者有虚怀若谷的吸纳态度和闻过则喜的雅量，否则再好的意见和建议也将会被排斥掉。

编辑《正说清朝十二帝》的过程，也是作者和编辑沟通的过程，在文本形成的过程中一直是反复磨合、彼此适应。其结果是使《正说清朝十二帝》形成了介于学术普及读物和大众普及读物之间的面貌：有严谨的学术性也有相当的可读性，力求接近热点又不肯媚俗、过度铺排，有快餐文化的“浓缩特征”但不追求其“快”、而力图走比较稳健的精品之路。总体来看，这是一次将学术引向大众的有益尝试。

宋志军《将学术引向大众——〈正说清朝十二帝〉编辑感想》剪报

在2004年全年利润总额只有150万的条件下，2004年5月召开了局内范围的“二十四史”修订工作座谈会，立项调研启动；2005年1月在获知原有意向的出版社放弃顾颉刚先生著作出版的消息时，我们毫不犹豫地一步到位签下了《顾颉刚全集》（全六十二册）的出版合同。一批古籍整理学术著作，陆续进入年度选题计划。

“专业的才是大众的”，这个题目的句式，来自我们耳熟能详的一个口号——“民族的才是世界的”。中华书局的大众出版，是学术内容的另一种出版呈现，但毕竟一个灶台要炒出两样菜来是困难重重的。要改变我们的生存环境，不如先改变我们自己。去年收拾办公室，看到了2004年2月27日市场分析和选题分类研讨规划会我手写的小结发言，小结用了两段凤凰卫视的栏目口号，既要“实干创未来”，更要看到“思想有多远，行动就有多远”，口号虽然空乏，但说明了我们的意识，让“思想力”带动“行动力”。

对于要做的事，首先要自己理解并认同，认同是思想统一的标志，思想和目标统一是转型的关键。随着工作的全面展开，“重大项目引领”+“基本书理念”，成为我们回归专业出版之路、拓展传统文化出版的理论支持，这两个理论支点来自业界先进企业的经验，在中华书局的出版实践中得到了印证。重大项目的品牌支撑、方向引领、团队培育，对中华书局这样的传统品牌社至关重要，基本书理念则在产品板块和产品线这些产业概念之上赋予了学科逻辑上的学理，找到了边界感。基本书理念和实践，目标是在传统人文学科的每一个分支，中华书局都要有体系完备的产品，拿文物作比喻，既有一级品也有普品，选题立项不只限于头部产品，要赋予头部产品足够庞大的品种基础。对市场而言，头部产品要起到率兵上阵的作用。过去的二十年，随着传统文化的持续升温，读者数量不断扩容，读者水平不断提升，古籍元典的学术整理本也成为了普通读者追逐的目标——这一点我有切身的体会，我们的“二十四史”修订本各史一版一印都采用了编号发行方式，《史记》首印两万套，其他各史首印一万套，都在一年内售罄，每次上海书展首发，都有长长的队伍等待我和修订主持人签名。我自己暗想，这些等我们签名的显然不会是专业历史研究者，而是遍布民间的历史爱好者、传统文化爱好者。在这样大的阅读背景下，我们将“基本书理念”的范围从古籍整理推展到古籍普及图书，将传统文化大众出版的持续探索作为十几年来全局编辑工作的最重要方向。在中华书局110年局庆的时候，我们的传统文化大众出版规模已经超过了古籍整理板块，古籍出版中心和基础图书中心成为书局最先实现年发货两亿码洋规模的部门，专业与大众，双峰并峙！而对于读者来说，如果你研究传统文史学术，如果你喜欢中国传统文化，中华版古籍总有一款适合你。“基本书理念”施之于古籍整理+传统文化普及，使得基本书有了更广的工作面向和产品平台。为新时代中国人的传统文化阅读提供基本书，是一片广阔无垠的沃土。

“基本书理念”也适用于学术出版，学术基本书与古籍基本书一样有持久生命力。2021年，某一天的ERP发印审批环节，同时出现了《唐长孺文集》（全八册）第五印、田余庆《秦汉魏晋史探微》（重订本）第十四印、葛兆光《宅兹中国》第十三印的印单，当时非常感慨，在学术出版基本靠资助的大环境下，这些不间断重版的学术精品就是一片幽暗中的光芒啊！同老（胡宝国）在罹病三年后于今年2月9日离世，次日布衣书局上架了《将无同——中古史研究论文集》第五次印本，《将无同》刚编就的时候，同老预想了一个场景：他在弥留之际，我在他耳边告诉他出版了……后来他不仅看到了书出版，还看到了一印再印，三年五印，还去书店签了名，同老应该无憾了。学术书都有自身的专业范围和读者圈层，好的学术著作除了自身专业的价值外，一定具有更宽阔的辐射范围，具有普遍的认识论、方法论价值，一部突破自身圈层进入更多读者视野的学术书，就会有更多更久的市场影响力。

迄今为止，出版界还在着力追求学术大众化，有所谓“学术普及”“轻学术”等品类。我以为学术是出版高度的标志，学术著作自有其应该有的模样，不是“任人打扮的小姑娘”。学术出版的误区是把学术著作降格为一般大众读物（以为因此可以获得销量），又有大量应命、应景、应付之作被装扮成学术著作，这是专业出版与大众出版的错位。

扩展专业书的读者群，专业图书不可能勉为其难地变成为大众图书，但是专业话题可以引发更多非专业读者兴趣，一本书的读者有可能超出本专业范围，这本书就可能获得超出专业图书销售的倍量。学术大众化，不是以学术内容的减量和变形为代价，而是以提炼推广他的超专业价值为旨归，让更多的人获得专业阅读的尝试。

“所谓的大众，就是精准的小众”，这是我特别信服的朋友、古籍出版同行姜小青兄的话，选题方向和出版物定位，都不能追求泛泛的大众读物，要有准确的读者对象，读者对象不能是选题表发稿单上的“传统文化爱好者”、“高中以上学历”，要放到市场同类型书、同内容书的坐标上去检验，在市场对照中找自身产品的位置，实现你无我有、你有我优。我体会，细分市场才是“精准小众”最贴切的解释，细分市场位置决定了你是领跑者还是跟跑者。细分市场是有效规模的标志也是路径，细分市场处于领先位置，你在细分市场的规模就是有效规模、稳定规模。你有一排树，我有一片林，这才符合“基本书”原理。

最后回到“专业与大众”这个主题，出版的专业分工是新中国成立初期确立并遵循至今的原则，对于新中国出版格局起到了决定性的作用。也许可以说，改革开放以来出版的改革和繁荣是从打破专业分工开始的，那么能不能说，出版的高质量发展，要从“回归专业出版”或者说要从“坚守出版的专业化”重新开始呢？

（原刊《文艺报》2023年4月19日）

漫长的回报
——写在《王士禛全集》获奖之后

宫晓卫

《王士禛全集》在第二届中国出版政府奖中获得了图书奖提名奖，省版协图书评论委员会要求为之写点文字，作为该书的责任编辑，只有遵命为之。

图书获国家级大奖难，我以为，古籍整理图书获大奖尤难。一部古籍整理书稿的编辑，其精力投入远高于同等文字的普通书，况且出书周期长，得奖名额少，《王士禛全集》能跻身出版政府奖提名奖，也算不枉多年来我身为责编为之编辑出版所做的付出。

《王士禛全集》从二十世纪八十年代确定古籍整理立项到最终成书出版，历经二十余年。从基本成稿进入编辑程序到见书，也有十六七年。编辑一部书稿，如果事先就知道需要如此漫长的时间，恐怕任何一位被安排的责任编辑都会好好掂量掂量的。从确认为责任编辑接手这部书稿时我还是青年，到得奖时已年过半百，得奖的喜悦无多，回想起

《王士禛全集》书影

来倒是每每有些怅然。

《王士禛全集》面世后，王士禛故乡桓台县的记者曾专程来采访我，在采访的谈话中，有两节文字是关于这部书的，在这里不妨将它们移置过来，权作是一个基本的出版过程记录。

记者：记得您在1993年出版的《王士禛》一书最后一句话是："《王士禛全集》的整理工作也已完成，其出版指日可待。"令不少热爱渔洋著作的人感到高兴。可是，齐鲁书社直到2007年才出版了这部六大册、340余万字的大书。这也就是说，《王士禛全集》从定稿到出版历时十五年之久，为什么出版周期这样长？其间肯定有不少周折吧！

宫晓卫:《王士禛全集》的整理是二十世纪八十年代后期启动的,最初由山东大学中文系、山东师范大学古籍所分别按诗文和杂著两部分申报的山东省古籍整理项目,其中诗文部分的笺校还在教育部高校古籍整理研究工作委员会申报立项,后来考虑两部分合在一起,编成王士禛存世著作的"全集"。袁世硕先生任主编,拟定了"全集"收录的"凡例",规范了整理的要求。工作的具体分工:由山东大学负责王士禛诗文作品的整理,袁世硕先生牵头组织;山东师范大学负责王士禛杂著部分的整理,由阎宝恒教授牵头组织。齐鲁书社主要由我负责该书出版工作的组织、协调,及具体的顺序编排和进入出版流程后的书稿编辑,我本人也直接承担了《蚕尾续文集》和几种杂著的点校整理。另外,齐鲁书社时任总编辑的孙言诚同志承担了"全集"中《王考功年谱》的整理。因此,"全集"是山东大学、山东师范大学、齐鲁书社三家合力完成的。全书的参与人员及具体分工,袁世硕先生在书的"前言"中已有说明。

到1992年底,"全集"参与整理人员负责的书稿已基本完成,并陆续送交到出版社。我根据王士禛各种书稿的完成时间,按先后拟了个顺序将之编排起来,开始进入正常的书稿编辑工作,这也是我应上海古籍出版社所约撰写《王士禛》将要完稿的时间。因《王士禛全集》就在我手中编辑,现在想来当时一定是信心满满,于是在《王士禛》的结尾写下了那么肯定的话。《王士禛》是上海古籍出版社所出"中国古典文学基本知识丛书"中的一种,这套书当时影响很大,极受喜爱中国古典文学人士的重视,所以看的人比较多,看到我这句话给予关注的人也不少。

然而事情后来远比最初想象的要复杂得多。回想起来,大概主要有这么几点:

第一，书稿整理的问题。因两校参与者众多，术业有专攻，有的整理者学术专长不在古籍整理，或者对清代历史和文学不甚了了，所以书稿中存在的问题，如断句标点之误、格式体例之误、历史故事乃至人名字号的认知之误，等等，大大超出了我的预料，而这些问题在杂著尤为明显。我先是原则性地提出意见请整理者拿回去改，后来发现并不能解决问题，进而就每种书稿举出实例与具体整理者个别磋商，如此往复修改，前后占用了一年多时间。书稿是1993年开始发排的，从其排版到最后成书，确实用了十五年时间，但当初发排的稿子不能说是定稿。我们出版上有个术语叫“齐、清、定”，即稿子在发排时是整齐、完整、不缺项的；稿子是干净的，不会造成工厂排版时辨识的困难；稿子是定稿，不再有大的修改。但《王士禛全集》发稿时达不到这些。一是其规模大，而且多为整理者的手抄稿，字体不一，稿纸规格不一，要稿面整洁，将不易辨识的字逐一描清不现实；二是“全集”收录王士禛在世著作三十余种，诗、词、文、杂记、诗话、年谱多种文体并存，又出自多人之手整理，格式上难以逐一在原稿上标清；三是辑佚的工作还在进行，严格意义上讲稿子并不齐。这些问题，需要在排版看样过程中逐一解决。因此提问中说到的“从定稿到出版”不是很准确。

第二，我的工作变动和印刷技术变化造成的影响。1994年初，我调离齐鲁书社，到山东省出版总社总编室工作，尽管此前我已将《王士禛全集》发稿，但社里一时找不到合适的编辑接手这项工作。工厂开始送样时，齐鲁书社找我，希望仍然由我将这部书稿的出版负责到底，我应允了。可此时对书稿的编辑已成为我的业余工作，我不可能像在齐鲁书社时全身心用在这部书稿上，校样要挤时间看，无法随时与点校整理者切磋学术问题，也不能及时协调全书的进度，看样的进度受到了一些影响。更重要的原因是在全稿终于排完版并出样后，印刷技术出现了重大变革。此时替代铅字排版的激光照排已逐步走向成熟，印刷厂为这套书留存的一套繁体字铅字架不能再等，要拆除了。作为繁体竖排的《王士禛全集》，其初样都是铅字排的，因退样改版短期内无法完成，工厂不会因一两部书稿而保留落后的铅字排版和纸型印刷。字架的最终拆除，也就意味着“全集”的初次排版已经废了。不过这一版仍起到了重要的作用，所出的铅字版样，即如现在的电脑打印稿，避免了手写稿容易存在的字体潦草、模糊不清的问题。稿面清楚了，便于从中发现字体、标点和体例格式的问题，为今后的重新排版打下了基础。我本人和所有参与者还是认真看这份样的，只是齐鲁书社这时经营上的压力逐渐增大，社里不再催该书的看样出版，时间一晃又是几年。

第三，其他因素的影响。1997年初我回齐鲁书社任社长，这时社里正面临着经营上的巨大困难，可以说债务沉重，职工工资都成问题，很多事情亟待解决，暂时无暇顾及《王士禛全集》等古籍整理项目的出版。不过工作再忙，我始终没有放下对它的牵挂。实际上不牵挂也不行，除了《王士禛全集》的整理者，还有《谢榛全集》《宋琬全集》《郝懿行集》等很多社里积压古籍整理书稿的整理者，都经常向我问及他们各自书稿的出版安排，他们都是我尊敬的老先生，让我心里总是绷着一根弦。

回社两年后，随着内部经营管理的逐步理顺，经营面貌的日渐改善，我可以腾出手来逐项解决积压书稿的问题了，《王士禛全集》的出版正式纳入了议事日程。在将先前的排版样重新梳理一遍，安排下厂重排的同时，我着力在落实出版资金上下了一些功夫。对经营压力很大的专业古籍出版而言，出版受众面窄、市场回报率低的古籍整理项目，最大的问题是资金短缺。那时出版社的性质是事业单位企业管理，经营上自负赢亏，专业古籍出版社一般都经济实力较弱，无力独自承担古籍整理项目的出版费用支出。好在从国家到省里，对于有文化积累意义的项目都有一定的政策支持，关键是看你怎么去争取它。为了社里的古籍整理项目得到有关资金支持，我做了很多工作。《王士禛全集》专项出版资金的争取还算顺利，这里面既有王士禛文学地位的因素，也有项目主持人袁世硕先生的声望影响，更有各级领导对齐鲁书社工作的关照。基本出版资金的落实，推动了《王士禛全集》的出版进程。沉淀了这些年，袁世硕先生又发现了一些王士禛的遗文，由此说来，时间的拖延，未见得完全是坏事。

因全稿需要重新排版，占用了一些时间。山东省出版总社原有五家直属印刷厂多年来形成的出版模式是校对科设在工厂，初样由工厂校，各出版社不设校对科，而是由责任编辑审校工厂送来的清样，因此工厂从接稿到送样时间还是挺长的。校样出来后，先是准备由整理者分头各自校一遍自己负责的那部分。因为时日已久，大部分参与者年龄已大，没有精力再到图书馆按原底本校核，我只好请山东大学杜泽逊老师安排山大古典文献专业在读的一批硕士、博士研究生，按原底本，将杂著部分的文字逐一校对一遍。“全集”主编袁世硕先生以其严谨的学风，不仅为全书撰写了一篇分量很重的“前言”，与副主编王小舒教授认真审校了山大负责的诗文部分，还以近八十岁的高龄，逐字审校了山师大负责的杂著部分，从而保证了全书的质量。当然这个过程比较长，前后用了近三年时间。袁先生的学术、社会活动很多，几百万字的文稿，用这个时间审看完，显然已是用了全力了。袁先生认真负责的工作态度非常令人感动，如《手镜录》是由袁先生整理的，排版时用的是他的手抄件，仅几千字的内容，看样时他为了确保无误，又请桓台方面给他复印了王渔洋纪念馆藏原拓本再校过，反映了老先生严谨细致的学术风范。《手镜录》原拓本王士禛手书标题为“手镜”，然王士禛在晚年编写个人年谱时称之为《手镜录》，看来王士禛更认可后一个名字，因此在“全集”中我们采用了年谱中的称法。

将袁世硕先生审看的校样和我在出版社的日常管理工作之余审看的一份校样合并，约略又用了半年多时间，加上工厂改样，送回付印样最后审核签字，到印制成书，十五年就这样过去了。这期间看过我那本小册子的读者及学界朋友不断有侧面打听或直接问我“全集”出版情况的，真是一言难尽。在此算是一个交代吧。

记者：《王士禛全集》出版后，受到了学术界的欢迎，听说也获得了一些奖项。请您谈谈这方面的情况。

宫晓卫：《王士禛全集》的出版，的确是件让人高兴的事。首先是参与其事的诸位学者，特别是山东师范大学的那些老师，他们大部分已退休多年，年事已高，有的身体有病，已言谈、行走不便。当他们得知书已出版，出版社按税务要求向他们征询个人信息，以备发稿酬时，他们都很兴奋。看得出能在有生之年看到这部书的出版，让他们发自内心地高兴。出书前后我曾到“全集”的副主编阎宝恒先生家拜访过两次。阎先生虽然言语表达已有困难，但依然对这部书表现出极大的热情。阎先生是山师大承担杂著部分的负责人，当年曾频频到社里来和我商谈稿子，精神矍铄，谈锋甚健。时光荏苒，我因这部书结识了一些学者，也由这部书的出版运作目睹了他们由健旺到老迈，令人感慨万千。

再就是那些一直期待着这部书出版的学者们，这中间有的人十四五年前就跟我打招呼出书后要尽快通知他们，他们是要买这部书的，岂料一等就是十多年。但这部书的最终出版，毕竟是让人高兴的。

《王士禛全集》是全国古籍整理出版规划项目，并通过了专家论证，得到了国家古籍整理出版专项经费的重点出版资助，仅此即已说明它在古籍整理项目中的分量。“全集”出版后，由袁世硕先生从山东大学方面作为学术成果推荐，获得2008年山东省高等学术优秀科研成果奖人文社会科学一等奖，最近又获得了教育部高等学校科学研究优秀成果奖二等奖，这是个国家级的奖项；由齐鲁书社申报的国家级或地区级图书奖，该书获得了2008年第二届中华优秀出版物提名奖，2008年全国优秀古籍图书奖一等奖，2008年第十一届华东地区古籍优秀图书奖特等奖，在2009年华东地区古籍优秀图书评奖中，因该书获得过国家级奖项，又被授予荣誉奖。可以说，在古籍整理类图书中，该书得到了业内的普遍肯定。

以上拉拉杂杂的谈话内容，简述了《王士禛全集》从整理到出版的大致过程，虽然波澜不惊，时间却在不经意间就轻易滑过了一二十年。作为这部书的责任编辑，尽管我并没有将精力全放于此，但其间全身心的投入，还是要有数年时间的。出版都是要讲成本的，不难看出，这部书的出版，仅人力一项，已是十分高昂。任何一家出版社，如果没有其他资助或有好的经营收益的支持，即所谓“以书养书”，如此操作，恐怕都难以为继。

《王士禛全集》得以最终出版，齐鲁书社经营面貌改善是重要原因，但更重要的是得到国家和上级领导的资助支持，这在前述谈话中我已说明了这一点。作为古籍专业出版社品牌形象的标志、学术声誉基础的古籍整理图书，不是每一种都能有这种幸运的。齐鲁书社建社之初，尚有从省财政拿到的专项补贴，后来这项补贴改由从出版利税返还的文化发展基金中支付，再后来，出于难以追溯的具体原因，这项专门补贴没有了。要继续保持专业特色，维护业已形成的品牌形象，只有具体的从业者，才能深切体会个中之难。

从国家对出版工作的要求，到作为传统文化大省的山东强调建设文化强省的思路，乃至国家在政府图书奖项中将古籍单独设类，古籍整理类的图书出版，显然不是当年我为齐鲁书社的生存和发展奔走呼号、寻求支持时所得到有的领导那种“不挣钱出它干嘛，你们有那个义务吗”的冷言答复，它在我们的出版框架中是应有一席之地的。但真正要将其坚持做下去，绝不能离开上级领导的关心、理解和支持，这是关键！只有领导的理解和支持，让人真正体会到这件事、这份事业的价值和意义，干得舒心不憋屈，才能够培养并留住一批具有专业学养的编辑，使他们能够敛心凝气，耐得住寂寞，沉稳踏实地面对古籍图书编辑工作。离开了这一点，难说这项事业是否还有人愿做，有人能做，还能坚持多久！

事实上，国家对出版的优惠政策，是强调了出版的文化属性的。无论是改企前的利税返还还是改企后五年免交所得税，都体现了国家对文化事业的扶持。假如图书出版仅仅以赢利为目的，本本都赚钱，国家就不必出台这样的政策了。即便出版社转为企业，唯利是图肯定不是唯一的目的，总有那么一些不赚钱但仍需要出的书，特别是古籍整理类图书。目前，国家逐年加大对古籍整理项目出版的资助力度，但涉及的项目毕竟有限，对一家专业古籍社而言，可谓杯水车薪。如果没有更多的对这个行业的理解和支持，古籍整理出版依然艰难！

（原刊于《书坛话语——二〇一〇至二〇一一年度山东省出版研究论文选编》，泰山出版社，2011年8月）

难忘上海书展的“主场作战”

徐　俊

2012年，我第一次参加上海书展，此后连年参加，前后九年。因为新冠肺炎疫情原因，2021年在我出版生涯的最后一年，书展暂停，没能实行“十连”。今年上海书展后半段，有幸应邀去书展参加陈尚君老师的《唐五代诗全编》三人谈活动，能够稍补遗憾。陈老师连续八年作为嘉宾参加我们上海书展的“二十四史”修订本新书发布，书展重启，能再次与陈老师同台，真是十二分的期待！

2012年，中华书局创建一百周年，系列庆祝活动以书局的诞生地上海为起点展开，在上海图书馆为期一个月的局史展，大量历史照片和实物集中展陈，引发了大众关注；2013年元月六日，中华上海聚珍文化成立，上海出版界同行数十人到会祝贺。上海是现代出版文明的发祥地，也是中华书局的发祥地。百年再出发，中华重返上海，不只是中华人的一己私愿。当时媒体报道用我的话做标题：我们对上海始终怀着特殊感情。在这样的背景和认识下，与上海书展相遇，我们热情拥抱八月的上海，上海也给我们巨大的回馈。中华书局连续多年获得上海书展“双十佳”称号，“百年文脉”“国学馆”“学术出版论坛”“七天七堂课”等，都有中华的参与，扩大了中华书局品牌影响力，也提振了我们做好传统文化出版的信心。

梳理九年参展历程，讲几件印象深刻的活动。

2012年书展，第一次现场感受上海读者的热情。当时我们刚刚出版了扬之水《奢华之色》，上海书展邀请扬之水在上海图书馆“上海之夏”举办讲座，讲座在8月18日晚，题目是“更衣记中的奢华之色”，读者参与之热情可谓空前狂热，一票难求。第二天我又陪水兄夫妇去分会场青浦图书馆，做了题为“藏身于物的温度与快乐”的讲座，临水而建的图书馆和认真聆听讲座的观众，给我深刻的印象，这就是书香社会应有的样子吧。

2013年书展，陪阿城阿老参展，有更多难忘的场景。那时候阿老新书《洛书河图》还在排版制作中，书展邀请阿老做与新书同主题的讲座。讲座在8月17日晚举行，很久未露面的阿城，现身上海书展，本身就是一个热点。书展组委会特意安排了会展中心最大的场子，阿老一袭布衫，因为有整面讲台的PPT投影，会场几近乌黑，大多数听众站在场地上静静聆听阿老讲解。阿老台风庄严，语速缓慢，加之讲座主题艰深，讲河图就是太极图，讲古代太极星崇拜，氛围简直像一场布道。阿老对讲座投影仪有近于苛刻的要求，我后来有幸在2014年、2019年两次陪阿老到上海讲座，2014年6月在上图讲《洛书河图》，事先阿老亲临现场调试投影仪，达不到满意效果，上图到外面另外租借高清投影仪，仍不满意，阿老说他们说的“高清”不是我要的“高清”。当时我在不远处订好午餐点好菜等着阿老调试结束来吃饭，一再催促，阿老最终也没来吃饭。2019年4月陪阿老到上海思南读书会讲座，住在上图公司对面的吴宫。阿老习惯晚起，清早我起来开门，门外走廊散坐着不少人。我用完早餐回房，这些人还静静坐着，异于寻常，我颇感纳闷。待到近午时分，我去敲阿老门，散坐四处的人一哄而上，都堵在了阿老门口。原来是阿老粉丝，清早就来酒店蹲守，免不了要签名签字，粉丝们一直追到餐厅。阿老的魔力在魔都倍显，是理所当然的。因为阿老的缘故，我还有幸参加过几次小聚，席间聆听过孙甘露、毛尖、沈宏非、小宝等沪上文人的清谈高论，感受上海文化的精义与趣味。

最令我难忘的当然是连续八年的“二十四史”修订本读者见面会。2013年8月20日，《史记》修订本首发；2014年8月17日，《史记》平装本首发；2015年8月11日，两《五代史》修订本首发；2016年8月21日，《辽史》、两《五代史》平装本首发；2017年8月18日，《魏书》《南齐书》修订本首发；2018年8月18日，《宋书》修订本首发；2019年8月19日，《隋书》修订本首发；2020年8月16日，《金史》《梁书》修订本首发。连续八年，上海书展中央大厅都有“二十四史”修订本的身影，十部史书的修订主持人到场分享修订工作的甘苦和收获，二十世纪七十年代“上海五史”复旦整理小组组长陈允吉教授参加两《五代史》新书发布，中国出版集团潘凯雄、李岩副总裁多次助阵，时任上海出版局局长徐炯应邀出席《宋书》首发，情不自禁地讲了近十分钟感言。更令人感动的是热情的读者，提前几个月就会打听书展的修订本活动，现场排队购书签名，成为中央大厅一道亮丽的风景线。最后一次《金史》《梁书》两书同场，导致一个小时内不能满足签售，又移步国学馆续签一小时。后来每每看到现场嘉宾和读者的照片，还是觉得氛围感人。每年书展拿出新的修订本，成为我们对上海书展、对读者的一种自觉的责任。自始至终参与上海书展“二十四史”修订本活动的是复旦大学陈尚君教授，我曾经跟陈老师说，要创造连续十年中央大厅修订本首发同台的纪录，那是我们的光荣！好友陆灏兄跟我们开玩笑说："你们两个人这样年年上去搞"二十四史"，上海人要以为"二十四史"是你们两人写的了！"戏谑隽语，堪入笑林。

《掌故》第十集刚刚问世了，2017年上海书展第一集首发还记忆犹新。另外，2012年"徐悲鸿与民国文化圈"沙龙，2015年《百年斯文》首发、孙机先生《中国古代物质文化》讲座，2016年《殊方未远》首发……以及樊树志先生新书首发及讲座，张炜先生新书首发，陈尚君老师新书二种首发，等等，都是难忘的经历。这期间上海出版人、学者给与我们强大的后盾支持，常常让我们有主场作战的感觉，铭感难忘。上海媒体给予的支持更是空前，从2013年《史记》修订本首发开始，一直到去年《周书》修订本上市，初创时的《文汇学人》、从《东方早报》时期的《上海书评》到《澎湃新闻》，每年跟进、策划、组约修订本专题，整版刊载或连续一周推送，形成了立体传播效应。过去的十年，"二十四史"成为更多普通人关注的话题，上海书展功不可没。

2018年我曾经应约写过一篇"文汇时评"《上海书展，爱书人的文化黄金周》，时隔五年，我想仍然可以用文章的三个章节标题来结束本文："文化是上海书展的底色"，"关键在品质和创新"，"目标在日常化阅读"。祝上海书展越办越好，为爱书人、读书人提供更多更好的阅读服务。

（原刊于《文汇报》2023年8月15日，此据作者原稿）

论书

《花间》留夕照，《存在》壮东风

——写在《李一氓文存》出版之际

徐　俊

蔡尚思称李一氓“在党内是旧学极深、思想极高者之一”（蔡尚思《李一氓同志的特点》），代表了大家的共识，而氓老临终遗嘱却要求“只称一个老共产党人，不要任何其他称谓”（新华社《李一氓同志生平》）。

当然，氓老首先是一位无产阶级革命家。青年时代，他受“五四”运动影响，积极追求真理，在上海大同、沪江、东吴大学求学期间就参加进步学生运动。1925年，加入中国共产党，从事过党的地下工作、军队工作、保卫工作、文化工作和外事工作，从北伐到南昌起义、从苏区瑞金到万里长征，从新四军组建、皖南事变到苏皖边区建设，用他自己的话说，“经历了一场接一场的大风暴”（《纪念潘汉年同志》）。

在戎马倥偬之余，氓老还是一位治学勤谨的学者。他积极传播马克思主义，从事翻译工作；又结合革命工作研究国际国内政治经济理论与实务。他在中国古典文学、现代文学和书法艺术方面积累深厚，古籍

《李一氓文存》书影
（中华书局，2024年）

及书画收藏丰富，在京剧、词曲、版画、碑帖等方面也多有涉猎。氓老兴趣爱好之广泛，研读笔耕之勤奋，置于近百年学林，亦属罕见。

在氓老一百二十周年诞辰之际，《李一氓文存》五卷本由中华书局出版，除汇集此前已出版的《一氓题跋》《存在集》及《续编》《击楫集》和《花间集校》等外，新编《存在集三编》二册，收录氓老早年刊发在《石室学报》《流沙》《日出（旬刊）》《新思潮》《巴尔底山》《拓荒者》《红色中华》等刊物上的文章，展现了他革命者、思想家的人生底色；还收录了氓老历年撰写的关于中国古代文史文献及晚年主持国务院古籍整理出版规划小组期间的各类文稿，可见他对古籍整理出版事业的谋篇布局，以及毕生对中国传统文化的积累和贡献。《文存》的出版，是对氓老最好的纪念和缅怀。

将氓老置于古籍整理者的行列，人们首先想到的当是他的代表作

《花间集校》(《文存》第四卷)。此书初版于1958年,至今重印不辍。人民文学出版社《花间集校》出版说明称此书“不泥古,不矜秘”,评价公允客观。氓老的词籍收藏之富,在现当代藏书家中堪称翘楚,他身前将所藏珍善本全部捐赠四川省图书馆。2016年,国家图书馆出版社汇编出版了《李一氓旧藏〈花间集〉汇刊》,共存《花间集》版本二十种。2022年,巴蜀书社出版《李一氓旧藏词集丛刊》第一辑,收历代汇编类词总集四十四种,包括王国维手稿本《唐五代二十家词》、明末汲古阁初印本《宋名家词》(六十一种)、清钞本《知圣道斋烬余词》(三十一种)、清光绪刻本《四印斋所刻词》等,可见其搜寻集藏之富。《文存》第二卷《存在集三编》,开篇即为《张炎的词——介绍一个南宋的西湖词人》,写于1923年12月氓老弱冠之年。到1982年八十岁高龄,他还发表了《读词札记》长文(《文学遗产》1982年第6期),纵论《全金元词》《全清词钞》以及人境庐、疏影楼、通志堂诸家词及明清闺秀词,可见词学是氓老一生的爱好,也是他毕生学力之所钟。

改革开放,历史翻开新的一页。氓老以八十岁高龄主持国务院古籍整理出版规划小组工作,为古籍整理出版由复苏、发展而更上一层楼,走向繁荣兴旺,倾注了毕生心血。以此,新中国古籍整理出版事业进入又一个辉煌十年,形成了现代古籍整理出版事业的新格局。

氓老学识渊博,精于鉴藏,更重要的是超越传统,他对古籍的现代价值有深入的认识。丰富的革命斗争经验和组织才能,成为他主持古籍整理的一个极为优越的条件。氓老主持古籍小组工作的鲜明特点,是大处着眼,实事求是。氓老对古籍所承载的中国文化以及古籍整理出版的目标任务,有高屋建瓴、深入细致的研究,对要阐述的问题都经过反复思考。从1982年到1984年,结合工作开展,他陆续发表了《论古籍和古籍整理》《再论古籍和古籍整理》(以上《存在集》)、《三论古籍和古籍整理》《古籍整理的几个新问题》(以上《存在集续编》)多篇长文。所论有基础性的,有原则性的,也有具体的,均深中肯綮。有些或是大家习以为常、不以为意的,但在当时是有必要解决的,需要形成共识的。

如古籍的范围问题。因为"古"是随着时间推移不断变化的,并非固定的。氓老明确指出:"今天讲'古籍',不能只包括明、元、宋、唐、隋、晋、汉、秦、周,还应该包括有清一代至一九一一年为止。"将"古籍"的下限划到1911年清末为止,换句话说,辛亥革命前的著作均属古籍范围。现在看来这似乎是常识,但在当时还从来没有谁确定过这个下限。氓老从大处着眼,就清代古籍的作用和整理印行的意义立论,进一步指出:"清人著作大部分没有经过整理,特别是他们的著作和近代和现代中国的文学、史学、哲学和其他经济、政治、军事等都有直接关系,所以整理清人著作,具有更大的现实意义。"(《存在集》,12页)氓老特别重视近代文献的整理出版,后来对古籍时代下限问题又有新的思考,举《孙中山全集》《梁启超全集》《顾维钧回忆录》《曾国藩全集》《左宗棠全集》《李鸿章全集》等为例,指出"关于古籍的时代下限问题,原来规定是到一九一一年为止,自无不可。但经过近几年的实践,看来这个规定已经非突破不可","现在我们已整理出或将整理出若干一九一九年以后的有关文献,是完全有必要的,这是历史的要求"。

再如氓老对古籍整理的基本方法都有精要的评述,并强调古籍整理工作不能"依样葫芦",要超越前人。氓老指出:"自汉以后一直至清代,有不少专家学者,做了大量的校勘、训诂、辑佚、汇编等的工作。我们承认他们的贡献的价值。同时,前人还有专讲'经世之学'的一派,他们特别注重政治、经济、军事、地理、社会,如明末清初的顾炎武、王夫之等人。我们更应尊重他们这种精神和他们的见解。在这方面,汉人有汉人的方法,唐人有唐人的方法,宋人有宋人的方法,清人有清人的方法。他们在继往开来中,都独辟蹊径。其实汉学和宋学早已分科,清代乾嘉学者,又自成一个派系。我们的整理自不能只追随这些前辈,依样葫芦。我们已掌握了近代科学方法,加上历史唯物主义和辩证唯物主义,只要勤恳严肃,我们的成果肯定会超越前人。”(《存在集》,17—18页)氓老提出的问题,在新时代古籍工作中显得更加突出和重要,仍然是古籍工作者努力的方向。

氓老还对古籍工作中的一些具体问题,提出了富有前瞻性的意见。如对宗教类典籍的整理,任继愈先生在古籍大会上提出《中华大藏经》编辑计划,得到氓老的肯定,他明确说“整理古籍,不限于传统的经史子集,佛藏、道书也是中国古籍,也要一并考虑”(任继愈《李一氓同志与〈中华大藏经〉[汉文部分]》)。氓老指出:“至于佛典、道经,我们把它们当成中国哲学的古籍来整理,不能仅仅意味为宗教。”(《存在集》,13页)再如对地方文献的搜集整理,他说“如果真正能够保存一批乡邦文献,发扬这批乡邦文献中优秀的东西,就比较有价值了”,“就其内容而论,虽说仅有地方意义,但就学术而论,则有总体意义”(《存在集》,181页)。还举从前乡邦文献的代表《畿辅丛书》《云南丛书》《辽海丛书》《山右丛书初编》《四川艺文志》等为例,要求“现在编这些丛书,应该有一个近代意识,宜以清人的著作为主,也可以扩大到明人著作。再早的,除非是新发现的特殊稿本,其他就可以割爱了”(《存在集续编》,192—193页)。还特别说到“在整理古籍上,除了古籍整理出版规划小组的规划之外,还应发挥地方积极性”(《存在集》,24页)。所论都是非常具有学理性的意见,也是几十年后对当下地方文献编纂出版需要思考的问题。

氓老做事亲力亲为,除了不断约见承担项目的学者外,还于1985

年1月26日亲自邀集北京地区部分从事古典文学研究、教学和编辑工作的中青年二十余人，就当前古典文学整理和研究工作中存在的问题，充分地交换了意见；1987年11月30日亲自到中华书局参加中层干部会，1988年10月15日亲自到中华书局参加《文史》座谈会，对古籍整理出版和研究工作发表看法。氓老十年间亲自部署了一批具有重大传承价值的古籍整理出版项目，并且长时跟踪进度，表扬典型，指出问题。《甲骨文合集》《中华大藏经》、“古逸丛书三编”、“古本戏曲丛刊”、《全明词》《全清词》《肇域志》、列藏本《石头记》《台湾府志》、“理学丛书”、“中国近代史资料丛刊续编”等鸿篇巨制，都包含了氓老的关怀和支持。更难能的是，氓老的身体力行，带动了全国教学、科研、出版战线上的古籍工作者，齐心合力，形成了积极的工作氛围，长久地影响了半个世纪以来古籍事业的大好局面。

作为一个坚定的马克思主义者，氓老的古籍整理思想，首先基于他对文化的认识，对中华文化的认识，对古籍之于中华文化的认识。他在接任国务院古籍小组组长之后，首先发表的《论古籍和古籍整理》长文中指出：“我们中华民族有数千年的历史，有灿烂的古代文明与丰富和宝贵的文化遗产。”“古籍既是中国文明的历史标志，则就古籍本身而论，它和其他文化遗产一起，已成为中华民族共同心理的历史积累的基础。因此，整理古籍亦就自然成为我们所特有的丰富的精神生产，成为和中国社会主义物质建设相适应的文化建设，并与中国现代化保有辩证的直接的内在联系。”（《存在集》，11—12页）简短的一段话，将古籍与古代文明历史和中华民族精神紧密相连，并以古籍整理的精神生产、文化建设属性与社会主义物质建设、中国现代化紧密联系。身处新时代的今天，重读氓老的论述，对我们加深理解中华民族现代文明建设的伟大目标，理解古籍事业在其中应该发挥的作用，具有深刻的启迪作用。

氓老是我国文化战线上一位老战士,以其深厚的文化素养、渊博的知识、卓越的组织才能,在学术界和文艺界享有崇高声誉。在他主持古籍小组工作的十年间,真正做到了全局一盘棋,高瞻远瞩,规划部署。他把古籍整理出版事业,看成是关系到继承和发扬中华民族优秀传统文化的百年大计,看成是事关文化学术兴衰、子孙后代的一件大事。他总是以对国家、对民族、对社会高度负责的态度,严肃认真地来对待这项事业。因此他主张将现存古籍中文学、历史、哲学、科技诸方面具有代表性的、能够反映中华优秀传统文化面貌的基本古籍,进行认真选择,根据各种古籍的不同情况和不同读者的需要,分门别类地加以精心整理,使我国重要的基本古籍有一个新的面貌。赋予基本古籍以新的面貌,正是新中国成立初期一代革命者、知识人的共同愿望。

氓老重视古籍的基本整理,但不满足于"为整理而整理"。他要求出版的所有古籍都要加标点分段,使文义清楚;主张古籍注释简要,力戒烦琐,但提倡学者在长期积累的基础上对重要古籍进行校释和笺释,增强古籍整理的学术性。鉴于清人在汇编一代文献方面的巨大成就,氓老赞同编纂《全宋诗》以上接《全唐诗》,编纂《全明词》《全清词》以上接《全宋词》和《全金元词》,指出其作用将"有助于通观一代文艺变迁和时代关系"。氓老提出"把整理古籍限制在标点、校、注、笺等等上,汉、唐、宋、元、明、清人可以这样讲,我们现在不能这样讲"(《存在集》,17页)。在中华书局创建七十周年纪念会上,氓老说:"标点也好,注释也好,笺释也好,翻译也好,此外还有很多工作要做,最后还要落到学术研究上去。假如不搞,就是国粹主义,一大堆东西摆在那里,没有用处。"认为整理的最终目的,要研究和总结出一个有关的科学概论。他以哲学为例说:"如没有两三部很精较详的《中国哲学史》,那么,一大堆子书、宋明理学书、佛书,又有什么意义呢?整理得再好不过了,它们也不能说明何以在中国发生这样的一些哲学思想，它们的发展又怎样，它们彼此之间有什么样的内在联系，它们对我们这个民族成长给了什么积极的或者消极的影响……”（《存在集》，17页）显然，氓老好古但不佞古，“只是发思古之幽情，作怀旧之装点，则非我之意也”（《存在集续编》，195页）。

氓老是一位彻底的唯物主义者，信奉马克思主义的基本原则——“存在是第一性的”。他常用印有一方印文就是“存在第一”（有版本学家列举氓老所藏杜甫诗集，误读为“存杜第一”，应予纠正）。1978年氓老率团访问南斯拉夫，有诗云：“要为时间添认识，愿从存在看山河。”（乔石《一位令人崇敬的老共产党人——深切悼念李一氓同志》）。1981年为中华书局七十周年题诗：“汉简唐经竞苦钞，浩繁四部赖镌雕。如今究到天人处，存在还须第一标。”（《文存》第三卷《击楫集》）1983年他自编的第一本文集，即题为《存在集》。氓老身后，1998年第二本文集出版，定名为《存在集续编》。此次《文存》所收氓老集外文字，统编为《存在集三编》，既符合文集编纂成例，又符合氓老心意，允称得当。

《全明词》主编之一张璋先生在氓老逝世后曾赋《临江仙》一首以寄托哀思，有句云：“《花间》留夕照，《存在》壮东风。”正可用来概括氓老一生著述的思想和立意。

（原刊《光明日报》2024年09月28日）

我保存的周振甫先生三封信

——《周振甫编辑出版文选》代序

徐　俊

范军教授在完成《中国出版家·周振甫》(人民出版社, 2021年)之后, 又编选了《周振甫编辑出版文选》, 让周振甫先生的编辑出版生涯和编辑思想得以完整呈现。我非常赞同范军先生对周先生编辑生涯的定位: 学者型编辑的典型代表, 传统文史普及的一代大家, 共和国编辑的"大国工匠"(《中国出版家·周振甫》前言, 6页),《周振甫编辑出版文选》作为周先生的"夫子自道", 更值得我们学习体味。

我1983年8月入职中华书局, 1985年5月从"古籍办"到文学编辑室工作, 就与周振甫先生同事。至今定格在我脑海里的周振甫先生, 就是伏案笔耕的样子, 正如那张网络上常见的黑白照片。那时候, 周先生每周来局, 从我身后书柜中间抽屉(他的信箱)取走信件, 有时候我也会事先收拾归拢好, 交到他手中。周先生每周都会收到不少读者来信, 他都认真作答。随着现代通讯技术的发达, 依靠书信的读编往来, 现在已然是一件稀罕事了。《周振甫编辑出版文选》第五部分“文心书简”，所收就是周先生的信札，遗憾存札甚少，如果能将周先生书信手札搜集汇编，应该是最能反映周先生编辑出版工作的珍贵文献。

读罢《周振甫编辑出版文选》，心有所感，于是发箧搜寻，找到几件周先生给我的书信，并一些留存的周先生编辑工作手记，本文即以此为据，对周先生的编辑出版工作谈谈我的理解。

周先生编辑生涯中最广为人知的事，是先后担任《谈艺录》《管锥编》责任编辑，以及与钱锺书先生之间学术交谊的佳话。当我第一次从编辑室档案里看到那份近40页密密麻麻的《管锥编》审读意见时，震撼的感觉，至今记忆犹新。后来我开始用电脑练习打字，1997年用了一个暑假时间，将周先生意见和钱先生的逐条批复，一个字一个字录入电脑，并查核《管锥编》初版所在的位置。1998年12月19日钱锺书先生逝世，我从书稿档案中选取周先生关于《管锥编》的选题及审读报告，整理发表于《书品》1999年第1期。2000年5月15日周振甫先生逝世，《书品》自2000年第4期开始连载发表我整理的周先生《〈管锥编〉审读意见（附钱锺书先生批注）》（2000年第4、5、6期，2001年第1、2、3期）。其间一直感到困惑的是，除了档案所存《管锥编》第一册的审稿意见外，其他三册有没有同样的审稿意见和钱先生批复？如果有，原件在哪里？近日找到了周先生1999年3月9日回复我的信：

徐俊先生：

您再回到文学编辑室，再主持文学室的工作，很好。您问《管锥编》有没有谈“巫山云雨”一章，我的记忆中没有。关于以后各册是否提意见，大概钱先生先把全稿给我，嘱提意见。以后各册，有的提意见,钱先生已经采纳,即在中华意见中不再列入。如三册1225末行称"周君振甫曰",即钱先生已采拙说,不用再提。有的因手头无书,没有见过,无法提。故二册起不再在中华审稿中提亦属可能。承询谨告。匆肃不尽,即请
大安。

周振甫上 3月9日

周先生的回信有明确的日期,信封邮戳清晰可见"99.03.09.20"发自"工人体育场6"。我历年所写信件,除了公函,没有留底的习惯。与周先生3月9日信一起保存的,竟然有我给周先生信的副本,去信时间为1998年12月5日。在收到我的询问之后的三个月,九十高龄的周先生还是没有忘记回复我。为准确理解周先生的回信,摘抄我的去信如下:

今天我写这封信,主要有两件事情:

一,近日听到传言,谓钱锺书先生《管锥编》原稿有论"巫山云雨"一章,后因中华书局建议删去而未载在现已出版的《管锥编》中;更有甚者,谓删去的文章,现存中华书局文学编辑室。但我查过编辑室所存的《管锥编》档案,却没有相关的材料和记录。是否有过此事或类似的事情,请您回忆一下并告诉我。

二,在编辑室《管锥编》档案中,存有您审读《管锥编》的审稿意见数十页,并有钱锺书先生对您所提意见的亲笔批注。这份审稿意见,足见您当时审读之精细(我曾多次将此事作为中华书局编辑的传统介绍给书局新来的编辑同志),而现在看来,这份审稿意见更是关于《管锥编》的一份极有价值的研究资料。但我遍阅

档案，您的审读意见似仅存有《管锥编》第一册部分，我的问题是：其后三册是否也有同样详细的审读意见？是否也经过钱锺书先生批阅？我想，依照当时严格的审稿制度和您的认真精神，应该是有的。那么，其余三册的审读意见现在可能存于何处？这份材料能够完整地保留下来，是我们的希望。

以上二事，烦请赐知。书局这边有何事情要我们办理，也请一并见告。

前两年有人以"《管锥编》密码"为题撰文，指出《管锥编》初版字数比原稿、誊清稿都已大为压缩，并杜撰出所谓"按官定出版商所传的'建议决定'：由原稿誊清稿的字数'不得超过80万'"的无稽之谈，周先生亲笔信是最好的文献证明。

周先生晚年花功夫做的另一部书是钱基博先生的《中国文学史》（中华书局，1993年）。钱基博先生是周先生在无锡国专的老师，《中国文学史》是作者在蓝田国立师范学院的授课讲义，其中明代部分用商务旧刊本《明代文学》代替，清代部分"文革"中被毁，故附录两篇论文《清代文学纲要》和《读清人集别录》以弥补缺憾。此书由石声淮、钱锺霞夫妇和彭祖年、吴忠匡先生搜集整理，周先生负责联系出版及编辑工作。周先生对原稿进行了细密的文字加工，对原稿论述欠周之处多有补苴罅漏。为此周先生曾亲携修改后的原稿送呈钱锺书先生，钱先生通看了全部修改稿，表示认可。此书由周先生担任责任编辑，由我协助周先生发稿和读校，除了此前公布的为稿酬样书处置周先生给我的信，这次新发现的周先生信，内容关于《中国文学史》的分册、通行等细节安排，可见周先生对具体编辑工作的细密考量。现将周先生信全文引录如下：

中国文学史

《中国文学史》计1147页，倘先秦到唐为一册，计452页，宋元为一册，计450页，明清和附录为一册，计395页。倘分作两册，先秦到宋元为一册，计902页，明清为一册，计395页，不匀称，恐只能分三册。

本稿经过复制，有不少处字迹模糊，经校对同志细心揣摩，加以校出，极为可感。其中有些字，校对同志注上问号，当查对原书。手头无书，未查。请校对同志在二校时，把注上问号的页码标出，即在初校样上用红笔圈出，把圈出的初校样交振，振可去图书馆查对原文。

本校样有的地方改动，为了减少通行。如654页，题目占一行，改为两行，多出一行，要通行，因删去几个字，减少一行。如661页，漏排若干字，多出一行，因删去几个字，减少一行。又679页第四行“七言……”要另起，多出一行，要通行。因删去一联，这一联比较消极，可以不选，避免通行。又562—3页中的小字，原校一律改五号字，一改要改行，改到565页。避免改行，想不改。不过不改，下面相同的大字要改为小字，也麻烦，请校对同志考虑一下（已按照校对同志的意见，把小字一律改为大字，下面同样情况的大字一律不改）。倘小字改为大字，以下相类似的大字都可以不改小字，如更为方便，就请再改回来，即小字仍改为大字，以下批改为小字的一律不改。又822页删去八行，因这八行与下文重复，所以删去。同时在前后增加出八行来，以免多通行。

周振甫2/10

信中“把圈出的初校样交振，振可去图书馆查对原文”，“振”是周先生惯用的自称。“通行”，通常写作“统行”，“统行”“统版”是活板印刷时代的术语，指因为文字增减造成版面中行或页的改动。出版走出活板铅字时代，也才三十多年，现今我们已经很难理解那个时代编辑为了避免统行、统版所做的细微处理。周先生信中所列举的五六例，形象地展示了这项工作的琐碎和必要，也可见周先生编辑工作的斟酌入微。

第三封信是写给熊国祯先生的，所谈《诗经译注》（中华书局，2002年），因为收入由哲学编辑室主持的“中国古典名著译注丛书”，所以信回复当时主管哲学编辑室的副总编辑熊先生，我所留存的是复印件。原信全文如下：

国祯先生：

接读来信，您处置得很好。我完全同意你的意见。我现在在译注《诗经》。《诗经》一共305篇，我译到《小雅·北山》篇，已经译了205篇，超过了半数，大概还有一百篇未译注。《诗经》的注，在汉代列于博士的有齐鲁韩三家，后来才有毛传注。毛传注后出，他是看见齐鲁韩三家注的。他写毛注，一定有不同于三家注的。三家注有王先谦的《诗三家义集疏》，把已亡失的三家义钩稽出来。我的注以毛注为主，把毛注同三家义不同的，引三家注在内，说明三家义与毛注不同处。毛注留传后。朱熹的《诗经集传》看见毛注，有认为毛注不合的，我也引了。再有清方玉润的《诗经原始》，也有不同于毛注的，我也引了。再有今人余冠英的注译《诗经选译》，有不同于旧注的，我也引了。这样，我的译注，包含最早的三家注和毛注，及宋朱熹注和清方玉润的注在内，比别人的注不同。当然，这个注本，注译的文字要经过审核才能决定，目前还不

能定。还有一百首诗未译注，等全部完了，交给中华书局审核，您如有意见，盼望指示为感。匆肃即请

大安（我的译注《诗经》，已和中华领导讲过。）

弟周振甫　12/31

《诗经译注》是周先生的最后一部著作，写这封信的时间在1999年12月31日，次年5月周先生逝世。周先生用生命的最后时间完成了这部《诗经译注》，出版后几经改型重印，发行量很大，是深受当代读者喜爱的《诗经》译注本之一。此书周先生身前未及定稿，注译文字难免有欠斟酌之处，但我们从这封信可以清楚看到周先生的学术追求，"包含最早的三家注和毛注，及宋朱熹注和清方玉润的注在内，比别人的注不同"。可见周先生对文史普及工作的学术追求，无愧于"传统文史普及的一代大家"。

周振甫先生是一位资深的老编辑，又是一位著作等身的大学者，但熟悉周先生的人都知道，他从来没有老编辑、大学者的架子，总是那样谦虚谨慎，和蔼可亲，编辑工作中大处着眼，小处着手。对典籍文化的热爱之情和对编辑工作的敬畏之心，融入先生的血液里、生命中，所以周先生的编辑出版思想，融会在他的全部著作，贯穿在他的一生。本书的编辑出版，是对周先生的最好纪念。

（原刊《出版史料》，2024年卷）

一个老出版人的心路历程

——李国章《双晖轩集》序

高克勤

年届八旬的李国章先生将历年所撰文章编为《双晖轩集》，嘱我写序。我从未为他人文集作过序，何况国章先生是一位长者，但是我没有推却的理由，因为国章先生是我非常尊敬的前辈、我曾经的领导、相识三十多年的同事。

国章先生，福建莆田人，1957年考入复旦大学中文系。大学期间，打下了扎实的古典文学基础。大学毕业后，他入伍当兵，部队转业后进过机关工作，后又调至中学任教并担任语文教研组组长，“文革”后期借调上海人民出版社辞海编辑室古典文学组参与《辞海》古典文学条目的修订、编写工作，从此与出版结缘。1979年初，刚过四十岁的李国章调到了上海古籍出版社，在古典文学编辑室任编辑，从此他把全部的精力都投入到他喜爱的工作中去。很快，他就脱颖而出，以扎实的业务能力和踏实的工作作风得到了领导和同志们的好评，先后担任编辑室

李国章《双晖轩集》书影

副主任、副总编辑、总编辑。1994年，他又挑起了社长兼党委书记的重担，成为继著名出版家李俊民先生、魏同贤先生之后上海古籍出版社的第三任社长。他在这个岗位上工作了八年直至退休。退休之后，他仍一如既往地关心着出版工作，并兼任全国古籍整理出版规划领导小组成员等社会职务，尽到一个资深专业出版人的责任。

《双晖轩集》收录作者各类文章数十篇，分为六辑，包括作者回忆师友、同事之作，关于出版工作的回顾与建议，古代诗文研究与名篇评析等，勾勒了作者求学、治学和从事编辑出版工作的轨迹，展现出作者作为一位业绩突出的专业出版人尽心力于出版而又不忘情于学术的一面。

国章先生说，他请我作序是因为我熟悉他、了解他，与他有不少的相同点。确实，我与国章先生有缘，既是校友，又是同事，只是年辈差了不少。国章先生长我两纪，早我二十多年进入复旦大学中文系求学，他的许多老师和同学后来也成为我的老师；他也早我七年进入上海古籍出版社从事编辑出版工作，我进社时他已担任副总编辑，我担任副总编辑时他正临退休，虽然他从没有直接分管过我的工作，但他的工作作风和业绩我一直耳濡目染；特别是在他卸任社长十二年之后，我也挑起了他曾经挑过的重担，对他曾经做过的工作感同身受，对他为上海古籍出版社做出的贡献有了深切的体会。因此，借作序的机会，表达对国章先生的敬意。

国章先生对古籍出版工作和出版人的责任有着清醒的认识，就是要"发挥专业优势，弘扬中华民族优秀传统文化；增强创新意识，努力做好古籍整理出版工作"。作为一个编辑出身的社长，国章先生始终把图书选题的开拓与创新放在首位。他担任社长时，上海古籍出版社已走过了近四十年的历程。这家出版社的前身是成立于1956年的古典文学出版社，1958年后又以中华书局上海编辑所的名义继续整理出版古代典籍及其研究著作，1978年更名为上海古籍出版社。该社的开创者李俊民先生是一位学养深厚、人品高洁的忠厚长者，在他的主持下，该社出版了不少在古籍整理领域具有开创性意义的著作，形成了严谨踏实、精益求精的出版风格。继李俊民先生之后，勇于开拓、奋发有为的魏同贤先生担任社长，上海古籍出版社开始投入大型集成性资料丛书的开发工作，先后影印出版了文渊阁本《四库全书》《古本小说集成》，开始出版《敦煌吐鲁番文献集成》。这些图书不仅在海内外学术界赢得了巨大的声誉，而且也成为出版社的重要经济支柱。国章先生与李俊民先生、魏同贤先生多年共事，熟悉他俩的出版理念和工作作风，深受影响，收入这本集子中的记李俊民先生、魏同贤先生两文，就表达了国章先生对他俩的深切怀念之情。在继承前辈事业的基础上，国章先生带领全社员工又有新的开拓、新的发展。

国章先生担任社长时，古籍出版已从二十世纪八十年代的热闹转为冷清，古籍图书市场日见拥挤，选题重复十分严重。全国十几家古籍专业出版社都有自己的"四大古典小说"。八十年代初那种一本古典小说名著发行几十万册的日子已是一去不返，而非专业出版社介入古籍出版，在一定程度上加剧了无序竞争。市场疲软状况尚未扭转，图书出版的竞争却更加激烈，古籍出版社与其他出版社相比，不仅发展缓慢，更面临着生存危机。在这种情况下，古籍出版社的出路何在？收入这本集子中的《坚持正确的出版方向，为弘扬民族传统文化努力奋斗》《将文化含量与规模效益相统一，走上持续发展的道路》《发挥专业优势，增强创新意识，使古籍出版光景常新》《人才是立社之本》等文清楚地表达了国章先生的认识。他上任后不久，即在社内倡导"团结、敬业、开拓、奉献"的精神，提出了把上海古籍出版社建成一个与上海这样一个现代化国际大都市地位相适应的古籍专业出版社的目标。他认为，要树立一个一流的古籍专业出版社的形象，光靠出版一些"短平快"的图书不行，"必须依靠自己的专业优势，拿出自己的品牌图书，我有，而人家没有，这样才能在竞争中立稳脚跟"。在李国章的主持下，上海古籍出版社影印出版了新中国建国以来最大的出版项目《续修四库全书》，并有《中国文学批评通史》《中国古籍善本书目》《上海博物馆藏敦煌吐鲁番文献》《二十五史新编》（这是李国章与总编辑赵昌平联合主编的一套富有创意的介绍中国历史的精品普及读物)、《中国历代人名大辞典》等图书荣获了国家图书奖、中国图书奖等大奖,使上海古籍出版社的品牌不断发扬光大,在全国古籍专业出版社中处于领先地位。

体现文化积累意义的大型集成性丛书的出版,是上海古籍出版社在古籍整理方面的一个重要开拓,也是李国章在社长任上倾注最多心血与精力的方面。在他的主持下,上海古籍出版社历时八年,完成了《续修四库全书》的编辑出版。这一项目的实施,几乎与李国章的社长任期相始终,最能体现他作为一个出版人的识见和魄力。二十世纪九十年代中期,学术界和出版界都提出了续修《四库全书》的要求,上海古籍出版社决定承担《续修四库全书》的出版任务。1994年7月,中国出版工作者协会同国家古籍整理出版规划小组、上海古籍出版社、深圳市南山区政府组织成立了"续修四库全书工作委员会"和"续修四库全书编纂委员会"。李国章作为工委会委员,自始至终参与了这套书的策划和整个出版工作。对于上海古籍出版社是否有条件有能力承接这一项目,对于这一项目的学术价值以及预期取得的社会效益和经济效益,李国章充满了自信。在他的坚决主张下,上海古籍出版社抽调精兵强将组建了专门编辑室,开始投入编辑出版《续修四库全书》的工作。经过长达八年的艰苦努力,终于完成了这一传世项目。2002年5月9日,《续修四库全书》出版座谈会在北京人民大会堂举行。中共中央政治局常委、全国政协主席李瑞环同志出席本书出版座谈会并作重要讲话,他将编纂出版《续修四库全书》称为"功在当代,泽及后世"的盛举,认为"这是一项了不起的工程,对保存、研究和弘扬中华民族的传统文化,必将产生重大影响"。收入这本集子中的《盛世修书,继往开来——回顾〈续修四库全书〉编辑与出版历程》和回忆"续修四库全书工作委员会"主任宋木文、《续修四库全书》主编顾廷龙、傅璇琮先生等文就真实地再现了这一项目的实施进程，总结了他在实施这一项目乃至担任社长八年的经验。他感受最深的一点就是：困难与希望同在，挑战与机遇并存。八年来，正是始终带着生存的危机感和发展的紧迫感，不断探索克服困难的办法，寻找持续发展的有效途径，李国章带领上海古籍出版社员工冲破种种艰难险阻，取得社会效益与经济效益的双丰收。

李国章喜欢古典文学，大学期间曾从朱东润、赵景深、王运熙、章培恒先生等问学，毕业后也不时向老师请益；在上海古籍出版社，又与金性尧、陈振鹏、李学颖等古籍整理名家为伍，学问精进。国章先生对这些良师益友的言传身教，都有深情的回忆。在担任社领导之前，他也曾醉心于古典文学研究，校点出版了清代著名诗人黄仲则的《两当轩集》，撰写发表了《论黄仲则在清代中期诗坛的地位》等论文，得到了学术界的好评。担任社领导后，他沉浸于出版工作，不再有时间和精力从事学术研究，对此，他毫不遗憾。他觉得编辑出版工作充满着乐趣。他说："在一些人看来，编辑是为他人作嫁的事，但只要你真正投入，对自己的进步是大有帮助的。看稿的过程，也是提高自己专业水平的过程。"他认为，敬业是做好工作的基础，唯有敬业，才能在工作中体会到真正的乐趣。为此，看到自己从事的事业取得了成功，他感到欣慰，认为"这就是写文章和从事学术研究之外的另一种乐趣"。尽管如此，在繁忙的工作之余和退休后的十余年间，国章先生还是勤于笔耕，写了不少有关古典文学研究和古代诗词文名篇评析的文章，铢积寸累，也有数十篇之多，这次集中收入这本集子，可一窥国章先生的古典文学根底和其兴趣所在。

国章先生为人谦和厚道，性格乐观开朗，处事大气，始终葆有健康的心态，所以年近耄耋，仍精神矍铄。他的居处离社不远，所以他也常来社看看，关心社的发展，传授心得，献计献策，赢得全社员工的尊敬。我们衷心祝愿他健康长寿，有精力的话再多写一些文章，为后人留下更多的精神财富。

（原刊《中华读书报》2019年2月20日）

做人、做事、做学问兼顾的人生

——读《行走的印迹——安平秋古籍工作论谈》

高克勤

2024年6月12日上午，由全国高等院校古籍整理研究工作委员会（以下简称“古委会”）主办的“新时代古籍事业传承与发展暨高校古籍工作四十年回顾与展望”学术研讨会，在北京大学英杰交流中心隆重举行，来自全国古籍工作领域的领导、专家一百多人参会。当八十三岁高龄的古委会荣誉主任安平秋教授拄杖上台致辞时，全场响起经久不息的掌声，向这位毕生从事古籍事业的长者致以崇高的敬意。他是至今唯一一位近四十年来始终坚守在古委会岗位的学者和领导。从1983年古委会成立以来，安先生一直在古委会任职，从事高校古籍工作的领导和组织工作，殚精竭虑，任劳任怨，付出了自己全部的心血和才智，赢得了高校古籍整理工作者和全国古籍事业同行的普遍尊敬。

会议安排向与会者赠送了刚由凤凰出版社出版的《行走的印迹——安平秋古籍工作论谈》（以下简称“文集”，凡引自该书的不再注明)。这部上下两册40多万字的文集,选录了安先生从1981年至2023年发表的70多篇关于古籍工作的言论、文章和访谈。文集分四个部分。第一部分“历史与现状”,以1986年10月16日《在全国高校古委会二届一次会议上的工作报告》开篇,当时安先生以北京大学古文献研究所副教授出任古委会秘书长;最后一篇是2022年3月15日《致全国高校古籍整理研究工作师生的信》,宣布他卸任担任近二十六年的古委会主任,并退离工作了三十九年的古委会。这一部分还收录了安先生在古委会二届二次、三届一次会议上的工作报告和《高校古委会十年总结与展望》等文章。文集的其他三个部分是“演讲与访谈”“纪念与回忆”“书评与序跋”。安先生的这些文章,我以前已读过不少,这次重读一遍,加深了对安先生其人其事其学的了解。安先生曾经建议青年学者:“做人、做事、做学问这三者能够兼顾、不偏废。”(《在第二届全国高校古籍整理与研究青年学者研讨会上的发言》)安先生是这样说的,他自己毕生也是向这三者兼顾的目标努力的,从这部文集中能清晰地看到他在人生道路上行走的印迹。这部文集不仅是中国高校古籍工作四十年的翔实记录,而且从中可以具见安先生做人、做事、做学问的风范,看到他对高校古籍事业的尽责、对学术事业的执着,以及立身处世之大节。

一

新中国成立七十五年多来,在党和政府的坚强领导与老一辈无产阶级革命家的亲切关怀下,在全国古籍事业工作者的共同努力下,古籍事业得到了前所未有的发展,古籍整理出版取得了丰硕的成果。这期间,有两件大事对古籍事业产生了重要而深远的影响。一是1958年2月经国务院科学规划委员会批准,古籍整理出版规划小组成立,负责总揽全国古籍整理出版工作。小组的主要任务是确定整理出版古籍的方针，领导制订整理出版古籍的长远规划和年度计划，拟定培养整理古籍人才的方案。从此，古籍整理出版工作进入了全面规划和统一部署的系统整理阶段。二是1981年9月17日，中共中央下发了37号文件《关于整理我国古籍的指示》，明确指出："整理古籍，把祖国宝贵的文化遗产继承下来，是一项十分重要的、关系到子孙后代的工作。"这一文件为古籍整理出版工作进一步指明了方向，极大地调动了古籍整理出版工作者的积极性，从此，古籍整理出版工作进入了蓬勃发展的阶段。安平秋先生的学术生涯和高校古籍事业的起步与这两件大事密不可分。

第一件大事开启了安平秋先生的学术生涯。1959年3月召开的国务院古籍整理出版规划小组第二次会议决定，与高等教育部协商，委托北京大学中文系开设古典文献专业，培养古籍整理和编辑干部。同年9月，北京大学中文系古典文献专业开始招生，这是新中国系统培养古籍整理专门人才的开端。安平秋就在1960年9月成为北京大学中文系古典文献专业的第二届学生，开始了他学习、研究中国古籍的生涯。从那时算起，他与古籍事业结缘已经有六十多年了。安平秋在大学学习五年，受到了系统的古典文献知识教育和严谨的学风熏陶，打下了扎实的基础。他的老师多是学识渊博的著名学者。古典文献教研室主任由曾任北京大学中文系主任、北京大学副校长的一级教授魏建功（1901—1980）兼任。魏先生是著名的语言学家、古文献学家，主持编纂了新中国几代学生都曾使用过的《新华字典》，创建并主持了北京大学古典文献专业，亲自设计安排课程，给学生推荐必读书，督促学生背诵古典诗文名篇。安平秋毕业后就留在中文系工作，与北京大学结缘也已经有六十多年了。安先生在文集第三部分收录的《我的老师魏建功先生》《永远的老师——在魏建功先生铜像落成仪式上的发言》《在北大中文系古文献六十年的片断回忆——安平秋教授访谈录》等文中，深情缅怀对他影响深远的老师，回忆难忘的北大岁月。

第二件大事开启了高校古籍事业以及安平秋从事高校古籍事业的进程。1978年，教育部曾一度决定撤销自1959年就建立起来的古典文献专业，引发了北京大学古典文献专业老师的不同意见。他们听说陈云同志对古籍整理很支持，1981年5月就联名写信给陈云同志反映情况，由家在城里的安平秋送到中南海西门。不久，陈云同志对古籍整理发表了重要讲话。1981年9月17日，中共中央根据陈云同志的意见发出《关于整理我国古籍的指示》。不久，国务院决定恢复古籍整理出版规划小组；许多部委和省市也成立了相应的机构，不少高校成立了古籍整理研究所，一些地方成立了古籍出版社。从此，我国的古籍整理研究事业掀开了新的一页。

1983年9月，全国高等院校古籍整理研究工作委员会成立，由国务院古籍整理出版规划小组副组长周林担任主任，负责组织协调高校古籍整理的科研和人才培养工作。古委会由教育部高教一司社会科学研究处处长章学新任秘书长，北京师范大学科研处副处长马樟根、北京大学中文系古文献教研室讲师安平秋任副秘书长，由安平秋主持日常工作。1986年10月，古委会二届一次会议召开，安平秋任秘书长。1991年11月，安平秋任副主任兼秘书长，次年任常务副主任兼秘书长。1996年12月，安平秋任古委会主任。前十三年，安平秋协助周林主任为古委会的创建、发展做了大量的工作，在新中国古籍事业的舞台上树起了一面大旗。后二十六年，安平秋主持古委会工作，踵武赓续，使这面大旗迎风不倒。

古委会成立后，团结全国高校古籍整理研究工作者，培养了一大批古籍整理研究人才，其中许多人成为古籍整理研究队伍的中坚，组织落实了一批有重大影响的古籍整理项目。其中“断代诗文总汇”等项目，尤其彰显出安平秋与古委会同仁富有前瞻性的学术眼光和非凡的魄力。古委会甫成立，就把《全宋诗》《全宋文》《全明诗》这“三全”列为重点项目予以支持并积极推进，此后又增列了《两汉全书》《魏晋全书》《全唐五代诗》《全元戏曲》《全元文》《全明文》《清文海》为“九全一海”。这些项目后来大多完成。以我熟悉的宋代文学研究而言，《全宋诗》《全宋文》出版后，极大地推进了宋代文学研究的发展，当代治宋代文学者鲜有不用此两种大书的。除了这些古籍整理的大项目外，古委会按照“整理古籍，为了让更多的人看得懂，仅作标点、注释、校勘、训诂还不够，要有今译，争取做到能读报纸的人多数都能看懂”（中共中央《关于整理我国古籍的指示》）的指示，组织“古代文史名著选译丛书”，精选135种古代文史名著加以选译。丛书由章培恒、马樟根、安平秋任主编；译注者有周振甫、詹锳、黄永年、孙钦善等前辈名家，也有张宏生、杜泽逊、武秀成、黄仕忠、傅杰等年轻新秀，多为一时之选；审阅者多为各高校古籍所的负责人，有黄永年、周勋初、金开诚、章培恒、董治安、许嘉璐、倪其心、宗福邦、曾枣庄、安平秋等。作为主编之一，安先生从筹划到审稿都亲力亲为，还审阅了《老子选译》《贾谊文选译》《司马相如文选译》《庾信诗文选译》《吴伟业诗选译》《方苞姚鼐文选译》《史记选译》《北齐书选译》《南史选译》《周书选译》《续资治通鉴长编选译》《阅微草堂笔记选译》等12种书稿。

安先生文集的许多文章叙述了古委会做的这些事、这些书，特别提到了周林同志主持古委会十三年的贡献以及在处事方面给予他的影响，提到了章培恒、董治安等先生对古委会工作的贡献和对他工作的支持和帮助。安先生在文集中很少谈到他个人的工作，其实他四十年来已把自己的工作与古委会的工作紧密地结合在一起了，他的贡献是有目共睹的。

安先生希望青年学者“在做人、做事、做学问三个方面，都能够得到学术界的称道”。“做人，要真诚实在”；“做事情要得体，要有度”，“应该在不动声色之中，做有声有色的事业”（《第三届全国高校古籍整理与研究青年学者研讨会开幕式发言》）。四十多年来，安先生和古委会的同仁就是这样做人、做事、做学问，在不动声色之中，做了古籍整理这一番有声有色的事业。

二

安平秋在北京大学得到众多名师指点，毕业后又与魏建功先生等一起参与《新华字典》的修订达两年之久，打下了扎实的文史基础。他深研《史记》。早在二十世纪八十年代，就开始在北京大学开设《史记》研究课程，发表《史记版本述要》等论文。文集的第三部分收录了他撰写的多篇有关《史记》和《史记》研究的序，有张玉春《〈史记〉版本研究》序、韩兆琦《史记笺证》序、张兴吉《元刻〈史记〉彭寅翁本研究》序、应三玉《〈史记〉三家注研究》序、杨海峥整理本《史记会注考证》序、杨海峥《日本〈史记〉研究论稿》序等。这些文章充分说明了他对《史记》版本的熟悉和对《史记》研究的深刻把握。日本学者泷川资言的《史记会注考证》是迄今为止收集《史记》资料最为丰富的《史记》集注本，对《史记》研究起着重要的作用。为此，上海古籍出版社约请安先生整理此书。因为工作忙，安先生转请他指导的学生北京大学中文系教师杨海峥整理，在标点整理过程中自始至终给予杨海峥关心和指导，并为此书作序，给予高度肯定。杨海峥现在与她的老师一样，是业界公认的《史记》研究专家。

安先生曾建议青年学者“既要甘于寂寞、专心治学，又要眼界开阔、思路灵活”（《在第二届全国高校古籍整理与研究青年学者研讨会上的发言》)。这也是他的夫子自道。除了《史记》之外,安先生还从事中国传统文化与社会生活关系研究,包括古代小说研究;近几十年来尤关注海外汉籍研究,有着开明的学术思路和广阔的国际视野。对此,我也有切身的感受。安先生与我工作的上海古籍出版社的老一辈出版人钱伯城、魏同贤等先生有着相当密切的学术往来和合作,与我社原总编辑赵昌平是北京大学中文系的先后同学,交情更深。他积极支持并参与我社的重大古籍整理项目,担任我社《古本小说集成》的编委并将此列为古委会项目;由我社出版的钱伯城、魏同贤、马樟根主编的《全明文》,也被列为古委会项目。由于多种原因,有不少汉籍流传海外,其中不乏具有很高的版本、文献价值的珍本,是研究中国文化不可或缺的部分。安先生是较早关注海外汉籍研究的学者,早在二十世纪九十年代就与古委会的同仁去访求海外汉籍,文集的第二、四部分收录了多篇他关于海外汉籍的演讲访谈等文章,足见他对此了解研究之深广。他主编的《日本宫内厅书陵部藏宋元版汉籍选刊》,从宫内厅书陵部藏宋元版汉籍144种中精选66种最具出版价值的孤本、初刻本、足本等珍本,由我社影印出版。安先生等为每种书撰写了揭示该书学术研究价值和版本源流等的影印说明,使这套书以兼具学术研究价值和版本价值秀出于同时期出版的多种影印的大型文献丛书。

三

做事、做学问,先要做人。这是安先生特别重视和强调的。文集中有不少对青年学者的讲话,反复叮嘱要真诚地待人,待人要平等;多次引用明人的话说:“肯替他人着想,是天下第一等学问。”安先生是这样说的,也是这样身体力行、率先垂范的。

与安平秋先生的合影
左起：姜小青、宫晓卫、安平秋、徐俊、作者

我知道安先生的名字已经有四十多年了，最早还是在复旦大学中文系读研究生时，听时任中文系主任兼古籍整理研究所所长章培恒老师提到过。1986年7月，我研究生毕业后进入上海古籍出版社工作。此后，因为《日本宫内厅书陵部藏宋元版汉籍选刊》选题的关系，与安先生开始了业务联系。近十年来，来往渐多。特别是2021年，受全国古籍整理出版规划领导小组委托，我与徐俊、宫晓卫、姜小青组成专班，参与古籍规划的制订，仅上半年就三次去北京参加评审会，有两次都是连续三天的会议，与作为专家组负责人的安先生朝夕相从，晤谈甚洽。我们近距离地感受到了安先生平易近人、虚怀若谷、真诚平等待人的作风和处事冷静、得体、有度的方式。

文集中怀念周林、章培恒、董治安等先生的文章也突出地体现出他的为人及其对师友的尊重和对同道的真情。这里仅举一例。安先生与章培恒先生在古委会共事二十八年，同声相求，惺惺相惜，结下了兄弟般的情谊。文集中收录了他怀念章先生的《二十八年交亲的追忆》等文。特别令人感动的是章先生弥留之际，安先生从北京星夜赶到上海，趴在章先生耳边连连叫唤“培公”，“就在这一分钟，章先生呼吸停止了”，他终于等到了情重如山的朋友。文集第三部分所附陈思和《章培恒先生》一文记录了这一情景，令人动容。

古人有立德、立功、立言三不朽之说。我认为，安平秋先生说的“做人、做事、做学问”是对应立德、立功、立言的目标的。安先生是做到做人、做事、做学问这三者兼顾的，这也是我从安先生、从这部文集中得到的启示。

（原刊《藏书报》2025年3月31日）

青山不墨千秋画

——读《行走的印迹——安平秋古籍工作论谈》

姜小青

安平秋先生著《行走的印迹——安平秋古籍工作论谈》（上下册，下简称《印迹》），2024年5月由凤凰出版社出版，收录作者1981年至2023年四十多年间77篇有关古籍工作的文章，分“历史与现状”“演讲与访谈”“纪念与回忆”“书评与序跋”四个专题，记录和论述了新中国古籍整理出版历程中许多重要问题，对新时代古籍工作，极具参考价值与启示意义。

笔者因参加徐俊先生为首席专家的国家社科基金重大项目“新中国古籍整理出版事业史研究”课题组，近期比较集中关注、收集和研究有关新中国古籍整理出版史料，就目前个人所见，现有新中国出版史研究类著作或文章，系统论及古籍整理出版并不多，且大多集中在如“古籍小组成立”“古籍规划编制”“二十四史点校”，以及少数人物和图书等几个方面，《印迹》出版，可以弥补这方面许多缺憾，为新中国古籍整理出版史研究，提供丰富、真实和可信的史料。

众所周知，研究新中国古籍整理出版史，1981年是一个具有标志性年份，9月17日，中共中央发布《关于整理我国古籍的指示》（下简称《指示》），被认为是引领我国古籍整理出版事业四十多年发展的纲领性文件，而一个重要标志，就是全国性古籍整理出版领导机构恢复和建立，1981年12月10日，国务院印发《关于恢复古籍整理出版规划小组的通知》，恢复了1958年成立，后因“文革”停滞工作的“古籍小组”建制，翌年3月，即召开了第一届全国古籍整理出版规划会议；1983年9月27日，教育部批准成立“全国高等院校古籍整理研究工作委员会”（简称“古委会”），作为全国高校古籍整理研究和人才培养的组织协调机构。自此，我国古籍整理出版工作有了顶层持续设计与统筹规划。就“古委会”而言，成立四十年来，在推动和组织我国高校古籍整理科研与教学机构建立、科研项目规划与成果转化、专业人才培养与队伍建设等方面，做了大量具有开拓性工作，取得了丰硕成果（详见《高校古籍整理卅五年》，《中国出版史研究》2018年第1期；《我国高校古籍整理研究成就及展望》，《古籍整理出版情况简报》2021年第9、10期）。安平秋先生自1965年北京大学毕业留校中文系，从事教学、科研工作整六十年，特别是1983年“古委会”成立时，他是最主要参与者之一，任第一届（1983—1986年）主持日常工作的副秘书长、第二届（1986—1991年）秘书长、第三届（1991—1996年）秘书长（后任副主任、常务副主任兼秘书长），从1996年第四届起至2022年，更是任“古委会”主任长达二十六年，他曾说，“古委会”建制上，“既有明显的行政职能，又有浓厚的学术特性”，“官味不重，文牍不多，办事简捷，易于与学者保持融洽关系，因而工作效率较高”的优越性（505页），加之本身学者身份，使他不仅见证了新中国古籍整理出版史上许多重要事件来龙去脉、重点项目组织实施过程和重要人物历史贡献，更是其亲历者、参与者和领导者。我粗略统计了一下，全书记录"古委会"工作的讲话稿、访谈，以及对与此相关人员和项目回忆、回顾等文章，有五十篇之多，除少数几篇曾在中国书籍出版社1994年版《安平秋古籍整理工作论集》（下简称《论集》）收录过，绝大部分是第一次结集出版，难能可贵的是，这些讲话稿，几乎完整记录了全国高校古籍整理研究领导机构"古委会"四十年发展脉络，以及全国高校古籍整理研究工作四十年发展历程。我们现在研究新中国古籍整理出版史，往往较多关注结论，过程因其复杂，常常被忽略，但恰恰是过程比结论更具"现场感"，从这个角度讲，《印迹》带我们走进了古籍整理出版四十年的"现场"。我们总结自《指示》发布以来古籍整理出版取得的成就，除了上面提到的领导机构恢复和建立，至少还有三个方面：一是一批高校古籍整理研究与地方专业古籍出版机构陆续成立，二是国家古籍整理出版规划得以持续实施，三是一大批重要古籍整理成果出版。《印迹》给我们提供了许多成就取得过程中的背景资料，例如，在《在北大中文系古文献六十年的片断回忆——安平秋教授访谈录》一文中，安先生以亲身经历，向我们详细讲述《指示》出台前后的背景与细节，让我们知其然又知其所以然。"古委会"成立四十年，"在古籍整理、古籍研究、培养后继人才方面所取得的成果的数量，远远超过了自1949年至1982年的那三十三年，所取得的成就，超过了中国历史上任何一个朝代在这方面所取得的成绩"（《我国高校古籍整理研究成就及展望》）。《印迹》记录这些成就取得的过程，其意义正如作者所言："在很大程度上也可以看出教育部全国高校古委会四十年工作发展的脉络与全国高校从事古籍整理、研究的成千上万的学者的努力与辛劳，同时也折射出全国古籍工作的大体轮廓和艰辛。这为研究1980年代以后全国的古籍工作史提供了真实、可信的资料。”（《自序》，2页）可以说，这些真实的历史记录，既留下了个人事业的印迹，更是我国古籍整理事业发展的历史印迹。

安平秋先生在书中论述了古籍工作多方面问题，限于篇幅，这里着重谈两点，一是古籍整理项重点目规划与组织实施，二是古籍整理人才培养。安先生几乎在所有相关文章中，都对这两个问题的重要性有所论及，足见其重视程度。从《印迹》和相关资料，我们了解到，“古委会”科研规划有个形成过程，1983年2月和10月，教育部和“古委会”召开相关会议，着手编制高校古籍整理规划工作，“但制定出的规划都不尽如人意，于是改变方式，暂不制定规划，而是在1983年四季度要求各高校自报拟进行项目和正在进行的项目，1984年便由古委会秘书处从中筛选若干重点项目予以资助”，到1986年，通过这种方式积累起来的重点项目已基本形成“古委会”科研规划基础和“科研规划的格局”（见《高校古籍整理卅五年》），这就是安先生在书中说的：“1986年5、6月间，在广泛听取意见之后，经项目评审小组讨论研究，制订了《高校中国古文献学“七五”科研规划草案》，包括五个方面四十一项。”“这个规划是高校古籍整理研究工作委员会全体委员和各个研究机构负责人经过二年的摸索与努力而拟订出来的。它既考虑到全国古籍整理工作的现状与发展的需要，又考虑到高校古籍工作的人力、物力和图书资料的实际状况。”“这一规划草案也是根据国务院古籍整理出版规划小组在1982年制定的规划，根据高校力量的实际而拟订出来的。”（5—6页）在此之后，“古委会”中长期科研规划一直延续至今。具体讲，安平秋先生关于古籍整理规划思想，有三方面重点，一是项目要分层次，有重点和重大“拳头”成果。二是要把项目规划与研究机构学术队伍建设、学术方向形成相结合。三是普及与提高并重。实践证明，新中国古籍整理出版成就取得，与持续、科学的国家古籍整理出版中长期规划有非常直接关系，最重要的，就是“古籍小组”和“古委会”的两大规划。安先生说：“二十世纪八十年代，最有价值、最有分量的古籍整理工作要数全国高校古委会规划组织的‘九全一海’，即《两汉全书》《魏晋全书》《全唐五代诗》《全宋诗》《全宋文》《全元文》《全元戏曲》《全明诗》《全明文》《清文海》十部断代诗文总集的整理。这项工程有系统性、有目的性地把历代的主要诗文都涵盖进来，对于研究每个朝代的文化是重要的基础典籍。在普及方面，全国高校古委会组织了全国高校二十个古籍研究所的专家，用近十年时间编写了一套《古代文史名著选译丛书》，精选从先秦到晚清的134部文史名著进行注释、翻译和解题，对普及传统文化起到了很好的作用。”（355—356页）毫无疑问，“古委会”规划与组织实施的众多重点项目，对中国学术研究发展，起到了积极推动作用。当然，这些重点项目规划，特别是其中“大项目”立项与组织实施过程，并非一帆风顺（有些至今尚未全部完成），《印迹》对此都有记述。以《古代文史名著选译丛书》为例，这套涵盖了中国古代文史基本名著的选译丛书，计135种（修订版为134种）、约一千五百万字，出版后被学术界普遍认为，是新中国成立至今，质量较高、品种较全的大型古籍今译丛书，初版1990年由巴蜀书社出版，1992年获由新闻出版总署主办的首届“全国古籍图书奖”，修订版2011年由凤凰出版社出版，2016年入选由新闻出版广电总局主办的首届“向全国推荐中华优秀传统文化普及图书”，初版首印超过七万套，修订版134个品种（比初版少一种）有118个品种多次重印，可谓名副其实的“双效”图书。但四十年前，这套丛书组织过程之艰难，非亲历者，是很难体会的。学术界对古籍今译一直存在不同看法，现行学术评价体系也不利于这类工作开展，集体性项目组织工作更是头绪繁杂，安先生是《丛书》三位主编之一（另两位是章培恒、马樟根先生），近十年工作的不易和艰辛，他最有发言权，仅主编审稿会就开了十二次，在《衣带渐宽终不悔——〈古代文史名著选译丛书〉编纂始末》中他说："当初怎么也没有想到完成这套丛书会是如此的艰辛。"（587页）对编纂整理和出版上述难度大、周期长的集体性大项目，无论古籍整理还是古籍出版界，即便是在各方面条件都远优于四十年前的现今，思想认识上也并非完全一致。安先生虽然深知集体性大项目实施起来之不易，但对"古委会"科研规划，特别是其中"大项目"，则具有更高思想站位与更远学术眼光，极力推动这些项目立项和实施，并多次谈及这类项目的长远意义，"第一个目的是，推动中国传统文化的学术研究工作，为建设有中国特色的社会主义新文化服务"，"推动古籍整理和整个中国传统文化的学术研究"。"第二个目的是，通过完成大项目，培养一批具有真才实学的、相对稳定的学术群体，建设若干个从事古籍整理和研究的学术基地"（97—98页）。这些论述及观点，从中国文化实际出发，符合高校古籍整理科研发展要求、规律和特点，他之所以主张"要上一些重点项目，甚至是大项目，不惜资金"，目的非常明确，就是为了高校古籍科研机构能形成各自"学术资料和学术研究的基地"（151页）。在"古委会""八五"科研规划编制中，安先生仍提出，"要继续上一批有学术价值的重大项目，以与'七五'规划中有关项目成系列；并根据学科与实际的需要，增加新的有学术价值的项目"（67—68页），并始终坚信"古委会""七五"期间上马的几个大项目，"必将对今后的古籍整理和古代文史哲乃至社会科学的学术研究产生深远的影响。它的学术价值将会被历史所证明"（85页）。笔者从出版角度，对安先生提出的"大项目是我们看家的东西"（93页）深有体会，凤凰出版社先后承担过"古委会"的《清诗纪事》《全元文》、《册府元龟》、《文史名著选译丛书》（修订版）等重点规划项目出版，事实证明，这些每项都超千万字的大项目，对出版社专业发展方向确定与专业品牌建设，起到了至关重要作用，是出版社名副其实“看家的东西”。

古籍整理人才培养，是安平秋先生集中论述的另一个问题，特别是《在“世纪之交的回顾与展望——古籍整理与研究青年学者研讨会”上的总结发言》《第二届全国高校古籍整理与研究青年学者研讨会开幕式发言》《在第二届全国高校古籍整理与研究青年学者研讨会上的发言》《第三届全国高校古籍整理与研究青年学者研讨会开幕式发言》等文，都结合“古委会”历史发展、项目实施和前人事例，与古籍整理青年学者谈成长，循循善诱，绝无半点空洞说教，他提倡的做人要真诚实在，做事要得体有度，做学问要虚心沉潜，实可谓金玉良言。综观安平秋先生古籍整理人才培养理念，笔者以为，集中体现在两个方面，一是古籍整理人才培养要尊重学术研究规律。他多次提出要有针对性分层次培养古籍人才，“这层次即是本科生、研究生和研讨班（培训班、讲习班）三个类别。而工作重点是抓本科生与研究生的培养规格、课程体系、教学方法和学风四个方面。我们的工作要进一步抓落实，努力按照古籍整理研究与人才培养的规律办事。”（55页）二是通过项目实践培养古籍整理人才。他说，高校古籍科研机构项目开展，要“与研究所的学术建设结合，与出人才结合”（84页），要“通过整理和研究的实践培养学术接班人，围绕若干个科研项目的开展带出若干个有特色的学术群体”（119页）。如何实现科研项目开展与人才培养相结合，安先生一再强调形成学术实体的重要性，“各个研究所、各个专业要明确自己的学术方向，形成自己的学术特色，把研究所和专业办成学术的实体”（186页），这样的学术实体，实际上就是人才培养平台，而且体现了两者相互支撑的学术发展规律，“在搞科研成果的过程中，要有一批人参加，有一些年轻人参加，他们在从事古籍整理研究各个环节的过程中锻炼成长，在这个基础上，再作进一步研究，势必培养出一批学术人才。在这样一种出成果、出人才的思想指导下，在进行科研项目的过程中，培养一批人，带出一支队伍，并且逐步形成有特色的学术群体”（151页）。据笔者工作中观察，现今许多古籍学术领域领军人物的成长，都得益于“古委会”项目实践，他们中许多人，对“古委会”长期以来“从实际出发，按规律办事，组织得法，才能出人才，出成果”（54页），一定是有切身体会的。这些与“古委会”领导者安平秋先生人才培养理念有很大关系。从写于1986年的《在全国高校古委会二届一次会议上的工作报告》，提出人才问题，到2017年《谈当前古籍工作体系及人才培养》，三十多年，高校古籍整理人才队伍状况发生很大改变，从“青黄不接”“后继乏人”，到高校“培养的人才基本可以满足目前古籍整理工作的需要”（358页），安平秋先生始终把时代需求与学术发展，作为人才培养出发点，近年又提出“基础+特色”人才培养思路，以及人才体系建设思想，“把古籍工作三个部分的人才培养联系起来，可以考虑建立中国古文献学的学科，下面再划分出古籍保护方向、古籍出版方向、古籍整理方向等，这样就能形成一个完整的学科体系”（410页）。这其中，他还特别提到古籍出版人才成长过程中，专业知识要向古籍专业出版能力转化问题，“现在，全国二十多家古籍出版社的青年编辑，有相当一批人毕业于古文献专业，具备比较扎实的专业基础知识，但他们到出版单位工作后，还要学习古籍出版方面的专业知识，逐渐丰富实践经验，同时在实践中提高专业水平。这些青年编辑也有不少人并非古文献专业出身，那就需要在实践中补足文字、音韵、训诂、版本、目录、校勘这些基础课程”（358页），确实切中实际。

笔者认为，安平秋先生古籍工作思想、理念、观点形成，都基于其思想层面对古籍工作意义、学术规律认识与把握，基于其对古籍事业的奉献精神。他始终坚持将古籍整理研究工作，与国家命运、文化发展联系在一起，“古籍整理与研究工作是党和国家社会主义整体事业的一个组成部分，是党和国家在学术、文化乃至意识形态领域中的一项基础工程。今天，对古籍整理意义的认识，实质上是对传统文化、对祖国历史的认识问题。因此，它直接关系到社会主义祖国的巩固”（52页），“过去的历史和近十年的高校古籍整理研究工作及对今后的展望都说明了古籍整理从来不是雕虫小技，不是与现实无关、于社会无补的遗老遗少的老朽行当。欲灭其国，先去其史。一个国家、一个民族，无论如何都不应该忘记乃至轻视自己的历史。在中国，作为历史的主要记录的古籍。对它的整理、研究，乃至对它所反映出的中国的历史与文化精华的弘扬，是涉及建设有中国特色的社会主义的成败，涉及中华民族兴衰的事业”（129页）。正因为这样的认识，他在任何环境中，对古籍事业都充满信心。二十世纪八十年代中后期，随着计划经济向市场经济逐步过渡，整个古籍整理与出版界，都有一个如何适应市场经济问题，以古籍出版界为例，不仅观念上对“图书作为商品”一时难以接受，现实中，一些被列入《中国古籍整理出版十年规划和“八五”计划（1991—1995—2000年）》项目，也因受经济条件限制无法实施。为此，1993年4月21日至24日，国务院古籍整理出版规划小组在北京召开了全国二十一家古籍出版单位负责人座谈会，时任“古籍小组”秘书长傅璇琮先生谈到：“统计资料表明，1992年各出版社出版规划项目总共不会超过100种，如果按‘八五’计划1 004种计算，每年应该平均出版200种。比较起来，差距显然是很大的。”但许多与会者则认为，专业古籍出版社眼下共同面临的是生存问题，至于发展，只能放在第二位，对完成国家规划项目，是心有余而力不足，不少人就认为，目前，“出版社想走一条严肃正规的出版路子的愿望，在经济这一杠杆的作用下很难充分实现。市场经济对产品的要求是提高质量，而在古籍出版行业，市场经济的发展一时却似乎成了提高书籍质量与档次的障碍”（《深化改革，落实规划——全国古籍出版社座谈会综述》，见《古籍整理出版情况简报》1993年第5期、总270期）。古籍整理是古籍出版“上游”，面临同样问题，1993年8月24日在兰州西北师范大学召开的“全国古籍整理理论研讨会”，着重讨论的同样是“古籍整理成果如何适应市场规律的问题”（《古籍整理出版情况简报》1993年第9期、总274期）。但“适应”的前提，首先是思想认识问题，对此，安平秋先生明确指出：“在新旧体制交替过程中，学术文化事业，特别是古籍整理研究事业，遇到了不少新的问题和困难。古籍整理研究工作者为求得事业的进一步发展，必须有针对性地解决以下几个问题：一是要进一步增强信心，振奋精神。在发展商品经济的社会潮流下，社会上的一些人把注意力集中到能够迅速取得经济效益的商业经营、应用技术的研究和开发，忽视以致轻视古代文化的整理研究，这是不可避免、不足为怪的，也是短期无法克服的现象”，“正好说明我们工作的重要和任务的艰巨。我们还应看到，随着与世界各国经济联系的加强和中国统一事业的发展，向世界人民介绍光辉灿烂的中国古文化、加强海内外特别是海峡两岸在古代文化整理研究方面的交流合作，已经是摆在面前的紧迫任务，需要我们提供更多的更好的成果，做出更加出色的工作。”（27—28页）如何解决这些特定时期出现的问题和困难，他则提出，要“认真研究当今中国社会古籍整理事业发展的规律，更加自觉地按客观规律办事”（28页），“要尊重学术工作的特点，按学术规律办事，不能用行政手段干预学术研究”（355页）。书中论及的所有问题，包括机构建立、学科建设、项目规划、人才培养，甚至“古委会”组织协调工作，他都提出要按规律办事的原则，而且是他的一贯主张，“主持一摊工作，办成一项事业，在于治事、用人二条。治事，在善于组织；用人，在善于使用。总的有一条：调动积极性。善于者，即照规律办事”（见《论集》之“省思札记”，205页）。这也许就是“古委会”四十年来之所以取得众多成就重要原因之一。

《印迹》内容丰富，除了高校古籍整理工作，还有对老师、前辈、同辈感情真挚回忆，以及诸如域外汉籍、《儒藏》等众多学术问题探讨等，本文只能挂一漏万了。

1992年，“古委会”主办的《中国典籍与文化》，由笔者所在江苏古籍出版社出版，经常听担任责任编辑的同事讲起，安平秋先生以及“古委会”其他老师，是如何关心出版社年轻人的，这是我第一次知道安先生，一个偶然机会，在南京古籍书店看到《安平秋古籍整理工作论集》，随即买来学习，但一直没有机会向先生当面请教。1997年以后，因负责《全元文》出版具体事务，相关会议上见过先生几次，但大多数是跟在出版社领导后面，属于远观；真正与先生直接接触、感受其人格魅力，并得到他无数次帮助，是2003年我奉命主持更名后的出版社工作。江苏古籍出版社更名为凤凰出版社，人员从六十余减至十八人，最初对外甚至还只能以“古籍部”相称，不要说学术界对我们是否能坚持专业古籍出版有疑虑（有些之前谈好选题也因此取消），就连我们自己也处在迷茫之中，最困难时期，是安先生和“古委会”老师们，给了我们极大关心、鼓励和支持，不但没有变更《中国典籍与文化》出版单位，还继续邀请我们作为《中国典籍与文化研究丛书》第二辑四家出版单位之一，安先生又亲自到凤凰集团，为我们继续出版好《全元文》争取支持，我们社《册府元龟》（校订本）出版后，他又亲撰书评推介，该书获首届中国出版政府奖。另外，“古委会”又将多个重点项目安排在凤凰出版社出版，如《国外所藏汉籍善本丛刊》、《文史名著选译丛书》（修订版）等，这一切，无疑都是为了鼓励和支持我们坚定古籍出版信心。2006年11

月，安先生邀请我参加在北京香山饭店召开的“中国古文献学与文学国际学术研讨会”，并安排与赵生群先生同为小组召集人，很显然，他是想通过这样方式，让困难时期的我们，在古籍学术界多一次露面机会，争取更多支持。会间合影，作为主办方“古委会”主任，安先生没有在第一排就坐，而是站在后面，这一细节，快二十年了，我一直记得。《印迹》中，安先生多次谈及淡泊名利的奉献精神，认为是“太普通，也太需要的精神”，“我们在古委会工作，是需要一种精神的，需要一种为事业献身的精神”（317—318页）。

安平秋先生谦逊地说，“这是一部无趣的小众读物”（666页），但我以为，这部记录着个人在新中国古籍事业中历史印迹的书，必将引导和激励更多后来者，沿着前辈足迹，走向古籍事业的远方。

（原刊《澎湃新闻·翻书党》2025年3月14日）

同事出版三十年
——周晶《桑榆书谭》代序

宫晓卫

周晶先生是我的老同事，他的这本《桑榆书谭》将要付梓，来电嘱我写个序。为他人著作写序，我通常是推拒的，主要是个人心性里一直不太喜欢做此类担当。但周先生的这部书不一样，书的主旨是谈书，因我们在出版社共事多年，共同从事专业古籍社图书出版，一起做书，其所谈书及涉及的人和事，大部分我是经历过的；对他本人的职业出版生涯，我大概是最了解者。读他的文字，自然会勾起自己很多回忆，从中捡出几节我们相识、共事的片段略述于此，既可不负作者的嘱托和信任，于我们的这段人生经历也是个纪念，于是就写了下面的文字，权为序吧。

一

周晶先生年长我一旬多，早于我进齐鲁书社，又曾经是我的部门领导，理应是称先生或老师的。只是在我们共事的那些年里，除了在本单位同事面前称他的职务、称老师，抑或称“周公”，私下里倒是称“老周”最多。本文是本着我俩之间的私谊而作，就按习惯称呼吧，这样感觉亲切、自然些。其实在我的记忆里，当年在齐鲁书社称别人老李、老王、老孙，是带有尊重之意的。个中原因，我想与老周书中写到的齐鲁书社建社初期，社长孟繁海、总编辑赵丙南都被大家习称老孟、老赵有些关系（注：齐鲁书社第一任社长由省出版局副局长初甫川同志兼任，其时孟繁海先生为总编辑，赵丙南先生为副总编辑。1983年，孟繁海升任山东省出版总社副总编辑，并于1984年兼任齐鲁书社社长，赵丙南任齐鲁书社总编辑）。对社领导是如此相称，加上对社里几位资历深厚的老同志也是这么称呼，这个“老”就似乎包含了资历、分量，别人这么称你，是因为你能担得起这个“老”字。等到老周他们这一年龄段的职工退休离岗，社里就几乎听不到在某位同事姓前加“老”的称呼了。从某种意义上说，这种称呼或能代表齐鲁书社建社以来前二十余年那一个时代。那些在领导或编辑岗位被姓前加“老”相称的，大都是山东出版人中的翘楚，是他们创建了齐鲁书社，创立了齐鲁书社的品牌声誉，他们是齐鲁书社的建社元勋。

老周是齐鲁书社同仁中我最早认识的，套用一句熟语：“没有之一。”在认识老周的前一个月，我在华东师范大学承办的全国词学讨论会上见过代表齐鲁书社参会的任笃行先生，但彼此完全没有交集，说不上认识。初识老周，我还是华东师范大学中文系在读的中国古代文学专业研究生。1983年12月，改革开放后首次全国清诗讨论会在苏州大学召开，因会议内容正是我所读研究生的专业方向，导师施蛰存先生让我到会开开眼界。苏州的清诗会给我留下了深刻的记忆。一是这个会议对我而言是人生第一次到校外参加、与所学专业对口的高规格学术会，乍入行，凡事新鲜。会上见到了如钱仲联、程千帆等众多古代文学界的著名学者，聆听了他们的高论，令人难以忘怀。再就是在会上结识了一批中青年学者新朋友，他们日后几乎都是国内从事古代文学教学研究的中坚力量，对我后来从事出版工作帮助良多。新朋友中就有老周。那时的老周，记得是一个标准的北方汉子，长方脸，浓眉大眼，腰板笔直，中等偏上的身材宽厚结实，一身藏青中山装，戴着有沿呢帽，给人以厚道可亲的感觉。转过年来，我放寒假回乡省亲，路过济南小驻看望同学，不意在泉城路新华书店遇见了老周。我在济南没几个认识的人，济南也不是个小城市，居然短暂停留就会与老周相遇，可见我俩是有缘人。到了1985年我研究生毕业时，我既不走常态思维的从政之路，也不进高校从事教学科研，而是最终回山东到齐鲁书社干起了图书出版，和老周成了一个单位的同事。如此机缘巧合，印证着我和老周有一种特别的缘分。

到齐鲁书社报到后，我被分配到文学编辑室任编辑，和老周在同一个部门共事。室里给我安排的办公位置就在老周前面，我俩成了前后桌的关系，我这个刚入行、对古籍整理和出版懵懂无知的新编辑，回身就可以请益、交流，因而得以快速学习，尽早适应岗位要求，今天想来，仍是记忆如新。

当时的文学编辑室有一位主任和两位副主任，都是学有所长的专家型编辑。主任是我在词学会上曾见、也是老周在本书里写到的任笃行先生，社里的老同事习称他“老任”。任先生的学术着力点在《聊斋志异》，在出版编辑工作之余，数十年致力于蒲松龄和《聊斋志异》版本研究，心无旁骛，以半生心血的付出，完成了一百三十余万字的《全校会注集评聊斋志异》。这是一部分量很重的学术成果，在《聊斋志异》的相关著述中有着重要的位置，堪称传世之作。书由齐鲁书社出版，以精装三大册面世，颇得学界好评。任先生的这部书完成整理、交付出版之时，我已任齐鲁书社社长，该书是列为社里的重点选题安排出版的，由老周在副总编辑任上亲自担任责任编辑，我是书稿的终审签发人。室副主任是老周和老闫两位。老闫是闫昭典先生，他原在山东师范大学中文系任教，教授中国古代文学，专业方向侧重在唐代文学。二十世纪八十年代初编撰国内第一部《唐诗鉴赏辞典》，遍邀从事古代文学研究的学者为之撰稿，众多学界名家应邀。老闫是该书的撰稿人之一，可见其学力已是名声在外。他转行出版后，兴趣更多移到古典小说。他是二十世纪八十年代末影响广泛的齐鲁书社版《新刻绣像批评金瓶梅》校点整理的参与者，此书是新中国成立以来国家批准出版的第一部不加任何删节的标点排印本《金瓶梅》。有了这项“第一”和该书迄今只印过一版，再未获批重印，这部《金瓶梅》就有了不一般的版本意义。到了二十一世纪，我和老闫还有过整理出版“绘图古典名著续书五种”“文言小说白话类编”丛书等的合作。老周的学问主要表现在对古籍版本和明清文学的谙熟，对明清文学又以小说最为突出，这和我研究生所学专业的中国古代文学——明清文学颇为契合，所以在业务交流上，我们之间的话题会更多一些。老周喜交友，待人平和，作为室领导、社里资深老员工，从未感觉到他有什么架子。在山东，官本位观念很重，出版社虽是文化单位，也难脱俗。老周那时除了编辑室行政职务，还有党内职务——社党支部宣传委员。二十世纪八十年代，在出版社，支部成员的身份让老周是有资格端端架子的。

细数起来，在齐鲁书社的同事中，我和老周近距离共事的时间最长。从1985年我进社与老周同在文学室，到1988年我从文学室调到新成立的古籍整理编辑室，我们在同一个部门三年。1988年到1991年，尽管不在一个室，却因本社古典小说出版的共同协作，我们好像仍在一个部门。1991年，社里调整原文学、史学、哲学、古籍整理、辞书五个编辑室为一、二、三编辑室，老周任一编室主任，我任副主任，协助老周负责编辑室工作。1992年，我改任齐鲁书社总编室主任，扩大了与各编辑室间的联系，还是因古典小说的出版，与一编室的关系依然格外密切。1994年，我虽然调离齐鲁书社到山东省出版总社总编室任副主任，但和齐鲁书社在同一大楼里上班，老周是我办公室的常客。常见面的原因，除了我们曾是关系密切的同事，想来还有两点，一是我们还有合作的项目，记得我们一起为外社点校整理的《历代神仙演义》，就是在那段时间完成的；另外一点我以为是我在总编室分工负责总社所属各出版社的选题工作，有各社所出书的工作样本，这正是老周所爱，他每次来，从那些样本里或能觅得喜欢的书。

1997年初，我回齐鲁书社任社长，此时老周已在上一年的6月份任齐鲁书社副总编辑，我们又进入了共同搭班子的合作期。社领导班子有两年多未设总编辑，总编辑的职能由我和老周分担。图书出版是出版社工作的主体，班子成员中我俩面对面交流最多。2000年8月，老周的副总编辑任期届满，因其年龄到退休已不足当时山东出版集团规定的三年一个任期，不能续聘行政职务。我深知社里的编辑出版工作仍然有不少需要仰仗他的地方，于是我们成立齐鲁书社编委会，成员为我、总编辑、老周三人，延续着我们的搭档合作，直到2002年11月他退休。

老周退休后，因社里一时找不出合适的人接手《藏书家》的编辑工作，他又接续干了数年，给了我莫大的支持。后虽因年事渐高不再承担图书的具体编辑，他仍是《藏书家》的特约审稿人，因书稿的事，需要经常到社里。每次到社，他都会到我办公室见个面，闲时长聊，忙时也打个招呼，保持着以往的熟络。再稍后，经不断地做工作，社里终于拿到了国家新闻出版总署批准齐鲁书社重印张竹坡批评本《金瓶梅》的批文，于是我将与之相关的《明代四大奇书》的再版列上了本社出版议程。老周是“四大奇书”整理出版的主要参与者，就该书的修订重印事，我们需要一起商议，见面更多了。

在这期间，老周完成了将自己大半生收藏的一批珍贵古籍向山东省图书馆的捐让，变私藏为公藏，免除了日后流散之患。为留下一段历史印记，他希望能出版一部《五里山房珍本丛书》以记录自己的这段人生经历和相关版本情况，我很支持他的想法，为其书放在齐鲁书社出版开了绿灯。就此书出版事宜，我们也有着频繁接触。为这些事，老周退而不休，在我看来，则好像我俩仍在继续共事。这种感觉，一直持续到2015年我卸下齐鲁书社社长任职，不再关涉出版社的管理之时。从1985年到2015年，整整三十年，作为出版人，从普通编辑到出版社的管理者，我们在出版这个平台上一起做书，彼此之间围绕书的密切合作，超过了我在齐鲁书社的任何一个同事，我俩真是有缘！

回到老周的这部书。其内容是他一生编书、出书、藏书的实录。作为出版的同行人、近距离的旁观者，阅读这些文字，许多往事历历如在眼前。对他写到的齐鲁书社几位元老，我和他们都有过共事，人虽走远，音容宛在，老周所述、所评我自有同感。对于他们，还有曾任史学编辑室主任的苏昭民、曾任文物编辑室主任的白萍生，这些在新中国成立前就参加工作、退休后享受离休待遇的老同志，学养深厚，于齐鲁书社有着创立之功，在齐鲁书社出版史上是应有浓墨重彩的文字加以记述的。老周的追忆开了个好头。而具体到谈书，我则想就书中的另外两组文字——古典小说和《藏书家》延伸开来多说几句。因这两部分是最能鲜明显现老周的学识专长、职业才干两相结合、颇多建树的地方，也是我俩从业出版，关于做书话题最密集的两个点。

二

先说古典小说。在齐鲁书社建社的前十几年里，社里的古代文学类图书出版，基本是由古代文学编辑室和后来的一编室主理其事实现的。在这些图书中，古代小说占了非常突出的一类。在相当长的一段时间里，它们是齐鲁书社图书经营所得利润的支柱。齐鲁书社的古代小说出版，其选题的策划，向上级主管部门申报的文稿起草，到具体的校点整理和担任图书责任编辑，很多都能找到与老周的关联，他是出力最多、贡献最著者之一。在老周的书中只收了他为他自己经手整理的古代小说写的出版说明或前言、后记，看似平淡无奇，其实他为小说出版所做的工作远不止这些。有些书是我曾经参与过，随笔即可列出，在他书中却没有文字涉及的，如“清代笔记小说丛刊”，其中我和老周都有各自主持校点整理的项目；如《金瓶梅续书三种》的整理，老周主持了其中的《隔帘花影》，我主持了其中的《金屋梦》；如《全本三言二拍》，老周负责“三言”，我负责“二拍”。还有一批我印象深刻的小说类书稿，如程毅中先生的《宋元小说家话本集》、黄霖先生的《明清稀见小说丛刊》、吴志达先生的《中国文言小说史》、宁稼雨先生的《中国文言小说总目提要》等，老周是选题策划和约稿人。这些都是齐鲁书社古代小说类图书出版里的重点书，在老周给我看的这部分书稿里好像没写到，这里不妨提一下。而就这个话题我特别想说的，是老周提出的《明代四大奇书》的选题构想。

《明代四大奇书》选题的提出有些偶然，也有其必然。1987年，齐鲁书社成功获批出版了张竹坡批评本第一奇书《金瓶梅》，是任笃行先生任的责编。该书的出版轰动了图书市场，社会影响甚大。那些年文学编辑室有个很好的传统，就是室里同仁经常在编稿之余即兴聊书稿，聊选题策划，随想随聊，脱口而出，很随意，没什么隔阂和顾忌，不那么一本正经。那是一段氛围温馨舒适、迄今仍让人怀念的编辑室工作记忆。应该是在一次室里一如既往地闲聊选题策划时，老周提到既然我们已推出了张竹坡批评第一奇书《金瓶梅》，古人有“四大奇书”之说，我们可以考虑加上《三国演义》《水浒传》《西游记》，与《金瓶梅》合并，以“四大奇书”名义出版。这个提议当场就得到了文学室同仁的附和、肯定。在当时，可以说这个选题的想法提得甚巧。那些年文学室组织整理出版古典小说取得了一些成绩，一直在琢磨如何扩大对古典小说名著的整理，却一时还没摸到走出自己特色之路的门径。早些年，社里曾提出出版“中国古典中篇小说选刊”的意向，报告打到文化部出版事业管理局却未获批准，因此关于古典小说的系列出版就仅限于做了一套笔记小说。单品种的古典小说整理出版不易出彩，市场反应大都平平。能想到结合《金瓶梅》推出“四大奇书”，一下子解决了长期困扰着大家的名著怎么出版的问题。瓶颈一通，豁然开朗。借助已出《金瓶梅》的独占性，做成“四大奇书”套餐，是一种人无我有的全新组合。思路提到社里，也是没有悬念地被一致看好。古代小说“四大奇书”的说法和所指《三国演义》《水浒传》《西游记》《金瓶梅》四种，在明清人著述里时见，用此名目事出有据，而且尽管当时国家对古典小说出版管理仍严，出版审批门槛不低，但我们预计出版《三国演义》《水浒传》《西游记》不会有太大障碍，需要专题报批的是重印张竹坡评本《金瓶梅》，社里对获批也有信心。于是，就由文学室负责快速进入了这套书整理出版的筹备。

“四大奇书”的启动很顺利，配合张竹坡批评本《金瓶梅》，确定其他三种也整理批评本。在本社人员有能力做好校点整理工作的前提下，为提高效率、保证书稿及时完成，避免外约整理者造成往返商讨体例、进入出版流程仍需编辑校核底本的烦琐，社里决定由文学室负责组织该项目的校点整理。安排闫昭典、周晶、我为三种书的整理项目主持人，每种又有一两位本社编辑共同参与。项目主持人责任重大，既要确定底本，拟定体例，又要总负责全书的点校质量，因此要依据底本审理全稿，并在最后写出本书的《点校后记》。我们三人的具体分工：老闫负责毛宗岗批评本《三国演义》，老周负责金圣叹批评本《水浒传》，我负责李卓吾批评本《西游记》。二十世纪八十年代末，市场经济正逐步完善，图书出版开始全面推向市场。古代文学室是社里的经济效益创利主体，提出一个好选题，全室上下毫不怀疑会赢得好的市场回报。所以大家干劲十足，几乎耗用了全部的业余时间投入整理，用时一年多拿出了全稿。

也许正应了古人那句“从来好事多磨折”。就在“四大奇书”完成了编辑程序，将要付印之际，齐鲁书社陷入了一段时间的内部动荡。由于单位管理出现了问题，职工队伍因职称、职务、利益分配等多种因素积蓄的矛盾浮上了台面，恩恩怨怨，乱象丛生，出版社正常的出版工作大受影响，“四大奇书”的运作也被迫搁置。这套书的出版报告是1990年初才报送的。

1990年10月，齐鲁书社领导班子调整，社里的工作风气为之扭转。同年12月，国家新闻出版署批复同意齐鲁书社重印张竹坡批评本《金瓶梅》，与《三国演义》《水浒传》《西游记》配套发行。至此，该书的出版手续已经完备。但此时社里的风波依旧有暗流涌动，不和谐的声音和动作并没有完全消停。因“四大奇书”的印装是针对高端图书市场考虑的，开本较大，彩色插图，精装加包封，外配锦盒装，这在二十世纪八十年代末、九十年代初属于豪华装帧，是以印制成本较高，需要较大的资金投入。于是就有人以此为由提出了质疑。新任社长陈学振先生力排异议，果断拍板，方使该书顺利通过了出版流程，加快印出，于1991年初正式投放市场。正式出版的这套书定名为《明代四大奇书》。

进入市场的《明代四大奇书》，读者的反映完全实现了我们的预期。在1991年8、9月间广州第四届全国书市上，齐鲁书社的图书订货码洋占了山东省图书订货码洋的半壁江山，实赖有了《明代四大奇书》；1992年成都的第五届全国书市，《明代四大奇书》又被评为“最受读者欢迎”图书，延续着其市场的辉煌。

《明代四大奇书》的成功，是在齐鲁书社内部风波的特殊时期之后，经过一段时间的沉寂而最终得以面世才取得的，过程曲折。这期间既有前期进行的对如何校点整理以及字号、开本、装帧的反复酝酿；还有中间对重印《金瓶梅》专题申报努力做工作，耐心等待审批；又有后期该书是上马还是下马的争议。多种因素交织，历经磨难才得见天日，使得后期的促成因素显得格外亮眼。如该书曾获得山东省出版总社颁发的“双效书奖”，在颁奖大会上，我作为获奖编辑代表发言，对社里新领导班子表示了特别的感谢。感谢新领导的识书慧眼和决断魄力，否则编辑手中再好的选题也可能胎死腹中。这也是实话实说。何况一部不同寻常的图书出版，涉及社里多个部门和太多的人，这部书又是如此成功，功臣自然就不少，这个时候，人们似乎已经忽略甚或有意避开了这个选题的原始萌生。偶或有人触碰到这个话题，因关联者角度的不同，各自的持见就有了不同的说法。当一切已成为历史，往事早已是过眼云烟，拨开纷杂回溯当初，作为亲身经历者，我想不妨借这篇文字来个旧事重提。

《明代四大奇书》能在齐鲁书社出版而不是其他出版社，首先是因为齐鲁书社较早获批出版校点整理本《金瓶梅》，这是基础。能打下这个基础，有关社领导和编辑付出了巨大努力，做出了突出的贡献。但归到《明代四大奇书》的最初选题创意，实事求是讲是老周提出的。图书选题就是这样，一个好的思路，往往是瞬间的灵光一现，而这看似简单的一闪念，恰恰来自日常深厚的学养积累和职业的高度敏感，机缘一到，它就会闪现出来。老周能提出“四大奇书”的选题思路是出于他对明清小说的熟知和良好的编辑素质。说来惭愧，虽然我的研究生专业方向是明清文学，脑子里尚有古人有关于“奇书”乃至“四大奇书”的笼统认识，而且手边的张竹坡批评本《金瓶梅》的书影上“第一奇书”很是醒目，但是同样的思路自己脑子里就没跳出。老周的提议让我意识到这真是一个好想法，对于这个选题，我最初的角色只是积极的附和者和支持者。这套书在前期的所有环节都是称“四大奇书”，记不得后期什么时候什么场合是谁提出加上了“明代”的时代概念，市场证明这个概念加的对，但这并不影响最初的创意是这个选题的核心。我有时会想，如果要评选齐鲁书社建社四十年来的选题最佳创意，《明代四大奇书》是当之无愧必须入围的。

《明代四大奇书》除了自身的影响和所创经济效益，其另一个积极效应就是大大推动了齐鲁书社古典小说的系列出版，一改本社过去古典小说单品种列选题、单独出版的做法，以配套组合、系列推出的运作，迅速形成了齐鲁书社古典小说出版的特色和规模效益。这包括仿照《明代四大奇书》豪华大气的开本、装帧推出的《全本三言二拍》《清代四大名著》；也包括对应“四大奇书”所适应的高端市场，我们同时向社里建议出版的一套更适合普通大众阅读、价格低廉的“中国古典小说普及丛书”。特别是后者的“普及丛书”，文字采用小五号字，故被习称为“小字本”，目的是用较少的纸张容纳较多的文字，让读者少花钱却能买到更多的内容，由于摸准了当时的读者需求，这套书在图书市场也是风靡数年。如此种种，都可视为《明代四大奇书》效应的延展。担当这些书的组织点校整理和出版编辑工作的，主要还是老周任主任的一编室。当然，必须还得说，这也是有赖于时任社领导班子良好的经营理念、管理能力，以及开阔的眼界、决断的魄力。

古典小说的系列出版，齐鲁书社走在了同行的前面，是本社出版史上的一段华章。它大大扩大了齐鲁书社在图书市场的影响，提高了本社的出版品牌，也实实在在支撑了本社数年的经济效益。此外，古典小说的系列出版，切实锻炼了队伍。那时的点校古籍，不似现今电脑打字方便，要出简体字版，全靠手工抄写，把底本的繁体字逐字改为简体工整地抄到稿纸上发稿，印厂工人才能排版，是个费时费力、十分辛苦的活。虽然是古人的通俗小说，却牵连到丰富的知识面，你不了解古籍版本，不熟悉繁体字，不懂古字、俗字、避讳字，读不通古文和古诗词赋，还真干不了，绝非人人可为。社里借鉴其他出版社的成熟经验，组织编辑人员参与部分图书的点校整理，在实践中增加认知、磨砺才干，这样的运作模式，对培养作为专业古籍出版社的编辑应有的版本知识、古籍阅读和断句标点乃至认字能力，提升编辑整体素质，有着直接的积极作用。编辑能力的提高，对出版社而言，是一笔看不见却感受得到的隐形财富。对此，我深有体会。

社里参加古典小说编辑整理出版的不乏其人，一些责任编辑获得了山东省出版总社的“双效书”奖，这包括老周；对主要的装帧设计、生产安排人员，社里也给予过特别奖励。这些奖项，证明了每个人所做的贡献。但总感觉这些奖项里似乎还少了点内容，还是回到前文的“创意”说，假如在各种奖项中再增设一个最佳创意奖，大概会比较理想，而得奖者自当首推老周。可惜的是这只能是“假如”了！而今谨借此一角记下此意。也许有朝一日会推论齐鲁书社发展史上的特殊贡献者，届时希望不会忽略了这一节。

三

再由老周这本书里收的一组《藏书家》“编后记”说说《藏书家》。

齐鲁书社版的《藏书家》，于1999年初出版第一辑。该书问世之初，即以其视角的独特、平台的亲民、品位的大气大受爱书人、藏书人的欢迎。老周是这个出版选题的策划人。作为一个自身就颇有成就的藏书家，由老周提出做这么一种书的想法，属于水到渠成，放在他的出版生涯里，则是基于他学识素养专长的又一标志性创意。而从创意到实现出版，该书也是我俩共事出版、协力做书交集较多的一种。

老周是个天生的爱书人。和他交往日久，我认定他对书的那份情感是与生俱来的。入行出版，周围与书亲近的人很多，经济条件、收藏条件比老周好的更不在少数，但对书有着近乎痴迷的酷爱，以数十年的执著，集腋成裘称得上成就了一番藏书事业的，只有老周。其持之以恒的兴趣，矢志不渝的情怀，说是后天养成真解释不了。老周的藏书，在他的《五里山房：读书藏书今世缘》这篇有着自传意味的文字中已有详述；对他藏书的评述，从见收于本书的韦力先生的文章也可窥见，不必我再多言。实际上作为关系密切的同事、老周藏书的就近旁观者，说到老周与书，我脑子里会划过不少他的故事。给我印象最为深刻的还是他见到自己喜欢的书时那种爱不释手、欲罢不能的神态，没有理由的任性，率真而无所遮拦，那是一个至情至性本真的老周。本书中老周曾写到李玉山先生购书嗜书的一段逸事，读过之后，我倒觉得不妨将之视为作者的“夫子自道”。爱书是老周一生的兴趣所在，所以他有着与天下爱书人共通的关于书的体验。他把自己的感受，写进了编辑《藏书家》的宗旨：“倾听他们求书若渴、爱书如命的心声，记载他们访书的辛苦、读书的痴情和藏书的乐趣，从而展示爱书人的思想境界和生活追求。”看得出，这都是出自他爱书、藏书切身体验的归纳。所以，《藏书家》的选题由老周提出，并不偶然。

《藏书家》被列入齐鲁书社的出版计划，是我回社任社长之后的事。1997年我回齐鲁书社时，这个单位正处在发展的低谷，困难、问题很多。问题之一，就是出版选题的匮乏，编辑室、编辑几无主动策划的选题书稿在编。为此，我们动员全社编辑积极开动脑筋、拓展思路策划选题。老周作为分管编辑出版工作的副总编辑，在其中做了大量工作。他本人提出了一系列的选题构想，里面就有《藏书家》。在二十世纪九十年代，针对藏书人士做一本系列图书，是个独到的想法，同类的图书市场上还没有，这让我对这个选题很感兴趣。还有，我接手时的齐鲁书社，因各种矛盾的交织，品牌形象持续下滑，要扭转这种状态，需要多方位下大功夫。《藏书家》思路的出现，可以打造一个扩大影响、联络作者的平台，正是社里所需要的。另外，因为有了老周，我更看好这个选题很高的实现度。策划的图书选题能否最终成书，对于出版社考虑自己的出版计划十分重要。老周身兼藏书家、出版人，他对书的钟爱，他的编辑经验，他丰厚的人脉关系，是《藏书家》能够从想法到成书的保证。因此，尽管当时的齐鲁书社正处在负债累累、职工工资尚难保证的窘境，不得不精打细算过紧巴日子，我还是几乎没怎么犹豫就同意了这个选题的上马。

《藏书家》项目运作初始，就书的规模、栏目设定、开本、印张，围绕老周提出的框架性考虑，我们有过仔细的沟通、商量并最终敲定。此时老周尚在副总编辑任上，在做好分工的出版管理工作的同时，他以一己之力扛起了《藏书家》全部的组约稿和图书的编辑。策划、组稿、编辑，其踏实负责的工作态度和对一部书稿诞生全流程的娴熟驾驭，展示出老周优秀的职业素质和出众的编辑才干。老周为第一辑《藏书家》所做的开创性工作比我预想的还要好。由他出面，邀请到顾廷龙、王绍曾、程千帆、黄永年、来新夏等著名的文献学大家为创刊题辞，顾廷龙先生又亲自为书名题签；一批著名学者为本书写来专稿。学术大家的助力，使《藏书家》甫一问世，就有着非同一般的分量和影响，学界、藏书界反响甚佳，一时成为本社的品牌图书之一。这一切，均有赖老周的倾情投入。从中也看得出老周在学术界良好的人际关系，能成为一个优秀的出版人，这是难能可贵的能力。

《藏书家》第一辑于1999年初面世，之后基本以一年两辑的节奏安排出版，老周担任了十六辑的责任编辑。其中前十辑由老周独力组稿编辑，后六辑有了著名藏书家韦力先生加入任执行主编，依然是老周任责编。老周在这十六辑编后都为之专门撰写一篇"编后记"，即为收入本书的这组文章。我在职时，每辑《藏书家》都是由我终审发稿的，自然就包括老周责编的这十六辑。每次终审，我都会认真阅读老周写的"编后记"并提出修订建议，对这些文字是熟悉的。现在读来，恍然还是昨天的事，定神一想，距其创刊竟然已经二十多年了！记得此书刚刚推出，市场上同类书极少，所以它曾给人带来耳目一新的感觉。本以为这是种小众读物，初版只印了五千册，岂料投放市场不久即已售罄，而需加紧补印；后来老周建议利用该书的留白加上本社的新书介绍，做到了不是广告的广而告之。这本书对提高本社的品牌声誉、扩大本社的图书影响，是起到过特别作用的。

时至今日，随着市场的变化、媒体介质的变化，《藏书家》当年的光环业已褪去，风光早已不在。不过出版就是这样，看看绝大多数出版物的寂寂无闻，一种书的推出，即使有短暂的辉煌也就足够了！何况该书的出版已延续至今，说明其生命力仍在。齐鲁书社建社以来，以一个书名分辑持续出版的出版物寥寥无几，其中延续最久的是《藏书家》。这也决定了《藏书家》在本社林林总总的出版物中风采独具的位置。它与古典小说的整理出版都是老周职业出版生涯里的精彩篇章。本人作为合作者、共事者，或者说促成者，也是与有荣焉！

逝者如斯，俯仰即老。人渐入老境，回忆已是常态。从事出版三十年的人生岁月不算短，在这漫漫历程中发生的故事虽然早已随着时间的波纹渐行渐远，但一旦出现一个话题逗引你回头关注那些逝去的往事，它们又会逐一浮现，乃至瞬间闪回，雪泥鸿爪，点点滴滴，如在眼前。老周给我出的这篇作业，还有收在他书中的文字，就让我脑海里一度回溯了那三十年齐鲁书社近乎完整的出版史。我和老周作为创造这段历史的参与者，置身职业出版，身兼出版人和从事古籍整理者，因书交集，为图书出版倾心付出，可谓一路同行。这一节人生履历，以其占有的分量，几乎能称得上是我们职业生涯的全部。如此，由我为老周与书一世结缘的大著写一篇序言，感觉可说的话有很多，不是一段文字、三言两语就能讲清楚的。以至于在我着手准备完成这篇作业时，一时间感到无从措笔。上面的文字，只是从绵延悠长的回忆中截取出的两段，实为删繁就简、举其一斑而已。

两段旧事，是借老周书中文字引申的，或可为老周自述的《五里山房：读书藏书今世缘》佐证一段他在“五里山房”之外，在出版职场上的做书缘。我想这与他的读书、藏书并行不悖，是他因读书、藏书把自己修炼成了学养深厚的专家，又在出版职场上绽放出了他的精彩。上面的文字不过列举了他职业华章的两个片段。把读书、藏书、做书三者聚合，也许才是一生痴情于书的完整的、典型的老周。而其做书的人生历程，我有幸与他同事并见证，是我俩的缘分。将其表之于这篇文字，不知老周认可否？如承蒙不弃，就算是对他的嘱咐有了个交待，自己可以交卷了。

最后还想说的是，老周在年届八旬之时将自己与书结缘的文字结集出版，以此存留一段文化痕迹，我真心为他高兴。我很愿意把这份心情分享于此，表达一个老同事、老朋友的诚挚祝福。

（原刊《桑榆书谭》，齐鲁书社，2022年12月）

一场跨越三百年的文献整理范式革命

——关于《唐五代诗全编》的学习体会

徐　俊

一、《唐五代诗全编》的多方面学术追求

我1986年开始担任陈尚君老师《全唐诗补编》的责任编辑，因为这本书，开始逐渐熟悉唐宋文学文献，也因为《全唐诗补编》涉及敦煌诗歌，责编过程中让我有机会普查已刊行的全部敦煌写本，继而完成敦煌诗歌辑校。除了《全唐诗补编》外，我还担任了《中国文学家大辞典·唐五代卷》的责编，里面的小作家、新见作家，几乎全都出自陈老师之手。我还责编过傅璇琮先生主编的《唐才子传校笺》，第五册是陈老师与陶敏先生合作完成的，是针对前四册问题进行的订补，每一条都是文献学的典型案例。我经手的陈老师著作还有《全唐文补编》，以及陈老师主持的两《五代史》修订、《旧唐书》修订。我对陈老师的学术谈不上多深了解，但对陈老师的学术追求和学术研究的状态是非常了解的。

如果简单用四个字来概括陈老师这部《唐五代诗全编》，我认为就是“体大思精”。所谓“体大”，第一个方面是唐诗基本文献的数量巨大。唐诗在唐宋元明清各朝的文本传存、佛道二藏、域外汉籍、敦煌遗书，陈老师全都利用过。我刚才跟陈老师开玩笑说，陈老师不只是文献学家，陈老师是文献工程学家。在《全唐诗》的辑补考订上，前辈学者的工作方法是在读书过程中就某个诗人或某一首诗进行局部的考订，而陈老师是把清编《全唐诗》当时人没有看到的书一本一本地梳理出来去看，这是工程学的做法。第二个方面是唐诗文献保存整理研究的学术史信息巨大。我看到“试读本”里面，某个学者的某一篇文章里提到了某一点，陈老师都要写进去。第三个方面才是诗人诗作数量巨大，全书篇幅巨大。所谓“思精”主要有两个角度，一是体例设计的完善，二是文本写定的精审。文本写定几句话难以说清，我这里主要讲体例。陈老师对于《唐五代诗全编》的追求，是穷尽一代文献进行重编，是在一个新的体例下进行全新的编纂。它的体例结合了清编《全唐诗》、逯钦立《先秦汉魏晋南北朝诗》和《全宋诗》以及傅璇琮先生有关论述中对唐宋诗总集的编纂追求，取长补短，其中对各类问题的处理办法和细则，非常值得我们古籍整理和文献研究者去关注。

《唐五代诗全编》不是简单的文本汇编，而是体现了陈老师多方面的学术追求。第一是总集的求全和求真。这是一对矛盾，我们做补编、辑补都希望越多越好，但是求全和求真是需要花功夫去精准把握的。就求全和求真这一点来说，《唐五代诗全编》所追求的是最全面而且最可信，这是我对它的定位。第二是诗人传记的刷新。清编《全唐诗》的诗人小传存在很多问题，过去四十年学术界在唐代诗人传记方面的努力，一个是《中国文学家大辞典·唐五代卷》，一个是《唐才子传校笺》。看了“试读本”以后，应该说陈老师的诗人传记在广度和深度上都超过了以前这两部集成性的书。第三是文本的溯源。《唐五代诗全编》清晰地梳理出了唐诗传播接受的链条，我相信这个工作对唐诗研究，尤其是对唐诗的传播接受研究会有很大的贡献。第四是诗歌本事的附录。陈老师把诗歌本事都放到相应的诗歌之后，让我们知道一首诗是在什么情况下写的，让我们知道与这首诗相关的本事，最大限度地呈现了唐诗产生的土壤和环境。当我们看《唐五代诗全编》时，我们能知道唐诗产生、传播、接受的整个过程。可以说，《唐五代诗全编》是以唐诗汇编为依托的一代文学研究总库。

成如容易却艰辛，我要特别向陈老师致敬，向上海古籍出版社的同仁致敬。耗费这么大的功夫编纂这部书，我觉得有三个方面值得大力弘扬，也给我们最大的启示。第一是这部书对学术的推动，一方面是对唐代文学研究的推动，另外一方面是对古籍整理、古文献研究的巨大影响。第二是提高作为一代文学之胜的唐诗的大众影响力，《全唐诗》一直是古籍销售的头部产品，陈老师的这部书，更新了《全唐诗》，但部头很大，如何便于读者使用，我们在进一步推广、销售时，还要做很多工作。第三是我觉得给我们最大的启示，我简单地说就叫“陈尚君精神”。陈老师经常引用他的老师朱东润先生的话：“用最艰苦的方法追求学识，从最坚决的方向认识人生。”陈老师一直践行他的老师朱先生的人生格言。无论是做学术还是做出版工作，这是我们最应该向陈老师致敬和学习的地方。

二、不只是《全唐诗》的“升级版”

《唐五代诗全编》即将问世，衷心祝贺，非常期待。我是陈尚君老师《全唐诗补编》的责任编辑，陈老师从1981年开始《全唐诗》的辑补研究，迄今四十余年，我1986年接手责编《全唐诗补编》，追随陈老师学习已经三十八年，向陈老师致敬。

去年八月的上海书展上，参加《唐五代诗全编》三人谈暨读者分享会，我主要讲了如何理解《全编》的"体大思精"，不能仅从所收诗人诗作数量的扩容、全书篇幅巨大去理解，而应该看到，《唐五代诗全编》背后庞大且复杂的唐诗基本文献——可以说没有哪朝哪代的哪一种文学体裁可以相比。而陈尚君老师"回到唐人的立场，还原唐人作品的原貌"的学术追求，讨源溯流，系统呈现每一首诗的传播流变，体例宏大精微，纵观迄今为止的文学总集编纂，可以说前无古人。

在此我主要讲两点，都是针对陈老师自己对《全编》的说法，这两处说法，我认为都是作者的谦辞，不能用作学术的评价，甚至也不应该作为《全编》的营销宣传点。

第一句话，陈老师在上海书展分享会上说："《唐五代诗全编》可以说是清代所编《全唐诗》的升级版。"我认为这无疑是陈老师的谦虚之词，是谈话中为引出清编《全唐诗》的"话头"。上海书展活动后，《中华读书报》的报道也突出了"《全唐诗》将有升级版"的意思，我注意到今天活动的海报也用了"升级版"的关键词。我以为，陈老师可以这么说，但我们不能这样说，更不能以此作为学术的评价。我认为清编《全唐诗》作为一代总集，主要完成了网罗放逸的目标。就此而言，1992年陈老师《全唐诗补编》出版时，清编《全唐诗》升级版的目标就已经实现了。这一点从对《全唐诗》辑补的历程就可以看清楚：日本市河世宁《全唐诗逸》，补诗72首、279句；王重民《补全唐诗》二种，补诗176首；孙望《全唐诗补逸》，补诗740首、87句；童养年《全唐诗续补遗》，补诗1 158首、243句；陈尚君《全唐诗续拾》六十卷，补诗4 300首，补诗人逾千。《全唐诗补编》包含《补全唐诗》二种、《全唐诗补逸》《全唐诗续补遗》《全唐诗续拾》四种，共补诗6 327首、1 505句。至此，存世唐诗总数已达到55 000首又3 000句，诗人已近3 800位。所以从汇集一代诗歌的角度，升级已经基本完成。

反观《唐五代诗全编》，陈老师曾明确说，“不是《全唐诗》的整理，也不是在《全唐诗》基础上的增订”，“而是穷尽现有文献，重编唐五代诗”。这两句话说得很概括，可以作进一步的探究。就我的理解，有两点不能忽略：第一，陈老师对清编《全唐诗》研究得很透，对已有的一代文学总集，如逯钦立《先秦汉魏晋南北朝诗》、唐圭璋《全宋词》、新编《全宋诗》，以及今人有关总集编纂的探讨包括理念、方法、目标和得失了然于胸，有超越清编《全唐诗》的理性认识；第二，更重要的是，陈老师十多年（从1981至《补编》出版的1992年）对唐诗文献“网格化”清理有了更真切的认识，这是我们从清编《全唐诗》读不到的诗歌传播的原生态信息——“穷尽现有文献，重编唐五代诗”是有坚实的理论与实践基础的。陈老师说：“和清编《全唐诗》以诗学为主相比，我把唐诗在各领域中实际应用的特点揭示出来了。”可见从立场上就不同于网罗放逸汇编一代作品的清编《全唐诗》。所以，我建议不用“升级版”的提法，而是用陈老师自己的表述——“穷尽现有文献的全唐五代诗新编”。

第二句话，陈老师在分享时还说：“我和朋友说过，完成这部书，我没有能够提高唐代诗歌的总体水平。”我的理解不一定对，这句话大意是说唐诗的优秀作品大多已见于清编《全唐诗》——这多少也是一部分读者对我们从事辑佚工作的人的看法，但我认为这种看法失之偏颇。如果一般读者以作品鉴赏为目标，当然可以只读李杜元白，甚至只读《唐诗三百首》；但是要对有“诗歌国度”皇冠明珠美誉的唐诗有深入全面的了解和认识，必须要读不同层次的作品，要了解一个时代的诗歌风尚，诗歌的产生、传播和接受，即作为文学的全过程。而《全编》的学术追求与体例安排，无论是作品的求全与求真、诗人生平的翔实考订，还是文本流变的追索和呈现，都极大地体现了一种新的学术理念——全景式、全方位、多层次呈现唐诗原貌。陈老师说，“我要展现出唐诗文本乃至唐代社会多元、多层次的状况”，“我希望把从唐代到宋元明清各代的文本演变情况做适度的表达”。换句话说，相对于清编《全唐诗》，《唐五代诗全编》当然是最全最可信的全唐诗，但不止于此，还是最丰富的全唐诗：清编《全唐诗》的文本是静态的，《全编》的文本是动态的；清编《全唐诗》是固化的文本，《全编》是活化的唐诗生态。这种理念与目标的变化，将为唐诗研究拓展巨大的空间——陈老师近年不断发表的“我认识的唐朝诗人”系列，“伪诗与伪好诗”等文章，以及那些关注唐代诗人生命历程与生存状况的研究，都是很好的例证。

不久前我读到美国学者倪健著《有诗自唐来：唐代诗歌及其有形世界》，书前宇文所安序说：

> 这些诗是如何来到这里的？我们可以从一个版本追溯到另一个版本，有时可以上溯到宋代，但它们刚离开家时的路程是怎样的？

可以说，宇文所安的设问，陈老师的《全编》非常详明地作了具体回答。拜读最新的“试读本”，可以看到，文本著录细到唐宋笔记和诗话对诗中一句一韵的征引，清楚地看到每一首诗在离开诗人之后如何借助各种机缘和媒介最终“着床”，形成一个个不完全一致的文本，通过《全编》的搜集排比，得以一一呈现。如此最大限度地呈现唐诗产生的土壤和环境，清晰梳理出唐诗传播与接受的链条，我相信对唐诗研究，尤其是唐诗传播研究,会有极大的推动。

因此,关于"有没有能够提高唐代诗歌的总体水平"的话题,建议换一个角度表述——《全编》将极大地提高和丰富人们对唐代诗歌的认识水平。要把这一点,努力地传达给学术界和广大读者。

三、"讨原"与"溯流"兼具并重的理念与实践

奉尚君先生之命和上海古籍的邀请,在《唐五代诗全编》全书发行前,我曾两次参加了座谈活动,作了两次粗浅的发言。今年上海书展获得第一册赠书,回校后认真拜读了长篇前言和凡例,感佩之情充盈于心,获益之多自不待言。参加今天的研讨会,首先还是要向尚君先生致敬、致谢,祝贺尚君先生为中国文学研究做出的巨大贡献,为中华民族现代文明建设做出的巨大贡献!

作为尚君先生唐诗纂辑著作最早的责任编辑,从1986年接手《全唐诗补编》责编工作起,我在工作中学习,在书稿中体会,逐渐走上唐诗文献研究的道路,完成了敦煌诗歌的辑校整理。我曾在多个场合说过,是《全唐诗补编》的责编工作,引导我去普查敦煌写本,辑录研究敦煌写本唐诗。虽然复旦大学不会给我文凭,但尚君先生确确实实是我的老师。追随尚君先生学习垂四十年,最后稿子跟丢了,没能在中华书局出,十年来我一直感到遗憾,但看到上古同行的努力,把这么大的书出得这么好这么精,特别高兴,同样要向上古的同行致敬、致谢!

去年在兰州召开了中国敦煌吐鲁番学会成立四十周年学术研讨会。研讨会保持了近十几年的格局——历史、宗教、考古、石窟艺术等学科占据了论文的大部分,语言文学合二为一,勉强能够凑出两场报告会,而且还是语言文字为主。仅就提交大会的敦煌文献研究而言,敦煌

文学论文可谓屈指可数。所以在结束时的大会发言中，作为1980年代以来敦煌文学研究的主要参与者的柴剑虹先生说，近十年敦煌文学的研究寂寞了。

柴先生的话值得深思，我想到三点：一、敦煌文学是百年敦煌学的领头学科，在基本完成分类整理之后，最先遭遇了发展瓶颈；二、所谓的寂寞是传统整理研究方式对当下学术潮流的不适应，换言之是传统方式的敦煌文学文献研究的式微；三、与敦煌语言文字学科对照，语言文字研究更是百年敦煌学的领头学科，但始终保持了高水平的发展状态，说明敦煌文献最基本的整理研究仍然是要坚持的方向。一句话，如何看待我们遇到的瓶颈？如何突破瓶颈？敦煌文学研究在各类敦煌文学体裁作品分类整理基本完成后，如何推进接下来的研究？我想遇到瓶颈的不只是敦煌文献、敦煌文学研究，唐代文学、唐代诗歌研究是否也遇到了研究瓶颈，我不敢说，但可能都面临着研究范式的转型、研究面向的拓展。要特别说明的是，我不是说我们原有的研究范式失灵了，我也相信在新的学术条件下，传统研究范式仍有长足的发展空间。

今天选择讲这个题目，除了读尚君先生巨著的感受之外，还受到另一本小书的触动，这本书是倪健的《有诗自唐来——唐代诗歌及其有形世界》（上海人民出版社，2021年）。这本书的主旨是鲜活再现诗歌在唐朝的生产与流通，既使用了大量写本资料，也包括唐人诗集、文集和诗歌本事，重构了诗歌生产与流传的物质背景。宇文所安教授为本书作序，序中说：

它让我们对唐诗文本的源起和流传产生一种鲜活的体认，也让我们看到，在唐代，人们如何整理、构思和安排知识的。它提醒

> 我们，唐诗从它的众多源头到今天奇妙地出现在我们的电脑和手机屏幕上，经历了多么漫长的路程。我们必须记住，我们生活在一个物质的世界中。

我整理过全部敦煌诗歌，整理过程中，我感到敦煌诗歌写本的两个特征——相对于刻本时代的典型写本时代的特征，相对于经典文本的典型民间文本的特征。但是因为传统文献学追求还原作品原貌的原则，我的整理目标自然还限定在广搜敦煌写本、广校传世文本，以写定每一首诗歌文本为目标。我意识到了敦煌诗歌写本的原生态认识价值，但无力进行新的研究和呈现。在这篇序中宇文所安教授追问“一首诗在一个完全依靠手和笔的世界里所开始的最初的旅程”，所谓“最初的旅程”，换个词来说就是“文学现场”“文学的第一现场”。这样可能就需要我们更加关注那些比较多地保留了文学原生态的样本，比如敦煌写本、吐鲁番文书、唐长沙窑瓷器题诗，还有日本古写本，甚至明清文学稿抄本文献。回到“文学现场”，与陈尚君先生在讲述《唐五代诗全编》的学术追求时多次提到的“让唐诗回到唐朝”，在各自的研究实践中有一定差距，但理念与目标是一致的。

以我1986年以来追随尚君先生以及对他工作方式和学术追求的体会，在前两次座谈《唐五代诗全编》的时候，我谈到几点认识，归纳起来就是两点：一、体大思精，是以唐诗汇编为依托的一代文学总库；二、《全编》完整呈现了唐诗产生、传播和接受的全过程，不只是“全唐诗的升级版”。我今天的发言要指出，“回到唐人的立场，还原唐人作品的原貌”，尚君先生一再阐明的《全编》追求，也需要补充完整。就我看来，这只是前半句话。完整言之，《全编》的追求应该包括“讨原”和“溯流”两个层面。《全编》的体例安排，除了要为每一首诗找到最早的文献源头，还对从唐到宋元明清各代的文本演变作逐一的记录，体现或者说强化了一种学术理念——全景式、全方位、多层次的呈现唐诗的原貌和流变。一首诗、一句诗，见于本人文集、后人所编选集总集，见于诗话笔记类书，见于题壁石刻……诗在流传中的每一个着落点，都被记录。这是一个超越前人、突破作家作品藩篱的编纂体例，所以清编《全唐诗》的文本可以说是静态的，而《全编》的文本是动态的；清编《全唐诗》是固化的文本，《全编》是活化的唐诗生态。回到我的题目，我认为尚君先生以其“讨原”与“溯流”兼具并重的理念与实践，使《全编》完整呈现了唐诗产生、传播和接受的全过程，将提供唐诗研究更多新的支点。

《唐五代诗全编》“讨原”和“溯流”兼具并重的理念与实践，给我们的启示不但涉及唐诗研究，还涉及文学古籍整理的方式与目标。“讨原”和“溯流”并重，启示我们当下的文学古籍整理和研究可能要面临一个目标转折，即从“建立一个最终文本”转向“重建文本形成过程”。绝大多数的文本在流传中都会发生各种变异，这是我们需要校勘的原因；每一种变异的文本都可能有它独立的影响，也就是说每一个文本都有它的传播史和研究史。而仅仅回到“作者”文本“原貌”，消除了传播中的文本变异；仅仅依靠一个最终文本（所谓的“作者”文本“原貌”），我们对这个文本的流传和影响将一无所知。基于以上的认识，我认为即使不能夸张地说目标的转向，但起码是一个重要的选项。

最后分享杜希德先生的一段话，见于《七到十世纪的中国社会：论敦煌文书及其意义》（1966年）：

> 中国史撰传统的悠久，常被认为是中国史研究的优势所在，其实未必如此。中国传统史学反映的面相往往狭窄，而且是意识形

> 态塑造下精心编织而成的产物，书写越有条理，内在逻辑越是一致，离真实情况也常常越远。如果想要了解中国基层社会实际是如何运作的，就必须穿透官修史撰所造成的那面宏大而单一的织物，因此具有原始资料性质的敦煌吐鲁番文书是极少数能真正辅助我们窥见当时社会图景的窗口。

穿透传统屏障，窥见当时社会图景。这段话是针对中国的史撰传统说的，借用来说中国文学和研究，也具有同样的意义。再移过来看唐诗和唐诗研究，我们不妨说，唐诗在康熙四十五年（1706年）就被以《全唐诗》的形式固化了，三百多年后，《唐五代诗全编》以他独特的学术追求和编纂实践，必将指引并开拓出唐诗研究的新方向、新境界。

（本文根据作者关于《唐五代诗全编》的三次发言稿修改而成:《唐五代诗全编》三人谈暨读者分享会，上海书展友谊会堂，2023年8月22日;《唐五代诗全编》编辑出版发布会，北京图书订货会皇家格兰云天大酒店，2024年1月12日;《唐五代诗全编》暨唐代文学文献学研讨会，复旦大学光华楼思源厅，2024年12月7日。曾在《中华读书报》、澎湃新闻网摘录发表。）

“敦煌”在哪里，脚步就追到哪里
——荣新江《满世界寻找敦煌》读后

徐　俊

2022年9月，还在新冠肺炎疫情中，荣新江先生在杭州南山路的中国丝绸博物馆“经纶讲堂”开讲“满世界寻找敦煌”，我跟大多数朋友一样，“追剧”般听看讲座，为最后两讲不直播而遗憾。2022年11月至2023年8月，《文史知识》月刊以“满世界寻找敦煌”为专题，连载十期。每次拿到新刊，必先读为快，又为限于刊物篇幅的删减而遗憾。

近日终于喜见讲座整理稿结集出版，我用一周时间认真读完。全书保持了生动流畅的讲座风格，行云流水，珠玑满纸，作者“心中那些澎湃的心情”（本书序）在在可感。但是，阅读的速度却无法加快，全书剧情一波三折，知识点密集，应接不暇，加之对久违的前互联网时代出行的亲切感，很让人流连，不忍释卷。

《满世界寻找敦煌》是荣新江先生四十年在世界各地追寻敦煌宝藏的真实记录，按时间顺序和地域区分，将寻访过程安排到十二讲当中。

每一次寻访都还原到年月日、乘坐的交通工具、行程起讫，以及为什么要去、与谁同行、看到了哪些文物文献，辅以当时的照片、信件、手绘地图、手稿、藏馆宣传页，等等，满目琳琅。并将所知见的敦煌西域文物文献，放到十九世纪西域探险史、考古史以及作者所从事的敦煌学、西域中亚史、隋唐史、丝绸之路、中外关系史的脉络中，条分缕析，画龙点睛，用最精要的语言点出其价值。

《满世界寻找敦煌》首先是一部个人学术史，但因为作者宏阔的学术视野和执着的学术追求，真实具体的细节呈现，赋予本书多方面的特质。可以说，这是一本十九世纪以来西域探险史的极简读本；这是一本敦煌及西域文物文献发现及传藏史的详解；这是一本以西域出土文物文献为主线的史学研究指南。敦煌藏经洞发现百二十余年，文物文献散落世界各地，从早期中国学者参与的编目、抄录、影照，到如今实施“敦煌文献系统性保护整理出版工程”，推进数字化回归；从罗振玉、王国维，到王重民、向达，到本书作者荣新江，中国学人一直没有停止过艰苦的追寻。本书也是中国学人满世界追寻敦煌宝藏百年历史的集中写照。

“你坐出了地图”

荣新江先生“满世界寻找敦煌”，开始于1984年负笈莱顿，那时候没有手机，没有互联网，没有E-mail，“完全凭着勇气，拿着纸质地图行走”（本书序）。

地图是本书一再出现的“高频词”。本书大量篇幅讲述的是前互联网时代在欧洲的寻访经历，留下了许多与地图有关的故事和信息。其中最精彩的莫过于“与张颂南‘对开’”，所谓“对开”，就是住在巴黎的中央美术学院张颂南要去阿姆斯特丹看画，而作者正要去巴黎看敦煌文书，约定十天后各自离开自己的住所，前往对方的城市，借住对方的住所。

作者说：

> 5月6日星期一，一早赶到海牙，转乘7:42的车前往法国，火车晚点，下午1:30到巴黎北站，按照他给的地图找到他的宿舍，记得是一座学生公寓模样的楼。我进去之后，在编号是他的信箱里拿到他留在那里的钥匙，开了他的门，把他宿舍当作我在巴黎的旅馆。（38页）

书中相应章节附载了张颂南为作者画的地图（39页）。在巴黎的寻访就是这样开始的，作者说："这就是我和张颂南'对开'的友谊，这也是我们当年留学在外的人之间的信任感。"

另一件很珍贵的地图出自旅法著名敦煌学家左景权先生之手，左先生写信详细说明怎样乘地铁找到他家，并画了一张自家的位置图（41页）。地图的作用不止于引路，也是"满世界寻找敦煌"的方法。有趣的是，作者从莱顿出发，先做的一件事就是将欧洲各国的敦煌西域文物文献馆藏位置画了一张地图，交给导师许理和先生，许理和先生依照这张"藏宝图"一一为之联系各个收藏单位（2页）。

最有趣的故事是"你坐出了地图"。作者到瑞典国立人种学博物馆调查，在闭馆前看完了所要看的材料，按照约定要在7点前赶回大使馆教育处。结果匆忙中看错了站名，从地铁里上来后，发现是个陌生的地方。于是去问路边一位老汉，他看了半天作者递过去的地图，说："你坐出了地图。"（97页）很有画面感的叙述，读来不无幽默。作者说："'满世界寻找敦煌'是广义的概念，除了敦煌，也包括吐鲁番、和田、库车甚至楼兰出土文献，其实只要是海外收藏的中国西北地区出土的，都划在我要寻访的地图里。”（57页）显然，这样的追寻范围远非一张随身的纸本地图所能含括，“你坐出了地图”，可以说正是“满世界寻找”的恰当的妙譬。

书中的隽语妙譬，远不止这些。其中关于季羡林、段晴师徒二人的两处，很让人莞尔。作者在德国之行的最后几天，终于等到了见恩默瑞克的机会：

> 段晴见我头发长，对我说：“你这么长的头发，怎么去见我的老师？坐下，我给你剪头发。”她没有推子，拿了一把剪刀，唰唰就把我的头发给剪了。她摸过我的头，给我灌了顶。6月9日，我跟着段晴到了恩默瑞克家。（62页）

书中一再被提及的东西，是学者见面互赠的抽印本。在前互联网时代，抽印本是学术同行间深度交流的载体。作者在剑桥访问贝利教授，“他有四个大台子，排着他的抽印本，一共有七十多种。他说你随便拿，我不管内容是否有关，就一种抽一本，拿了七十多本，最后提了两大袋，从他家走到袁亚湘那里，累得喘不过气来”。贝利慨赠七十多个抽印本。回国后，作者去向季羡林先生报告，季先生说：“怎么不拿两份！”（29页）

挖到生土层

作者在对比西方探险者与清末官绅在得知敦煌发现藏经洞的不同反应后说，伯希和放下原来的目标吐鲁番，直奔敦煌，而清朝的知识分子被锁在书斋里三百年，缺乏西方考古学者的进取精神。叶昌炽虽然看到了敦煌写卷，但没有前往敦煌追根问底，正是缺少今天考古学家挖到生土层的精神。作者说："现代学者，满世界寻找敦煌，一定要尽自己的能力刨根问到底。"（261页）本书所呈现的追寻过程，正是这种"挖到生土层"的刨根到底的生动体现。

挖到生土层的精神，贯穿全书，也可以说这就是作者的治学精神。我们可以从对一件敦煌所出宋代水月观音像近百年流传史的追寻以见一斑。

1904年9月29日，敦煌县长汪宗翰给叶昌炽送了一幅敦煌绢画《水月观音像》，绢画上有乾德六年（968年）题记，是宋朝初年的，属于藏经洞晚期的文物。同年10月13日，敦煌王宗海送给叶昌炽画像一帧，画像上画了南无地藏菩萨、五道将军、道明和尚，下方有一个妇人拿着花，旁题"故大朝大于阗金玉国天公主李氏供养"。叶昌炽晚年将收藏品出售，两幅绢画都归了浙江吴兴蒋汝藻传书堂所有。蒋汝藻雇王国维编藏书目录，王国维看到这两幅绢画，并写了两篇跋文，刊于《观堂集林》卷二十。1925年，蒋汝藻藏书出售，两幅敦煌绢画归于上海书肆主人金颂清，1930年再度易手，绢画的新主人是日本山中商会的人。1957年，《水月观音像》惊鸿一瞥，发表在Dietrich Seckel的*Buddhistische Kunst Ostasiens*（Stuttgart），可知绢画已归美国弗利尔美术馆收藏，但《地藏菩萨像》却一直没有踪迹。

作者说，这幅于阗公主供养的《地藏菩萨像》就是他寻找的目标，他的第一篇学术文章是和张广达先生合写的《关于唐末宋初于阗国的国号、年号及其王家世系问题》，就讲到了这幅画，但当时他们没见过这幅画，是根据《观堂集林》王国维跋文写的。他一直想找到这幅画，既然《水月观音像》在弗利尔美术馆，《地藏菩萨像》会不会也在弗利尔？

1997年，终于有机会去弗利尔美术馆。作者把叶昌炽日记、王国维题跋、《兰州学刊》有关金颂清售画的记录，复印了一整套带到弗利尔。馆方接待人看后，不动声色，带着进到库房，先看到了《水月观音像》，然后看到另一处的镶板，《地藏菩萨像》果然也在。作者又追寻入藏档案，《水月观音像》1930年购藏，《地藏菩萨像》1935年购藏。二者进入弗利尔的时间不一样，但大致脉络一致。馆方表示，过去不敢发表《地藏菩萨像》，是因为绢画保存非常好，十分清晰，看过的人不少觉得是假的，因此不敢示人（264页）。

作者刨根到底的探究，解决了馆方对《地藏菩萨图》真假的困惑，确定了这是藏经洞年代最晚的绢画。终于见到这位公主的真容，作者在《叶昌炽：敦煌学的先行者》一文里写道：“‘公主’安然无恙，色彩如新，使人激动不已。”（264页）

由此我们可以看到，除了“藏宝图”，作者手中所握还有一份独家的“学术地图”。从伦敦到巴黎，从哥本哈根到圣彼得堡，从东瀛到北美，一路牵引的都是学术问题，不是晚清官绅文士的猎奇和赏玩，也因此在揭开散落各地的宝藏面纱的同时，每每总有独到的学术收获和心得感悟。带着问题寻找敦煌，渗透在本书的每一个章节。作者说：“每一件东西放在学术研究的脉络里，都有其价值，不管是残缺的，还是完整的。”（265页）

生长的知识链

“我在满世界寻找敦煌的过程中，是伸出很多触角的。”（232页）

伸出很多触角去满世界寻找敦煌，在回忆讲述满世界寻找敦煌的本书中，也“伸出很多触角”，可以说是无处不在地补充交代相关知识点和学术旨趣。作为读者，则常常为这些超出标题范围的信息，获得意外的惊喜。作者饱满的脱口而出的讲述，让本书呈现出无处不在的蓬勃生长的知识链。对专业学者来说，是非常难得的学术旨趣的点题；对广大的普通读者来说，这是一般教科书和学术专著里不能获得的知识。

比如，作者讲述寻访对象，必将其放到19世纪西域探险大背景下，对每一个探险队或考古队的组成、学术背景、优长和缺项，甚至探险者的性格，都形象并充满感情色彩地予以交代。比如，讲斯坦因西域考古，告诉读者斯坦因根据《大唐西域记》《马可·波罗游记》的记载来定点于阗都城约特干和丹丹乌里克的遗址位置（8页）。

比如，讲英藏敦煌文书，告诉读者斯坦因对藏经洞的倒腾，打乱了藏经洞经帙包裹的原貌，不能据打乱了的状况判断藏经洞性质；还告诉大家因为英藏将不同类别的文物文书分藏不同的存藏机构，对完整理解藏经洞文书造成了困惑。

比如，讲到藏经洞里的白画粉本，提示粉本与壁画制作的关系，告诉大家古代壁画是怎么上墙的，并介绍美国学者胡素馨就此在莫高窟所做的调查，进而归结到这些都是文物回归的证据（7页）。

学术史的关照，也是这种蓬勃生长的知识链的重点。比如，讲罗振玉《鸣沙石室佚书》，会告诉你1913、1928年两个版本的差异，前者是影印本，后者是摹抄本，并介绍自己曾经掉进的坑；讲在巴黎买书的经历，从石泰安讲到他的同学于道泉，讲到于道泉将藏书送给王尧、陈践（55页），清晰地呈现出中国的藏学统系。

又如关于莫高窟，作者会提示读者现在作为莫高窟标志的九层楼，其内的北大像，1920年代华尔纳曾经拍摄了没有楼阁掩盖的正面面容（247页）；关于张大千临摹的敦煌壁画，作者会告诉你要区分大千居士临摹的还是张大千雇佣的五个喇嘛临摹的（139页）。林林总总，扩展知识面的同时，不断给阅读带来越界的阅读兴奋点。

书中所记最神奇的一件“知识考古”趣事，是特灵克勒考古队

1920年代留在丹丹乌里克遗址里的报纸、名片、火柴盒，以及考古队预留给后代考古人的留言条，在2002年被新疆考古队发现：一份《新苏黎世报》和《瑞士画报》，报纸里面包了一个固体火柴盒，火柴盒上一边写着"Please see inside"（请看里面），一边写着"important matters"（其中有重要的东西）。火柴盒里面是一张博斯哈德的名片，名片背面用粗笔写着一段话："To the poor fellow who believed to find something here we leave this papers with our kindest regards. E. Trinkler, W. Bosshard. 25-3-28."（向那些相信在我们留下这些报纸的这里会发现一些东西的可怜的后来者致以最良好的祝愿。特灵克勒，博斯哈德，1928年3月25日。）作者回北京后，把《狂飙之地》英文本借出来，书里果然写了他们把报纸和名片埋入寺庙，并留下了与上面一段近似的文字（69页）。

作者说："当然有的时候收获不一定是立竿见影的，而是多少年之后才有回报。"（64页）

纸上考古，纸上踏歌

我是服膺学者应该有两支笔的，既能在纸上考古，记下书斋里的学术发现；也能在纸上踏歌，记录学者的学术心迹和人生感悟。读罢《满世界寻找敦煌》，我作如是观。

非常感人的是"难忘的Büchen小站"一节中关于格罗普教授的故事，读后让人久久不能从小站的情境中走出来。

故事是这样的，一次作者去汉堡大学找恩默瑞克教授未遇，却碰到另一位伊朗学学者格罗普教授，交谈中作者脱口说出了对方的名字及其所整理过的不莱梅海外博物馆和田文物，可以想见，格罗普教授当时应该大有遇到学术知音之感，于是他提出要送作者《中国新疆和田的考古出土文物》这本买不到的书。他们相约在第二天作者去柏林火车路过的Büchen小站交接，作者在火车停靠的时候，打开车窗，格罗普把书递给他。

Büchen是当时东西德国的边境小站，过了这个站，火车轨道两边拉着铁丝网，外面就是东德，为了怕人翻越，下面是密集铁丝网，上面是密集的电网，往柏林这一路都是这样的铁丝网。火车在这个车站大概停15分钟，作者看着西德的边防军下车，东德的边防军上车，直到他们换完了岗，作者望眼欲穿，也没有看到格罗普的身影。到了柏林，打电话才知道格罗普的车抛锚了。严谨执着的格罗普又约作者返程路过Büchen时交接。作者写道：

> 6月7日中午我回程的时候，在柏林车站给他打了电话。大概16:05，火车快到Büchen站时，远远看见站台上一个黑点，黑点越来越大，越来越大，最后变成了格罗普教授。我打开车窗，他递给我这本书。我们大概聊了20分钟，火车再度行驶，继续向汉堡开去。他一直站在站台上，黑点越来越小，越来越小，我把头伸出车窗望着他，直至看不到他的影子。（81页）

匆匆一见，站台上格罗普教授身影的变化，纯用白描，情感张力十足。

从莫高窟石室洞开的那一刻起，就决定了敦煌学不是书斋的学问。兹后一百二十余年，几代中国学人追寻散落在世界各地的敦煌宝藏——敦煌在中国，敦煌学在世界，这不只是一个学科的兴衰浮沉，正是百年国运蹉跎跌宕的明证，《满世界寻找敦煌》的意义已溢出了个人和学术的层面，具有更广泛的价值，值得更多的读者展读。

（原刊《中华读书报》2024年6月5日）

心得

被动选择与主动追求

——专业古籍出版社发展历程考察之一

姜小青

2023年12月28日，全国哲学社会科学工作办公室公布“2023年度国家社科基金重大项目立项名单”，山东大学特聘教授徐俊作为首席专家的“新中国古籍整理出版事业史研究”在列，承蒙徐俊相邀，加入课题组，从而有机会与几位同道一起，讨论和研究我们所从事的古籍出版行业。也正因这个机会，近期比较集中关注、阅读和研究有关新中国古籍出版史料文献，可能由于古籍出版专业性特点，就个人目前所见，现有新中国出版史研究类著作或文章，涉及古籍出版并不多，且大多集中在诸如“古籍小组成立”“古籍规划编制”“二十四史点校”，以及少数人物、重点图书等方面。另外，“古籍整理出版”通常被作为一个词，但实际上，整理与出版关系虽密切但分属不同工作环节，性质也有区别，对古籍整理研究，明显要多于对古籍出版研究。

其实，新中国七十多年出版史中，古籍出版人的奋斗经历和对事业的追求精神，特别是在困难条件下，不忘初心，艰难前行，推动和繁荣我国古籍出版事业，是值得深入研究的。笔者曾撰《专业古籍出版的“地方军”》（刊《出版人》2019年第10期，人大复印资料《出版业》2020年第2期转载），在梳理地方专业古籍出版社发展历史时，涉及了这方面内容，本文将再从出版史角度，梳理二十世纪九十年代前后，在商品大潮汹涌而来之时，古籍出版人在自身行业发展问题上，是怎样探求的；在新的出版环境中，又是如何选择的。新中国七十多年间，前三十年涉及古籍图书编辑出版的，主要是中华书局、上海古籍出版社和人民文学出版社，即所谓“两家半”，自1979年1月山东的齐鲁书社成为第一家地方专业古籍出版社后，各省又陆续成立了十余家，近两年，不少古籍出版社利用周年纪念的机会，研讨新时代古籍出版继承与创新，谋划新发展，本文或也可为这样的研讨，提供一点历史素材。本文资料来源，以《古籍整理出版情况简报》（下称《简报》）为主，一是因为它是全国古籍整理出版规划领导小组（简称“古籍小组”）机关刊物，自1958年创办（1964年停刊），1979年复刊，一直持续至今，已出版640余期，几十年来始终是古籍整理出版工作者最重要的专业阵地，可以说，它最全面和真实地记录了新中国古籍整理出版事业发展历史；二是因为它“内部刊物”性质，容易被出版史研究者忽略。

一、入局与破题

自二十世纪八十年代始，随着商品经济不断发展，出版行业逐渐开始面临一个新出版环境，“1992年，党的十四大提出建立社会主义市场经济体制。如何适应社会主义市场经济体制成为出版业面临的重大课题”（刘杲《出版业改革和发展二十年》，见《亲历新中国出版六十年》，河南大学出版社，2009年，93页）。如何破题，出版界首先想到的，就是希望打破专业分工，“随着改革开放的深入，出版社自负盈亏意识的强化，以及市场经济的发展，突破原有的专业分工，向利润高的专业发展的现象越来越突出，呼吁取消专业分工的呼声越来越强烈”（方厚枢、魏玉山著《中国出版通史·中华人民共和国卷》，中国书籍出版社，2008年，230页）。然而，相对于其他出版门类，古籍图书因其专业性特点，属于更小众一类，以致在各类图书数据统计中，很少单列“古籍图书”的，全国专业古籍出版单位只有二十家左右，不少省至今没有古籍出版社，即使这些古籍出版社，也是规模小、人员少，笔者曾对二十世纪九十年代中期许多古籍出版社人员情况进行过统计，除中华书局和上海古籍出版社外，大多数也就三四十人，如，三秦出版社四十五人、辽沈书社十五人、山西古籍出版社二十三人、江苏古籍出版社五十七人、中州古籍出版社二十三人、黄山书社三十五人、浙江古籍出版社三十一人、上海书店出版社四十七人、岳麓书社编辑二十五人、齐鲁书社编辑二十六人、吉林文史出版社编辑十八人。同时，这些专业古籍出版社年新书出版，基本都只有几十种，以笔者所在江苏古籍出版社为例，整个九十年代，每年出版新书都在百种以下，最少的1995年仅27种。由于古籍图书有专业性强、特定受众对图书专业质量要求高、图书规模相对较大、编辑出版周期较长、市场需求小众等特点，专业古籍出版社经济效益普遍较差，许多出版社常年处于亏损状况。据《中华书局百年大事记》（中华书局，2012年），九十年代，除个别年份外，中华书局每年出版新书也就七八十种，利润一百余万元。因此，面对市场经济带来了出版环境变化，作为“小众”的古籍出版，面临的困难与挑战是可想而知的，不仅观念上对“图书作为商品”一时难以接受，现实中，图书社会效益与经济效益严重不对称，使许多古籍出版单位，特别是成立仅十年左右的地方古籍社，有的经济上甚至到了举步维艰地步，一些被列入《中国古籍整理出版十年规划和“八五”计划（1991—1995—2000年）》的项目也无法实施。为了解决这个问题，并就如何应对市场变化给专业古籍出版单位带来共同面临的严峻局面，1993年4月21日至24日，国务院古籍整理出版规划小组在北京召开了全国二十一家古籍出版单位负责人座谈会，会上，时任“古籍小组”秘书长傅璇琮先生谈到：“统计资料表明，1992年各出版社出版规划项目总共不会超过100种，如果按‘八五’计划1 004种计算，每年应该平均出版200种。比较起来，差距显然是很大的。”（《深化改革，落实规划——全国古籍出版社座谈会综述》，《简报》1993年第5期、总270期）由此，也引发与会者对市场环境中古籍出版生存问题讨论，大家认为，专业古籍出版社眼下共同面临的是生存问题，至于发展，只能放在第二位，对完成国家规划项目，是心有余而力不足，因为“一些代表国家古籍整理出版水平的骨干项目，出版资金缺口很大”。这期间，许多古籍出版人对市场经济明显不适应，甚至是排斥，“不少与会代表指出，出版社想走一条严肃正规的出版路子的愿望，在经济这一杠杆的作用下很难充分实现。市场经济对产品的要求是提高质量，而在古籍出版行业，市场经济的发展一时却似乎成了提高书籍质量与档次的障碍”；对一些质量低劣、互相抄袭、错误百出古籍图书出现的原因，有人也认为，除了“与出版者主观素质、指导思想有关，同时也未尝不是出于无奈的被迫行为”。至于如何改变困境，虽说大家也谈到自身改革的重要性，但更多的，还是强调古籍出版的特殊性，寄希望外部政策对古籍出版作特殊对待和照顾，“不能不顾及文化建设事业、尤其是古籍整理出版事业的特点，而将之简单地抛向市场”。那几年的全国古籍出版社社长年会，总在呼吁对古籍出版采取特殊政策，包括扩大出版专业分工、放宽合作出版、实行财政专项补助、减免税收等,“要求政府对专业古籍出版社给予经济上的援助,政策上的倾斜,一句话,争取外援,是古籍出版的特殊地位和特殊性质决定的,正从一方面体现了古籍出版社为积累、传播、弘扬祖国文化遗产而承受的困难与负有的责任,所以不仅不是可耻之举,而且是光荣之事”(同上)。可以看出,最初面对市场经济时,许多古籍出版人在问题面前,似乎有点束手无策。现在回过头来看,当时一些建议或呼吁,缺乏现实基础,有的近乎一厢情愿,当然也难以实现。1994年10月18日,在合肥召开的全国古籍整理出版工作座谈会上,就有与会者说,专业古籍出版社在市场经济条件下的诸多困难与问题,“虽经多年呼吁,政府有关部门全面解决的宏观措施仍未出台,基本困难仍难克服”(《1994年全国古籍整理出版工作座谈会纪要》,《简报》1994年第11期、总288期)。

想必当时经历这个阶段的古籍出版人是痛苦的,但另一方面,他们中更多人,则开始从理论和实践两个方面,思考和摸索行业发展问题,其中,涧农发表于《中国出版》1993年第10期的《市场经济中的古籍出版发展趋势》,影响较大,文章指出:“人们寄希望于有关部门对古籍出版工作予以扶持,使古籍出版有一个良好的生存环境。如:对重点项目实行补贴,制定区别于其它图书的税收政策等等。但从根本上看,古籍出版的发展还是在于自身的变革。这不仅仅是指古籍出版社练好‘内功’,搞好内部的改革和完善管理机制,关键在于从思想观念上对古籍出版工作的指导思想和工作方向进行新的调整。这就要求我们敢于面对现实,敢于承认我们以往遵奉的传统的古籍出版观念和出版方向已不适应现实的文化市场需求。”据此,文章提出了三个观点:一是“古籍整理项目的出版从市场及文化需求的角度看,已不再是古籍出版工作的主导方向和主体性任务”,二是“古籍出版的选题结构应按客观文化需求进行调整,选题的视点应该是‘文化’,而不是‘学术’”,三是

"古籍出版从内容到形式，都应有时代的特征"。文章观点引起学术、出版界关注，《古籍整理出版情况简报》1993年第10期（总275期）特辟"大家谈"专栏，予以讨论，老一辈学者程毅中撰《古籍出版何去何从》（署名程弘），曹道衡、傅刚撰《也谈当前的古籍出版工作》，对上述观点提出商榷意见和不同看法。今天，从出版史研究角度看，涧农文章观点已并不重要了，但它所反映出的古籍出版人在困境中不放弃思考的努力，是应该被记录下来的。与其同时，1993年10月4日至10日，在郑州召开的由全国二十三家专业古籍出版社主要负责人参加的"全国古籍整理出版工作座谈会"上，与会者也开始反思，面对"古籍专业出版社在市场经济面前先天不足"现实，"除了争取政策性的扶持外，更重要的还得通过对出版社内部的深化改革来不断实现自身的完善，以适应经济体制转轨的新形势，开创古籍整理出版工作的新局面"（《1993年全国古籍整理出版工作座谈会纪要》，《简报》1993年第10期、总275期）经过短暂"阵痛"，大家也开始逐渐认识到，"古籍社不能守株待兔，应首先自己从观念上适应市场经济"，特别是提出了"适应市场和引导市场的辩证法"古籍出版观念。正是有了古籍出版人群体性思考，逐渐解决了市场经济条件下古籍专业出版的思想认识问题。在实践层面，不少出版社，特别是除中华书局、上海古籍出版社以外的地方古籍出版社，由于成立只有十年左右，资源积累少、经济底子薄，面临市场压力更大，则尝试通过编辑出版系列性传统文化普及读物，来应对市场压力，如齐鲁书社"中国古典小说普及丛书"、岳麓书社"古典名著普及文库"、巴蜀书社"古代文史名著选译丛书"、江苏古籍出版社"文苑丛书·名家精选古典文学名篇"等，都是这一时期出版的。几乎同时，学术界也在对古籍整理如何适应市场经济进行理论讨论，1993年8月24日在兰州西北师范大学召开了"全国古籍整理理论研讨会"，据报道，会议着重讨论“古籍整理成果如何适应市场规律的问题”，有学者认为，“在社会主义市场经济体制下，古籍整理研究要改变过去在计划经济体制下形成的‘等、靠、要’，单纯依赖政府拨款的模式，并非易事”，“只要我们依据自己的实践情况，发扬自己的专长和优势，积极寻找古籍整理研究与市场经济之间的最佳结合点，转变机制，调整自己的知识结构、科研选题，改进表达方式，是会有成效的”（《全国古籍整理理论研讨会在兰州召开》，《简报》1993年第9期、总274期），不少学者还就古籍今译这种古籍整理方式展开了讨论。由于古籍整理与古籍出版关系密切，这样的讨论，也为古籍出版内容创新，提供了理论与实践基础。

二、问路在何方

随着理论探讨和对出版实践不断总结，到了二十世纪九十年代后期，绝大多数专业古籍出版社，已从“不适应的痛苦”中逐渐走了出来，最明显的变化，就是无论观念上还实际工作中，都能从自身角度看问题，找解决办法。1996年12月11日至15日在杭州召开的“全国古籍整理出版工作座谈会”上，代表认为，“古籍出版之所以普遍面临困境，除了专业分工等外部原因外，还必须从自身的经营管理上找原因”，并谈到，虽然古籍出版社经济压力大，但“必须坚持正确的出版方向，必须出版一定比例的古籍整理类图书和学术著作，否则就没有存在的必要”（《1996年全国古籍整理出版工作座谈会纪要》，《简报》1997年第3期、总316期）。1997年10月14日至18日在北京召开的“全国古籍整理出版工作座谈会”上，“代表们在讨论中说，过去在市场激烈的竞争中，强调困难多，认为自己的阵地不断被别人蚕食，希望上级行政主管部门多给一些经济补贴或政策倾斜。从近几年的实践中大家认识到，古籍出版社要生存、发展，不能等靠要。上海古籍出版社副总编辑李梦生说：‘要问路在何方，路在脚下，要靠自己的脚步走自己的路。传统文化在读者心中有一定的位置，关键是如何发挥专业优势，创造古籍出版社的形象。真正构成品牌的东西别人是抢不走的。’中华书局副总编辑熊国祯说：‘古籍出版社天地很广，古籍书市场很大，关键是各社要根据自己的特点，注意发挥自己的优势，多出好书，以好书去占领市场。”（《1997年全国古籍整理出版工作座谈会纪要》，《简报》1997年第11期、总324期）从抱怨出版专业分工不合理，到“古籍书市场很大”；从“争取外援，是古籍出版的特殊地位和特殊性质决定的”、“不仅不是可耻之举，而且是光荣之事”，到“要靠自己的脚步走自己的路”，这样的认识转变，到这个阶段，已经基本成为古籍出版界面对市场环境的共识，也为各古籍出版社进一步深化内部改革、积极应对新环境和主动对接市场，奠定了思想认识基础。时任齐鲁书社社长的宫晓卫，后来回顾齐鲁书社这一段发展经历，具有一定代表性。他说：“上世纪九十年代中叶之后，随着市场经济的进一步深入，我们曾为之自豪的那些市场占有率较高的图书渐渐地已经风光不再。强烈的反差让书社出现了极度的不适应，既无充分的心理准备，也无有效的应对方略，巨大的生存压力，使干部职工迷茫而困惑，书社一度陷入了经营管理上的困境。”到了九十年代末，齐鲁书社通过内部管理改革以及与之“并行”的选题结构调整，从而“既保持并发扬光大了我社传统的专业出版特色，恢复并巩固了原有的品牌形象，又适应了新的市场需求，以连年提高的出版规模和经济效益，大大改善了出版社的经营面貌”（《三十年的回顾》，见《齐鲁书社30年图书要目［1979—2009］》，齐鲁书社，2009年3月）。

许多专业古籍出版社都有大致相同的发展经历。因此，到了1999

年7月18日至21日在北京召开的“第十四届全国古籍出版社年会”，主题与前几届就明显不同了，即“1. 古籍出版社如何深化改革，面对市场；2. 如何搞好古籍整理出版工作及古籍的普及工作”（《第十四届全国古籍出版社年会暨第四届全国古籍图书订货会综述》，《简报》1999年第8期、总345期）。从不适应到陷入困境，从寻求外援到立足自身，这一过程，对专业古籍出版社来说，是艰难的，有痛苦，有代价，但更多的，是带来了发展信心和希望。

三、探索与前行

到新世纪初，古籍出版界对于市场经济中，专业古籍出版社如何确定自身专业定位、出版方向和发展路径等问题讨论，就更加深入了。例如，李国章《发挥专业优势，增强创新意识，使古籍出版光景常新》（原刊《古籍新书目》第126期，《简报》2000年第2期、总348期转载）、黄葵《做好“古”这篇大文章》（《简报》2000年第6期、总352期），进一步提出了古籍出版专业化问题，李文结合上海古籍出版社选题开拓与创新探索取得成效的六个方面：即“对古籍名著集成性整理与出版，不但是古籍专业出版社应该负担的社会责任，而且也是我们安身立命之本”；“带有集成性与资料性的大型丛书，体现文化积累意义”；“学术研究著作的出版，体现新组合、新视角、新思维，向系列化发展，形成规模效应”；“普及传统文化知识读物更新换代，开辟新生面”；“发展专业优势，出版熔学术性、知识性、鉴赏性于一炉的大中型画册，使我社图书走上新台阶”；“编写各种层次的专业工具书，已成为我社未来发展的一个重要方向”，坚定地认为，进入新世纪，虽然古籍出版的困难和危机并没有解除，但“只有认真总结经验，明确发展的思路，才能冲破艰难险阻，逐步走上可持续发展的道路”，而文中所强调的“思路”，就是“必须坚持和强化专业意识，处理好继承和创新的关系，既要继承中华民族优秀文化传统，又要推陈出新，加强独创性，不断开拓与调整选题结构，以适应时代发展和读者的新需求”。黄文则针对少数专业古籍出版社“在当今市场经济的大潮中，似乎有些人忘记了自己承担的任务和应负的责任”的现象，强调专业古籍出版社定位问题的重要性，“古籍出版社应当姓‘古’，贡献于‘古’，有作为于‘古’”，“古籍社必须姓‘古’，不可在市场经济中自我取消。这就要求我们不是‘挂羊头，卖狗肉’，而是真正出版高水平古籍图书，具有原创性，造就精品，使别人无法取代，稳定地占有市场，获得社会读者的肯定”。金良年也认为：“对古籍出版社来讲，则要求把这个领域（指古籍整理）作为自己的主阵地，尽可能地从过去不适当涉足的非专业领域退出来，集中力量加强队伍和品牌的专业化建设，做出专业队的水平来，否则将被淘汰出局。”（《集团化、企业化环境下的古籍出版》，《简报》2005年第2期、总408期）在出版改革之初，针对放开出版专业分工呼声，中宣部、新闻出版署曾于1988年5月下发《关于当前出版社改革的若干意见》，在强调“出版社的专业分工是出版工作发展和进步的需要，应当坚持”的同时，也提及“对一些专业面较窄的出版社（科技出版社和学术出版社），可以有所放宽”，这种依据行政力量建立起来的出版专业分工，在后来实际出版管理中，口子越开越大。那么，专业古籍出版社是坚定古籍专业发展定位，还是选择市场面大的方向发展；是以自己的专业优势参与市场竞争，还是盲目进入没有优势的新领域，在二十多年前，对于当时这些专业古籍出版社当家人来说，并不是一件容易抉择的事。事实也证明，少数古籍社为此走过弯路。

专业古籍出版社如何通过内容生产创新来参与市场竞争，是古籍出版界当时探讨的又一个重要问题。例如，金良年《面对新世纪的古籍出版事业》（原刊《古籍新书目》第125期，《简报》2000年第2期、总348期转载）、赵昌平《坚持专业优势与学术骨架，将“上古”品牌拓展到各个层次》（原刊《古籍新书目》第138期，《简报》2001年第3期、总361期转载）、李岩《古籍图书的结构调整与市场扩容》（《简报》2001年第7期、总365期）等，都围绕图书结构，研究古籍出版社专业发展问题。金良年认为，“将古籍的内容用通俗化的形式介绍给读者，是广泛意义上的古籍整理工作”，因此提出，古籍出版的一项重要内容，就是要“将精英文化转化为通俗文化，为大众所喜闻乐见”。赵昌平结合上海古籍出版社从“由偏重学术转化为学术与普及均衡”和“由文学古籍为主转化为专业各部类的均衡”两大图书结构转型实践，指出“将‘上古’品牌由学术领域拓展到各个读者层次，是当前中国文化发展趋势在出版业的必然体现，也因此是本社持续发展的必由之路”。李岩结合中华书局选题结构调整，以及对古籍出版现状横向考察后，提出了“分类管理、梯次开发、常销为主、品牌创新”十六字选题原则（作者后来对文章又进行充实，增加了更多实例来阐发“十六字原则”，见《简报》2011年第11及12期、总489及490期）。

上述文章观点，是作者在两家老牌专业古籍出版社几十年出版传统和出版实践基础上的长期思考，高克勤回忆赵昌平先生时曾说：“作为一位从事古籍出版的专业出版人，赵昌平的出版理念和实践无疑聚焦于‘找准传统文化与当代社会的契合点’，做到古今相通、中西相容，即做好传统文化的传承与传播；而致力于策划出版高品位、系列化、精品化的普及读物是做好传承与传播的有效途径。这一理念，随着他思考的深入和实践的积累，日益清晰和丰富。”（《三十三年的编辑理念与艺术——记作为出版人的赵昌平》，《文汇学人》2018年7月13日）他们的观点，引起了同行共鸣以及对问题进一步讨论，如，王兴康《谈谈专业图书和普及类图书的关系》(《简报》2001年9、10期，总367、368期)、丁双平《我对古籍整理出版工作的思考》(《简报》2002年第5期、总375期)、马建农《对古籍出版发行工作的一点思考》(《简报》2001年第11期、总369期)等文章，从读者需求角度，提出创新古籍出版选题结构，王兴康认为，“从读者对象来说，明天的学术图书的读者一定是从今天的普及读物中产生的，因此，抓住了‘今天’也就是为‘明天’奠定了基础”；对于专业古籍出版社如何在门槛较低普及读物出版中确立自己的优势，他提出，“要充分发挥自己的品牌优势、专业优势和作者队伍优势，从选题的时代性、知识的准确性、形式的多样性、设计的美观性上多下功夫”，“真正体现古籍出版领域‘正规军’的实力”。丁双平则认为，“古籍出版要引导古籍整理，而不是被动地依附于古籍整理”，当代的古籍出版，要走出乾嘉学术中过分拘泥文字末节考订传统，要在古籍整理图书的思想性、艺术性上着力，“应该适应时代的要求，为时代服务，这才是古籍出版的精髓”。马建农在坚持“古籍出版工作必须对其服务对象和服务方向进行调整”观点的同时，进一步提出“古籍图书出版的发展必须在发行环节上强化力量”的观点，即以古籍图书市场发行，反推古籍出版内容生产创新，在满足读者消费需求上下功夫。

新中国七十多年古籍出版历程，既丰富也复杂，有辉煌也有曲折，即便上述仅十年左右发展历程，也非如本文所述之简单，我们已回不到当年的场域，那些“在场者”已基本“离场”，所谓“事非经过不知难”，他们是在何种境遇下思考，又是在何种心境下写下这些文字，还值得进一步探讨，因为，他们的思考和出版理念形成，具有很强的“现场感”；如今的古籍出版，面临一个新转型期，即数字时代与高质量发展要求，虽然出版环境与转型内容与三十年前不同，但前人探索与追求的精神，是一份不可多得的精神财富，应当予以重视、研究和传承。

（根据2024年8月19日参加世纪出版集团召开的“古籍出版规划与古籍出版工作专家座谈会”的发言稿整理）

对古籍规划编制工作的几点思考

宫晓卫

一、关于古籍规划编制方式和重点方向

古籍整理工作，离不开历史的延续性，所以关于新的十年规划的编制，应该坚持承前启后的基本原则。全国古籍整理出版规划领导小组成立以来，特别是改革开放四十多年来，已多次不间断地编制五年或十年古籍整理出版规划，引领古籍整理出版事业创出了巨大成绩。新的规划制定，必然是对此前古籍整理的延续，在以往古籍整理工作基础上来完成。

沿用过往"规划"编制的成熟经验，新规划的编制，前期仍应采取自下而上的工作模式。"规划"虽然代表着国家意志，其基础构成却是古籍整理学术机构或学者正在从事或拟从事、以古籍专业出版社为主体的出版单位拟出版的项目。他们在长期的古籍整理和出版工作中，

都会在已有整理成果的基础上做出新的项目选择，并结合技术的发展做出一些新的探索。尤其是在中共中央办公厅、国务院办公厅下发《关于实施中华优秀传统文化传承发展工程的意见》后，各省市就“意见”的落实，大都有着积极的思考和具体的举措，其中不乏关于古籍整理的项目。全面了解基层的思路，汇集从业者的智慧，是形成顶层总体布局的基础。

关于重点，不外乎基本古籍、新出土文献、抢救性古籍整理出版（包括海外汉籍的回归）几大块。经典古籍自然是重点，但这类重点在古籍整理工作中不大会被忽略，而且已经有了丰厚的成果，对它们的深度整理，重点应放在对以往成果的突破、创新上。近些年，随着古籍总目的编制完成，古籍普查的展开，新出土文献的面世，馆藏古籍检索的方便，加之古籍数字化的推进，为已整理基本古籍的弥补缺失、纠错修正提供了前所未有的客观条件。下一阶段的古籍整理规划，建议参照“点校本二十四史修订本”修订的成功经验，对已有基本古籍整理成果，特别是那些重要的历史典籍，那些集数十年之力编辑完成的各种文学体裁的断代全集的修订、增补等多一些关注。支持这类项目的订补完善，从而进一步提高古籍整理质量，减少那些因当年条件不足而留下的遗憾。这也是对古籍、对古籍整理真正负责任的态度。

二、关于古籍工作应加强的几方面工作

古籍整理工作的开展，国家层面在统筹协调、机制健全、人才培养等方面业已做了大量的工作，党和国家不可谓不重视，工作也是卓有成效。持之以恒，自能成就功在千秋的大事业。对于下一步古籍整理出

版工作如何进一步加强，个人建议，在原工作基础上，或可对以下几点再加关注。

一是提高基层对古籍整理出版的认知度。近些年，地方关于古籍整理机构的设置大都没有与国家的机构设置相对应。相应的工作一般是由出版管理部门的人员兼顾，既非专职，对古籍整理工作也没有完整的认识和较为清晰的理解，因此国家的重视很难转化为地方的同等重视。地方古籍出版，是古籍整理事业的重要组成部分。二十世纪八九十年代，对应国家古籍整理出版规划领导小组，许多省市也成立了当地的“领导小组”，对地方古籍整理出版工作的蓬勃开展起到过重要的推动作用，效果明显。借鉴历史的成功经验，或可考虑建议地方的机构设置与中央对应，起码安排相对固定的工作人员。对机构和人员有了具体要求，有利于顶层的指导精神与地方的具体工作真正对接。

二是重视对古籍整理成果的学术评价。多年来，真正愿意沉下心来从事古籍整理工作的学者并不多，一个重要原因大概是高校、科研机构对古籍整理成果的学术认可度不高有关。他们的学术考核体系通常使古籍整理成果得不到应有的尊重，学者自然难以皓首穷经于古籍整理。要鼓励学者从事古籍整理的积极性，有一支从事古籍整理及学术研究的稳定的学术队伍，需要国家层面对古籍整理成果的学术评价有个政策性的指导意见，或者提出一个可行的评价体系，使古籍整理进入规范的学术科研轨道。

三是强调出版古籍整理成果首先实现的是社会效益。古籍整理出版的公益性大于经济利益的创收，提醒各级出版管理层理解古籍整理出版的必要性，而不是单纯考核经济效益。无视古籍整理出版的特殊性，仅仅以图书获奖和经济效益论英雄，客观上制约了地方古籍整理项目的出版。当然，适度提高出版资助额度，又是对出版者最直接的支持。

四是推进古籍整理出版成果展示平台的建设。全国古籍整理出版规划领导小组成立六十多年来,引领国家古籍和出版事业健康发展,成就卓著,无论是影印大型古籍的规模化整理,还是断代诗、词、曲、文全集的系统整理,抑或是经典古籍、包括重要历史人物著作的深度整理,以及对出土文献、珍稀古籍版本的抢救性整理,成果已是蔚然大观。但因整理者和出版者的各自为战,成果分散,还没有一个可以宏观把控整体成果的平台。成果不能得以全面展示和综合审视,极不利于信息的掌控和后人的借鉴使用,重复劳动、重复投入也在所难免,与现代技术的发展很不相衬。需要由国家层面综合协调,有目的地关注、支持古籍数字化平台建设(见后第五条)。相信平台的建成,将会大大提高管理水平,极大地助力今后古籍整理出版工作的开展。

五是加强古籍整理出版队伍工作规范性的指导。国家"古籍办"持续多年对古籍出版编辑人员的培训,对这支队伍整体业务素质的提高起到了至关重要的作用。这样的培训,理应继续坚持。除了短期培训,古籍出版编辑人员更多是在干中学。结合出版社从业编辑的具体实践和在已出版古籍整理项目中尚存的各种问题,个人以为,"古籍办"原委托中华书局编写的《古籍出版工作手册》对古籍出版从业编辑仍然十分有用。如果将其加以修订,为编辑增加一种适用于工作的查阅工具,辅助他们尽早明晰行业规范,掌握基本知识,解决古籍编辑工作中的实际问题,从而进一步提高图书编校质量,都是大有必要的。

三、关于古籍普及出版工作

传统文化普及读物,特别是古代经典名著的整理出版,是古籍出版社专业属性最契合市场需求的图书板块,历来是古籍出版社出版经营的重点之一。古籍出版社制订出版选题年度计划，从不会忽视这类图书的选题创意、出版运作。因这类图书代表着对中国传统文化的基本认识，在图书市场上始终保持着较高的读者关注度。除了专业古籍出版社，古籍普及图书的出版或市场运作也得到了非专业出版社、民营公司、各种媒体的青睐。大家穷其智慧、各显其能，从内容形式到市场推广，从来就没有停止探索创新的脚步。展示在市场上的古籍普及读物早已是琳琅满目，古典名著、名篇的整理出版几无死角。下一步的古籍普及工作，意下以为主要在于如何做到与时俱进，从整理方式到装帧形式适合新时代读者的阅读需求。其具体落实，不妨交给那些长期在图书或媒体市场摸爬滚打的出版单位和学者，让他们自主发挥就好。他们早已炼就了对市场的敏锐感悟，所作所为最能贴近市场和读者。毕竟能为市场接受的，才能真正实现普及。

当然，进入市场的古籍普及出版物因介入出版者众多，存在着严重的良莠不齐、鱼龙混杂等突出问题，特别需要国家的管理和引导。“古籍办”这些年对古籍普及读物的资助出版，和正在进行的对经典古籍优秀版本的评选推荐工作，就起到了引导、把控导向的作用。专项资助，鼓励支持出版单位在古籍普及类图书选题设计上大胆开拓，促进了一大批优秀古籍普及项目的出版。建议保持此类专项资助的延续性，同时进一步向专业出版社倾斜，让专业人干专业事，以保证图书出版质量。经典古籍优秀新整理版本的推荐，不但能够引导正确的阅读选择，活动本身也会提高人们对古籍、对经典名著及传统文化的认知。建议此项工作继续推进，并不断拓展，促使图书市场加快优胜劣汰，逐步改善市场上古籍普及类图书良莠并存、无序竞争的局面，优化这类书的市场存在。

四、关于古籍数字化工作

古籍数字化的发展，正在不断改变着古籍整理生态。国家古籍数字化工作指导协调组的成立，必然会强有力地统筹、领导古籍数字化工作，快速推动古籍数字化的进程。作为一个古籍数字化的使用者和受益者，对于古籍数字化平台的建设，建议对以“中华经典古籍库”为代表的新古籍整理数据库，以图书馆、博物馆为主各自完善的古籍数据影像库，以民营企业为代表的原版古籍全文数字化这三个古籍数字板块予以重点关注。盖因这三个板块已有较好的技术基础、较大的体量和较为成熟的运营模式，也均有其自身难以解决的问题。由国家层面给予指导、协调，打破其发展中的瓶颈，当能尽早显现古籍数字化整体工作的成效。具体建议如下：

一是助力“中华经典古籍库”建设。由中华书局负责开发的“中华经典古籍库”，作为辑收新整理古籍最大的数据库，对新整理古籍的数字化具有标志性的意义。然而该数据库建设多年来，连专业古籍出版社的新整理古籍尚不能尽收，令人遗憾。建议从国家层面再予以强力支持，整合各方面资源，特别是获得国家古籍整理专项资金资助项目的尽可能入库。如此，既能使其成为新整理古籍的权威数字化平台，大大增强其市场活力，又能为新整理古籍提供一个全面展示平台，极大地便于信息掌握和工作指导。当前，“中华经典古籍库”分有几大类目，或可考虑由国家“古籍办”委托增加一个国家古籍资助项目类，即便内容与其他类目有所重合，也有利于对国家资助古籍整理出版成果的全面检索、集中展示和综合审视。当然，已出版图书的情况较为复杂，如何纳入数据库，还需假以时日具体商讨；对新资助项目，则可以将项目数字化和纳入“古籍库”列为出版合同和资助合同的一个条件，完成出版即适时入库，以减少数据库的征集之劳。

二是整合图书馆馆藏古籍的数字影像库。目前，各图书馆馆藏古籍的数字化整理大多已展开，包括海外汉籍的数字影像回归已取得显著成效。但现在基本上是各干各的，海外汉籍版本的数字影像回归，相同版本的数字扫描，重复劳动、重复投资的浪费在所难免。馆藏古籍的数字化大都只是影像化，如果由国家制定办法将之协调、整合，消除行业应用壁垒，最终形成一个国家级的古籍版本数字影像库，并能真正实现此库的公益性，对于中华古籍的全面保护和今后的深度整理，都有其重大意义。图书馆、博物馆原本就是国家公有的，发挥我国的制度优势，集中力量办大事，此库理应建成。

三是关注古籍数字化民企的发展。以古籍数字化立身市场的企业，多为民企。能在市场的磨砺中站稳脚跟，这样的企业自有其过人之处。他们的运作模式、经验和技术开发，对古籍数字化建设都有可借鉴的价值。而在从事古籍数字化的民营企业中，那些有着较成熟经验和社会影响的企业尤应得到重点关注。这不仅仅是因为这样的公司古籍数字产品已有较为成功的市场运作，也在于其原版古籍的全文数字化，与收纳新整理古籍的“中华经典古籍库”、馆藏古籍的影像库三者结合，大致能构成古籍数字化的总体框架，完全可融合进国家古籍数字化工程。

（原刊《古籍整理出版情况简报》2020年第12期）

对制定和实施古籍整理出版中长期规划的几点认识

姜小青

今年是“2011—2020年国家古籍整理出版规划”收官之年，也是“2021—2030年国家古籍整理出版规划”谋划之年，对于古籍出版同行来说，这是一项十分重要的工作，关乎出版社未来一个时期的发展。由此，笔者想结合近期参加全国古籍整理出版规划领导小组办公室（简称“古籍办”）关于制定“2021—2030年国家古籍整理出版规划”调研工作，以及自己主持凤凰出版社制定和实施前一个“古籍出版十年规划（2011—2020）”实践，就其体会与认识，从出版的角度，谈点看法，供同行指教。

2009年8月，“古籍办”下发《关于申报2011—2020年国家古籍整理出版重点项目的通知》，开始编制新一轮国家古籍整理出版中长期规划，项目申报采用出版单位、高校古籍整理研究机构、有关古籍整理专家自下而上和自上而下结合办法，经“古籍办”组织专家反复论证，新闻出版总署、全国古籍整理出版规划领导小组于2012年7月，正式下发《关于印发实施〈2011—2020年国家古籍整理出版规划〉的通知》，共计491个项目入选。其后，经过2013、2014、2015、2017、2018年五次调整、增补，共计676项。这其中，中国出版协会古籍出版工作委员会（简称"古工委"）四十家成员单位承担了510项，约占75%以上，其中超过20项的有六家出版社，都是专业古籍社，分别是中华书局115项、上海古籍出版社86项、凤凰出版社50项、国家图书馆出版社25项、黄山书社24项、齐鲁书社23项，可以说，"古工委"是这项规划实施的"主力军"。据不完全统计，至2020年底，也就是"国家古籍十年规划（2011—2020）"期末，"古工委"成员单位大约可完成300项左右，约占其全部的45%左右（上述数据来源于2019年全国古籍出版社社长会各社提交的书面发言统计）。可以预期，下一个"国家古籍整理出版十年（2021—2030）规划"，仍将是这些出版单位，特别是其中的专业古籍出版社，成为规划项目出版的基本队伍与主要力量。

新中国成立七十多年来，我国古籍出版事业在不同历史时期，都出版过一批能够传之久远古籍整理图书，可以称之为"新版经典古籍"，这些新整理出版的古籍图书，都与不同时期国家层面的古籍整理出版规划有密切关系。新中国成立以来，国家共制定和颁布了七个古籍整理出版规划，分别是：（1）1958年，国务院科学规划委员会古籍整理出版规划小组成立，制定了《三至八年（1960—1967）整理和出版古籍的重点规划（草案）》；（2）1981年，国务院古籍整理出版规划小组恢复，制定了《古籍整理出版规划（1982—1990）》，共计7类3 119项；（3）1992年制定了《中国古籍整理出版十年规划和"八五"计划（1991—1995—2000年）》，共计8类1 004项；（4）1996年又制定了《中国古籍整理出版"九五"重点规划（1996—2000）》，共计9类392

项（加上丛书子项目在2 000余项）；（5）2001年，“国务院古籍整理出版规划小组”调整为“全国古籍整理出版规划领导小组”，制定了《国家古籍整理出版“十五”（2001—2005年）重点规划》，共计8类200项（加上丛书子项目在800余项）；（6）2006年，制定了《国家古籍整理“十一五”（2006—2010年）重点规划》，共计8类196项（不含未统计的丛书子项目）；（7）2012年，制定了《2011—2020年国家古籍整理出版规划》。同时，1983年，教育部高等院校古籍整理工作委员会成立，也制定和设施了若干古籍整理规划，虽说高校和出版分属不同系统，但在项目上大多是衔接的，主要是整理与出版的“上下游”关系。上述诸规划，对推动我国古籍整理出版事业起了极大作用，催生了一大批优秀古籍整理图书。以2013年由国家新闻出版总署公布的“首批向全国推荐优秀古籍整理图书目录”为例，共计91部，其中有55部列入了上述6个古籍整理出版规划（不包括第一个“草案”），如再加上五年一次的国家重点图书出版规划、教育部高校古籍整理规划（可参见杨忠主编、江西高校出版社1991年出版的《高校古籍整理十年》第334页“重点规划项目”一节），入选图书基本都是国家层面的各级规划项目。因此，对于古籍出版单位来说，制定和实施古籍整理出版中长期规划，既是初衷和使命，也是企业可持续发展之关键。

一、实践中的几点体会

笔者所在的凤凰出版社，原名江苏古籍出版社，2002年更名。刚更名时，出版社只有十八人，至今也就五十余位员工，是一个生产和经营规模都很小的出版社，但我们选择了更名不变初心，坚持古籍专业出版，首先抓的就是古籍整理出版中长期规划，特别是利用申报《2011—

2020年国家古籍整理出版规划》的契机，逐渐形成了自己的选题特色与出版优势，并获得同行认可。列举十年间（2010—2020年）几项数据为例：国家“十二五”“十三五”重点图书出版规划，分别为20项、19项；《2011—2020年国家古籍整理出版规划》50项；国家古籍年度专项资助70项；国家出版基金23项；中国出版政府奖（古籍类）4项。由此，笔者在实践中体会到，对于中小古籍出版单位，中长期专业选题规划所具有的引领作用尤其重要。归纳而言，大致有这样几个方面：

一是有利于出版社明确定位。所有出版企业经营者都强调企业发展定位问题，在出版单位由事业身份改成企业性质后，貌似站在同一起跑线，但由于出版社成立时间有先后、规模有大小、分工有差异、隶属有不同、资源有多寡等历史客观因素，实际上不可能有统一的出版企业定位，都是依据各自实际确定。笔者认为，对于中小出版企业，特别是古籍出版单位，由于受制于多种因素，特别是各地集团化以后，内容生产多元化路径并不适合大多数古籍出版单位，反而专业出版定位，可以使这样的出版企业有自己的发展空间，“小而美”或许可以成为这类出版企业的追求目标。以古籍出版为例，除中华书局、上海古籍出版社外，地方古籍社大多属于中小型出版企业，经营者都会碰到“做大”与“做专”之间的艰难选择，面临两重压力。笔者曾经历过一件事，2007年，首届中国出版政府奖公布，凤凰出版社《册府元龟》获古籍类正式奖（共4项），有上级主事者来询“册府元龟”四字意思。笔者由此说过一句极端的话：“凤凰社的选题，要做全集团任何一家出版社都做不了，甚至连书名都不知道什么意思的，就有存在的价值与发展空间。”笔者至今仍坚持，与其追求无实之“大”，不如追求有名之“专”。制定和实施古籍整理出版中长期规划，恰恰可以解决古籍出版企业发展定位问题。图书出版是以内容生产为主要特征，选题规划是定位的前提，从选题规划人手，在选题规划中体现企业定位，明确出版社的发展方向与追求目标，对古籍出版社，特别是地方古籍社来说，不失为一种可为的选择。

二是有利于出版社发挥专业出版优势。古籍出版社的人才结构，大多偏向专业型，尤其编辑，都是受过严格专业学术训练、有各自专业学术背景且学历较高，了解古籍整理图书基本特点与学术规范。制定和实施古籍整理出版中长期规划，可以把他们专业知识与工作实践结合起来，有利于发挥其专业优势。理论上所谓“复合型人才”毕竟是少数，学有专攻，志有各向，面对现今各种诱惑，选择古籍出版的从业者，大多专业思想牢固，学术出版是其追求。古籍整理出版中长期规划恰好与他们理想追求合拍，一方面可以人尽其才，使出版社古籍整理图书编辑质量优势显现出来，将编辑人才优势体现在选题优势、出版成果上；另一方面，编辑通过规划项目实践，将专业学术理论知识转化为专业出版能力，形成古籍出版社特有的人才结构。当我们至今仍对中华书局、上海古籍出版社老一辈“学者型编辑”怀有敬仰的同时，有没有想过，这样的编辑人才，在各方面条件都好于以往不知多少倍的如今，为什么会少之又少？

三是有利于出版社突出工作重点。作为一个曾经主事地方古籍社十五年的过来人，对此深有感触。一个出版单位，工作千头万绪，尤其身为在集团内的中小专业出版社，压力更大，领导有要求，员工有诉求，谁都知道“走自己的路”的道理，但在如今的现实出版环境中，要真正做到淡定和从容又谈何容易。当然，如果撇开这些，中小古籍出版单位，以中长期古籍出版规划为抓手，作为工作重点，或许可以走出属于自己的路。凤凰出版社对此也有一个摸索的过程，同样有上述困扰与彷徨，最终通过制定和实施中长期古籍出版规划，至少解决了两个问题，一是通过“规划”这项重点工作，将古籍专业出版定位加以落实；二是通过“规划”，一批年轻编辑，在古籍出版专业领域有了很快成长。出版定位，需具体项目支撑，并通过不同路径加以实现，凤凰出版社近十年间（2010—2020年），出版了包括《文选旧注辑存》、《李太白全集校注》、《历代赋汇》（整理本）、《江南通志》（整理本）、《京剧历史文献汇编》等数十种大型古籍整理图书，逐渐形成了凤凰出版社内容生产重点板块和优势板块，在古籍出版领域获得了学术界和同行认可。至于第二点，一般而言，列入国家古籍整理中长期出版规划的项目，学术性强，难度大，编辑出版要求高，对于年轻编辑来说，高起点有利于成长。因此，我们实行了规划项目负责人制，根据各人专业或选题来源，几乎所有年轻编辑都作为一个或多个项目负责人，所有编辑出版环节，均由项目负责人统筹，通过这种形式，年轻编辑得到了很好的锻炼与成长。目前，凤凰出版社古籍整理专业重点项目，几乎都由80后编辑策划、组织和实施，他们中的许多人，在全国同行中也逐渐崭露头角，或入选国家、省级人才培养工程，或晋升正高职称。

四是有利于保障出版经费。不少人对于实施“规划”项目的经费投入有所顾虑，这是可以理解的，毕竟对于古籍整理这类“小众”图书，在短期内，投入和产出未必成正比，所谓“叫座不叫卖”。如何看待这个问题？以笔者个人实践中的体会，有这么几点认识：一是如今的出版社，包括中小型规模的专业古籍社，经济状况较之上世纪八九十年代要好很多，就以专业古籍社为例，单从经营上来说，虽然不能和以教育、少儿或综合性的大学出版社相比，但年利润多则在数千万元，少则也有百万元，不存在过去“没钱出书”的窘境。出版社经营者在经营上的压力，并不是有无经费出书的问题，更多的主要来自于作为企业每年不断增长的销售和利润指标考核，客观上造成一些古籍社在专业出版，特别是在实施中长期规划上有所顾虑。二是对于图书这样的“小成本”投入的商品，中国市场足以解决其产出问题，惟有内容质量精品化为前提，“小众”专业图书的“大市场”，在现实中也非个例。三是国家在相关政策导向上，明确对“规划”项目扶持。例如，在全国古籍整理出版规划领导小组办公室2009年下发《关于申报2010—2020年国家古籍整理出版重点项目的通知》中，明确列有“今后每年古籍整理出版补贴，主要资助列入“2010—2020年国家古籍整理出版规划”的项目”，在国家新闻出版署2019年下发的《关于申报2020年度国家古籍整理出版资助项目的通知》“申报重点”中，也明确“已列入《2011—2020年国家古籍整理出版规划》的项目”，这些政策和措施，很好地帮助了古籍出版单位在“规划”项目上的投入问题。笔者所在的凤凰出版社，凡列入“规划”项目的，几乎都获得国家出版资助。

二、工作中的几个难题

一是现行出版企业绩效评价体系，很大程度上不利于古籍整理出版长远规划。目前国有出版企业绩效考核都是年度的，对经营者实行所谓任期制（大多是三年一个任期），经营者的绩效都要在任期内认定，即便有长期激励，也大多是经济指标上，这就给需要较长时间整理与出版的古籍整理选题，特别是需要提前规划、长期实施的项目，在客观上都造成很大难度。

二是由于古籍整理图书的特殊性，整理与出版周期相对比较长，有些古籍整理图书，从整理到出版，少则几年，多则十几年甚至几十年。笔者曾对国家新闻出版广电总局2013年公布的“首届向全国推荐优秀古籍整理图书目录”进行过统计，在91部入选图书中，有超过20部的出版时间在十年以上，有9部图书的出版时间跨度在三十年以上，最长的近五十年。对于这些前期需要投入大量人力、物力的古籍整理项目，对每一位古籍出版企业经营者来说，都是不小的难题。企业经营者在自己任期内，对只有前期投入而不能出版的项目，有所顾虑是可以理解的，但其对制定与实施中长期古籍整理出版规划产生一定不利影响，也是客观存在的。

三是在出版企业“做大”与“做专”之间的艰难选择。两者在理论上并不矛盾，实践中也有成功的案例，但以笔者观察，行业中所谓成功者，大多并非来自专业古籍出版企业。目前对于出版企业，“做大”远甚于“做专”受人待见。古籍整理图书小众化特点，使从业者在二者之间面临更难选择，所谓“事非经过不知难”，非古籍出版同行，很难体会这种选择的艰难。但有一点可以肯定，坚持古籍专业出版是制定和实施好古籍整理出版中长期规划的重要前提。

四是数量与完成率的问题。对一个古籍出版单位来说，在这个问题上会出现两种情况，一是古籍整理出版中长期规划项目过多，或有些专业学术领域，超出了自己的实现能力，影响企业发展；一是不够重视，项目过少，体现不出专业出版特点，出版内容板块重点他移，看似企业规模做大了，但空有“古籍出版”之名，有违读者期待。如何平衡二者关系、如何选择企业发展路径，做到“两全其美”，确实也是一大难题。

三、思考中的几点认识

首先，我们认为，自人类有出版活动以来，几千年过去了，简帛纸电、抄写刻印，出版发展都是革命性的，但人们对其需求，基本保留了从中感知历史、获取新知、享受快乐，由此而言，出版的积累与传播、教育与认识、审美与娱乐三大基本功能，并没有也不会因业态发展、转型而丧失，因此，出版本质中的内容特征，要求我们认识、重视和做好出版规划。

其次，出版的内容生产过程，也是一种“选择”活动。什么样的内容将成为出版需要，显然不是一件容易做到的事。近一百年前，中华书局创办人陆费逵说过一段话：“书业商的人格，可以算是最高尚最宝贵的，也可以算是最卑鄙龌龊的。此两者之判别，惟在良心上一念之差；譬如，吾人如用尽头脑和心血，出一部有价值的书，贡献于社会，则社会上的人们，读了此书之后，在无形中所获的利益，定非浅鲜；反是，如以诲淫诲盗的书籍，贡献于世，则其比提刀杀人，还要厉害，盖杀人不过一人，恶书之害，甚于洪水猛兽，不知要害多少人。所以我们当刊行一种书的时候，心地必须纯洁，思想必须高尚，然后才可以将最有价值的结晶品，贡献于世；否则，不但于道德方面要抱缺憾，即自己良心方面亦受责罚。”（陆费逵《书业商之修养》，《陆费逵文选》，中华书局，2011年，115页）“出一部有价值的书”，需“用尽头脑和心血”，足见“选择”在出版中之艰难。出版在人类文明史上有其自身发展规律，其中有一条，即对出版物内容慎重精心选择，是其生命力长久保证。由此来看，“出版规划”，就是一种选择。

再次，古籍整理与出版的特殊性，也要求我们从事这项工作，首先要从“规划”入手。中国古代典籍遗存众多，目前尚未有一个准确的数字，据《中国古籍总目》，著录了约二十万种左右，这些典籍形成于不同的历史时期，形态也各有不同，内容更是包罗万象，所反映出来的思想观念并非都是现今社会之需求，选择就成为必然，有所选择，即有所规划。由于古代典籍生成的时代离我们越来越远，社会与生活、语言与文字、观念与制度等都发生了很大的变化与不同，哪些古代典籍具有当代社会价值与文化观念，哪些又具有学术文献价值与传承意义，这在古籍整理与出版中必然是会首先碰到的问题。另外，古籍整理专业性强，许多典籍整理难道大，但从出版角度而言，它又属于相对小众的阅读需求，出版与需求之间也存在一个如何规划的环节。上面谈到，新中国成立以来，国有出版单位是古籍整理图书出版的绝对主力军，其中专业古籍出版单位更是发挥了专业优势，随着现代出版的专业化程度越来越高，这些古籍出版社，不但有了充分发挥自身专业优势的更大空间，更理所应当将自己的工作重点与国家文化战略、出版政策导向相衔接，否则，作为古籍出版单位，我们的工作将失去重点、意义和价值。

第四，要有长远发展的出版观。“规划”本身就是有一定时间长度的概念，加之“出版”本身也不是一件急功近利的事情，特别是古籍出版规划，更要有长远考虑。匡亚明先生曾经说，做好古籍整理出版，必须要有“三心”，即信心、决心和恒心，即说明这项事业不能是短期行为，“古籍整理出版事业对国家来讲，是需要几代人为之奋斗的事业；对每一个有志于从事这一工作的人来讲，是终身的事业”（转自李国章《古籍整理出版工作概述》，见《古籍整理出版十讲》，岳麓书社，2002年，42—43页），可见由于古籍整理出版自身特殊性，要求从业者必须要有长远眼光与长期坚持，要有古籍出版“功成不必在我”“功成一定有我”事业情怀。

明年是中共中央颁布《关于整理我国古籍的指示》四十周年，目前，全国古籍整理出版规划领导小组办公室正在以多种形式，广泛听取对编制“2021—2030年国家古籍整理出版规划”的建议和意见。这些对于古籍出版单位来说，都是莫大的机遇，古籍出版人应该以更多的智慧、更强烈的事业情怀与奉献精神做好这项工作，以不负我们这一代古籍出版人的历史使命。

（原刊《古籍整理出版情况简报》2020年第10期）

对编纂出版大型地方历史文献丛刊的再认识

姜小青

笔者近年主要从事江苏地方文献丛刊《江苏文库》出版工作，参与了方案起草、体例设计、编纂出版等，目前此项工作进展顺利，已出版一千二百余册。正因此，笔者也比较关注国内同类项目，通过借鉴和学习，不断完善《江苏文库》，曾撰《新编大型地方历史文献丛刊出版中的几个问题——以〈江苏文库〉为例》《〈江苏文库〉首批图书出版述略——再谈大型地方历史文献丛刊出版中的几个问题》《〈江苏文库〉编纂出版中的四个问题》等，对编纂出版中的相关问题予以讨论。随着《江苏文库》编纂出版不断推进，以及同类项目越来越多，笔者对这类项目的编纂出版，特别是存在的一些问题，又有一些新认识与思考，故仍不揣浅陋，敷衍成文，求教大家。

对于地方文献整理与出版，国家层面一直予以重视和支持，在《国家古籍整理出版"九五"重点规划》和《国家古籍整理出版"十一五"

重点规划》中，分别强调“各地出版社着重整理地方文献，有利于文献保存，有利于开拓研究领域，应该大力支持”，“古籍小组对地方文献的整理出版工作一贯较为重视和支持，强调充分调动和发挥地方的主动性和积极性，认为这项工作的开展既可以动员和调动各种力量来从事古籍整理出版工作，也可以通过地方文献的整理出版成果繁荣和促进学术研究，传承文化”。也正因此，地方文献整理出版取得了一系列成果，其中，《北京古籍丛书》是起步最早、持续时间最长的地方文献整理出版项目，超过了六十年，整理出版历史文献百余种（详见李忠义《“北京古籍丛书”的前世今生》，《中华读书报》2020年2月11日）。其后，诸如启动于二十世纪八十年代的《安徽古籍丛书》、九十年代的《湖湘文库》等，都为学术界提供了不少优秀的乡邦文献整理著作。

2022年4月11日，中共中央办公厅、国务院办公厅印发《关于推进新时代古籍工作的意见》，对新时代古籍工作提出新要求，作为古籍整理出版的一个门类，地方文献整理与出版也要顺应时代需求，在更高层面开展这项工作。全国古籍整理出版规划领导小组2022年公布了《2021—2035年国家古籍工作规划》，在“古籍整理研究和出版工程”的十个方面，列“地方古籍文献整理、出版工程”类，并举《北京历史文献丛书》《湖湘文库续编》《浙江文丛》《江苏文库》《八闽文库》等项目，提出要“深入挖掘地方传统文化资源，进一步提高整理出版水平”。据笔者关注，目前，省市县（区）正在组织编纂出版的大型地方文献丛刊，多达数十种（上述笔者所撰文章中已列举，此略），各具特色，各有成就，但从学术与出版发展和读者需求、从“进一步提高整理出版水平”要求来看，似乎还有一些值得探讨和提升的地方，特别是目前，各行各业都在谈论“高质量”发展，古籍整理与出版，包括地方文献整理与出版当然也有一个高质量问题，对照《关于推进新时代古籍工作的意见》提出的“根据不同类型古籍的具体情况，有针对性地做好整理研究和编辑出版，防止低水平重复”，以及“推进古籍数字化”“做好古籍普及传播”等高标准和新要求，新时代的地方文献整理与出版，也要在“高质量”上下功夫。

综观现阶段正在编纂出版的大型地方文献，在推动地方文化建设、拓展古籍整理与出版领域方面，取得很大成就，但也存在一些问题，应该引起项目组织部门和编纂出版单位重视。

第一是要重视基础性工作，包括文献普查、书目论证，以及对项目作系统和长远规划等。据笔者观察，近五年，包括省市县（区）编纂出版有一定规模的地方文献丛书，多达二十余种，这类项目大多由地方政府有关部门组织实施，一方面说明，在地方文化建设中，优秀传统文化作用愈加凸显，从而被越来越重视，但另一方面，作为学术层面的古籍整理与出版规律往往又被忽视，这集中表现为急于上马、急于出书。笔者接待过不少来调研《江苏文库》的同行，在谈及困难时有一个共同点，就是组织方要求出版单位当年启动，当年出书，且数量都在数十册甚至百册以上。作为古籍整理出版项目，自有其学术与出版规律，要编纂与出版一部高质量的地方文献丛刊，条件很多，取决于研究水平、出版能力等，其中，基础工作是最重要的一项，以《江苏文库》为例，文献普查花了近五年时间，包括增订《江苏艺文志》，编制《江苏作家现存著述目录》，论证《江苏文库各编拟收书目》等，现在看来，这个时间花的是值得的。所以我认为，大型地方文献丛刊编纂与出版，必须首先要做好做牢基础性工作。同时，研究水平和出版能力也是重要因素。目前对于地方文献理解，大多取广义，即内容或作者与本地有关，以此概念确定文献，在任何一级行政区划，文献数量相对都比较多，如果没有深入研究，必将取舍不当，也难言高质量编纂。现在有些项目，学者参与度不高，主要靠出版社编辑，但如果缺少学术研究力量深度参与，要达到学术上的高质量是比较困难的，更何况，从现在已出版项目看，还有一些是非专业古籍出版单位出版的。客观地讲，编纂出版这类项目，出版社的积极性似乎更高一些，因为经费有保障，经营风险小。但要编纂出版一部真正有学术高度和含量并经得起时间检验的大型地方文献丛书，出版社还是要提高占位，眼光要放长远，不纠结于一时得失，把项目出版与出版社综合发展相结合，并与学术界充分合作，尊重学术与出版规律，对项目做系统和长期规划，扎实做好编纂出版过程中每一环节的基础工作。

第二是确定规模要从实际、质量出发，不必先定数量。从出版角度讲，以百册数计的丛书，已可谓“大型”了，超千册的更是少之又少，近年来实施的地方文献丛书，确定为千册规模的不在少数。决定图书规模的因素很多，虽然不能说图书出版数量、速度与内容质量完全对立，但我们从事古籍出版的人深有体会，至少古籍整理图书编辑出版，在这两个方面，往往很难“两全其美”。以新编大型地方文献丛刊为例，如果过分追求规模数量，容易带来至少两个方面的问题：一是选目论证不充分，与学术需求脱节。如果前期文献普查再不到位，一旦强调规模出版，必将在选目上缺乏统筹，加之文献获取的复杂因素，出版社为赶进度，甚至可能会采取“怎么方便怎么来”的办法。由于地域性因素，不少地方文献确实没有被刊布或整理出版，有条件集中出版，是件非常好的事情，也很有必要，但也要分轻重缓急，要从学术和读者需求层面进行深入研究，并不是多多益善，更不能以所谓“宁滥勿缺”，刊印所谓没有出版过的文献。二是没有学术整理含量的简单影印篇幅过大。影印是古籍整理出版一种重要手段和方式，1982年8月23日国务院批准公布的《古籍整理出版规划（1982—1990）》中，就提出对一些工具书、资料书以及孤本、善本等，以影印的方式出版，“使一些不可多得的宋、元本古籍和明善本，得以广为流传”。应该说，新中国七十多年古籍整理出版各个阶段，对包括珍、善本在内的一些学术界急需的古籍文献，采用影印出版的方式，使更多人阅读到了平常难得一见的文献，对推动学术研究发展，起到了积极作用。所以，古籍影印除了有利于古籍本身保护外，主要还在于“充分利用”，自二十世纪五十年代直至本世纪初，古籍影印的这个功能确实得到了较好体现。但随着数字时代到来以及图书馆藏单位服务功能提升，大量古籍文献被以数字化形式公布，许多学者已深有体会，现在获取古籍文献的便捷程度远远超出过往。据国家图书馆网站，“中华古籍资源库”已在线发布资源数量超过10万部（件）。另外，诸如“全球汉籍影像开放集成系统”这样的中文古籍影像阅读系统，以及多种多样古籍数据库，让人们可以很方便地查阅许多过去不易见的文献。《关于推进新时代古籍工作的意见》以及《2021—2035年国家古籍工作规划》，都对“整合全国各类古籍版本资源，有计划、分阶段组织开展古籍版本高清影像数字化工作”，“建设类型、品种、版本全面的中华古籍资源库”提出明确要求与规划，随着这项工作持续深入开展，古籍文献利用必定会更加便利和高效。在这样一种现状和趋势下，如果在我们的地方文献编纂出版中，再对古籍进行简单影印出版，虽然数量可以规模化，出版速度可以加快，但其所具有的学术价值将大打折扣。因此，在新编大型地方文献丛刊中，对文献影印，要严格甄别选目，精选底本，选取确有学术、出版价值且一时难以获阅的文献，并要增加整理性学术工作，如撰写提要，附加有关文献资料学术信息等；对确有价值但已有多次公布或出版的文献，可以采取存目的方式予以著录。

第三是要尽可能吸收最新学术研究成果。前面说过，目前大多新编大型地方文献丛书，于概念上都取广义，这就可能存在着许多重要作者或文献已被整理出版过的情况，这种现象在省级层面项目更普遍，也很正常。《江苏文库》最初文献普查时就发现，“精华编”拟收的二百种著作中，大约三分之二已有整理本，所以在质量保障上事先就作了一些制度设计（笔者在有关《江苏文库》文章中介绍过）。据笔者观察，目前解决这个问题的通行做法大致有两种，要么与原出版社（包括著作权人）进行版权合作，要么重新整理。不管采用哪种方式，如果设计得当，考虑周全，工作到位，前者可以节省时间，避免低水平重复出版，质量有一定保证；后者则便于吸收最新研究成果，可以做到后出转精。但在实际中我们也发现，有一些几十年前整理出版的书，在未做任何修订的情况下，直接被收录到新编丛书里，难怪有学者在某文库发布的出版信息下留言：“几十年前的书，错误多多。”要解决好这个问题，关键还是质量意识。笔者思考，作为一地自成体系的新编文献丛书，重要作家和重要著作汇刊，是本地文化高峰体现的重要方面，完全避免重复出版，恐怕有违编纂出版初衷，项目出版也难以持续下去。对这类避免不了重复的选题，我们如果能从是否吸收了最新学术研究成果与当下读者需求实际出发，分类处理，至少可以避免低水平重复出版。第一类是目前学术界对整理质量认可度比较高，已成为学术研究文献引用基本书目的，建议尽可能与原出版单位进行版权合作，并在编校质量方面进一步提高完善。第二类是整理质量基本达到现今学术要求，但部分内容需修订或增补充实的，应请专家提出具体问题及修订意见，由整理者修订。但有的整理者已经去世，修订工作可能存在一定难度。不管怎样，我们在项目设计之初，就应该对这类选题有所考虑并提前确定对策。第三类是有的整理本确实离当前学术标准太远，需要重新整理，这很正常，主要还是看重新整理本是否能真正做到所谓“后出转精”，这是问题的关键，如果不能吸收最新研究成果，低水平重复就不可避免。

第四是要尽量避免文献收录过多重复。这里主要指在新编地方文献丛书中以影印方式收录文献重复出版的现象，大致有这么几种情况：一是所收录文献已被一些大型文献集收录出版，如《续修四库全书》《四库全书存目丛书》《清代诗文集汇编》等。《江苏文库》最初编纂出版中，对这种重复情况未作处理，但随着工作深入，我们也在不断总结问题和调整思路，并决定通过体例上设置《未收书目及版本》的方式，尽可能避免过多重复出版现象。例如，目前正在编辑的"文献编"集部拟收书目中，有五十多种已收录在《古本戏曲丛刊》二集至九集，我们就准备对其做调整处理。另外，"方志编"这方面的问题更突出些，由于地方志是地方文献的重要内容，大多新编地方文献丛刊都会收录。近十年来，地方志出版项目量大面广，除《中国地方志集成》外，还有省域"方志集成"，如《广东历代方志集成》《河南历代方志集成》《江苏历代方志全书》等，以及各级图书馆藏机构藏"方志珍本丛刊"，如《国家图书馆藏地方志珍本丛刊》《南京图书馆藏稀见方志丛刊》《南京大学图书馆藏稀见方志丛刊》《复旦大学图书馆藏稀见方志丛刊》等，这使得新编地方文献项目中，方志出版的重复率会比较高。如《江苏文库》"方志编"所收文献与版本，基本已见凤凰出版社出版的《江苏历代方志全书》。二是同一行政区划中省市县编纂的同类项目，容易出现重复出版现象。例如，《江苏文库》编纂之前，江苏省内已有《金陵全书》《无锡文库》《扬州文库》出版，之后又有《镇江文库》《常熟文库》《滨湖文库》等，这种行政区划上下级关系间的同类项目，或多或少都会有重复，如《江苏文库》"史料编"中，所收《扬州赋一卷》《续扬州赋一卷》《瓜洲志稿十二卷》等数种文献，就在之前已出版的《扬州文库》中收录过。三是因编纂体例形成著者身份归属引起的重复，即同一著作被不同地区所编“文库”收录，原因是有的站在作者籍贯角度收录文献，有的是考虑了作者寓居本地情况，在笔者审看的不同地区同类项目书目中，就出现过书目一样、版本一样的情况。上述重复的原因复杂，难以一概而论，有些也在所难免。笔者主持《江苏文库》出版过程中也不断思考，在查阅文献并不难的今天，如果对一些已经影印出版过的文献再重复一遍，到底能给学术界或阅读者提供多少帮助？与其如此，不如换一个思路，不必过分强调所谓善本和珍稀版本，也不必局限于所谓大家和名家，而是从文献内容本身所具有的多重研究价值出发，特别是把以往传统文献学关注不够、出版不多的特色文献加以系统出版，如《八闽文库》中的《福建民间契约文书》、《齐鲁文库》中的“红色文献系列”、《山西文华》中的“（文物）图录编”等，都是值得借鉴和学习的。对那些确无更换书目或版本的，可以采用存目方式加以著录，将版本源流、存藏情况及现今出版说清楚，既可减少重复，节约资源，又可给学术研究提供更多有价值信息。过去胡思敬刻《豫章丛书》时，于《略例》中就曾明确几类书不收的原则，其中就注意到了重复问题，故有“屡经翻刻及通行本太劣”或“书虽未通行，而同时又有人认刻”或“已编入近人丛刻”的书不收。

第五是要推动项目高层次数字化。目前，从出版单位来讲，对于古籍数字化，已不是认识问题，而是在实践层面的操作问题。同样，新编大型地方文献项目，大多都提出数字化或融媒体出版构想，但受古籍数字化所需内容资源、数字平台、网络渠道、技术人才、经费投入等条件限制，真正有突破性进展的并不多，一些已经比较成熟的数字技术，在项目中并没有得到充分利用，即便少数项目以数据库形式上线后，也需要根据数字技术发展不断提升，由于这类项目中不少是文献影印，从现有网络上能查阅到的几种数据库看，大多还停留在文献图版影像，这是古籍数字化的一种初级形态,因为无法做到全文检索,数字技术所带来的利用和研究优势,诸如构建知识图谱、发现关联知识等都无法实现。当前,人工智能运用于古籍文献识别技术迅速发展,且不说社会上已有不少数字公司正在推广这项技术,即以古籍出版单位为例,中华书局、上海古籍出版社在这方面也已进入到实施阶段,所以,新编大型地方文献数字化工作,要顺应人工智能在古籍数字化中运用的发展趋势,一开始就要站在高起点上规划和实施,可以从易到难,先刻本后稿抄本等,运用人工智能光学字符识别技术完成图文对照,为提升项目价值利用提供基础条件。虽然目前人工智能在古籍文献识别方面还存在一些问题,但实践已经证明,科学技术进步是远超人类想象的。

最后是要尽可能做好项目大众普及。从现有在编地方文献丛刊看,文献收录大多从学术研究角度遴选和整理,加之影印居多的出版形式和相对比较大的规模,项目的“专业性”和“小众化”特点比较明显,根据笔者调研,这类项目印数,多则千册(套)左右,少则一二百册(套),有的还是以赠送为主,传播面不广,尤其非专业研究者关注度不高。作为“小众”的古籍文献,如何转化成当代大众需求,确实是个难题。但《关于推进新时代古籍工作的意见》提出的“挖掘古籍时代价值”,“做好古籍普及传播”,“把中华优秀传统文化的精神标识和具有当代价值、世界意义的文化精髓提炼出来、展示出来”,是党和国家对古籍出版工作在实现文化强国战略中提出的新要求,是新时代古籍出版工作必须有的新站位,也是实现新时代古籍出版面向未来的新路径。图书的社会效益只有通过广泛传播和利用才能得以体现,从这点讲,作为古籍整理出版中的一类,新编大型地方文献丛刊就不应该回避“大众化”问题,也是项目实施者所必须回答和解决的问题。笔者对此,虽有一些认识,但仍处在学习阶段,提不出解决问题的答案,所以希望与大家一同探讨。最近笔者注意到，浙江古籍出版社开展的“浙文观止”评选，就是对《浙江文丛》大众普及很有益的探索和尝试。笔者始终坚信，古籍出版在传统文化现代化、专业知识大众化方面的贡献，将是衡量我们这个时代古籍出版新高度的一个重要因素。

由于笔者对目前正在编纂出版的地方文献项目考察不够深入，所述错误难免，敬请同道批评。

（原刊《古籍整理出版情况简报》2024年第9、10期）

普及读物的四个定位

高克勤

做好普及读物的出版，在观念上要树立精品意识，在具体操作上要实施精品战略。而实施精品战略，是一个系统工程，要求全体出版工作者的参与，编辑、出版、发行的每一个环节都不能有疏忽，重点在编辑，首要在选题策划，而选题策划的成功与否则取决于编辑的观念与具体的实施策略。

具体地说，做好普及读物的出版，首先要做好选题策划，而策划选题的成功在于准确定位，即读者定位，由此衍生出内容定位、形式定位和发行定位（包括价格定位），等等。

一、读者定位

普及读物的读者对象一定要明确。科学普及读物的读者对象是广大的非专业科学工作者，按照不同读者的知识、年龄层次等，将科学知识加以不同程度的阐述。文学普及读物的读者对象也是如此，是广大的非专业文学研究者，主要是广大文学爱好者。我们上海古籍出版社一直把中等文化程度的读者作为普及读物的主要读者对象，这一读者对象主要是具有初高中文化程度的读者。除此以外，非文学研究专业的大学以上文化程度的读者也是普及读物的读者对象。从年龄层次来说，以上读者基本上是成人。近年来，我们把普及读物的对象又扩大到青少年这一年龄层次，甚至还面向幼儿读者。由此可见，普及读物读者面是相当广的。准确的读者定位，就可以为普及读物的成功奠定基础。

二、内容定位

普及读物的读者对象确定后，就可以根据读者的不同需求策划选题。文学典籍的内容相当广泛，依体裁而论有诗词、散文、小说、戏曲等，而现代读者感兴趣的主要是前三类。我国古典文学是一个丰富的宝库，几千年来积累了无数的作品，令人目不暇接，无法穷尽。但是，对于普及读物来说，只要选其经典作品即可，对于广大读者来说，感兴趣的只是宝库中最璀璨的明珠。从这个意义上来说，可以作为普及读物的古典文学作品并不是很多。以诗而论也就是《诗经》《楚辞》《古诗十九首》、汉魏六朝乐府诗、唐宋诗词、元曲及元明清诗词中的名篇而已；以文而论，也就是先秦散文、唐宋八大家古文和明清小品文的名篇而已；以小说而论，也就是《三国演义》《水浒传》《西游记》《红楼梦》这四大名著，以及《聊斋志异》《儒林外史》和“三言二拍”中的一些名篇而已；以戏曲而论，也就是《窦娥冤》《西厢记》《牡丹亭》《长生殿》《桃花扇》而已。因此，我们不难明白为什么全国图书市场上“四大名著”、《唐诗三百首》《古文观止》这类经典作品有几百个版本之多。我觉得，出现这种现象很正常，因为古典文学名著永远是普及读物的主要内容。如《唐诗三百首》和《古文观止》，这两本书是我国古代最著名的选本，所收诗文均为历代传诵的名篇，问世后即风行海内，几百年来影响不衰，堪称古代普及读物的精品之作。因此，不仅这两本书成为各家出版社反复出版的品种，与这两本书名有关的选题，如《唐诗三百首新编》《续古文观止》《古文观止新编》《学生古文观止》等，销路也很好，都是搭上了这两本书的便车。以我社来说，二十世纪八十年代。鉴于《古文观止》在选目上的一些不足，例如，所选的史传文过多，再如因为《古文观止》的选家是清初人而未选清朝一代的文章，等等，而推出了《古文观止新编》，从散文发展的角度，选入了唐宋八大家古文之外的唐宋散文名篇和清代作品，并以文白对照的方式，与众多《古文观止》注译本相比有鲜明的特色，给人以耳目一新之感，受到读者的欢迎，十几年来印数累计已近二十万册，但是，与有的出版社出版的《古文观止》注译本印数逾百万册相比，“新编”还是不如“旧编”；同时，不断有读者向我社提出出版“旧编”的要求。为此，我们在相隔十多年后，于二十世纪末推出了《古文观止译注》。仅三年多时间，这本《古文观止译注》销售数已近四万，超过了《古文观止新编》同期的销量。同样是本社的品牌，“旧编”还是超过了“新编”。由此可见，名著（包括选本的名著）具有永恒的魅力。

文学名著是这样，历史、哲学典籍也是如此。“前四史”（《史记》《汉书》《后汉书》《三国志》）和《资治通鉴》，“三玄”（《周易》《老子》《庄子》）和《论语》《孟子》《孙子》等经典著作，同样永远是普及读物的主要内容。这些名著历经千百年的“大浪淘沙”而流传至今，有一代接一代的读者，其内容是永远不会过时的，关键在于普及的形式。

三、形式定位

形式和内容是辩证统一的关系,形式有助于内容的表现,在内容相同的情况下,形式就成了决定性的因素,因此,必须重视形式的作用,这在普及读物的出版中显得尤其重要。图书的形式,包括图书的内在形式和外在形式,即图书内容的表达方式和图书的版式安排、装帧设计,等等。

以古典文学典籍的普及读物来说,内在的形式有校点、注释、今译、改写和评述等。

以校点而论,主要是针对一些阅读难度不大的古典白话小说,如"四大名著"等,以及主要供查阅用的名家诗文,如我社前几年出的《李白全集》《杜甫全集》白文本等,近年出的"上古版中华名著袖珍本"中的不少品种,如《古文观止》《闲情偶寄》《纳兰性德词》等。对于普及读物的读者来说,由于古典文学典籍有着古汉语和时代背景等方面的阅读障碍,校点不是普及读物在内容处理上的主要形式。

古典文学典籍普及读物主要是通过注释和今译的方法。选注选译本最适合普及读物,因为所选的内容往往是名篇,最能代表一位作家或一种文体的特点,容量适中;同时,注释或今译扫除了阅读障碍,便于为普及读物的读者所接受。选本在我国有着悠久的传统。我国最早的诗歌总集《诗经》实际上就是一部最早的选本。《古文观止》和《唐诗三百首》就是古代最具影响力的文学典籍选本。我社在这方面也有成功的经验。早在二十世纪六十年代,上海古籍出版社的前身中华书局上海编辑所就推出了"古典文学普及读物"(后易名为"中国古典文学作品选读")这套丛书,以选注、选译的形式系统介绍中国古典文学的优秀作品。近四十年来，这套丛书陆续出了80种，影响巨大，其中有的品种印数逾百万册。至今，选注选译本仍在我社文学典籍普及读物中占主导地位。

改写和评述这两种形式，对于普及读物的作者来说，有相对较高的要求。这两种形式，也可以说是注释两种形式的扩大和深化。二十世纪八十年代兴起的古典文学鉴赏热，出版了大量的“鉴赏辞典”和鉴赏集，可以说是将选注、今译和改写、评述等形式成功结合的范例。

纯粹以改写形式出版的普及读物，主要出现在古典小说方面，如多家出版社出版的各种“四大名著”改写本（包括少儿版、缩写本），等等。我社近年也推出了“拼音小名著”系列，包括《小三国》《小西游》《小封神》《小水浒》《小聊斋》《小左传》《小史记》《小通鉴》等。改写的目的主要是以现代的语言表现形式，适应现代人的阅读需求和生活节奏，这不仅表现为用现代书面语代替古代汉语，而且表现为将原本或篇幅冗长，或情节进展缓慢，或头绪结构繁杂的内容加以精炼，以达到引人入胜的效果。但是，改写成功主要实现在少儿读物方面，成人读者还是更愿意看原汁原味的名著。在改写方面比较成功的是我社的“现代版”系列。二十世纪九十年代，我社出版了著名杂文家、诗人流沙河先生所撰《庄子现代版》。流沙河先生积自己多年研读的体会，以独特的视角，在忠实于原著的基础上，结合自己丰富的生活经历和体验，对《庄子》全文加以串讲，并且为《庄子》各篇写了“引读”。由于该书文笔通俗流畅、深入浅出，很受读者欢迎，两年来销量已过2万。在这本书成功的启发下，我们又推出了《山海经》《论语》《孟子》《周易》《列子》等的现代版，也都取得了成功。

评述与选注、选译本一样，也是普及读物常见的形式。如我社的“中国古典文学基础知识”丛书（82种）就运用了评述这一形式，其中有文学常识、文学家、文学流派和文学作品的介绍和评述，对于读者了解古典文学、阅读古典文学作品起了很好的辅导作用，甚至许多高校的中文系教师都把这套书作为教学的参考书。我社后来推出的《古典文学三百题》等“三百题系列”和《十大诗人》等“十大”系列，都是采用评述的形式。评述的形式为读者扫清了阅读的障碍，直接把普及的内容传达给读者，能起到最大的普及效果。采用这种形式的最大困难，在于如何找到合适的作者，从而使作品的评述深入浅出。因此，有必要建立一支稳固的作者队伍，需要有一批专家来从事普及读物的撰写；同时也要有一批既能策划、编辑又能操笔的编辑，后者尤其重要。能操笔的编辑不仅能把自己策划的意图完整、确切地传达给作者，而且自己还能“救急”写稿，润色来稿。上海古籍出版社之所以能在普及读物出版上取得一些成绩，与具有这样一支编辑队伍是分不开的。

普及的外在形式，即图书的版式安排和装帧设计也相当重要。图书的外在形式（包括版式安排和装帧设计），较之内在形式对于读者的选择有更为直接的影响力。图书装帧设计的作用已经为出版业内人士普遍认可。在图书市场日趋繁荣、竞争也日趋激烈的今天，对于图书发行来说，选题相近或相同的图书竞争甚至被归结为图书包装和定价的竞争，所谓人靠衣装，书靠包装。普及读物的市场竞争较之学术著作来说，竞争更为激烈，因此更要重视装帧设计。

上海古籍出版社图书的装帧设计，长期以来偏于素朴典雅一类风格，追求简洁、大气，这对于形成和凸显出版社的品位起到了很重要的作用，因此上海古籍出版社的许多古籍整理类和学术著作，多年来甚至几十年来都保持同一风格，封面只是换颜色和文字而已。如“中国古典文学丛书”“中华学术丛书”等。对于更新较快的普及读物来说，这种装帧风格就显得比较陈旧，而必须根据时尚和装帧材料的变化，运用新的印刷技术，不断变换封面，始终给人以新鲜的感受，以适应一批又一批新的读者，尤其是年轻的读者。二十世纪八十年代以后，上海古籍出版社在图书，尤其是普及读物的装帧设计上做了不少努力，使新推出的普及读物图书始终能以崭新的面貌出现。

由于普及读物的书价相对不高，因此在装帧设计方面既要精心制作，又要防止浮华化，切忌片面追求豪华包装，陷入主次颠倒的误区。一些具有较高收藏价值、文化品位较高的图书，可以采用精美甚至豪华的包装，如大型画册、工具书、集成性的文化典籍，等等。精美甚至豪华的包装可以突显出这些图书的不凡质量，而且这类包装在定价不菲的书价中并不占有决定性的地位。对于篇幅一般不大的普及读物来说，一定要控制装帧设计在图书定价中的比重。

四、价格定位

图书的发行是一个牵涉面很广的话题，除了宣传、推广、营销等各种各样外在的手段之外，图书本身的定位是决定发行能否成功的重要原因，其中图书的价格定位尤为重要，对于普及读物来说更是如此。一些有重大学术价值的古籍整理和学术著作的发行不是一个难题，因为有特定的读者群，印量小一点就可以了。一些经常使用的工具书的发行也不是一个难题，即使定价高，读者也不得不买。而普及读物的印量既不能小，定价与同类出版物相比又不能高，如何合理定价就是一个难题了。定价过低，没有利润，与投入的劳动成本相比，有得不偿失之感。定价过高，销完固然好，但可能会影响书的发行后劲；销不完，由于印数不低，就会造成积压。在这方面，上海古籍出版社同样有着成功或失败的经验教训。

价格与印数是同比的关系，印数越高，价格越低。在普及读物方面，上海古籍出版社一般采用低定价、高印数的策略，初版微利，以赢得读者，占取市场份额，争取重版。如上述两套二十世纪六十年代陆续推出的小丛书，篇幅一般在5印张上下，八十年代时每册的定价还不到1元，即使目前重版定价也不过6、7元左右，九十年代推出的“诗词曲精选系列”也是6印张左右，由于加了4面彩页，定价在10元左右。“图文本诗词曲三百首系列”每册大32开11印张，用80克胶版纸印刷，定价25元，略高于浅近的《唐诗三百首》注释本（一般定价在15—20元之间），而远低于16开《唐诗三百首》画册（一般定价在160元），因此读者感到物超所值。由于此书不断再版，出版社的利润也很丰厚。在印数和定价产生矛盾的时候，我们尽量用适量提高印数的方法来降低定价，以赢得读者。

当然，普及读物定价低只是相对于同类图书而言，并不是一味求低。这几年我们把普及读物延伸到了画册和线装本上面，使高雅文化走进普通读者书房。如《戴敦邦新绘全本红楼梦》一书，由著名人物画家戴敦邦先生画《红楼梦》故事，原著每回画两幅，共240幅，全彩印240面；又由专家将《红楼梦》故事写成梗概，每回一面，共120面，黑白印制，附在画后，全书16开23.5个印张，定价160元。作为普及读物，这本书定价不低，而作为画册，由于三分之一部分是黑白印制，大大降低了成本，所以与同类画册相比，定价又是较低的。由于是名家绘名著，形式新颖，这本书一推出就受到了读者的热烈欢迎。2000年春节，画家在上海书城签名售书，盛况空前，许多读者都以为这本书要卖二三百元，看到这个定价，连说便宜，本来想买一册的都买了两三册。这本画册在一年之内连印两次，印数上万。再如线装本，时下也被人们目为高雅文化的象征，我们在这方面做了探索。我们将图文本《唐诗三百首》和《唐宋词三百首》这两种普及读物印成线装本，每种一函三册，定价200元左右，双色套印，美观大方，既有古代线装本的遗韵，又适应当代人的阅读需求，阅读收藏两相宜，因而成为人们新春馈赠的佳品。

从书的定价高低，可以看出出版者在赢得读者、引导读者方面的努力。普及读物本来就承担着引导民众的任务；出版者应清醒地明白自己所承担的文化责任，这也是由图书作为文化产品的特点所决定的，这一责任和特点在书的定价上就可以得到体现。

（原刊《编辑学刊》2003年第2期）

对地方专业古籍出版社发展的几点思考

姜小青

一、缘　起

笔者作为一名地方古籍出版社工作者，从事古籍出版工作近三十年，经历了从普通编辑到出版社管理者多个岗位，同时因近年来承担了一点中国出版版协古籍工作委员会的工作，有机会与各地方古籍社同行交流，彼此有着大致相同的发展经历，在发展中也常遇到相似问题。但笔者更多的还是感受到古籍出版人对事业的情怀和执着。2013年，笔者曾撰《对古籍整理出版工作的几点思考》(《古籍整理出版情况简报》2013年第2期)，现再就近几年对地方古籍出版社发展问题的思考，不揣浅陋，向求教同行。

二、地方专业古籍出版社的历史

业内一般认为，所谓地方古籍出版社，大体指二十世纪七十年代末，即改革开放后各地陆续成立的专业古籍出版社，所以不包括“文革”前已有的中华书局和上海古籍出版社这两家老牌专业古籍出版社。这些地方古籍社成立时间最长的约在四十年左右，如山东的齐鲁书社（1979年）等，最短的还不到二十年，如江苏的广陵书社（2002年）。他们的出版专业范围，一般都包括“当地所藏古籍”或“承担国家交办的古籍出版任务”以及地方志、文史工具书等，除了上述两家地方古籍社，另外还有湖南的岳麓书社（1982年）、四川的巴蜀书社（1983年）、安徽的黄山书社（1984年）、陕西的三秦出版社（1985年）、山西的三晋出版社（原名山西古籍出版社，1992年）、江苏的凤凰出版社（原名江苏古籍出版社，1984年）、河南的中州古籍出版社（1983年）、天津古籍出版社（1983年）、浙江古籍出版社（1983年）、吉林文史出版社（1985年）、北京古籍出版社（1979年）等。这些出版社为什么会集中在同一时间段成立，笔者认为，主要得益于中国出版史上三件大事，一是1979年12月在湖南长沙召开的全国出版工作座谈会，这次会上，提出了地方出版社要“立足本省，面向全国”，对全国出版结构的布局和调整，具有重要意义（参见肖东发、杨虎主编《中国出版史》，北京大学出版社，2017年，485页）。二是1981年9月17日，中共中央颁发了《关于整理我国古籍的指示》的37号文件，恢复了成立于1958年、“文革”中停滞工作的国务院古籍整理出版规划小组，并于第二年3月，召开了全国古籍整理出版规划会议。1983年9月，又成立了全国高等院校古籍整理研究工作委员会。杨牧之先生说：“事实证明，《关于整理我国古籍的指示》带来了古籍整理出版20多年大发展的局面，这个文件，在我国古籍整理出版发展史上树立了一座光辉的里程碑。”（《新中国古籍整理出版工作回顾与展望》，见《功在千秋的事业——新中国古籍整理出版成就》，全国古籍整理出版规划领导小组办公室编，中华书局，2003年）三是1983年，中共中央颁布了《关于加强出版工作的决定》，将出版工作重要性提到了一个前所未有的高度，“对出版事业发展的重要和紧迫问题给予高度重视”，“成为指导二十世纪八九十年代出版工作并对这以后出版事业发展有重要影响的纲领性文献”（见宋木文《关于加强出版工作的决定［1983］的历史地位》，《中国出版》2008年第3期）。正是在这个背景下，全国出版社数量增加迅速。1978年，全国仅有出版社105家，而到了1988年，已发展到502家，其中地方社305家（参见马静、黄曼丽《改革开放以来我国图书出版业的发展与变迁》，《武汉大学学报》［哲学社会科学版］2008年第6期），全国专业古籍出版单位，也是在这期间，由“两个半”（中华书局、上海古籍出版社、人民文学出版社古典编辑部），扩大到十多家，尤其是各省成立了上述一批地方古籍出版社。这些新成立的地方古籍出版社，大多是从当地的人民出版社或相关出版社的文史编辑部独立出来的，虽然刚开始规模很小，但对我国古籍出版事业发展，有至关重要作用。

三、地方专业古籍出版社的发展

随着地方古籍出版社的陆续成立，我国古籍出版事业有了明显发展，不仅古籍专业出版机构区域扩大，从业人数增加，而且由此带来了新版古籍图书品种增多，一批高质量古籍整理图书不断出版。改革开放前（1978年），不仅古籍专业出版机构只有“两个半”，出版的古籍整理图书数量也相对较少。全国古籍出版整理规划领导小组办公室编有《新中国古籍整理图书总目录》（岳麓书社，2007年），收录上起1949年10月，下迄2003年12月共计54年出版的“古籍整理图书”（很遗憾，其后的十五年没有统计数据，笔者曾多次动议续编）。对于什么是“古籍整理图书”，界定为：“本书是新中国古籍整理图书的总目录。我们对于‘古籍’定义是：（1）1911年辛亥革命以前编撰出版的图书皆为古籍；（2）1911年以后至1919年‘五四’运动以前或稍后一个时期编撰出版的图书，凡内容属于传统学术文化，采用传统著述方式，并具有古典装帧形式（一般为线装）的图书，亦视为古籍。据此，‘古籍整理图书’即是对上述范围内的图书进行整理后推出的新版本，故亦称‘新版古籍’。”（见该书“凡例”）笔者据此《总目录》，对其中“文学类”中的“别集”书目进行了统计（“别集”一向是古籍出版选题中比较多的类别），共计845种，1979年上述地方古籍出版社成立前（含1979年）的三十年共出版的157种，约占18%，其余688种均是其后二十四年中出版，涉及出版社约90家，其中有208种，是上述十几家地方古籍出版社成立以后出版的，超过了30%，这其中有相当一批优秀古籍整理图书。2013年，国家新闻出版广电总局、全国古籍整理出版规划领导小组公布了“首届向全国推荐优秀古籍整理图书目录”，这项推荐，是从1949年至2010年出版的万余种古籍整理图书中，经过层层推荐、多轮评审、优中选优，遴选出91部，其中，中华书局、上海古籍出版社、人民文学出版社合计62部，另有25家出版单位29部图书入选，上述地方古籍出版社中有4家8部入选。2015年12月，国家新闻出版广电总局又公布了“首届向全国推荐中华优秀传统文化普及图书名单”，在全国312家出版单位报送的1 072种图书中，经专家评审，共86部图书入选，涉及68家出版社，其中有5家地方古籍社7部图书入选，这些地方古籍出版社都是成立于二十世纪八十年代以后，是所有入选出版社中成立时间最短的。更可称道的是，这些地方古籍出版社，在不断探索中，走过了初创的艰辛与初入市场的不适应，在其后的发展中，不断探索符合自身实际的专业内容生产板块，并逐渐形成了各自的出版特色与优势，成为国内古籍出版的重要力量。近十年来，国内古籍出版队伍不断扩大，不少综合性出版单位、大学出版单位、教育出版单位等，都增加了古籍出版内容板块，中国出版协会古籍出版工作委员会成员单位，也从原有二十家左右的专业古籍社，发展到四十家，一半是非专业古籍社了，这些非专业古籍出版单位在经济上大多优于专业古籍社，从某种角度讲，在项目竞争上有自己的优势。但即便如此，地方古籍社，凭借自己专业上的优势，仍保持全国古籍出版主力军地位。十几家地方古籍出版社在承担本地历史文献整理出版的同时，更承担了近三分之一的国家古籍整理出版规划项目。在《国家古籍整理出版十年规划（2011—2020）》中，经过五次增补调整（其中2013年由491增至525，2014年由525增至554，2016年由554增至610，2017年由610增至637，2018年与“十三五”国家重点图书出版规划并轨，新增63项），共计700项（案：后有几十项因各种原因撤销），据不完全统计，超过三分之一项目是由地方专业古籍出版社承担。以新增项目为例，在五次新增补的273个项目中，有69个项目是地方古籍社申报，约占25%。另外，各地方古籍社除了出版地域文献外，都出版了一批有较大学术影响的古籍整理项目，包括一些大型项目，在某些内容板块方面，具有明显特色与优势，例如：齐鲁书社《孟府档案全编》、岳麓书社“走向世界丛书”、巴蜀书社《道藏辑要》、广陵书社《中国历代僧诗全集》、黄山书社《清代四川南部县衙门档案》、三秦出版社《陕西金文集成》、凤凰出版社《全元文》《册府元龟》、三晋出版社《全辽金文》《全辽金诗》、中州古籍出版社《中国茶书全集校证》、天津古籍出版社《隋唐五代墓志汇编》、浙江古籍出版社《围棋文献集成》等。经过不断发展,地方古籍社已真正实现了“立足本省,面向全国”。

据上而言,地方专业古籍出版社的发展,有几个明显特征,一是专业定位比较明确。大多出版社坚守创社之初的宗旨,始终围绕着中华优秀传统文化这根主线,结合自身实际,明确定位,在不同的发展路径中,深耕精作,不断扩大了出版社的文化影响力与市场竞争力。如:岳麓书社建社之初就提出了“以最少的钱,买最好的书”,将传统文化大众普及的理念落实在一大批古代典籍上,并在不同时期赋予不同内涵,长期保持全国市场领先地位。广陵书社古典形式现代呈现的线装新印古籍,因其特色,深受读者喜爱。二是专业规划优势明显。虽如前面所述,目前国内有古籍出版选题的出版社多达百家以上,但能够有系统规划的仍是专业古籍社,这其中,地方古籍社是一支重要队伍。三是专业出版能力不断提升。经过发展,各地方古籍社都已成为能够出版大型甚至超大型古籍整理项目的出版单位,受到学术界、出版界的肯定。仅以前四届中国出版政府奖评选结果为例,地方古籍社共获正奖8项,提名奖19项,在一个很小的出版门类中,有如此成果,也说明了他们的专业出版能力。四是编辑人才专业素养较高。由于学科特点,古籍整理需要较高的专业素养,从事此项工作的编辑,大多需要较长时间的专业培养,一般而言,古籍编辑的学历比较高,以凤凰出版社为例,25位文字编辑中就有7位博士、15位硕士。地方古籍社较高专业素养的人才结构,构成了国内古籍出版的基本人才队伍,也是这项事业不断发展的根本保证。

四、地方专业古籍出版社的困境

地方古籍社发展并不是一帆风顺，不同历史时期面临着不同的困境和问题，特别是随着出版改革不断深入，一些深层次的矛盾更加显现出来。稍加归纳，大约有这样几个方面：一是“小众”出版如何走进“大众”市场。随着出版体制改革，图书的商品属性愈加受到重视，作为“小众”的古籍整理图书也不例外。但由于古籍整理学科专业性强，从业者少，图书受众面小，市场需求有限，据笔者了解，各地方古籍社的古籍整理图书，首印一般都在1 000册左右，以至于在各类图书市场份额统计中，从未有“古籍图书”一项。正因为如此，再加上古籍整理图书编辑难度相对较大，出版周期也相对较长，这类图书出版，从直接成本看，大都处于亏损状态。少数地方古籍社因经济原因，或被撤销或被合并。二是集团化以后的尴尬地位。集团化是中国出版体制改革的重要举措，有利于出版集约化发展。上述地方古籍社都先后进入所在地的出版集团，但同一集团内不同专业的出版，实际中很难在绩效考核上，有一个相对合理并能顾及各个不同出版单位特殊性的统一绩效量化标准。但相对而言，经济效益绩效量化指标容易划一（虽然也有许多不合理），这其中，经营规模中的销售、利润等因素，往往更容易成为考核出版单位的指标，有的甚至直接将其视为对集团的贡献率，如此等等，古籍出版社在这个方面面临很大压力，由此带来的一系列考核结果，包括企业工资总额、经营者绩效认定、员工工资收入标准，大多低于同一集团下的其他出版单位。笔者曾主持凤凰出版社古籍出版工作15年，对此有切身感受。但同时，不少古籍整理图书又因其学术含量高，往往是国家级图书奖项、国家重点图书规划等入选项目，时常会被拿出来作为集团出版的“脸面”，这种情况常被业内戏称为“口惠实不至”的尴尬。三是专业编辑出版人才缺乏。虽然是专业古籍出版社，但人才缺乏已是普遍现象，大致有这样几个原因：（1）由于古籍整理学科以及古籍出版的小众特点，人才来源渠道相对较窄，出版社选择余地小。（2）目前古籍社新进人员大多是研究生学历，但由于国内研究生的专业方向设置过细，与编辑工作需求脱节。（3）古籍整理是一门专业性很强的学科，更有一些属于抢救性的、甚至可以称得上是绝学的文献整理，对编辑的要求高。（4）地方古籍社也似其他大多数出版社一样，生产经营压力大，图书出版节奏远快于过去，因为规模增长目前仍是大多数出版社发展的主要手段之一，造成对年轻编辑“用”多于“养”，而古籍编辑培养周期本身就比较长，这势必形成专业人才短缺。（5）正如上述，各地方古籍社的经济效益大多不如同集团内的其他出版社，更不能和有教材教辅的出版单位相比，使专业编辑人才的付出与获得不成正比，留住人才比较困难。笔者所在的原江苏古籍出版社在2002年更名为凤凰出版社，根据当时集团规定，仅留十八人从事古籍编辑工作，在自愿选择过程中，原六十人左右的员工，90%以上选择了离开古籍社，甚至发生以哭闹要求离开的情况。四是古籍专业选题比例下降。据笔者了解，由于上述一些原因，有些地方古籍社目前的图书选题结构，与建社之初相比，有不同程度的调整，除了原有古籍选题外，也在不断拓展新的内容生产板块，一方面，这是古籍出版社顺应出版业发展的探索，有的出版社取得了非常好的经营业绩，从而保证了古籍图书出版所需要的经费投入；另一方面，也使得作为专业古籍社的非专业图书选题占比越来越大，古籍专业图书选题比例逐年下降，古籍整理选题有的不到全年选题总数的十分之一，有的甚至更少。有少数地方古籍社已成为本省教育出版大社，古籍出版已成为出版社一个很小的门类和板块,有的甚至成为了“点缀”。这些可由各地方古籍社每年新书书目窥其一斑。早在2006年,杨牧之先生就注意到这个问题,他在《在第六期全国古籍出版社编辑培训班开学典礼上的讲话》中有一个统计:“去年(2005年)古籍出版社共出书4 481种,其中古籍整理图书占29%,学术类著作占22%,这两类图书共占51%。专业类图书比例比较低。”(《古籍整理出版情况简报》2006年第10期)这还包括了中华书局、上海古籍出版社两个古籍出版大社,否则比例可能更低。对古籍专业出版单位图书选题结构调整,虽不可轻易定是非,但在实际中,少数古籍社的绝大多数选题确实不姓“古”了。据微信公号“善读书”《数据说话:2019年古籍资助数据简析(公示数据)》,2013年至2019年7年间,在每年大约90个左右的国家古籍整理出版专项资助中,都有前列若干地方古籍专业社无项目入选(2013年6个社,2014年5个社,2015年4个社,2016年7个社,2017年3个社,2018年8个社,2019年6个社),其中有七家出版社连续两年无项目入选,甚至有一家出版社连续四年没有项目入选。虽然这只是一个数据,并不能完全说明问题,但至少可以让我们思考,企业化、集团化后的古籍出版社,如何在规模经营、市场化道路上,坚持“小众”出版的特色与优势。

五、对地方专业古籍出版社工作思考

地方古籍专业出版社如何在新的历史条件下发展,如何在特色与优势中发展壮大,各有各的路径,大家都在不断探索,也有一些成功经验,但不会有一个统一的答案,笔者只能提出几点思考。

首先是思想认识问题。对出版文化本质和内容产业特征的认识,是我们做好古籍出版事业思想认识的前提。出版的积累与传承、教育与认识、审美与娱乐的基本功能，并不会因市场经济、业态转型而丧失。文化传承是古籍整理与出版的基本任务，历史文献作为观念文化的载体，对中华文化数千年不辍至关重要，从这点而言，古籍出版应首先立足于此。古籍出版工作者如何看待出版产业发展，如何在上述出版条件下定位古籍出版，出版的文化属性是我们要首先考虑的。中华书局创始人陆费逵说过"我们希望国家社会进步，不能不希望教育进步；我们希望教育进步，不能不希望书业进步。我书业虽然是较小的行业，但是与国家社会关系，却比任何行业大些。"（《书业商会二十周年纪念册序》，《陆费逵文选》，中华书局，2011年，152页）文化影响力才是出版企业最终目标。若有此认同，一个古籍出版社经营者，或许会增加一些做好古籍出版的定力，在专业追求与经营要求发生矛盾时，会毫不犹豫作出自己的选择。

其次是发展路径问题。我们必须面对现实，改企后的地方古籍出版社，在市场面前不会得到特殊优待，选择何种发展路径，取决于企业自身实际，但有一点不可忘，即古籍出版事业所承担的文化与历史责任，由此，我们在选择发展路径时，便会把古籍专业出版放在重要地位考量。以笔者亲身经历为例，一个地方古籍社如果没有专业出版优势，其是否有存在的必要都会成为问题。2002年底，江苏古籍出版社更名为凤凰出版社，四分之三人员分流到其他出版社，仅十八人留社，更名后的凤凰出版社选择怎样的发展路径，是坚持原先的古籍出版，还是另辟蹊径，转走大众出版甚至以中小学教辅为主的教育出版，在当时是有不同看法的。若是前者，解决不好经营上的生存问题，古籍专业出版也恐难坚持（江苏古籍出版社更名有多种原因，其中经营困难是很重要一条），如果是后者，在一个出版门类比较齐全的集团内，也很难有生存与发展空间。最终，我们选择了比以往更加专业化的古籍出版方向，古籍整理及相关学术研究选题高达85%以上，这在全国地方古籍社中是少有的。我们当时的想法，一是“以最专业做出最优秀产品”，何愁在中国这么大的图书市场中没有一席之地，二是“在集团内以最专业求生存”，甚至提出做集团内任何一家出版社所不能做、做不好的选题。实践证明，有了这两点，凤凰出版社反而有了作为古籍出版单位的发展空间与生存价值。出版社更名后的十五年来，出版了一大批特色鲜明的古籍整理图书，国家“十二五”“十三五”重点图书出版规划项目，持续名列江苏省第一，入选国家古籍整理出版十年规划50项，列全国第三（前二位分别是中华书局、上海古籍出版社），同时获国家出版基金19项，国家古籍整理出版年度专项资助83项，并连续四届获中国出版政府奖图书奖（案：第五届又有一项获古籍类正奖）。经过强化古籍专业出版，更名后的凤凰出版社已成为国内为数不多、能够持续出版大型古籍整理出版项目的地方古籍出版社，一个仅四十多人出版社，每年都会有一二项500万字以上的大型古籍整理项目出版，并以产品的专精特尖，获得市场认可。以亲身经历为例，主要想说明，一个地方古籍出版单位，只要坚定文化信念，明确专业定位，保持出版定力，选择具有优势与特色的发展路径，在中华优秀传统文化这块阵地上精耕深作，并不断强化专业出版能力，在专业规划、专业重点、专业渠道、专业人才等方面形成和体现优势，“小众”出版必可大有作为。

第三是选题规划问题。重视选题规划，是尊重出版规律。没有选题规划观念，一个出版单位不可能有可持续发展能力，这也是我们经常看到某些出版社，所谓“热热闹闹”几年后又回到了原点，特别是主事者更替后，一切“从头再来”。因此，对于一个地方古籍社而言，如果能制定和实施中长期的专业选题规划，笔者据个人体会认为，至少可以使我们的工作，体现五个方面的优势：一是可以使出版社的定位更加准确,发展思路更加清晰,追求目标更加明确。二是可以使出版社的专业优势更加突出,内容生产更有特点,市场竞争更有优势。三是可以使经营者的工作更有抓手,通过落实选题规划,来形成一个出版企业内容生产重点板块,从而形成富有市场竞争力的优势板块。四是专业人才培养更有手段。古籍专业编辑人才缺乏,重点不在其是否具备专业理论知识,更主要的,是理论知识如何在编辑出版实践中得到运用,而专业选题规划可以提供这样条件,使得有志于从事古籍专业出版的年轻人,在专业选题编辑出版过程中,理论与实践相结合,在实践中知所学之不足,从而得到锻炼和成长。五是出版经费可以得到保障。随着国家文化投入越来越多,只要我们把选题放在国家文化战略、国家需求层面,并立足图书的精品生产,"小众"出版的经费渠道会越来越多。这个方面,古籍出版选题规划有独特的优势,国家设有专门的古籍整理出版十年规划,并有年度古籍出版专项资助。

第四是重点项目问题。出版专业化确立的一个重要标志,就是专业重点项目,如中华书局的"二十四史"、上海古籍出版社的《续修四库全书》,等等。一个地方古籍社,如果选择了专业出版发展路径,就要通过持续不断地出版具有"特色性""标志性"的专业重点项目,来形成自己的专业出版优势与市场竞争优势。我们在考虑重点项目问题时,五个方面应特别关注:一是要放在国家需求的层面;二是紧盯学术研究前沿;三是利用各社历史积累;四是体现自身的专业出版能力(前一段时间,全国哲学社会科学工作办公室关于撤销"广西石刻总集整理"项目一事,网络上吵得沸沸扬扬,大家在谈论整理者差误的同时,有没有想一想,出版社在石刻文献编辑出版方面的专业出版能力,也是导致问题的一个方面);五是创新拓展,形成新的重点内容生产板块,例如:上海的中西书局是从原百家出版社更名而来,近年来以出土文献这样细小专业门类选题作为新拓展方向，精耕细作，已成绩斐然，小而专、小而美的特色深得学术界好评。总之，专业重点项目可以使古籍出版单位体现个性、形成特色、发挥优势。

第五是如何看待“小众”的问题。首先，我们不能狭隘地理解古籍专业出版的“小众”问题。这涉及我们怎样正确看待古籍专业出版的“小”，就专业性而言，其直接受众可能是小的，但其文化意义、间接受众又是大的。作为古籍出版工作者，在“大”与“小”的问题上，应该有跳出局部的境界，因为我们选择的是一份需要理想与情怀的事业。其次，我们也应该看到，中国的图书市场与购买力超过世界上任何一个国家，再小的出版门类也会有自己的大市场。再次，“小众”出版也可以向“大众”转化。古籍出版面对的历史文献，是小众的，但其中蕴含的文化观念则是大众的，这为我们拓展、挖掘“小众”选题内涵，创新、开拓“大众”出版市场，提供了多种选择与较多可能。岳麓书社在这个方面有成功的探索，如，从古籍文献整理的《曾国藩全集》到纸本“唐浩明评点曾国藩系列”，再到纸本、视听同步的“唐浩明讲解《曾国藩》”等。

全国地方古籍出版社在各自的未来发展中，都会有自己的思考与实践，本文只是个人的粗浅之见。

（原刊《出版人》2019年第10期，题目为《专业古籍出版的“地方军”》，因版面原因，略有删节，现完整收录）

浅谈古籍整理图书编校质量的提高

宫晓卫

古籍整理的质量，到了最后的出版环节，都绕不过一个编校质量。作为进入古籍出版这个行当已三十多年的出版人，我从担任图书责任编辑，到复审、终审稿件，包括应对各级图书审读，每年都会面对大量书稿的质量评议，图书编校质量与自己工作的关联几乎无时不在。由于古籍整理的特殊性，在此类图书的编辑过程中，对专业性的要求较之一般图书尤为突出。结合这种专业特点，我曾从一个图书编辑的角度，将在古籍出版工作中所见所感的相关编校问题稍加梳理，在古籍办举办的古籍编辑培训班上以“古籍编校常见疏误举隅”为题与学员交流过。所谓“常见疏误”，主要归纳了以下几点。

一是版本。强调版本，是因为一般的古籍整理，离不开对古籍原版本的使用。对版本的使用正确与否，是古籍整理是否站得住脚的基础。在古籍整理图书的编辑过程中，我们时常会遇到整理者所用底本或校本未尽合适，或引述前人著作却未说明版本的情况。编辑注意到了，向整理者指出加以改正，是保证所编古籍整理图书符合学术规范的前提。而实际上在这方面存有疏漏甚至犯有严重失误的图书并不鲜见。这种情况，过去受信息闭塞的局限，考索不周尚情有可原，现代资讯发达，编辑只要有心，对整理者所做的工作做一点检索，就不至于遗漏书稿中可能存在的明显版本问题，疏于关注，则难保不留遗憾。在经我终审出版的图书中，就有过因大意而出现低级错误的深刻教训；在审阅的其他古籍整理出版物中，关于版本存在的问题也是时能见到。有的对其使用的底本、校本，以及相关的版本源流均表述不清，甚至整理者就没有认真考察过所整理古籍的存世版本情况，以致其最终成果实难在学术上立得住脚；有的在“前言”等论述性的文字或注释中引述古人著作只说某人某著作中如何说，而书中却无规范的参考文献著录，忽略了古人同人同名著作，不同的版本，其卷数乃至编排顺序多有不同，不注版本，则虽注出处而实无出处。当然，更多的情况是一部书中引述的古籍，或注明版本，或不注明，这既是对版本的忽视，也属下节要说到的错误——整理体例的不规范。

二是体例。一部古籍整理书稿，其整理体例是否规范是检验其质量高低的重要标准。这里的“规范”既包含整理体例制订是否清晰、是否合乎古籍整理要求，也指在整理过程中对所定体例执行是否严谨到位。不管是校点、笺注、辑录，还是整理影印古籍，整理者都应在书前或书后通过“前言”“凡例”“后记”等形式有个清晰的说明，交待一下自己的整理工作是怎么做的，这应包括版本的存世情况、底本的选择、底本校本诸版本的比较、校点注释的原则、用字的规则等内容，有的还要涉及参考文献的引用；索引的编制，等等。未出版的书稿中体例说不清的情况很多，正式出版的图书中问题亦复不少。主要表现在有的书中没有单独的整理说明，只在“前言”里约略提到，语焉不详，让读者搞不清其整理工作是怎么做的；有的说不清何以用某版本为底本，所用校本的特点；有的书中所用古籍只出书名，不提版本，使全书失去了校勘的意义。体例执行不严谨的情况更多，如笺注文字大量引用古文献，却只注明其中部分版本；论述或笺注文字中引文不讲究规范，时有遗漏，经不起抽检；还有说明了其整理中用字的原则，却在实际工作中自相矛盾——这种情况往往是整理者在自述整理体例时把话说得太满，如说在整理工作中将原文里的别字、异体字、俗字、古体字等不规范字，除了人名、地名、书名等专名中适当保留，其余均改为通用规范的繁体字，实际上其所谓不规范字，在书中触目可见；另有整理者自称所做校勘是“详校各相关版本，出校记”，而当你认真去找一个相关版本比照核实，会发现整理者可能根本没有参校，更谈不上“详校”，等等。

三是用字。新中国成立以来文字改革的成果，使我们用字有了繁简字、正异体字、新旧字形的概念。这些概念，既使得我们对古籍的重新整理有了参照的规范，也因古籍原作用字的复杂，造成了今日整理和编辑的繁难。尤其是新的古籍整理多为繁体字稿，因不受汉字使用管理规定要求用规范字的限制，加之一些年轻编辑对繁体字的不甚熟悉，看不出整理者在用字上存在的问题，使带有问题的书稿正式出书后存留了混乱的用字。这类问题无论是繁简字、正异体字，还是新旧字形都有。繁简字转换出现错误的例子很多，最近看的一部书稿里较典型的错误是将原文中的“于”径改为“於”，于是原文的“李于鳞”也被“整理”成了“李於鳞”。

而单纯的繁简字、正异体字问题似乎更多出现在今人撰写的“前言”“凡例”“后记”文字中。今天的简体字，很多在古籍中已有使用，举一例：副词“纔”的简体字“才”，古籍即常作副词使用，此类字在古籍整理的原文中保留原貌不是问题，但在繁简字对照中，“才”是副词“纔”的简体，将副词“才”频频用在今人撰述繁体字的“前言”等文字中，就大可商榷了。异体字的情况则更多，今人文字用通用字，没有字不达意的困难，不是引述古籍原文，也不会引起字义的歧解，异体字本可不用，而从整理者到编辑却往往在繁体字稿中无此概念，视今人文字用异体为正常。如此这般，书稿一经正式出版，势必留下用字粗疏的遗憾。新旧字形问题，在繁体字古籍整理稿中存在尤为普遍，有人认为繁体字稿就当用旧字形，在我编的书稿中，就遇到过有整理者将排版为新字形的字改回旧字形的情况；有的整理者全无新旧字形概念，在书稿中同一字新旧混用；有的则是部分字改为新字形，部分字保留旧字形。个人感觉，现在电脑字库中新旧字形并存，出版单位及编辑疏于注意，以致新整理古籍稿对旧字形的使用似有扩大的趋势。

除了上述繁体字稿，简体字稿用字的问题多见于异体字的使用，不清楚古籍中异体字所对应的简体规范字，反映了编辑对异体字的认知和概念的缺失。

四是标点。古籍整理书稿里的标点之误属于常见问题。此类错误可分两种情况：一是简单的标点之误，表现为使用标点符号不准确；一是句读之误，表现为标点错了位置或该加标点而未加。严格意义上讲，后一种句读之误用错标点，不是简单的标点问题，因句意理解的错误而点破句或未断开句，如按图书编校质量审读计错办法，或涉及知识性及语法逻辑错误。

简单的标点之误多表现在句逗错位，使用标点不统一，或全式标点的专名线漏标、错标。在一部书中以使用标点不统一情况为多，如同是简称古人作品，如《诗》《骚》等，或加书名号或不加。又如同一句式，有的用分号，有的用逗号；有的加引号，有的不加；有的冒号后引言末句之句号在引号内，有的句号在引号外——多属于标点符号使用不规范。此类问题的出现，均可归为责任编辑的粗心疏忽，理应由责编担全责。

句读不通以致标点之误则比较复杂。古籍断句之难实为大家公认，再严谨的古籍整理著作，也难保无理解、错点之误。理解的差异或一时不能读通而导致的标点错误不应给予过多苛责，但我们每每会看到一些不负责任的粗心之失。例如那些古文中常见的对句，只要稍加留意句意，考虑到文体的规律，并不难断开，而我们在书稿中常常会见到此类文字被断的七零八落、不知所云者。原文不加标点尚可读，加了新式标点，反而搅乱了读者的阅读理解，不但无用，反倒是有害了。更有原文引用古人某首词的几句，本可依词牌查阅词谱准确标点，却是随意臆断，平生错误。此类情况的出现，或为整理者的粗疏或学力未逮，从出版而言，则是责任编辑用心不到，把关不严，盲目信任整理者而放松了编校职责。

以上简单梳理出的几个在古籍图书编校中容易出现的问题，也是我在编审古籍书稿时几乎习惯成自然比较关注的地方。对所经手的古籍图书，职业习惯让自己多了一份审视的眼光，看看整理者对所整理古籍版本是否说得清，查阅一下相关工具书，审核其是否有明显疏失；看看其拟定的整理体例是否规范、清晰，与正文对照一下看其言行是否一致；抽检几节引文看其是否严谨、有无遗漏；看看其用字是否规范，或与其所定体例是否一致；抽读部分文字以见其标点是否准确。结合这些年的出版实际，我以为，虽然我们面对的古籍整理图书其整理者的学术水准高下不一，书稿整理质量良莠不齐，但在编辑过程中，除了通常的编辑规范，在这几个点给予足够的重视，及时发现问题并加以解决，所编古籍整理图书，仅就编校质量而言，大致是能够站得住脚的。

问题是随着出版的完全企业化运作，出版单位都面临着完成经营指标的压力，出版队伍在不断扩大和年轻化，却没有时间和条件让新人得到足够的培训和历练，通常是新编辑踏上工作岗位不久就要进入独立编辑。对于专业化程度要求较高的古籍整理出版，出版新人的学识、经验往往难以支撑其承担的职责。过去古籍专业出版还讲究“传帮带”，新编辑的成长少不了老编辑的指导。现在人人编辑任务沉重，工作的压力使编辑几无业务交流的喘息之机，更多的是个人在干中学。我们的很多从业编辑虽然有好的工作态度和责任心，但对手中繁难的古籍整理书稿没有合格的辨识能力，甚至看不到书稿中那些显而易见的整理质量问题。所编图书一旦被质检指出问题，只能作“原稿如此”的无力辩解。专业古籍出版社尚且如此，同样承担着部分古籍整理出版任务的非专业社，责任编辑则几无业务交流的空间，干中学也可能学不到正确的方法。因此，古籍整理图书频频出现编校质量问题似乎已是必然。笔者就曾翻阅过一部非专业古籍出版社出版的点校古籍，前述四点常见疏误在该书中无一不明显存在。难以想象一部属于古籍资助项目，且经过了初、复、终三审出版程序的书稿，编校质量竟会如此。

古籍整理成果的最终实现，是面向社会的出版。这最后一个环节的关键是编辑。而编辑素质的到位，是保证出版质量的基础。为提高古籍从业编辑的业务能力，各出版单位都不同程度地做了一些工作。古籍办一直高度重视，多年来坚持每年开办一届编辑培训班，使全国从业编辑几乎得以面上轮训一遍，对提高编辑业务素质从而提高古籍整理图书出版质量起到了显著作用。但培训班的开办是短暂的，编辑参加培训所学也是有限的。固然古籍办已把部分培训课程内容编印成书，也曾辑录历年《古籍整理出版简报》以及高校学术刊物中刊载的关于古籍校点不当、校勘不确、注释不精等问题的质疑文章编成《古籍点校疑误汇录》，这些资料均可以对从业编辑起到指导作用。但单纯从出版的角度，总感到对从业编辑而言还需要更多的帮助。个人认为，古籍办委托中华书局编的《古籍出版工作手册》，对古籍编辑的帮助就很有实用性，我在编辑培训班上曾向学员推荐。只是我所见的《手册》还是"讨论稿"，期待其补充修订后正式出版，给编辑添补一种专业的借助工具，相信其能够在古籍图书编辑工作中起到一些答疑解惑的作用。

另外，从所见图书质量审读的分值判定和编辑的申辩、质疑，我时常想到是否可以参照"图书编校差错率"的计算办法，并结合《图书编校质量差错认定细则》，搞一个古籍整理图书质量审定的补充意见。因现行的编校质量差错率的计算办法及"认定细则"很难涵盖古籍整理图书中的问题。像版本使用错误如何判定；体例不规范的分值；在简体字书中已经几乎不见，在新排繁体字书中又较为普遍存在的新旧字形；因读破句造成的标点之误，等等。而对类似情况的认识，往往存在争议。如关于版本问题，一种意见认为应结合其整理的工作态度适度扣分；一种意见则认为底本选择错误，整理的基础已不成立，当一票否决。如旧字形的使用，在简体字图书中一般已不大会涉及，《图书编校质量差错认定细则》提到计错的旧字形，实际上对应更多的是繁体字图书，但也有人认为在繁体字书中旧字形无所谓，或不应改为新字形。如读破句的标点之误，一种意见认为"标点出错其失大"，要计错则应高于一个字之误；亦有的从古籍标点之难出发，如若将标点错误按高于一个错字论，或参照现行审读计分办法的知识性和语法逻辑之失计，则覆巢之下难有完卵，处罚不免过严，于是参照普通标点之误计分0.1，则处罚又似太宽，与错误的程度颇不相配。如果有一个直接针对古籍整理书稿的审读办法，既可使审读计分相对公允，又可给从业编辑一个提示，让他们提高对书稿容易出编校质量问题的点的关注度。

我们无法苛求从业编辑都是古籍整理专家，但要成为合格的古籍图书编辑，却必须清楚所编图书里哪些是应避免的问题，以此降低编校失误。因为相关的审读计分原则直接关系到图书编校质量合格与否，容易被编辑注意、记忆，其指导意义庶几会减少所涉问题的出现，或可成为面上提高编校质量的有效途径之一。

只不过这个想法到底有多少可操作性，又让人颇费思量。主要原因在于古籍整理工作中各种复杂情况并存，对古籍整理图书质量的评定，有时真的不能以简单的万分之几来衡量；凿实在单一的文字规定上，不见得就能尽如人意、客观公正。限于篇幅，此处就不展开详述了。只是作为古籍出版人，古籍整理图书编校质量的审检，与我们的工作是如此密切，说到质检，不自主就会冒出这个念头。姑且把它在这里端出来，或可在某个层面议一议，权衡利弊，如被认为有制订之必要，则不妨一试。目的无非是为了更好地提高古籍图书编校质量，进一步推动古籍整理出版工作健康发展。

（原刊《古籍整理出版情况简报》2019年第2期）

《简报》导引我入行

宫晓卫

《古籍整理出版情况简报》(下称《简报》)就要刊发到600期了。检点自己存留的《简报》,从1982年6月的第90期至今,竟然已有500多期。数十年的坚持存留,可见自己对《简报》的用心。我是1985年走出校门进的古籍专业出版社,所存《简报》却是从1982年开始的,这看起来不那么合乎常理,里面其实保存着自己一份值得忆念的旧事。

在我1985年入职齐鲁书社时,前期乘着改革开放的东风,各地纷纷开办专业出版社而大量入职新人的势头已经过去。山东也是如此,77、78、79级高校毕业生连年成批进入出版社,走上了编辑岗位。到了我入社报到,那年齐鲁书社入职的应届高校毕业生只有我一人。也许仅我一人不好安排或是其他原因,报到后没人跟我谈岗前学习培训的事,而是由管人事的办公室主任直接领我到了古代文学编辑室,给我的办公桌已备好,就这样正式上岗了。

上了岗我才知道，这几年先我来社的同事，在正式入职之前，山东出版系统曾统一组织他们到系统直属的五家印刷厂培训实习了半年到一年，在工厂熟悉书籍印制流程、版式字号、纸张分类、书刊校对，对一般编辑应知应会的常识、技能业已掌握。但与专业出版社相关的业务培训，社里从未搞过。这大概是新兴古籍出版社在创业之初的探索成长阶段普遍存在的短板。面对室主任已经拿来让我开编且可自行安排发稿顺序的几部书稿，我没有其他选择，只能是在干中学了。

要快速适应岗位的要求并找到古籍图书编辑的职业感觉，我必须恶补编辑出版的基本知识。既要抓紧熟悉案头编辑的技能，以解决迫在眼前的书稿编辑规范操作问题，又想对行业状况先大致弄个明白，做到心中有数，尽早摆脱入职新人因无知而易生的焦虑和困惑。记得编辑基本技能的学习是向同事借阅编辑符号用法等小册子开始的。而对行业状况了解的需求，则是格外注意到了当时署“国务院古籍整理出版规划小组编”并寄发到社里的《简报》。

寄发给单位的《简报》每期都是多份，分发后，办公室总有多余的，这给了我从社里寻觅该刊据为己有的可能。那时除了关注新到《简报》让分发者给我留一份，我对往期的搜求也着意下了些功夫。结果向前一直追寻到1982年6月第90期，据悉这是社里所收《简报》之始。从此期往后，我居然集齐了自己入社前三年的每期《简报》。齐鲁书社成立于1979年，1982年前的《简报》社里何以未见我没详考，但有了前三年完整的每一期，对一个古籍出版新人来说，也是足够了。

说实话，集中翻阅到手的这批《简报》，我感觉眼前敞开了一扇窗。通过这扇窗，能够了解国家关于古籍整理出版领导机构的设立情况和机构的工作动态；了解国家层面对古籍整理出版的政策、思考及整理出版规划的制订；了解不同行业对相关古籍整理的工作举措和进展；了解同行出版单位的工作思路和已出版、拟出版的主要古籍整理项目信息；可以知道作者、读者、出版者对古籍整理出版工作的建议及对整理成果的评论、反映；还可看到关于古籍点校通例的讨论、古籍影印需注意的问题等涉及古籍整理出版具体工作方法的文章，等等。林林总总，都是贴近古籍整理出版最实在的内容。每一期的规模并不大，可是综合起来看，容量、信息量非常丰富。在当年那个信息不发达的时代，有这么一份行业刊物，对于一个古籍整理出版新人来说无疑是了解这个行业全貌的一条重要途径，甚至可以说是唯一的途径。《简报》让我得以比较真切地观察到自己所投身的行业在本社以外的景致，大大提高了我对这个行业的认知。有了这个认知基础，自己似乎找到了一点对古籍整理出版的感觉，不再仅仅局限于案头编辑，好像开始入行上道了。变化的标志，应该是在参加社里出版业务研讨时，已走出刚入社时拘谨畏言的谨慎，敢于讨论并积极建言了。能够生出勇于表述个人观点且自知还不至于那么不靠谱的底气，这多亏了《简报》。

我一直认为，当年社里在日常书稿编辑之外，对我的一些可以明显感受到鼓励和认可的工作安排，与自己工作状态的转变有着密切关联。那些安排看似大都是额外的付出，却大大扩展、丰富了自己的工作阅历，帮助了个人业务能力的提升。尤其是其中的古籍整理、影印图书、参加会议诸方面，更是对自己古籍整理出版的职业之路有着深刻乃至久远的影响。

参与古籍整理，是提高古籍编辑专业能力的有效手段。在我入社不到半年，社里即同意由我领衔负责组织校点整理《渔洋精华录集注》，开了本社新编辑、年轻编辑的先例。而且在由此往后的四五年里，古代文学编辑室先后启动并紧锣密鼓运作的“清代笔记小说丛刊”、《金瓶梅续书三种》、《明代四大奇书》、《全本三言二拍》、“中国古典小说普及丛书”等一系列古代小说选题，自己都是作为主要牵头人、责任人之一参与其中。项目的主要负责人，要就自己分工的部分完成版本择定、体例拟出、标点校勘、繁改简手写誊抄、撰写校点后记和通审他人成稿。亲历亲为古籍整理，全过程的具体实践，那是一段入门古籍整理的难忘历练。

实际操作影印古籍的经历，同样让人记忆犹新。记得因从《简报》所见影印古籍的消息颇多，又因恩师施蛰存先生熟知出版，在我讨教如何开发走市场图书选题时，也曾给过我影印书人力投入少、见效快，不妨一试的提示，所以自己多次建议社里加强影印古籍出版。于是就有了社领导突然找我谈话，让我组织实施影印古籍的事。当时我入社尚不足两年，在正常履行编辑职责、编发书稿的同时，正和文学室的同仁倾力做着古籍整理校点和外约书稿的审阅，以普通编辑的身份要分出精力带两个人去探索影印图书的新路子，这成为我个人编辑生涯中一次印象深刻的转折。

二十世纪八十年代后期，图书出版已开始快速进入市场经济，与此前社里影印图书只在意学术或版本价值、基本不用考虑投入产出不同，让我负责的古籍影印，是从图书走市场考量、抓经济效益入手的。这对本社来讲是一种全新的出版经营尝试，因此势必要带来一些对那个年代既有规矩的突破，如向上级主管部门申请缩减呈送样书数量，初次单品种成本核算，初次出系统、出省安排印制，责任人以普通编辑身份与工厂谈工价、纸张、成品交付并签署协议等。过程繁杂，磨折甚多，在那个年代的本省、本系统、本社，都有点破天荒的意味。加之复印版本并由编辑自己在拷贝台上裁切复印件拼版粘贴，全是前所未有的体验。以这种模式做的第一种影印书是《易学精华》，书一经推出，市场反映良好，算是取得了初战告捷。虽然紧接着出版社因复杂的原因出现了一段时间的内部动荡，正常工作大受干扰，影印书也搁下了，但那段经历所积累的经验，直接影响到了1997年我接手主持齐鲁书社工作后，为理顺秩序、扭亏为盈而打破惯例实施全员目标责任制等举措的推行。

再就是行业会议的参加，让自己较早地进入了全国专业古籍出版社的行业平台，所见所感，受益良多。1986年全国古籍出版工作研讨会在烟台召开后（见《简报》第168期，此次会议后来被推定为“全国古籍出版社社长年会”的第一届），古籍出版同行间的会议增多了。此后直到九十年代初，一年一次的社长年会，齐鲁书社的参会社长或总编一般都叫上我陪同参加；而行业的其他会议，像讨论《中华大典》等的合作碰头会，行业联合评奖的筹备磋商，在西安与高校古工委的业务合作研讨，在南京的海峡两岸暨香港第一次一起共同研讨中国古籍读物出版等，基本是委派我为参会代表。频繁地参加同行间的聚会，是对更大范围的古籍整理出版圈的融入。从同行间的沟通交流，得以跳出本社看古籍出版，了解兄弟社特别是地方新兴古籍社的成长发展路径。他们的成败得失、经验教训，那些优秀出版社领导的个人魅力、行事风格，事实上一直都被自己在后来的古籍出版路上随时引为借鉴或榜样。

现在想来，作为一个没什么资历、也没有职务头衔的普通编辑，进入单位不久，即得到单位略显出格的信任、托付，实在是难得的幸运。事后思量，当年的这些经历给我的教益，对自己职业生涯的影响，怎么估量都不过分。不能想象处在那个信息匮乏的年代，如果没有《简报》的导引，自己的职业之路会是什么样子。但在同一时段自己能幸运地得到比同事多一些的业务实践，多一些的增广见闻机会，推究个中原因，其中首先会想到的肯定是《简报》于我的行业启蒙。如果说当年自己尚能不辜负单位的信任和托付，这是不可或缺的主要因素。很庆幸自己较早地推开了《简报》这扇窗，视野随之拓宽，不仅引领我走出懵懂无知、较快地走上了行业之路，也让自己在从行业新手到古籍出版人的蜕变历程中有了一个长久且可靠的陪伴。

《简报》是在我刚刚踏上职业之途、面临人生转折的特殊时段，对理顺路径真正有过特别助力作用的刊物，这让自己对之自然有一种不一般的情感。几十年来，自己几乎没有离开过古籍整理出版，《简报》作为行业信息交流最重要的平台，出于职业需求，你必须关注它。但自己从事职业出版数十年，所阅报刊可谓无数，其中也不乏喜爱者，却大都随看随弃，唯有将《简报》认真收存收到的每一期，保存至今，则是出于对这份刊物习惯成自然的尊重和持续不减的情怀。在《简报》将要刊发600期之际，谨把这份情怀分享出来，借以表达一位老读者，也是老作者发自内心的致敬和恭贺之意。古籍整理是关乎中华传统文化薪火相传且得到国家高度重视的长久事业，相信并祝愿与之相伴相生的《简报》必会越办越好，绿树长青。

（原刊《古籍整理出版情况简报》2021年第2期）

关于开展新中国古籍整理出版事业史研究的思考

徐　俊

出版是人类文明传承传播的重要方式，中国是造纸术、印刷术的故乡，有着悠久的出版传统。“惟殷先人，有册有典。”古代典籍是中华民族历史文化的最主要载体，数千年来，传抄、刊刻不断。新中国成立之后，经过七十余年的古籍整理探索和出版实践，传统的古典文献学与现代出版事业融合，逐渐形成了新的古籍整理范式和规范，确立了古籍整理学科和古籍整理出版事业的地位。

古籍整理学是中国古典文献学发展形成的一个实践型分支，新中国古籍整理出版事业以传统的古典文献学为学术基础，以系统清理和传承传播中国历史文化为目标，创立了现代古籍整理范式和规范，既保持了古典文献学“还原”古籍原貌的要旨，又适应广泛的社会需求，践行现代出版业对出版物的“便读”追求，成为新中国文化建设的一个重要方面。

据《新中国古籍整理图书总目录》统计，截至2003年全国出版的古籍整理图书共17 000种，七十余年间呈阶段性翻番递增态势：新中国成立之初五年，每年平均出版古籍整理图书不足30种；1958年古籍整理出版规划小组成立后，古籍整理出版步伐加快，每年平均出版古籍整理图书的数量达到200种左右；20世纪80年代，古籍整理出版迎来了新的发展，每年平均出版古籍整理图书增至400种左右。近年来特别是党的十八大以来，古籍整理出版工作更加繁荣兴盛，每年平均出版古籍整理图书1 800种左右。历史、地理、文学、语言文字、哲学、宗教、文化艺术、科学技术等领域重要的基本古籍，都有了可供学术研究和读者阅读的现代整理本。各学科的古籍基本书都有了经过点校整理的现代读本，是一个了不起的成就。

当下中国正处于世界百年未有之大变局和中华民族实现第二个百年伟大复兴的历史交汇点上，党的二十大提出要以中国式现代化全面推进中华民族伟大复兴，习近平总书记在中国人民大学考察讲话中更明确指出："加快构建中国特色哲学社会科学，归根结底是建构中国自主的知识体系。"2022年4月，中共中央办公厅、国务院办公厅联合印发《关于推进新时代古籍工作的意见》，《意见》提出，做好古籍工作，把祖国宝贵的文化遗产保护好、传承好、发展好，对赓续中华文脉、弘扬民族精神、增强国家文化软实力、建设社会主义文化强国具有重要意义。2023年6月2日习近平总书记在文化传承发展座谈会上指出："开辟和发展中国特色社会主义，把马克思主义基本原理同中国具体实际、同中华优秀传统文化相结合是必由之路。""第二个结合"表明我们党在传承中华优秀传统文化中推进文化创新的自觉性达到了新的高度。古籍整理出版工作在建设中华民族现代文明中要承担重要作用，这是我们古籍出版人的新时代文化使命。新中国开创了古籍整理出版事业的新局面，造就了全方位、大规模、成系统地持续整理出版古籍的格局，中国古籍整理出版事业如何适应时代大势，如何在“创造性转化、创新性发展”，“建构中国自主的知识体系”，“建设中华民族现代文明”中发挥应有作用，如何发挥古代典籍的保护传承、整理研究、传播利用的源泉价值，是古籍整理学科和古籍整理出版事业必须面对和回答的问题。

因为古籍整理出版与传统文献学的密切关联性和与现代出版业的共生关系，新中国古籍整理出版成就丰硕，但关于新古籍整理出版事业的系统研究成果明显不足，现有研究主要集中在以下四个方面：(1)基于古典文献学的概论性著作，代表成果如黄永年《古籍整理概论》（陕西人民出版社，1985年；上海书店出版社，2013年），以陈垣“校勘四法”为理论基础，逐项介绍古籍整理方法和工具，是古籍整理工作简明实用的入门书。(2)基于古籍整理出版工作实际，撰写的古籍整理方式方法释例著作，代表成果如程毅中《古籍整理浅谈》（北京燕山出版社，2001年）、许逸民《古籍整理释例》（中华书局，2011年），就各类古籍整理所涉及的整理方式，以大量例证进行示范解说。后者收录的古籍整理体例文献，包括1991年由中华书局赵守俨、程毅中、许逸民等前辈学者集体讨论写定的《古籍校点释例（初稿）》，也包括2007年之后中华书局点校本“二十四史”修订工程的主要体例文件，是目前最完整的古籍整理例则类文献汇编。(3)隐含在中国出版史、新中国出版史著述中的古籍整理出版事业发展历程的研究。中国出版史、现当代出版史研究，近年逐渐展开，学术成果颇丰，如刘杲、石峰主编《新中国出版五十年纪事》（新华出版社，1999年）、王育红著《中国古籍整理出版研究（1949—2021）》（中国社会科学出版社，2022年）。概论类著作如吴永贵主编《中国出版史》（湖南大学出版社，2008年）、肖东发等著《中国出版史》（北京大学出版社，2017年），均为以中国古代为重点的图书出版史课程教材，偏重于图书馆学、编辑出版学。新中国出版史料类著作如中国出版科学研究所编《中华人民共和国出版史料》（中国书籍出版社，1995—2013年），分卷编选1949—1991年间党和政府主管部门发布的出版管理文件和其他重要出版史料；又如中国出版协会编《新中国出版编年史》（《中国出版年鉴》杂志社，2021年），以年月为序，记录新中国成立70年来的重要出版史实，包括大量与古籍整理出版有关的历史事件和出版物准确时间记载，起到新中国出版史坐标系的作用。（4）古籍整理出版重要人物、重大事件、重点图书的个案研究。重要人物类如柳斌杰主编“中国出版家”丛书，包括商金林著《中国出版家·叶圣陶》（人民出版社，2017年）、齐浣心著《中国出版家·金灿然》（人民出版社，2018年）、范军等著《中国出版家·周振甫》（人民出版社，2021年）、邱雪松著《中国出版家·宋云彬》（人民出版社，2022年）在内的与新中国古籍出版事业相关的人物传记；一批古籍出版领军人才结合工作撰写了大量与古籍出版史事有关的文章，如姜小青对历次古籍整理出版规划的研究（《新中国古籍整理出版规划概览》，《中国出版史研究》2022年第1期），宫晓卫对全国古籍出版社联合会（中国版协古工委）发展历程的追索（《古籍出版社社长年会起始及其他》，《中国出版史研究》2019年第3期），以及高克勤、徐俊、姜小青先后发表的依据上海古籍出版社、中华书局、凤凰出版社档案和亲历的出版工程，撰写的大量重要古籍出版史文章（高克勤《传薪者——上海古籍往事》，人民文学出版社，2016年；徐俊《翠微却顾集——中华书局与现代学术文化》，中华书局，2021年；姜小青《诚斋文录》，广陵书社，2023年）等。因为古籍整理出版事业涉及学科、行业、产业，已发表的著述中，尚缺乏整体性、系统性的研究，基本史实的梳理、基础文献的汇集、主要问题的研究，都有待系统深入开展。

1949年中华人民共和国成立以来，作为新中国文化事业重要组成部分的古籍整理出版事业的发展历史，要全面梳理新中国古籍事业七十余年的发展历程、机构设置、政策管理、运作机制、成果评价以及人才队伍建设，深入研究各类古籍整理的方式方法形成和范式确立的过程，综合研究古籍整理出版遇到的重大学术问题、前沿问题（如古籍数字化），选择重要古籍整理典型案例进行多方位考察研究，展示新中国古籍整理出版事业的辉煌成就，探索新时代古籍整理的重点任务和适应时代需求的主要目标，为古籍整理出版高质量发展提供理论的和实践的学术支持，在现代古籍整理学科即将走过第一个百年之际，为古籍整理出版事业寻求新的拓展方向。

新中国古籍整理出版事业史研究，要突出理论性和实践性的结合，以“新中国古籍整理总书目”为工作基础，在新中国古籍整理出版事业史的框架下，展开古籍整理出版范式研究，对古籍整理出版的理论与理念、方式与方法、通例与变例，进行深入研究，以期成果富有总结性和前瞻性。包括：（1）新中国古籍事业七十多年发展历程、运作机制、管理机制、评价机制的梳理研究，全面展开涵盖古籍整理出版事业各方面的学术调查，包括对1958年成立至今的古籍小组、历次制定颁发的古籍整理出版规划的研究，形成纵向的“新中国古籍整理出版史”。（2）现代古籍整理出版方式方法及其流变、确立的考辩研究，包括古籍整理的基本方法（如标点、校勘、汇校、集解、注释、今译、辑佚、影印、索引以及数字化等）以及与传统文献学（目录学、版本学、校勘学）的关系研究，从古籍整理代表性成果的工作实践中提炼构建古籍整理学科的基本理论支撑、例则标准，形成横向覆盖的“古籍整理出版范式研究”。（3）新中国古籍整理出版个案研究，对重要学科和类别（语言文字、文学、历史、哲学、宗教、出土文献、域外汉籍，以及古籍普及工作）的古籍整理出版成果，分别选择有典范性、开创性、创新性的个案（如《资治通鉴》标点、“二十四史”点校、“四大名著”整理，《全宋诗》《全宋文》《全元文》《中华大藏经》《续修四库全书》《四库存目标注》《古本戏曲丛刊》编纂，《永乐大典》、“敦煌文献集成”、“中华再造善本”辑印等），进行全方位呈现，研究其出版定位、编撰体例，以及出版组织，总结经验教训，突出对当下古籍整理工作的示范指导意义，形成涵盖各类型古籍整理出版主要成果的“新中国古籍整理重要案例汇编详解”。（4）编撰《古籍整理出版规范实用手册》，以古籍整理出版基本知识、专业术语为重点，条目化呈现古籍整理学科与实践所涉及的内容，兼及古籍整理出版必备工具书、参考书介绍，重要古籍数据库及网络资源介绍，以及历年颁行的古籍整理出版指导性文献，既便于古籍整理出版从业者使用，也便于古籍爱好者、读者准确理解古籍整理图书。（5）编撰《新中国古籍整理出版总书目》，摸清家底，撰写分级提要。2005年，全国古籍整理出版规划小组办公室组织编纂出版了《新中国古籍整理出版图书总目录》（岳麓书社，2007年），收录时限为1949年10月—2003年12月，近二十年特别是党的十八大以来古籍整理出版事业飞跃发展，除了古籍出版品种数量大幅增加外，出版范围进一步拓展，在考古、域外汉籍、地域文献方面成果突出，亟须进行补编完善，形成今后古籍整理出版的基础和新的起点。为便于大家使用，可以网络版形式出版。

要言之，对新中国古籍整理出版历程进行系统准确的钩沉辨析，勾勒呈现新中国古籍整理出版事业史；对现代古籍整理出版范式及方式方法进行全面考证研究，厘清古籍整理学科与传统文献学之间的关系，为古籍整理出版研究建构充分的学理依据；通过个案详解，树立各类别古籍整理的典范及其可以借鉴推广的通例，为新时代古籍整理出版高质量发展助力；新时代古籍整理出版工作正向着更大的学科范围和更精审深入的质量要求拓展前进，古籍整理出版标准规范的制定和人才储备培养刻不容缓，通过《古籍整理出版规范实用手册》的施行，更好地满足学术界和社会大众的需求，呼应当下“创造性转换、创新性发展”对古籍整理出版事业的时代需求。

（原刊于《光明日报》2024年9月14日）

附录

徐俊：专业化是中华书局人的精神血脉

张竞艳

业精于勤，而贵以专。治学如此，做出版同样如此。

2000年，在敦煌莫高窟藏经洞发现一百周年之际，徐俊出版了《敦煌诗集残卷辑考》，首次完成全部敦煌遗书中存世诗歌的整理，这部作品代表了当时敦煌诗歌研究的前沿水平，至今仍是这一领域的代表著作。时隔十余载，已是中华书局总经理的徐俊再推力作《鸣沙习学集：敦煌吐鲁番文学文献丛考》，中国唐代文学学会会长陈尚君评价此书："引证之丰沛，考辨之绵密，分析之仔细，发明之新警。"而在中国出版集团副总裁潘凯雄的眼中，徐俊是一位专业的学者，更是一个优秀的职业出版人，"一个专业的学者未必能够成为一个优秀的职业出版人，但一个优秀的出版人则不能不专业"。

继入选全国新闻出版行业领军人才和全国宣传文化系统"四个一批"人才之后，徐俊新近荣膺第四届中国出版政府奖"优秀出版人物"。

在编辑学者化的环境中成长

1983年，徐俊如愿以偿，被分配到中华书局工作，并与文论专家、资深编辑周振甫成为同事。“1980年代的中华，充溢着一种求知向学的风气。”徐俊记得，周先生每次有新著出版，必签名送给编辑室每一位同事。“周先生是学者型编辑的代表，那时候，中华的老辈编辑如杨伯峻、王文锦、赵守俨，都有专精绝学。中年一代如程毅中、傅璇琮先生，他们的著述，在学术界都有很大的影响。”当时徐俊所在的文学编辑室每个人都有专业分工，得益于前辈的指引和同事的砥砺，为他人做嫁衣的同时，也在自己的专业范围内不断积累。

1986年前后，因为承担责编陈尚君《全唐诗补编》的机缘，徐俊开始接触敦煌文学文献，并尝试对敦煌诗歌写本进行系统普查。当时中华书局还在北京的王府井大街36号办公，这里离科学院图书馆、北京图书馆不远，而书局自己的图书馆馆藏也十分丰富。徐俊接到书稿的第一件事就是“泡”图书馆，查阅当时学术界已经发表的《全唐诗》订补之作，确定编辑工作重点。其间系统翻阅了140册的《敦煌宝藏》影印本。到1991年，徐俊基本完成敦煌诗歌写本的查考和校录。经过一再修改补充，2000年6月《敦煌诗集残卷辑考》正式出版。

无论是治学还是编书，“小叩则大鸣”的周振甫等老一辈编辑的言传身教，给徐俊的影响至深。虽然曾有机会留在中国社会科学院文学研究所做一个纯粹的学者，但徐俊2003年奉调回到书局，选择在编辑出版这个平台上尽责履职，“对于我们这些多年从事出版的人来说，虽然学问心还在，但做出版是更合适的选择，能够更大地实现自身价值和社会价值”。

徐俊告诉记者，过去书局提倡编辑学者化，现在我们提倡编辑专业化，专业化是中华书局的传统。“编辑要对自己所在的出版板块、所负责的学科，长期跟踪，深度介入，有对学术的基本判断能力，才能真正服务学术、服务作者。”在中华书局，编辑人员参与古籍整理出版，独立完成古籍整理项目，从事相关的学术研究工作，并非个案，而是书局延续至今的传统。“古籍整理是经验性和实践性很强的工作，做过和没做过完全不一样。我们这辈人处在过渡期，在历年的工作实践和积累中，延续了老一辈的传统。而年轻一辈尤其是近几年入职书局的硕士生和博士生，他们的专业背景和提升机会，都比我们这代甚至前一代人更好。书局近年来一些重点古籍整理和学术著作的出版，得益于年轻一代的努力，也助推了年轻一代的成长。”

“二十四史”点校本修订

中华书局版的点校本“二十四史”及《清史稿》，是海内外学术界公认的权威版本。然而受当时客观条件所限，加之整理出版历时绵长，参与点校者变动，点校标准和体例未能统一，整理深度各有参差，各史都存在着不同程度的缺憾。为适应新时代学术发展和读者使用的需求，这部大书亟须全面修订。

2007年，“二十四史”及《清史稿》点校本修订工程正式启动。由于各史点校本情况复杂，作为工程工作委员会办公室主任的徐俊，必须做到心中有数，从修订总则起草和承担单位遴选，到各史修订方案制定，包括底本选择、修订体例、样稿审读，以及出版后的宣传营销，徐俊全程参与了工程的组织和出版工作。“以程序保证质量。”编辑组对每一条校勘记、每一处改动都要认真复核。对于有争议的问题，编辑组与修订组要集中讨论，徐俊几乎从头到尾参加每一次讨论会，共同商定问题处置办法，重要环节绝不假手于人。每一史的修订稿，书局都要请十几位专家外审，徐俊对每一位专家的意见都会认真阅读核查，按照修订体例予以鉴别吸收。

几乎每一史修订本问世，徐俊都会做深度访谈，在发掘和肯定老一代整理者贡献的同时，也对新一代修订者的贡献予以充分表彰。近几年来，中华书局局史是他关注最多的一个方面，围绕局史上重要的书和人，写下了十几万字的文章。在他看来，研究敦煌诗歌和书局局史都因工作而起，因工作需要，摸索学习，形成了自己的一点学术成果。"作为书局的编辑，不一定也不可能都去当学者，但个人的学问心不能丢，对学术标准的追求不能丢。"

目前，"二十四史"修订本的《史记》《旧五代史》《新五代史》《辽史》《魏书》《南齐书》已经先后出版，修订本《宋书》《隋书》《金史》等即将面世。值得欣慰的是，古籍整理逐渐受到全社会更多的关注和肯定，继摘得教育部人文社科成果一等奖后，《史记》修订本又获得了第四届中国出版政府奖提名奖和首届宋云彬古籍整理奖图书奖。除了"二十四史"点校本修订工程，这几年徐俊主抓的《天一阁藏明钞本天圣令校证（附唐令复原研究）》《新获吐鲁番出土文献》《敦煌经部文献合集》《长沙马王堆汉墓简帛集成》等重点图书，也先后荣获中国出版政府奖等多个重要奖项。

不专业无产业

潘凯雄在为《鸣沙习学集》写的书评中提出，不专业无产业。他认为，优秀出版人之专业至少应该包括两层含义：一是对自己所在出版领域的学术专业，二是对出版本身的职业专业。

徐俊表示，学术专业和职业专业二者兼长是个人和团队都不应该放弃的追求，但在不同的产业环境和发展时段中，其标准是不一样的。“出版是内容产业，好的出版人应该是出版领域的行家里手，对内容要有判断力和把控力。”中华书局始终坚持守正出新，“计划经济时代，古籍整理出版的标准主要是学术标准，以国家古籍整理规划为指针，逐年积累。现在产业环境发生了根本性变化，专业出版所面临的学术研究和读者需求都发生了变化，如何在新的上下游环境下优化和调适我们自身的工作，实现两个专业结合，是我们必须面对的”。

徐俊说，中华书局作为传统文化出版重镇，其最大的特征和优势就是专业性，集中体现在重大项目带动和“基本书”理念两个方面。“发挥重大项目的带队作用，在古籍整理学术出版行业保持领先地位。所谓领先，不是简单地比重点项目和获奖数量，而是要围绕国家战略，服务学术，引领读者，聚集资源，保证核心品牌发展，并带动骨干人才成长和专业队伍培养，推动古籍整理学科和传统文化产业的建设和成长。”

中华书局近年来在传统文化大众出版方面的成功探索有目共睹，徐俊告诉记者，“除了重大项目，我们还坚持出版基本书和‘小书’”。一些“小书”可能永远无缘获奖，甚至申请不到古籍出版补贴，也很难快速得到市场回报，但从长远来看有益于书局出版体系的建设，是学科建设所需，即使销量少也要做。“传统文化大众出版同样强调‘基本书’理念和体系建设。所谓的大众书实际都是小众书，大众书是个泛概念，其实是精准的小众。”中华书局一直强调要以专业的精神和标准来做大众出版，这也是其传统文化大众图书能够占领市场的根本原因。“体系建设、内容原创、形式创新、质量保障，这四个问题解决了，我们的传统文化大众出版才能走得更远。”这几年，书局重印书的品种数和销售量占比都很大，得益于产品的有效积累，是专业化保证了细分市场的位置。此外，中华经典古籍库等数字出版产品，同样体现出书局的专业水准。

基于多年来的实践和积淀，专业化的传统早已融入了中华书局人的血脉中，书局的品牌影响力得以不断提升。对于书局未来的发展，徐俊指出，有几个大方向一定要坚持。一是坚持传统文化的出版方向和“同心多元”的产品战略。二是坚持古籍整理“基本书”理念，继续做好原创和深度整理同时，鼓励适应新形势的后出转精和更新迭代工作。三是坚持大力推动传统文化大众出版，既是为了生存，也是为了满足时代需求。“尽出版的社会责任，并在这个过程中发展企业自身。”

（原刊《出版人》2018年第2期）

宫晓卫：情系丽娃，功在学林

李欣昕

第一次给宫晓卫社长打电话时，听到话筒里传来的浑厚直爽的声音，记者的脑海之中立刻勾勒出了一个典型山东汉子的形象。后来的几次电话联系，更加深了这种印象。师从施蛰存先生，现任齐鲁书社社长的他，回忆起华东师范大学时，依然像一个诚恳的学生。那些事，那些人，依然历历在目，仿佛从来不需要想起，因为从来没有忘记。

往事并不如烟：在师大的时光

1978年，宫晓卫进入华东师范大学中文系就读，至1985年硕士研究生毕业，经历了七年。谈起这段求学时光，宫晓卫由衷地用“难忘”二字概括。“特别是像我们这一代经历了‘文革’、下乡、返城工作，再入大学读书的人，那种对知识的渴求、读书的勤奋、对老师的感情，从而形成的刻骨铭心的记忆，是其他人所难以体会的。”

带着对文学的喜爱，1982年从华东师范大学中文系本科毕业之后，宫晓卫报考了施蛰存先生的研究生。当时跟随先生就读的同窗一共三人，专业方向是明清文学。师兄弟三人如今都在自己的领域颇有建树：师兄王兴康现任上海古籍出版社社长，与宫晓卫可谓南北呼应；另一师兄张文江如今在上海社会科学院工作，在钱锺书的研究方面卓有成绩。

他们在研究生入学的第二年春天，施先生就被查出了直肠癌入院手术治疗。此后他们随导师的学习都是在医院和施先生家里进行的，这也许是他们和先生之间有着更深一层师生情谊的原因之一。与施先生这种亲近的交流，使他们在学问以及学问之外都学到了很多。大家都感叹，有时候仅仅是一种感觉，一种体会，也可以让后学终身受用。

宫晓卫说，从施先生身上可以学到很多，大致说来可以简单归纳为以下几点：

首先是不做死学问，读书不固守一端。施先生是学贯中西的大家，这一点现在这一代人已经很难企及，但从先生那里得到的对知识融会贯通、不抱残守缺的态度，对自己后来从事出版工作给予了极大的帮助。

其二是自然率真，开朗通达。先生年已耄耋，特别是动了癌症手术后深居简出，但他绝不闭塞。他家中经常有客人造访，谈的除了学问便是时兴的话题，他的观念开放而超前，言谈睿智，分析透辟，每每令人为之叹服。他又极懂得生活，如学生们毕业前外出考察回来，向他汇报考察情况，施先生往往会提到当地有什么美食，问大家尝了没有，继而会从饮食聊到当地的文化。宫晓卫说，也曾听到过有关施先生达观的许多传说，而他亲眼所见的是当年在华东医院，当施先生从他手中拿过检查单，知道自己患的是癌症时，表现出的是一种惊人的平静。这一幕，以及后来施先生在患病期间始终乐观的态度，都成为宫晓卫为之敬佩和一心想效仿的人生态度，并在后来的工作中成为强有力的精神支柱。在他遇到困难愁白了头时，这种精神激励着他迎难而上，并最终迈过了那道难越的坎。

还有一点，就是施先生严谨、规范的治学态度。做事精心细致、一丝不苟，这种态度极大地影响了学生们，成为他们效法、遵从乃至形成习惯的工作作风，学生们至今受益无穷。施先生做学问、处理稿件，从未见有丝毫马虎。宫晓卫曾为先生整理誊抄过部分《唐诗百话》文稿，每抄写一篇，先生都重新认真校过。施先生编《词学》时，自己不清楚的事情绝不轻易断言，如为了解济南大明湖公园内辛弃疾祠堂究竟是什么样子，他曾专门让宫晓卫在假期回家路过济南时，下车去看看，并给他拍几张照。宫晓卫到出版社工作后，给先生寄了几册书，施先生从中发现了问题，不仅来信指出来，还不厌其烦地详细开列了一份完整的清单，以提醒学生注意。因先生的榜样和教诲，宫晓卫也养成了严谨认真的工作习惯，从事出版工作以来，他责编的图书不下百种，没有一种是不合格的；即使是他任出版社社长之后，在繁忙的工作之余责编的书，上级历年的图书抽审结果也都是优秀。由他终审的图书已近千种，从未出现过重大的政治和学术问题。可以说，先生的影响，让每一个学生都受益终身。

除了恩师施先生，宫晓卫与其他许多先生都建立了良好的师生情谊。在毕业之后，每年他几乎都有机会出差到上海。因此，他与师大的缘分并没有因为毕业而中断。他在出差期间常常重返校园，见证了母校一步步发展。虽然他曾为住过多年的一舍被拆除而感到遗憾，看到丽娃河边当年文科研究生宿舍日渐衰老，作为当时新楼的第一批入住者，他也曾不由得发出“楼犹如此，人何以堪”的感叹；发现沐浴了近百年风雨的文史楼经过整修，新的瓷砖已经覆盖了当年记录岁月痕迹的米黄色水磨石楼梯，他也不免会感慨。尽管如此，他依然为母校的发展而感到高兴。

走在校园里，他想到更多的是那些先生们，许杰、徐中玉、万云骏、郭豫适、马兴荣、齐森华、王铁仙、李玲璞……他们在记忆中从来不曾远去。还有那些正当青春年华的青年教师和辅导员，想到他们授课时的风采，他们友善的管理，感觉就顿时温暖生动起来。尽管有的先生自从他毕业之后就再未谋面，甚至有的先生早已故去，但在他心中，往事并不如烟。特别是当他看到现在仅中文系一届就授予博士学位三十多人，回想他们那一届中文系硕士生仅仅只有八人，他由衷地为母校的成长和壮大而欣喜。

纸短情长：与施先生的通信

1985年毕业，当宫晓卫最终谢绝了上海几家单位的接纳和挽留，决心还是为了远方的“她”而回到山东工作，到愚园路施先生家告别时，先生笑着说：“宫晓卫，你还是儿女情长啊！”当时他内心知道，先生是希望他留在上海的。老人家虽然大病在身，足不出户，却熟知当时的外界人事环境，从上海往外走容易，要再进上海则难，因此曾劝宫晓卫先留上海再作打算。当时他同施先生谈了自己的想法。他既不想放弃专业，又因曾在毕业实习时突发咽炎，产生了对上大课的恐惧而不想到高校任教，所以选择了到古籍出版社工作，况且师兄王兴康在上海古籍出版社，他去齐鲁书社，也算是“南北呼应”。对弟子的选择，施先生表示了理解和支持，只送了他那样一句无奈的戏谑。十多年后，施先生的弟子们没有让先生失望，宫晓卫和王兴康分别挑起了各自单位的大梁，又一起担任了全国古籍出版联合会的副会长,为古籍出版事业一起努力着。

自从回到山东工作后,宫晓卫就开始了和施先生的书信往来,两人的通信保持了好几年。后来因施先生年事已高,复信困难,宫晓卫说:"不敢再因自己的信而劳动他老人家。加之到上海出差与先生见面机会增多,所以后来除了年末互寄贺卡问候,写信就停了。那些与先生的通信,因自己曾一段时间居无定所,办公室又几经调整,遗失了一些。主要的几封谈书稿、谈出版的,我一直保存着。华东师范大学出版社编辑出版《施蛰存文集》,策划人刘凌先生向我征集书信,我把大部分复印给了他。刘凌先生将它们照单全收进了先生的文集中。"

那些与施先生的通信,成为宫晓卫的一笔巨额的精神财富。他说每次看到这些信,都会给他极大的触动。在施先生身边,他不仅得到了学业上的精心指导,而且在为人上也潜移默化地受到了良好的熏陶。谈起施先生对他影响最大的方面,宫晓卫说有两点。除了施先生严谨、规范的治学态度,还有一点就是施先生通达的现代意识。

"先生不出门,已知天下事",施先生对世事的洞明,令人难以想象。宫晓卫说:"当时出版还未完全放开、进入市场,先生已表现了超前的市场意识,从成本投入到市场预测,老人显得心知肚明。他的一些建议,直接启发了我对选题的策划。如他建议我们影印一批易销书,最好是用大32开本,计划一套丛书性质的系列书,统一封面、装帧,即使获利不大,也是打出招牌的产品。于是我向社里提出了开发影印书的建议,被采纳后我担任了影印室的主任,推出了齐鲁书社第一部走市场的影印书《易学精华》,当年就为单位创出了良好的经济效益。该书也成为我社的保留品种。"施先生不仅具有现代意识,在人生态度上一样达观向上。大约是在2001年秋,宫晓卫到上海出差,和师兄王兴康、张文江一起去看望施先生，施先生当时已经是近百岁的人了，尽管卧床不起，但头脑还是非常清醒。看见学生来，他很高兴，用手比划着自己的两腮，说："宫晓卫，侬哪能这副样子了。"意思是这个弟子胖得让他有些不认识了。继而又说："我现在不行了，没力气。"口气中并没有任何沮丧。言谈间，他突然喊孙女去拿几百元钱，让王兴康拿着请宫晓卫吃螃蟹，说现在是吃螃蟹的时候，他不能出去了，王兴康他们在上海，就代表他了。其通达的胸襟，对生活的态度，令宫晓卫惊讶不已，也感动不已。

施先生对学生的拳拳关爱之心也让人难以忘怀，不仅仅是对学生有问必答，有信必复，更时时关心学生的工作、生活。当得知宫晓卫结婚的消息，施先生写信给他说要送一件结婚礼物。后来此事几乎成为施先生的一件心病，不断托人打听到济南出差的人。事过半年，当宫晓卫接到上海来人捎来的先生送的文房瓷器，感动得几乎掉下泪来。在工作方面，施先生也一直惦记着学生。宫晓卫到出版社不到两年，社领导就找他谈话，希望他能组领一个编辑室，独当一面开展工作。当时他考虑手头尚有一些稿约未能完成，同时还想趁毕业未久，手头未凉，在所学专业方面写点东西，不愿意被行政事务缠身，因此谢绝了领导的安排。事后他在信中向施先生提及此事，很快就收到了回信。信中大意是说"领导要你独当一面，你却不干，大是错误！你太胆小，没有干劲，我觉得老师有责任推动你一下。你此刻如果没有勇猛精进的精神，再过四五年，一定有人超越在你前面，没有领导人找你独当一面了。年轻人做事要立刻抓住机会，不可踌躇不决，坐失良机。我劝你大胆接受任务。"施先生的点拨，如同醍醐灌顶，此后他再也没有拒绝过职务的安排。

每次读施先生的信，在感动和怀念的同时，也都会唤起宫晓卫心中抹不去的一丝隐痛。踏入出版行列之初，他一是想为恩师出部书，同时也想为单位拉点名家书稿，因此写信问施先生有无书稿可给齐鲁书社出版。施先生来信谈到自己所选《花间新集》，见信后，宫晓卫即将此事向单位有关负责人作了汇报。孰料单位负责人只认注释本，而施先生在后来的信中则专门谈了自己不拟注释的想法和对古籍加注的看法，此事只得搁浅。没想到此后就一直没有与施先生出版合作的机会。等到他可以拍板选题上马与否时，施先生的精力已经不允许再搞新作了。每当想到此事，宫晓卫就觉得“身为学生、身为出版人，却未能在自己供职的出版社为先生出哪怕一种书，留下的遗憾已经是无可补救了”。

功在学林：在齐鲁书社工作的日子

毕业之后，宫晓卫回到了故乡山东，就职于齐鲁书社。齐鲁书社成立于1979年春，是“文革”后成立的全国第一家出版文史古籍和传统文化学术专著为主的地方专业古籍出版社。山东作为儒家文化的发祥地，有着丰厚的传统文化资源。当时的省领导和出版界领导据此提出成立一家以弘扬传统文化为主的专业古籍出版社，是很有眼力的。书社成立之初，在各级领导的关怀下，在学界的大力支持下，趁着拨乱反正、百废待兴的大好时机，出版了一大批有影响的古籍整理和学术著作，得到了海内外各界的一致好评，被誉为“文兴齐鲁，功在学林”。但在图书出版进入市场经济之后，由于学术著作的受众狭窄，原可为古籍出版社带来较好经济效益的古典小说因太多出版社的介入而走向低迷，古籍专业出版社的经营日渐困难。

宫晓卫进入齐鲁书社之后，先后任编辑、编辑室主任，在此期间积极倡导并参与策划、整理、编辑的《明代四大奇书》、“小字本”古典小说系列，以及开发的走市场影印古籍，都给出版社带来了丰厚的利润。在齐鲁书社的古典小说市场很好、经营顺畅时，他被调到山东出版总社任职。等到1997年初他被任命为齐鲁书社社长，重新回到自己熟悉的古籍出版行业时，齐鲁书社已处在选题匮乏、入不敷出、负债沉重的极度困难时期。面对巨大压力，回齐鲁书社仅仅三个月，他的头发就花白了。面对困难，他并没有退缩，而是凭着一股坚韧不拔的乐观精神，经过不断的改革、调整，以及与职工一起踏踏实实地向前拼搏，在很短的时间里就扭转了单位无序、懒散、低效的状态。用两三年时间解决了过去遗留的书稿问题，组织完成了《四库全书存目丛书》《续修四库全书总目提要》《中国封建社会经济史》《中国美术史》《中国古籍版刻辞典》《齐文化丛书》《二十五别史》等一批重点书稿的出版。他坚持不断地进行选题策划开发，使社里有了较好的选题储备，经过市场的检验，适合单位发展的图书出版结构已经基本成型，更重要的是，职工的观念发生了根本的转变。至此，他们还上了欠债，并有了比较殷实的家底，使单位逐步走上了良性发展的轨道。

在他的领导下，近年来，齐鲁书社的出版物分别获得国家图书奖、中宣部“五个一工程”奖、国家辞书奖一等奖等大奖，这在地方古籍出版社中是不多见的。目前齐鲁书社早已摆脱了负债沉重、经营困难的阴影，在人员实际没有增加的情况下，年出书品种较他上任之时已翻了几番，销售收入提高数倍，职工收入也翻了两番多。宫晓卫说，有了这样的结果，干得虽然很累，却很充实，也很快活。特别是古籍专业出版，使他在学校学到的知识有了用武之地。在这里干，他不外行。对选题的文化价值、学术价值乃至市场，他都能够做出比较准确的判断。这是他能够策划选题，也能帮助编辑订正、完成所策划的选题的基础。大家的共同努力，为单位带来良好的社会效益和经济效益。看着一批批新书的出版，让工作着的人们看到了其中的意义和价值。

特别是近几年来，国家非常重视对优秀传统文化的弘扬，关注和思考如何让中华文化“走出去”。这对于从事古籍出版行业的宫晓卫来说，感受到的是更为真切的价值感。宫晓卫知道，如今古籍专业出版还面临着许多困难，由于它的专业性和受众的限制，使其在市场经济条件下的经营难度要远远大于其他出版社。但是传统文化的图书出版联系着民族文化的根，是不应也不会消失的。因此虽然困难在前，依然要迎难而上。这就是施先生弟子特有的韧劲。

印象中，宫晓卫一直很忙碌，每天的日程都排得满满当当。在几次电话采访中，记者常常为干扰他繁忙的工作而感到不好意思。然而他答应的事情，无论多忙，都抽出时间仔细做好。他对自己的评价是这样的：“一个比较典型的山东人，直爽、纯朴、厚道；与人交往，真实、诚恳、讲信誉，君子成人之美。做事情，认真严谨，讲秩序，讲原则，讲责任。最大的特点是做人真实，待人真诚，注重品行，讲究责任。正因为如此，我与朋友交往，能得到信任。干事情，轻易不会出现失误。工作中会有分歧，人格上没有非议。”几句话，朴质诚恳，相信与他交往过的人，都会同意此言不虚。

（原刊《丽娃河畔逸事》，华东师范大学出版社，2006年11月）

高克勤：业精于勤，行成于思

奚彤云

二十世纪八十年代中期，二十四岁的高克勤于复旦大学中文系硕士研究生毕业后，怀抱着学术理想进入了上海古籍出版社。其时，全国的古籍整理和出版正处于复盛期，作为全国最早成立的两家古籍出版机构之一，上海古籍出版社已然是传统古籍和相关研究专著的出版重镇。社内人才济济，高克勤带着继续学习的热情，很快摸出了编学相长的门道。不过当时的他，只愿安静踏实地做一名普通编辑，从未想到将来掌社的大任会落在自己的肩上，也不曾预料学术出版会随着市场经济发展而受到不断冲击。之后他随上海古籍出版社经历了九十年代的出版不景气，也通过坚持不懈的努力，跟上了二十一世纪以来出版社企业化后迅猛发展的新形势。在近三十年的职业生涯中，他不仅使自己从一名普通的编辑成长为一位学者型与经营型兼备的优秀出版企业家，也为专业出版社在市场经济条件下的发展之路做出了富于启发性的探索。

复合型人才的养成期

在专业出版社工作发展，永远需要两条腿走路，既要不断提升自己的专业素养，以增强编辑出版能力，又要在实践中磨炼经营管理能力，以应对出版市场化的各种挑战。进入上海古籍出版社后，高克勤即以此标准严格要求自己，很快便在年轻编辑中脱颖而出。

高克勤在复旦大学中文系刻苦攻读七年，打下了文史兼融的牢固基础。研究生期间，他师从著名宋代文学研究专家王水照教授，获得了较深的中国古典文学造诣。这样的专业素质奠定了他从事古籍编辑出版的丰厚底蕴。但高克勤并不满足于此，在与老编辑的共处中，他耳濡目染，很快掌握了古籍编辑的工作要领，这一方面得益于他超强的记忆天赋，另一方面也在于他做事勤敏。高克勤在编辑室长期担任编务，这是一项琐细的工作，但他做得不亦乐乎，每一份过手的原稿、校样、审稿意见、通信，他都当作学习的范本。从中习得的如编辑、选题策划、约稿、退稿、处理读者来信等出版技能，融会了老编辑各种不凡的出版经验和学养，使他站在了一个较高的起点。

之后，高克勤策划、编辑了大量有重大学术价值和广泛社会影响的图书。他兼顾图书的社会效益和经济效益，重视图书的选题策划，积极参加学术活动，与学术界保持广泛联系。二十世纪八九十年代，上海古籍出版社不仅善于发掘新锐学者，而且能团结学界耆宿。年轻的高克勤在与资深学者的交往中，既谦逊又不失底气，因此和许多先生结下了忘年之谊，从而为出版社争取了许多有价值的选题。

在上海古籍出版社工作的前二十多年中，高克勤从编辑做起，历任编辑室副主任、主任、总编辑助理、副总编辑、副社长兼副总编辑，分管过出版社的所有生产经营部门，因此精通编辑出版的各个环节，对于编辑出版形成了自己的理念，集中体现于专业品牌的维养与更新之上。

高克勤以身作则，无论是作为初审编辑，还是复审、终审编辑，抑或无论是作为普通编辑，还是副总编辑，他始终参与到编辑、出版的每一个环节中去。仅就审稿一项而言，他每年审稿的工作量远远超过一般编辑，是出版社审稿最多的编辑之一。由于具有广博的知识面和扎实的语言文字功底，他在审稿时不仅把握政策，而且注重书稿的学术性，提升了书稿的价值，维养了出版社的品牌。由他责编和二审、终审的图书获全国和本市各类图书奖二十余种。其中，《中国文学批评通史》获第三届国家图书奖（1997年）、《戴敦邦新绘全本红楼梦》获第十三届中国图书奖（2002年）、《战国策笺证》获首届中国政府出版奖图书提名奖（2008年）、《上海图书馆藏明清名家手稿》获首届中国政府出版奖装帧设计奖（2008年）。2003年，他被全国古籍整理出版规划领导小组聘为国家出版规划重点项目《中国古籍总目》编纂委员会委员。经过多年的努力，《中国古籍总目》于2012年出版，并荣获第三届中国政府出版奖图书奖。为鼓励他的突出贡献，国家新闻出版总署授予他荣誉证书。

与此同时，高克勤凭借对图书市场的了解，善于根据书稿的市场需要与学术动向，对选题开拓与选题结构做出综合判断，在确保图书质量的前提下，实现图书效益的最大化，为出版社的可持续发展夯实了基础。当出版社转制为企业后，上海古籍出版社仍能在图书出版市场上左右逢源，不得不归功于社领导在做精做强专业的同时，对变动不居的市场保持清醒的观察和思考。这种复合型的素养，非一朝一夕所能养成，从高克勤身上便能看到，在这漫长的过程中，需其本人既能勇于挑战自我，夯实自我，又要有坚守学术理想的持续修为。

作为党员干部，高克勤具有很强的政治意识、责任意识、大局意识；有高度的事业心、责任感和良好的职业道德，在积极开拓、勇于创新、组织协调的同时，严于律己，宽于待人，有相容心，不计较个人名利；为人正派，清正廉洁，求真务实，关心群众，善于倾听群众的意见，及时处理群众关心的问题，在群众中有较高的威信。他的敬业和开拓精神赢得了全社职工的尊敬和信赖，也为他个人赢得了许多荣誉，如1998年获上海市优秀中青年编辑称号和第三届全国优秀中青年编辑奖，2006年获上海出版人奖等。

水到渠成　不负众望

2009年12月，由于工作需要，高克勤调任上海远东出版社社长、总编辑。上海远东出版社当时是上海世纪出版集团中经济状况较差的出版社，是一家管理比较粗放、职工凝聚力较弱的亏损企业，职工全年人均收入仅四万多元。高克勤到任后，通过调查研究，摸清家底，寻求脱困的方法。他紧紧依靠全社员工，以凝聚人心、稳定队伍为抓手，以打造品牌、提高效益为目标，加强管理，夯实基础，开源节流，精打细算，在稳定中求发展。

他有针对性地在建章立制、社务公开、找准定位、做好规划等方面做了大量务实而有成效的工作，充分调动职工的工作积极性；在生产方面积极调整选题结构，减少产品种类，控制生产规模，提高产品质量，出色地完成了各项经营预算指标。社办《上海译报》是一份有悠久历史的文摘翻译类报纸，曾经销量很大，但由于受到手机、网络等新媒体的冲击，销量下降，员工人心不稳。他到任后，鼓励编辑在把握导向的基础上开拓稿源，同时压缩人力成本，加大广告招商，当年便使《上海译报》扭亏为盈。他在上海远东出版社主持工作的三年中，出版社的经济效益有了明显提高，扭转了长期以来的亏损局面，职工收入连续两年增长超过20%，三年后职工全年人均收入超过八万元，流动资金大幅增加，为出版社进一步发展打下了坚实的基础。他参与策划并终审的《中国农村改革(2002—2012)：促进“三农”发展的制度创新》被国家新闻出版总署定为迎接党的十八大主题出版重点出版物，列为国家出版基金项目，并荣获第三届中国出版政府奖图书提名奖，打破了上海远东出版社建社三十年来没有获得国家大奖的记录。经过审计，他在该社主持工作期间实现了国有资产增值。

在社会主义市场经济体制下，专业出版社要做到社会效益与经济效益相结合，难度很大。如何在坚持正确导向、坚持专业方向的前提下，使出版社达到良性发展，是高克勤长期思考并努力不懈的。

在上海远东出版社工作期间，高克勤作为社长、总编辑和社党总支部委员，负责全社一切生产经营工作和纪检工作，以及文明单位创建活动。他在工作中以身作则，亲自参与编辑、出版、发行等各项工作，发挥全社员工的积极性，尤其注重青年干部的培养与提拔。在他的领导下，上海远东出版社干群关系融洽，职工凝聚力增强，生产队伍稳定，出现了和谐发展的局面，更在2011年荣获上海市宣传系统和上海市新闻出版行业文明单位称号，成为一家较有影响的兼顾专业出版和教育出版的综合类出版社。

2013年1月，高克勤重回上海古籍出版社，担任社长兼党委书记。全面主持上海古籍出版社工作后，他以客观的眼光重新审视其发展状况，发现若延续前几年快速增长的老路，规模有限的上海古籍出版社可能会不堪重负，甚至陷入瓶颈。因此他做了积极的、适量的调整，加强管理、提高质量、维养品牌、稳中求进，进一步做好专业出版，保持出版社的专业个性与专业品牌，增强出版社的核心竞争力与社会影响力，使出版社保持良好的可持续的发展。一方面，他狠抓质量管理，除了从规范化的流程控制和明确责任着手，强调书稿三审三校和责任校对制度外，还继续做好出书后编校质量检查，并与奖惩挂钩。另一方面，梳理完善内部管理制度，全面修订并汇编社《管理制度汇编》，新制定《员工手册》和《岗位聘任管理条例》，重申考勤制度，使本社的各项工作有章可循。通过建章立制，在制度层面上为创新转型提供动力、提供保障。

高克勤一边大胆压缩出书品种、减少造货，一边注意盘整库存，加大销售力度，从而较好地完成了图书出版和各项经济指标的预算任务，图书销售收入和利润都有明显增长。与此同时，在党的建设、精神文明单位创建等方面也取得了长足的进步。特别是开展党的群众路线教育实践活动以来，作为上海古籍出版社的第一责任人，他负责查找领导班子和领导干部在“四风”方面存在的主要问题和表现形式，提出并落实“即知即改”事项，以及进一步整改落实、建章立制的思路和措施，着力解决群众反映强烈的突出问题，提高做好新形势下群众工作的能力。这些活动和措施得到了社内党员和群众的肯定。在全社职工的努力下，上海古籍出版社继蝉联市文明单位称号后，又荣获第三届中国出版政府奖先进出版单位奖，并有一批图书荣获国家、行业和地区的大奖，为上海出版业争得了荣誉。可以说，在近三十年的出版工作实践中，高克勤始终坚持正确的新闻出版导向，将党的出版方针与专业出版的实践相结合，取得了出色的成绩。

不仅如此，高克勤作为一位学者型、专家型的编辑，在专业学术和编辑出版学研究方面也取得了丰硕的成果。他在繁重的编辑出版工作之余，还坚持刻苦钻研，勤奋学习，将编辑出版工作与专业学术研究相结合，在王安石与北宋文学研究及编辑出版学方面有相当的造诣，出版有《王安石与北宋文学研究》、整理有《王荆文公诗笺注》等多种著作，发表有《〈陈寅恪文集〉出版述略》《吉光片羽，弥足珍贵——关于〈陈寅恪先生遗稿〉》《普及读物的四个定位》等数十篇文章，在学术界有一定的影响，也使他能够赢得作者的信任，为组约书稿创造了良好的条件。

如今，高克勤在社长、编审、学者等身份间自由转化，诸种身份相辅相成，使其引领的学术出版之路在市场经济条件下越走越宽。

（《上海市市级机关先进典型群英谱第一篇》，上海科技教育出版社，2016年）

姜小青：择一事，就为之终一生

章红雨

与姜小青认识是在中国出版协会古籍出版工作委员会（简称“古工委”）举办的多次相关会议上。作为副主任兼秘书长的他，每次都和同道将会议办得内容满满，让作为记者的我次次都有报道不完的“干货”。

对于姜小青的深度了解则是他的新书《诚斋文录》。虽然姜小青表示书的内容“乏善可陈”，但是古籍出版人却不这样认为。诚如曾任中华书局总经理、中国出版集团股份公司总经理的李岩在《诚斋文录》的序中写道：“凤凰出版社在小青兄手上能够跻身中华（中华书局）、上古（上海古籍出版社）之后多年名列古籍社中第3名，有赖于他在高纪言、薛正兴（原江苏古籍出版社两任社长）等前贤基础上的坚守与超越。”

坚守不易，超越更难。姜小青如何做到两者兼顾？《中国新闻出版广电报》记者以书为介采访了姜小青。

感念人生路上的恩师们

姜小青从事古籍出版始于1991年。1988年5月，从师专毕业当了4年省重点中学语文教师和几个月高校学报编辑的姜小青，考上山东大学中文系硕士生，师从于维璋先生学习中国古代文学批评史。

回顾3年硕士研究生学习，姜小青感念师恩难忘。他说，“于维璋先生对我这样毫无学术基础的人，从第一学期指导阅读《论语》《孟子》《庄子》《老子》四部书开始，到《典论》《文赋》《诗品》《文心雕龙》等逐一讲解，再到亲自选一些文献让我学习注释，并请董治安先生讲授两汉经学与文学、王培元先生讲授目录学，学习传统学术门径与方法。今天想起这些，才真正体会到什么叫‘师恩’难忘。”

在师恩情怀下，《诚斋文录》中收入了姜小青撰写的几篇与人相关的文字。其中，怀念十三年前去世的全国古籍出版规划领导小组成员、原江苏古籍出版社社长兼总编辑薛正兴先生的文字，以《沉思往事立残阳》为题，洋洋洒洒两万余字，表达了姜小青对这位亦师亦友的感念之情。

姜小青回忆，薛正兴既长于编辑图书，又善于古籍整理与研究，是位名副其实的“学者型编辑”。薛正兴生前所倡导的以书立社，加强高学术水平古籍整理图书的开发与出版，对已启动的项目有再大的困难也不放弃，从而进一步扩大出版社特色与优势等理念，对他后来主持凤凰出版社工作帮助很大。此文收入《诚斋文录》，不只是怀念前辈师友，更为主要的是，希望“学者型编辑”不要成为时代的“背影”。

地方古籍社需专业化

从编辑、编辑室主任、总编辑助理、副总编辑、总编辑至社长兼总编辑，姜小青在一个单位一个领域不间断地做了三十年。从某种程度而言，《诚斋文录》便是姜小青古籍出版生涯中的所思所想所实践。

比如在《对地方专业古籍出版社发展的几点思考》一文中，姜小青的体会是，首先解决思想认识问题，其次摸索发展途径，第三制定选题规划，第四做好重点项目，第五正确看待古籍出版“小众”问题。这些古籍出版人遇到的无法回避的问题，用姜小青的话说，只有专业化，地方古籍出版社才会有生存的空间。为此，姜小青向记者讲述了他主持凤凰出版社期间遇到的一件“大事”。原来，2002年江苏古籍出版社更名为凤凰出版社时，有四分之三人员分流到其他出版社，仅十八人留在社里，是坚持原先的古籍出版还是另辟蹊径？一番求索之后，凤凰出版社决定“以最专业做出最优秀的产品”作为发展之路。

实践证明，如今的凤凰出版社不仅有了发展空间和生存价值，还以众多优质出版项目列地方古籍出版社前位。

此件事让姜小青深刻体会到专业的人做专业的事的必要性。他认为，强化古籍出版专业能力，会使“小众”出版也大有可为。他将自己多年的实践经验付梓书中，就是供后来者参考和借鉴。

“择一事，终一生”

一生只做一件事的信念，让姜小青作出退而不休的选择。2021年，退休后的姜小青受组织信任，开始担任凤凰出版传媒集团江苏文脉编辑出版领导小组办公室主任，专门主持出版《江苏文库》项目工作。

谈及出版总规模在3 000册左右的《江苏文库》，姜小青深感责任重大、如履薄冰。姜小青说，新编大型历史文献丛书，不仅需要充分借鉴、利用、吸收前人在这方面的经验和成果，还需要今人不断地总结、完善与修正操作规程中遇到的诸多意想不到的问题。

为“少留一些遗憾”，姜小青将《江苏文库》出版过程中遇到的问题作了梳理并收入《诚斋文录》中。比如，如何处理好集体项目实施过程中统一性问题？如何处理已有出版成果的问题？如何处理好出版质量与进度问题？如何看待学术性与普及性的问题？如何统筹“丛书”出版与出版社选题规划的问题？如何将项目实施与人才培养相结合的问题？如何认识和实施项目数字化的问题？这些问题在姜小青看来，貌似“很小”，实则处理不好会影响全局。

截至2022年底，《江苏文库》出版至1 002册。距离《江苏省文脉整理与研究工程实施方案》计划出版3 000册左右的目标还有三分之二的工作要做。对此，姜小青表示，“‘择一事，终一生’，身为江苏古籍出版人，应有一份时代的责任与担当，扎实走好今后的每一步才是做好古籍出版工作的关键。”

我们由此相信，《诚斋文录》或许还会有后续。

（原刊《中国新闻出版广电报》2023年11月10日）

后　记

这是我们四人有关古籍出版一组文章的结集。在告别工作了三十多年的出版职场后，有这样的一个机会，回顾和总结曾经的一些经历，对我们而言，是荣幸的。

首先感谢上海世纪出版集团领导。2023年11月9日，在扬州召开的“古籍编辑人才培养暨《诚斋文录》出版研讨会”上，时任世纪出版集团总裁阚宁辉、副总裁彭卫国先生，得知中国出版协会古籍工作委员会（简称“古工委”）将在年底换届，我们四人自2013年组成的班子也将集体卸任，故建议我们，把各自三十多年古籍出版经历中的一些人、书、事记下来，以便同行借鉴，并建议名《四斋集》。2024年8月19日，我们受邀参加世纪出版集团主办的“古籍出版规划与古籍出版工作专家座谈会”，会上，王为松、温泽远、吕健、秦志华、孙瑜、王纯、田松青等先生，也鼓励我们编辑此书，并就内容、体例提出具体意见。对于他们的美意，我们既感激又惶恐。“古工委”四十余家会员单位中，上海有九家，是全国最多的地区，有许多古籍出版前辈和同行，都是我们十分敬重和学习的榜样。多年来，上海新闻出版主管部门和世纪出版集团领导对“古工委”工作给予了极大关心和指导，上海书展期间，曾举办古籍出版学术论坛、古籍出版分享会、古籍出版成果展、古籍图书联销等活动。我们之所以接受大家建议，也是想以此方式，感念关心古籍出版的朋友们，致敬在古籍出版行业耕耘的出版人。

本书收录文章四十四篇，大多是我们近年所写，分“纪事”“记人”“亲历”“论书”“心得”五个部分。在“代序”的“同题共答”中，我们谈到各自经历，有一个共同之处，即自大学或研究生毕业，到古籍出版单位工作，直至退休，超过了三十年，并都是从编辑到编辑室主任再到总编辑、社长；作为出版社掌门人，也都超过十年。这期间，作为见证者，我们看到了古籍整理出版事业的快速发展；作为参与者，我们亲历了许多重要古籍整理项目的出版过程。特别是2013年后的十年，我们四人被推举组成“古工委”第二届班子，在为会员单位服务的同时，更感受到了古籍出版人不忘初心、勇于探索的勇气和精神。2023年，徐俊作为首席专家的“新中国古籍整理出版事业史研究”课题，获批国家社会科学基金重大项目，目前，我们正多角度梳理新中国七十多年古籍整理出版发展历程，总结和研究古籍整理出版经验和规律。本书编选，大抵围绕上述几个方面。

回顾三十多年古籍出版经历，我们很幸运，赶上了国家各项事业蓬勃发展的时代，有着一份与理想和兴趣对接的体面职业，大家能“执一事，终一生”。古人有诗曰：“劬学事铅椠，又苦日易逝。”我们自不敢言“劬学”，但绝无“苦逝”之叹，“叩学”倒或许能反映我们几十年的工作状态，边学边干，乐在其中。因此，本书名之以《叩学事铅椠——古籍出版四人谈》。

本书编辑过程中，尽可能在体例上有所统一，但因文章成于四人之手，发表于不同时期的刊物或媒体，故行文格式，包括同一内容的表述方式，并不完全一致。文章基本保留最初发表原貌，只是对个别文字进行了改动。希望得到广大读者朋友指正。

我们每个人经历中，都得到许多人的帮助，使我们的“叩学”有了目标，因无法一一列举，只有感铭在心。

本书由上海人民出版社、上海书店出版社共同出版，由杨英姿、俞芝悦、赵婧三位女史担任责任编辑，悉心编校，匡正漏误。又请上海古籍出版社戎默先生作为特约编辑，设计了书前的“同题共答”，让我们四人既面对面，又背靠背，创意感十足，在此特别致谢。

在此也致谢给予出版帮助的所有同行。

作者

2025年7月2日

图书在版编目（CIP）数据

叩学事铅椠 ： 古籍出版四人谈 / 徐俊等著 .
上海 ： 上海书店出版社， 2025. 8. -- ISBN 978-7-5458-2496-4

Ⅰ . G239. 2-53

中国国家版本馆 CIP 数据核字第 2025CS3346 号

责任编辑 杨英姿 俞芝悦 赵 婧

特约编辑 戎 默

封面设计 郦书径

叩学事铅椠

——古籍出版四人谈

徐 俊 宫晓卫 高克勤 姜小青 著

出 版 上海人民出版社 上海书店出版社
（201101 上海市闵行区号景路 159 弄 C 座）

发 行 上海人民出版社发行中心

印 刷 苏州市越洋印刷有限公司

开 本 635 × 965 1 / 16

印 张 39.75

字 数 375, 000

版 次 2025 年 8 月第 1 版

印 次 2025 年 8 月第 1 次印刷

ISBN 978-7-5458-2496-4 / G.204

定 价 138.00 元